미술치료의 이해

3판

이론과 실제

정여주 저

UNDERSTANDING OF ART THERAPY

학지사

3판 머리말

『미술치료의 이해(3판)』 개정 작업을 하면서 이 책을 애독하시고 지지와 격려를 아끼시지 않은 분들께 먼저 진심으로 감사를 드린다. 애독자분들의 관심이 3판을 집필하고 그동안 아쉬웠던 부분을 더 보완할 수 있는 원동력이 되었다.

10년 전『미술치료 이해(2판)』를 출간하면서 10년 후는 어떤 세상과 만나며 '이 책은 어떤 작업이 더 필요할까?'라는 생각을 했다. 그사이 전 세계 사람들은 코로나19라는 팬데믹을 겪으면서 엄청난 혼란과 상실과 고립감과 불안의 고통을 겪었다. 이런 극한 상황에 미술치료사 또한 혼란과 좌절감을 경험하면서도 비대면 미술치료의 가능성을 탐색하고 프로그램과 재료키트 등을 개발하여 치료가 필요한 분들을 온라인 비대면으로 만날 수 있었다. 위기에 직면하면서 우리는 미술치료의 가능성에 도전할 수 있어서 큰 보람을 느꼈다.

미술치료에서 미술과 치료의 만남은 더 이상 낯선 사이가 아니라, 21세기 융합학문의 필요성을 자극하는 매력적이고 도전적 자원의 학문으로 확장되고 있다. 이론과 임상이 결합한 경험을 중시하는 미술치료는 항상 미술의 고유한 자원을 탐구하고 고찰하는 작업 선상에 있다. 이 책은 미술치료학의 개론적 성격을 지닌다. 그러나 융합의 시도를 탐구하는 다른 학문 분야에서도 이 책을 통해 미술치료 학문에 대해 더 많은 이해를 할 수 있으리라 기대한다.

3판에서는 그동안 부족했던 각 장의 내용을 보완하였다. 제1장에서는 미술치료

개념과 역사적 고찰 외에 미래의 미술치료 전망을 추가하여 현재뿐만 아니라 디지털 시대에 미술치료의 영역과 비전을 논의했다.

제2장의 미술치료 이론 모델에 새롭게 다루고 수정 · 보완한 부분이 많다. 먼저 미술치료의 중심이며 근간이 되는 미술 이론에 부족했던 내용을 '미술 관점'의 제목으로 보완하면서 좀 더 비중을 두었다. 미술치료에서 왜 미술인가를 좀 더 깊이 다루고자 치료적 관점에서 미술의 특성을 새롭게 제시했다. 미술교육과 미술의 교수법과 아동화와 아동 발달과 심리 발달과 관계도 수정 · 보완했다. '심층심리학과 인본주의 심리학 관점'에서는 그동안 미흡했던 각 심리학 이론의 개요와 그에 따른 미술치료 방향 및 사례를 제시했다. '인지학 관점'에서는 인지학 미술치료의 영역과 치료형태 및 효과에 많은 분량을 추가했다. '정신의학과 관점'에 '의료미술 관점'을 추가 · 보완하면서 미술치료의 시대적 요구와 변화를 살펴보았다. '미술심리재활과 미술치료교육 관점'에서는 우리나라 발달재활 서비스에 미술심리재활이 사용되기에 그 부분을 보완했다. '수용적 관점'에서는 실제 활용 형태를 첨가했다. '창의성 및 자기 성장적 관점' 모델은 모든 이론에 필요하기에 각 장으로 분산하고 생략했다.

제3장의 '미술치료와 상징'은 미술 이론의 주제지만 다룰 내용이 많아 제2장 '미술 관점'과 분리해서 다루었다. 미술치료에서 색채, 공간, 선, 형태의 상징은 기본 이론에 해당하므로 어떠한 이론 모델에 접근해도 미술의 상징적 의미를 치료적 관점에서 다루어야 할 것이다.

제4장은 기존의 '진단도구로서의 그림'을 '그림진단검사'로 제목을 바꾸었다. 그림진단의 해석은 그동안 미술심리진단 주제 관련 책들이 많이 출판되었기에 이 책에서는 삭제하고 많이 사용되지 않는 그림진단검사도 생략했다.

제5장은 '미술치료 계획과 사례개념화 및 미술치료사의 전문성'으로 제목을 변경하여 전반에 걸쳐 보완했다. 특히 최근에 정신건강전문가가 기존의 치료 계획서, 사례공식화 등으로 사용했던 것이 사례개념화 용어로 진화하고 그에 관한 연구 경향이 많아지는 추세에 있다. 정신건강전문가인 미술치료사도 그동안 미술치료 계획서 및 전략을 사용했지만, 내담자 맞춤형 치료계획과 성공적 예후를 위한 조직적 · 임상적 전략의 사례개념화를 미술치료에도 적용하기 시작한다. 이를 위해 사례개

념화의 기본 모델을 소개하면서 미술치료만의 모델로 개발할 수 있도록 안내했다. 미술치료사 전문성과 자질에서는 시대적으로 더 민감한 쟁점이 되는 구체적인 내용과 특히 디지털, 인공지능 시대에 미술치료사가 유념해야 하는 자질을 보완했다.

제6장의 '미술치료 영역과 적용'에는 의료미술치료 사례를 보완했으며 노인미술치료는 저자의 『노인미술치료』가 따로 출판되었기에 일부분은 생략하고 코로나19로 인하여 변화하는 시대적 · 기술적 관점에서 비대면 노인미술치료의 적용 사례를 첨가했다. 실제는 2판의 내용을 그대로 두었으나 사진은 삭제하였다.

3판 작업을 마무리하면서 10년 후의 미술치료는 어떻게 확장되고 연구되며 발전할지 궁금해졌다. 그때도 이 책에 새로운 관점들이 보태지고 논의될 수 있길 기대한다. 미술치료 전공생, 미술치료사, 동료와 무엇보다 내담자는 필자에게 항상 영감을 주며 학문의 정진을 도와주며 미술치료의 힘을 더 생생하게 느끼게 한다. 이런 만남으로 지금도 이 책을 준비하면서 더 공부할 수 있어서 이 분들에게 무한한 감사를 드리고 싶다. 3판을 쓰면서도 부족하다고 느끼지만, 미술치료 공부는 할수록 흥미롭고 탐색할 것이 많아서 늘 새로운 시선을 갖게 한다. 미술치료 전공생이나 미술치료사는 언제쯤 미술치료를 잘할 수 있을까 고민하지만, 그 마음이 성장의 뿌리며 에너지며 내담자가 우리의 큰 스승이라는 것을 잊지 않길 바란다.

3판을 위해 많은 분이 도움을 주셨음에 이 자리를 빌려 감사를 드리고, 구하기 힘든 책을 찾아 주고 도와준 서하나 박사생에게 특별한 고마움을 전한다. 책의 출판을 위해 변함없는 관심으로 지지해 주시는 학지사 김진환 대표님과 한승희 부장님, 3판 작업을 정성스럽고 꼼꼼하게 살펴봐 주신 김현주 편집자님께도 진심으로 감사를 드린다.

2023년 8월

정여주

2판 머리말

미술치료! 여전히 매력적이고 어려운 단어다.

열정과 설렘으로『미술치료의 이해』출판을 준비하고 첫 책이 나오기를 기다렸던 것이 엊그제 같은데 벌써 10년이 흘렀다. 오래전부터 이 책을 개정하고자 했으나 차일피일 미루다 보니 세월이 많이 흘렀다. 그동안 많은 분이 이 책을 애독해 주시고 진심 어린 조언과 격려를 주셔서 마음 깊이 감사를 드린다.

2판에서는 각 장마다 내용들을 보완하고 첨가하였다. 실제 편도 프로그램을 늘려 더 많이 소개하였으며, 각 프로그램마다 '나눔' 항목을 첨가하여 질문사항을 제시하였다. 내담자의 연령, 인원, 상황에 따라 창의적으로 활용할 수 있기를 바란다. 2판에서 보완하고 싶은 내용들이 더 있었으나 시간이 계속 늦어져 마음만큼 모두 담지 못한 점이 아쉽다. 실제 편의 사진은 그동안 필자의 미술치료 교육과정에 참여하신 분들의 작품이다. 이번에도 지면을 통해 허락을 구하며 감사의 인사를 드린다.

그동안 미술치료 연구는 더욱 활발히 이루어졌고, 많은 책이 발간되었으며, 미술치료사들도 다양한 분야에서 활동하고 있다. 미술치료사들이 어려운 여건에서도 얼마나 창의적이고 헌신적으로 내담자를 만났는지 잘 알고 있기에, 이 분들의 열정과 진심 어린 마음 그리고 노고에 큰 박수를 보내고 싶다.

2판을 준비하면서, 삶의 어려움을 함께 나누면서 성장하는 과정이 얼마나 귀한 것인지를 생생하게 보여 준 아동, 청소년, 부모님, 청년, 성인 내담자들의 모습을 다시 한 번 한 분 한 분 떠올려 본다. 필자가 항상 초심의 마음으로 집중하며 미술치료를 할 수 있게 해 준 이 분들에게 이 자리를 빌려 깊은 감사를 드리고 싶다. 또한 열정이라는 말 외에 다른 생각이 나지 않을 정도로 진지하고 열심히 미술치료를 공부하고 고민하는 분들과 함께한 많은 시간이 떠오른다.

미술치료로 만난 모든 분이 필자에게는 귀한 보물이며 재산이다. 그분들은 미술을 통해 마음을 펼치고, 몸소 필자에게 미술의 치유적인 힘을 보여 주었으며, 이 책을 출판할 수 있는 원동력이 되어 주었다. 그분들에게 다시 한 번 감사의 마음을 전한다.

그동안 곁에서 묵묵히 많은 도움과 격려를 보내 준 가족과 미술치료연구소의 연구원 선생님들에게 고마움을 전한다. 그리고 이 책의 개정의 위해 인내심을 가지고 기다려 주신 학지사의 김진환 사장님과 직원 분들, 하시나 편집자님에게도 진심으로 감사를 드린다.

2014년 2월

정여주

1판 머리말

설레는 가슴으로 미술치료 공부를 시작한 지 10년이 훌쩍 넘었다. 미술치료를 접하는 사람이면 누구나 이 공부가 타인을 위한 것보다 먼저 자신을 찾아가는 여정이라는 것을 깨닫게 된다. 그동안 미술치료 워크숍을 통해서 많은 사람이 매력적인 예술인 미술로써 자신의 삶을 열정적이고 진지하게 탐색하는 모습들을 보아 왔다. 이러한 모습들에서 필자는 개인적으로 많은 힘을 얻었으며, 바로 그러한 힘이 이 책을 만드는 원동력이 되었다.

수년 동안 그분들과 함께 미술작업을 하면서 책에서는 찾을 수 없는 많은 느낌과 대화를 나누었다. 미술치료로 자신을 들여다보고 사회에서는 다양한 봉사활동 및 치료사의 직업을 성실하게 실천하는 분들을 만나면 마음이 든든해진다.

요즘 우리나라에는 미술치료에 대한 관심이 놀라우리만큼 증대하고 미술치료학과도 많이 개설되었다. 그러나 아직도 미술치료를 위한 전문서적이 미비한 실정이므로 이 책이 미술치료를 공부하는 분들을 위한 안내서가 되었으면 하는 바람이다.

이 책은 1부에서는 이론, 2부에서는 실제로 구성되었다. 1장은 미술치료의 개념과 역사적 고찰을 다루고 있는데, 미술치료의 개념과 정의 및 미술치료의 출발과 발전에 대해 역사적으로 살펴봄으로써 현재의 상황과 미래의 미술치료가 가야 할 방향을 함께 생각해 보고자 한다.

2장에서는 미술치료의 이론적 모델을 살펴본다. 미술치료를 공부하는 학생들이나 미술치료사들이 자신의 활동이 어떤 이론적 근거에 의해서 이루어지고 있는지를 아는 것은 매우 중요한 일이다. 이러한 점에 있어서 미술치료의 다양한 이론적 모델을 제시하고 있다.

3장은 미술치료에서의 상징을 다루고 있다. 미술이 바로 상징적 언어라는 점을 고려해 본다면, 미술치료에 있어서 상징은 내담자 및 환자를 이해하는 중요한 열쇠가 된다. 필자는 상징에 대한 작업을 하면서, 미술치료를 위한 상징연구가 무궁무진한 과제라는 것을 다시금 인식하게 되었다. 또한 우리 고유의 설화, 신화 및 문화의 상징에 대한 관심도 더 깊어지게 되었다. 이러한 자극을 통하여 다음 연구의 과제는 우리의 예술과 문화에서 발견할 수 있는 상징성들을 미술치료와 연결할 수 있는 작업이라고 생각한다.

4장은 진단도구로서의 그림에 대해 소개하고 있다. 그림을 통한 진단은 임상치료에 많이 이용되고 있으며, 꾸준히 개발되어 오고 있다. 이 책에서는 일반적으로 널리 사용되고 있는 대표적인 그림검사들을 소개한다. 또한 진단도구로서의 그림뿐만 아니라 미술치료의 과정에서 적용되거나 보완 및 변형되어 사용되는 것에 대한 고찰도 하고 있다.

5장은 미술치료를 실시하는 데 있어서 치료사가 준비해야 되는 기본적인 사항들을 살펴본다. 미술치료를 위한 계획, 진행, 매체, 환경, 관찰, 평가 등을 다룬다. 또한 미술치료사의 창의성과 인간과 사회와 자연에 대한 태도가 중요하다고 여기기 때문에, 미술치료사의 자질에 대해서도 고찰하고 있다.

6장은 미술치료가 이루어지는 영역을 크게 아동 및 청소년, 성인, 노인으로 나누어서 소개한다. 그러나 여기에서는 미술치료 영역에 따른 실제 사례를 모두 다루지는 않았다.

2부에는 미술치료 프로그램을 60가지의 주제로 나누어 소개한다. 이 프로그램들은 미술치료를 공부하는 분들을 위하여 필자가 그동안 미술치료 워크숍을 개최하면서 실시한 내용들을 정리한 것이다. 프로그램들은 이미 알려진 미술치료 프로그램들을 변형하여 사용하거나 필자가 개발한 주제들로 이루어져 있다. 여기에 제시되는 각 프로그램의 미술작품들은 필자의 미술치료 과정에 참여하신 분들의 작업이다. 이들은 이제 각자 자신들이 배운 미술치료를 필요한 곳에 적용하여 치료사의 길을 가고 있으며, 동시에 자신을 찾아가는 미술치료 작업도 여전히 열심히 하고 있다. 여기에 소개된 작품들을 먼저 모든 분에게 허락을 받아야 하지만 그럴 수가 없었기 때문에, 이 지면을 통해서 허락을 구하며 진심으로 감사를 드린다. 이분들이 없었더라면 이 책이 나올 수 없었음을 시인한다.

이 책에서는 환자와 내담자라는 용어를 함께 사용하고 있다. 상황에 따라서는 환자 대신에 내담자라는 용어가 더 적절한 경우도 있기 때문이다. 그러나 여기에서는 큰 구별 없이 사용하고 있다.

미술치료의 이론서적이 미비하다는 것을 피부로 느끼면서 준비한 작업이지만, 책을 탈고하려니 부족한 점이 많다는 것을 다시금 발견하게 된다. 그러나 항상 그렇듯이 독자들의 평가를 받고 더 나은 과제를 준비하기 위해서는 이러한 과정이 있어야 된다는 것을 알고 용기를 내었다. 독자들의 비평과 조언을 진심으로 기다린다. 또한 이 책이 미술치료에 관심이 있는 많은 분과 미술치료사 및 미술치료를 전공하는 학생들에게 도움이 되기를 바란다.

이 책을 출판할 수 있게 힘이 되어 주시고 항상 격려를 아끼시지 않는 부모님에게 가장 큰 감사를 드린다. 또한 이 책의 출판을 위해서 함께 해 주신 연구소의 미술치료 과정에 참여하신 분들과 노인미술치료의 사례를 소개해 주신 윤형자 교수님, 한혜순 선생님, 이순희 선생님, 출산을 앞두고 사진을 찍으면서 많은 수고를 해 주신 한정미 선생님께 진심으로 감사를 드린다. 항상 미술치료에 큰 관심을 보여 주시는 학지사 김진환 사장님과 편집부 여러분에게도 따뜻한 고마움을 드린다.

2003년 3월 초하루

정여주

차례

제2부
미술치료 실제

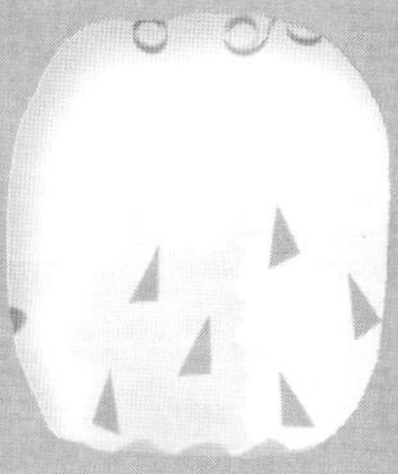

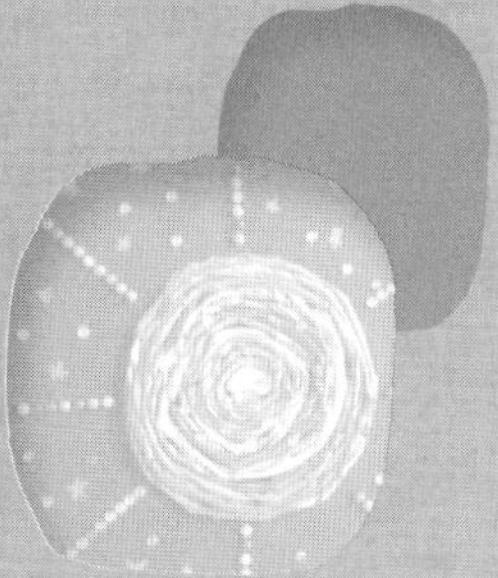

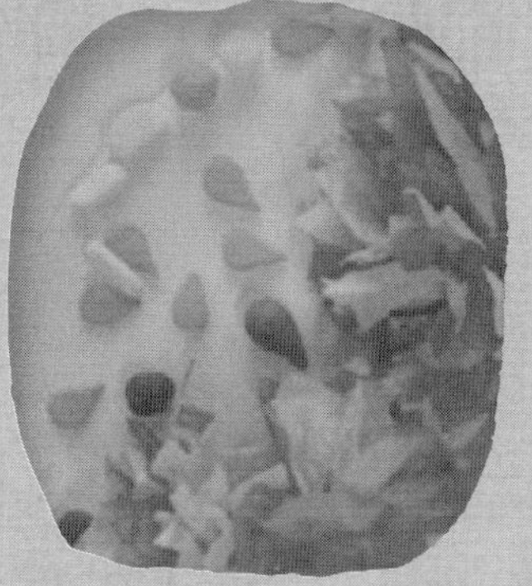

제**1**부

미술치료 이론

미술치료의 개념과 역사적 고찰과 전망

1. 미술치료의 개념과 정의

미술치료라는 말을 들으면 '미술로 치료가 된다고? 어떻게?'라는 의문이 들 수 있다. 미술치료가 알려지기 시작한 초기에 Champernowne(1971)이 미술과 치료는 "어색한 파트너 관계"라고 한 것처럼, 융합 학문의 특성이 있는 미술치료 개념에 대한 논란이 존재했다. Dalley(1986)는 미술이 치료적 맥락에서 즉각적으로 인정받지 못한 이유는 전통적 의미의 미술과 치료 목적으로 사용되는 미술의 차이가 명확하게 제시되지 않았기 때문이라고 본다. Malchiodi(1998)는 미술치료는 미술과 심리학, '두 학문의 결혼'으로서 두 학문의 모든 것을 한 번에 다루고 이해하기는 어렵다는 것을 인정한다.

Petzold와 Sieper(1991)는 예술치료 및 미술치료 개념을 설명하기 위해 '치료' 용어를 광의적 개념과 협의적 개념으로 소개한다. 즉, 광의적 개념의 치료(Therapie)는 그리스어 'therapeia'인 '촉진하다' '돌보다' '봉사하다' '치유한다'와 라틴어 'colere'인 '돌보다'의 다양한 의미로 불분명하게 사용되었다. 협의적 개념의 치료는

'환자의 질병을 치료하거나 완화하기 위해 진단과 적응 상태에 기초한 학문적 · 목표 지향적 임상 작업'이다. Petzold와 Sieper는 미술치료 및 예술치료 개념을 협의적 의미의 치료 개념으로 적용한다. 협의적 의미의 치료는 다시 의학적 기준과 심리학적 기준으로 분류할 수 있다(Böhm, 1994). 의학적 기준은 약, 수술, 다이어트, 요양을 통하여 육체적 병을 치료하며, 심리학적 기준은 의사, 심리학자, 사회복지사 등을 통해 인간의 병적 행동을 교정하고 갈등을 해결하여 자신감을 가지게 한다. 그러나 치료는 이 기준에 따른 분리보다 전체론적 관점에서 상호보완을 통해 상승효과를 얻는다. Petzold와 Orth(1991)는 치료 개념을 심리치료 및 의학적 임상 영역에 한정하는 '병리적 회복'만이 아닌, '인간치료(Humantherapie)'의 방향으로 환자 삶의 맥락에서 '전인치료'를 해야 한다고 주장한다.

Limberg(1993)는 미술치료 개념을 두 가지의 기본가정에서 정리한다. 첫째, 미술치료는 미술의 수단을 이용한 치료로서, 치료 효과는 미적 매체를 다루는 미적 과정에서 일어난다. 여기에서 미술작품은 해석 정보를 제공할 뿐만 아니라, 미술치료 과정과 함께 특별한 치료 기능이 있다. 둘째, 미술치료는 미적 매체를 특별하게 다루어 환자를 긍정적이며 지속적인 변화로 이어지게 하는데, 치료적 중재는 계획, 반복 및 검증 가능성의 요인을 포함한다.

Schuster(1993)는 '미술치료' 개념과 관련하여 미술치료 용어가 희망을 불러일으키면서도 거부감을 유발하는 양면성을 제시한다. 그는 이 두 측면은 '미술치료' 용어에서 야기된 오해에 근거한다고 본다. 따라서 슈스터는 미술치료 개념을 '미술이 치료와 함께 희망을 전하는 것으로, 치료에서 미술작품의 형식적 질이나 미적인 면이 중요한 것이 아니라, 미술이 전인적 건강을 위해 개인의 긍정적이고 건강한 창의성 계발을 다루는 것'이라고 한다.

미술치료 개념은 이론과 임상 관점에 따라 다르고 절충 이론도 다양하지만, 기본적으로 미술, 의학, 심리학, 교육학 및 특수교육학과 인간학을 중심으로 이루어진다(Baukus & Thies, 1997; Malchiodi, 2003; Menzen, 2001; Petzold & Orth, 1991; Richter, 1984, 1987; Rubin, 1999; Vanecek & Wenninger-Brenn, 2003). 이와 관련하여 '미술치료' 용어도 다양한데, 가장 많이 쓰이는 용어는 '미술치료'지만, '임상미술치료' '미술심리치료' '표현치료' '표현미술치료' 등도 사용된다(Malchiodi, 2020; Petzold & Orth, 1991; Rubin, 1999). Wichelhaus(2006)는 미술치료가 정신건강의학 외에도 종양학, 심장학, 신경학, 노년학 등과 학교, 사회복지, 특수학교와 장애인 재활, 에이즈 환자 치료 등에서도 다루어지기 때문에, 미술치료 개념도 새롭게 정립할 것을 주장한다. 그녀는 미술치료 개념의 모호성, 미술치료 진단, 각 영역에서의 전문성, 대상의 확장과 그에 따른 목표 설정 등의 정립 필요성을 언급한다.

미술치료 개념만큼 미술치료 정의도 다양하다. Domma(1990)는 미술치료 모델이 다양하여 통일된, 단일한 이론과 개념 및 정의는 어렵고 이론 모델에 따라 치료의 핵심과 본질이 다르다고 한다. 그러나 그는 '미술치료는 학문이론 차원에서 행동이론적 · 교육학적 개념의 생성을 규범적으로 결정하는 예술이론적 진술이 전제되며, 이로부터 미적 매체, 활동 및 과정의 치료적 사용 방법이 도출되는 것'으로 정의한다.

Rubin(1999)은 미술치료의 개념과 정의가 불분명하다는 것을 인정하지만, 미술치료를 더 분명하게 정의하기 위해 "ART+THERAPY=?"를 제시한다. 그녀는 Ulman이 미술치료는 '미술과 치료 양쪽이 진정으로 동행해야만 미술치료라고 불릴 수 있다.'라는 주장을 기반으로 '무엇이 미술치료며 무엇이 미술치료가 아닌가?'라는 질문으로 정의에 다가간다. 이에 따라 루빈은 울먼의 의견에 동의하며 미술치료 정의를 '미술 활동의 일차적 목적은 치료며 그 안에는 평가(assessment)와 치료(treatment)가 포함된다.'라고 한다.

Malchiodi(1998)는 미술치료 정의는 미술치료사의 관점에서 출발할 수도 있다며, 이는 미술치료사가 다양한 사람들을 치료하기 때문에 서로 다른 목소리를 낼 수 있다는 것이다. 말키오디는 미술치료 정의는 다양하지만 대부분 두 개의 범주에 속한다며, 미술치료 정의로 "Art+therapy=Process+Product"를 제시한다. 미술치료 정의의 첫째 범주는 미술 창작과정에 내재한 치유력에 대한 믿음, 즉 미술 활동 과정이 치료적인 '치료로서의 미술(art as therapy)'이다. 미술의 창의적 과정은 개인적인 성취, 감정적인 보상과 변화로 이어질 수 있는 경험이 상상적이며 자발적으로 자신을 표현하는 기회가 되어, 건강을 증진하고 성장의 경험이 될 수 있다. 둘째 범주는 미술이 상징적인 의사소통의 수단으로서 '미술심리치료(art psychotherapy)'가 된다. 미술 표현은 의사소통 문제, 감정과 갈등에 도움이 되며, 심리치료는 미술 이미지로 내담자와 치료사 사이의 언어 소통을 증진하고 새로운 이해와 통찰력을 촉진할 수 있다.

그러나 Malchiodi는 대부분의 미술치료사는 치료현장에서 '치료로서의 미술'과 '미술심리치료'를 통합적으로 적용한다고 한다. 이는 미술 활동이 치료 과정이며, 작품이 치료 관련 정보를 전달하기에 두 가지 모두가 중요하다는 경험에서 비롯된 것이다. 말키오디는 두 범주에서 치료사의 철학과 미술치료에서 내담자의 필요와 목표에 따라 한 측면을 다른 측면보다 강조할 수 있다고 한다.

독일의 게슈탈트 치료와 통합치료로서 예술치료를 대표하는 Petzold와 Sieper(1991)는 상위개념인 '예술치료'에 미술치료를 하위개념으로 나누어 같은 정의를 사용한다. 페촐트의 미술치료 정의는 "육체적 · 영적 · 정신적 존재며 삶에서 의식적 · 무의식적 노력을 하고 사회적 · 생태적 조건과 연계를 이루는 총체적 존재인 인간에게 이론에 근거하여 창의적 매체와 예술 방법을 적용하며, 이를 통해 인간의 태도와 행동에 영향을 주어 병을 고치고 완화하며 인간성을 개발하고 윤택하게 하는 것을 목적으로 한다."

Waller(2003)는 유럽에서 미술치료 정의는 큰 폭의 차이가 있으며 이로 인해 미술치료사의 직업에도 문제를 보인다고 한다. 구체적으로 영국의 보건복지부 대변인 Poulton은 1993년 'Europe without Frontiers' 학술대회에서 미술치료사에 대해 '비의료 보건 전문직으로 대학 및 고등 교육기관에서 교육받으며, 성장하는 직업이며 간호사 및 의사와 달리 이들의 업무는 국가마다 크게 다를 수 있는데, 어떤 국가에서는 미술치료사가 독립적인 직업으로 인정되는 반면, 다른 국가에서는 특정 전문집단의 한 분야로 간주할 수 있다.'라고 했다.

최근 미술치료 전문학자와 미술치료 연구를 중심으로 이루어진 각국의 미술치료 협회나 국가차원에 따른 미술치료 정의와 목표도 살펴보면 도움이 될 것이다.

2. 미술치료의 역사적 고찰

예술을 통한 치료는 다양한 문화에서 의료활동의 가장 오래된 뿌리로 존재했으나 시대의 변화에 따라 대부분 사라졌다. 그러나 이성적 · 합리적 · 논리적 사고 중심과 기술문명이 첨단화되는 20세기에 놀랍게도 그 뿌리가 다시 싹을 틔우기 시작하면서, 미술치료도 짧은 기간에 발전하고 확장되고 있다. 미술치료의 역사는 기계문명이 중시되는 사회현상을 비판하며 인간 존재에 대한 철학적 · 심리적 · 교육적 고찰과 더불어 예술의 역할 탐구도 새로운 국면에 접어들면서 시작되었다고 할 수 있다. 미술 분야에서는 '인간을 위한 예술'로서 미술이 치유 역할을 할 수 있다는 관점을 갖게 되면서 미술치료라는 독립된 영역이 만들어졌다. 미술치료는 미술과 치료가 존재하는 학문으로 미술, 나아가 예술의 본질은 무엇인가에 대한 질문과 미술의 치료적 역할이 무엇인가에 대한 고찰로 출발한다.

인류 역사와 함께하는 미술은 시대의 역동과 삶을 위한 비전과 고찰을 보여 주는 시각예술로 인간의 삶과 밀접한 관계를 지닌다는 것은 논란의 여지가 없다. 그러나 미술은 시대적 · 문화적 · 종교적 · 사회적 관계에서 그 특성을 드러내면서, "시대와 장소에 따라서 전혀 다른 것을 의미"(Gombrich, 1995)하기도 한다. Tolstoy(1897)는 예술이란 "사람과 사람을 연결함으로써 함께 같은 감정을 결속하게 하고, 온 인류의 행복으로 이끄는 데 없어서는 안 될 수단"이라고 하였다. 독일 출신 생의 철학자 Dilthey(1984)는 예술은 "삶의 수수께끼에 대한 체험"이라고 강조한다. 또한 20세기 현대 음악가인 Schönberg는 "예술은 아름다움을 원하는 것이 아니라, 진실을 원한다."라고 한다. Gombrich(1995)에 의하면, "미술에는 언제나 발견해야 할 새로운 것들이 있다……. 미술은 그 자체의 불가사의한 법칙과 모험이 있는, 가슴을 설레게 하는 자극적인 세계인 것"이다. 예술가와 학자의 이러한 관점은 미술에서 치료를 발견하고 미술과 치료가 만나는 법칙과 가능성을 이해할 수 있을 것이다.

현대인들이 화가의 작업과 작품뿐만 아니라 자신의 미적 욕구를 표현하거나 미술을 감상하면서 개인적 · 심리적 상황, 실존적 물음을 찾아가듯이, 오늘날 미술은 인간의 표현 욕구와 표현 방법의 중요한 도구로 인식되고 있다. Schäfer(1973)는 미술이 "개인이 처한 삶의 어려운 상황을 표출하고 나아가 그러한 것을 받아들일 수 있는 자세, 즉 삶에 대한 용기와 의지를 얻게 한다."라고 강조한다.

미술치료의 출발은 나라마다 다르나, Domma(1990)는 19세기 초반 독일 정신병원의 작업치료 일부였던 미술 활동이 환자 치료에 예술적 · 정서적 효과가 있다는 것이 인정되면서 시작되었다고 본다. 그러나 이 시기에 미술치료 용어는 사용되지 않았다. Dunkel과 Rech(1991)도 미술의 치료 목적에 대한 아이디어도 19세기 초기에 시작되었다고 본다.

그러나 미술치료의 필요성은 일반적으로 19세기 중반 이후 산업화의 발전으로 노동과 생산 형태가 변하면서 인간 개인의 사회적 지위와 생활 양상이 달라지고 그로 인해 인간성까지 변질되는 사회적 현상에 근거한다(Bloch, 1982; Dunkel & Rech, 1991; Pütz, 1981; Richter, 1984). 이 시기는 산업화와 더불어 기계문명이 급속도로 발전하였으며 인간의 합리적 사고와 분석적 능력을 높이 평가하는 경향이 커졌다. 인간은 급변하는 환경에 적응하는 데 어려움을 겪었으며, 사회에서 개인의 존재는 점차 수단화되고 소외되어 가는 상황에 직면하게 되면서 정신병리 현상도 증가하였다. 이와 관련하여 19세기 후반부터 프랑스와 이탈리아의 정신건강의학과 의사 및 법의학자인 Tardieu나 Simon, Lombroso는 정신질환자들의 그림과 관련된 글을 기고하였다(Dalley, 1986; Rubin, 1999).

독일의 정신건강의학과 의사 Prinzhorn은 20세기 초인 1919년에서 1921년까지 정신병원 환자들이 그린 5,000여 장의 그림, 소묘, 콜라주, 조소 등을 수집하여 1922년 『정신 질환자들의 그림(Die Bildnerei der Geisteskranken)』이라는 책을 출판하였다(Kraus, 1998). 이 책에서 그는 조형예술과 심리학 및 정신병리학에 대한 논의를 통하여 미술 활동이 환자들의 심리적 접근에 중요한 의미를 지닌다는 것을 제시했다. Kraus는 미술 활동을 정신병리적 관점에서 소개한 프린츠혼의 시도는 그 시대 화가인 Klee, Ernst, Dubuffet, Breton 등에 큰 영향을 끼쳤다고 한다. 프린츠혼은 당시의 예술을 정신질환자의 그림과 비교하면서 미술이 "자신의 자아로 전환"하는 역할을 한다고 보았다(Dunkel & Rech, 1991). 또한 이 시기에 심리학과 문학 및 미술 분야에서 인간 무의식에 관심이 증가하면서, 예술을 통하여 인간의 내적 세계를 이해하고 분석하려는 시도가 활발해졌다(Richter, 1984; Rubin, 1999). 이런 점에서 프린츠혼은 독일 미술치료 시작의 근거가 되는 역할을 하였다. 이후 의사뿐만 아니라 정신분석가인 Rorschach나 Anna Freud의 환자 그림 연구(Dannecker, 2003)와 환자 그림의 분석을 치료에 적용한 Jung(1962) 등이 있다. Schuster(2000)는 정신건강의학과에서 이루어지는 미술 활동은 환자 자신의 상황을 표현하는 비언어적 의사소통의 '자기 치유책'으로 보았다. 그는 여기에서 미술치료사는 환자의 그림 능력에 중점을 두는 것이 아니라, 자신을 표현할 수 있는 자기 계발의 가능성을 제시하는 것이 중요하다고 강조한다.

Rubin(1999)은 미국 미술치료의 출발을 20세기 초기인 1907년부터 정신건강의학과 병동 환자들이 화가의 지도로 미술 활동을 시도한 것에서, 미술을 심리치료적 관점과 연계하여 인식한 1940년대 초반이라고 한다. 대표적으로 Naumburg와 Kramer는 정신분석 이론에 근거하여 미술치료가 새로운 영역으로 자리매김하고 발전하는 데 공헌했다(Rubin, 1999). 나움버거는 심리치료의 언어적 형태를 발전시킨 미술 표현, 즉 환자의 무의식에서 표현된 상징적 내용과 그리는 과정과 완성된 그림을 두고 대화하는 것을 중요시했다(Dannecker, 2003). 이와 관련하여 Swan-Foster(2018)는 나움버거가 프로이트와 융의 이론과 치료 방식에 영향을 받아 각 이론에 대한 비판과 또 부분적으로 수용하는 관점을 보여, 두 이론에 걸쳐있다고 본다. 이에 비해 제2차 세계대전으로 체코에서 미국에 이민해 온 화가며 미술교육자였던 크레이머는 미술치료에서 미술과 미술교육 관점을 중시하였으며, 프로이트의 정신분석 이론을 바탕으로 미술이 방어기제를 작동시켜 승화를 이끄는 지름길이라고 여겼다(Dannecker, 2003). 이들 외에 미국 미술치료의 선구자로 미술가며 심리학자인 Levy, 미술치료를 대학 과정에 도입한 Levick과 Robbins, Landgarten, Wadeson 등이 1950년대와 1960년대를 거쳐서 오늘날까지 미국의 미술치료 발전에 이바지했다(Rubin, 1999).

이에 비해 독일은 제2차 세계대전 중에 히틀러가 예술을 탄압하고, 1950년대에는 향정신성 약물이 정신건강의학과 치료에서 주도적 역할을 하면서, 미술치료는 오히려 주춤하거나 주의를 끌지 못하였다(Dunkel & Rech, 1991). 그러나 1960년대에 들어오면서 미술치료에 대한 고찰이 새롭게 이루어져 학문으로 정착하는 과정을 거치게 된다. 대표적으로 인지학(Anthroposophie)의 창시자인 Steiner 사상에 영향을 받은 Pütz는 1964년 예술을 치료적 도구로 사용하여 인간의 교육에 이바지한다는 것, 즉 예술의 새로운 기능으로서 '미술치료(Kunsttherapie)' 개념을 처음 사용했다(Dunkel & Rech, 1991). 1976년에 Schottenloher는 뮌헨(München) 미술 아카데미에 미술치료 강의 과목을 최초로 개설하였고 그 이후 독일 여러 대학에서 미술치료 전공 대학원 과정이 설립되었다. 1979년에는 Navratil이 '조현병과 미술'이라는 연구에서 미술심리치료를 정신병원 환자의 개인치료에 적용하였다. 독일은 1980년대 이후 미술치료사가 직업으로 인정받게 되었으며, 현재 미술치료는 정신분석 관점, 인지학 관점, 인본주의 관점, 심리재활관점 등의 다양한 모델을 기반으로 치료 영역과 치료 방법 등을 확장하고 있다.

영국의 미술치료 발전에 이바지한 대표적 인물은 미술가 Hill이다(Waller, 1986). 그는 제2차 세계대전 중에 군 요양소에서 환자로서 창의적 활동의 치유력을 체험하면서 미술의 치료적 역할을 사회에 알리는 데 헌신하였다. 그는 1946년 영국의 국립 정신병원에서 최초로 정식 미술치료사로 인정받았으며, 그 이후로 영국 미술치료사 배출이 이루어졌다. 그러나 영국은 미술치료사를 위한 특별한 교육제도가 없었기 때문에 1960년까지는 미술교육에서 치료 모델을 찾았으며, 1970년대에 미술치료와 미술교육이 분리되었다. 그런데도 영국의 보건복지부에서는 1980년까지 공식적으로 미술치료를 작업치료에 포함했으나, 1997년에 미술치료를 국가 공인의 독립된 직업으로 인정했다.

우리나라에서도 오래전부터 정신병원에서 환자가 미술을 접할 기회가 있었지만, 미술치료가 본격적으로 소개된 것은 1990년대다. 그 이후 많은 연구자가 이 분야에 관심을 두고 학회를 만들기 시작하였으며, 미술치료를 임상에 적용하여 사례를 발표하는 등 고무적인 현상을 보였다. 1990년대 말기에 미술치료 전공 대학원 과정이 설립되기 시작했다. 현재는 많은 대학에서 미술치료 학사, 석사 · 박사 과정의 졸업생이 배출되며, 미술치료 논문과 사례가 다양하게 발표되면서 미술치료 연구가 심층적으로 이루어지고 있다. 또한 임상 영역도 확대되어 대학, 대학원 졸업생이나 학회에서 자격증을 취득한 미술치료사는 병원, 복지관, 학교, 정신건강센터, 상담 및 치료센터, 기업상담 등의 분야에 종사하고 있다. 미술치료 연구뿐만 아니라 미술치료사들이 임상을 위한 치료계획, 진단, 과정, 평가, 대화 기술 등에 대해 슈퍼비전을 받고 사례를 발표하면서 미술치료가 다방면으로 활발하게 이루어지고 있는 현상은 그만큼 미술치료의 필요성과 효과를 입증한다고 볼 수 있다.

그러나 다른 한편으로는 고유한 학문으로서 미술치료 정착에 대한 문제점과 비판도 없지 않다. Jadi(2002)는 미술치료 학문에는 철학, 미학, 인간학 등에 대한 물음이 부족하며, 사례 해석에서 모호하고 피상적이거나 단순화하는 경향이 있고 양적 연구는 미술치료 과정을 제시하기보다 효과검증에 치중하여 전반적 논의가 부족하다고 비판한다. 미술치료 연구가 의료기술과 협업, 사례연구, 미술치료 효과성 검증 등을 확장하지만, 미술의 본질, 미술의 치료적 특성에 기반한 관점과 심도있는 질적 연구 등은 여전히 부족하다. 이러한 점은 미술치료의 학문적 정체성뿐만 아니라 미술치료사의 정체성 문제와도 연결된다.

많은 나라에서 미술치료사가 아직 국가 공인 직업으로 인정받지 못하고 있기에, 미술치료는 전문성을 지닌 미술치료사의 정체성과 권익에 관련한 문제점을 안고 있다. 특히 우리나라는 그동안 학문과 임상에 근거하지 않은 단기 과정을 통해 미술치료사 자격증이 남발되는 경향이 있었지만, 미술치료사의 전문성 논란으로 최근 들어 미술치료사가 필요한 기관에서는 미술치료 전공 학·석사 이상이나 그에 준하는 자격을 요구한다. 이 같은 논란처럼 다른 나라에서도 미술치료사의 전문성 확보와 직업으로서의 승인을 위한 정보공유와 체계적 시스템을 펼치고 있다.

다음은 구미의 미술치료사 자격 승인 체계를 소개하고자 한다. 2022년 독일 예술치료 연방 노동조합에서 제시한 유럽의 미술치료사 자격 승인과 관련한 정보는 〈표 1-1〉과 같다.

표 1-1 유럽의 미술치료사 자격 승인

폴란드	국가 승인 미술치료사
영국, 북아일랜드	국가 승인 미술치료사[국가 건강 관리 전문인 심의회 HCPC(Health and Care Professions Council) 자격 관리]
에스토니아, 라트비아	석사 졸업후 국가 승인 미술치료
스위스	미술치료사 고등전문 시험 승인(2011년 3월 전문 교육 및 기술 연방기관 관리)
리투아니아	보건부 승인

출처: https://bagkt.de/wp-content/Künstlerische-Therapien-in Europa. pdf. 2022.9.20.

3. 미술치료의 전망

오늘날 미술치료의 병원 임상 영역은 신경정신과, 암 병동, 알코올 및 마약 중독 병원, 여성병원, 노인병원, 호스피스 병원, 재활병원, 난임 센터, 병원 Wee센터와 개인 병원 등으로 확장되고 있다. 복지기관의 미술치료는 정신건강복지센터, 다문화 교육센터, 아동 · 청소년 및 노인복지센터, 학교 미술치료, 학교 밖 청소년 센터, 개인 미술치료 센터 등이 있다. 학교 미술치료는 특수교육, 일반 학교와 특수학교, 학교 내 Wee스쿨, 대안학교 등에서 이루이진다. 이 밖에도 난민지원센터, 위탁가정지원센터, 주간보호센터, 가정 폭력 및 성 학대 피해센터나 쉼터, 다문화 지원센터와 트라우마 센터 등에서도 미술치료의 필요성과 요구가 증가한다. 일반인의 정신건강 예방을 위한 직장 내 미술치료, 부부 미술치료, 임신부 개인과 가족 및 자기 성장 프로그램 등에서도 미술치료가 적용된다.

미술치료는 병을 치료하는 것에만 초점을 두는 것이 아니라, 인간의 잠재력과 성장 가능성을 계발하는 자기 경험과 자기 본성을 회복할 기회, 즉 인간의 건강한 힘을 재발견하고 병을 예방하는 차원에도 큰 역할을 한다. 이는 세계보건기구(WHO)가 건강을 정의한 관점과도 연관된다. 21세기 들어서 세계보건기구는 건강에 정신건강의 중요성을 강조하는데, 즉 "건강은 단순히 질병이나 허약함이 없는 상태가 아니라 신체적 · 정신적 · 사회적으로 완전한 안녕 상태다."(http://www.who.int, 2022. 9. 20.)라는 것이다. 이는 건강이란 병이 없는 것이 아니라 건강한 상태를 유지하거나 건강을 촉진하는 관점에서 보아야 한다는 의식 전환과 연결될 수 있다. 미술치료도 병을 약화하거나 치료하는 것뿐만 아니라, 자아가 육체적 · 정신적 · 영적 · 사회적으로 건강하게 성장하도록 권장하고 촉진하는 모델이 되고 있다.

미술치료 영역이 확장되면서 학제간 융합, 이론 모델, 대상, 매체, 기법, 치료방법, 평가 방법 등도 다양화되고 있다. 21세기 들어서 미술치료와 컴퓨터 기술을 접목하는 방안과 연구가 시작되면서 그에 대한 윤리적 이슈도 중요한 주제로 제시됨과 동시에 공학과 연계도 이루어지고 있다(Malchiodi, 2000; McNiff, 2000; Peterson, 2000).

최근에는 4차 산업혁명과 더불어 소프트웨어, 미디어 및 인공지능 발전 등으로 미술치료 분야에도 디지털 미술치료(Digital Art Therapy) (손창배, 정여주, 2021; Garner, 2016, 2019; Malchiodi, 2000; Kim & Chung, 2023) 및 가상 미술치료(Virtual Art Therapy) (McNiff, 1999; Shamri, 2021), 비대면 미술치료(변혜진, 정여주, 2021; 오혜록, 2022; 조희은, 2021)와 메타버스를 활용한 미술치료 등이 발전하고 있다. 또한 2020년부터 시작된 코로나19 펜데믹으로 미술치료가 온라인 비대면으로도 시행되면서 이에 대한 관심과 논의도 증가하고 있다. 특히 비대면 미술치료 방법, AI, 디지털 혹은 메타버스 등의 접근 방법 등이 중요한 과제로 대두되고 있다.

이처럼 21세기의 미술치료는 미술과 치료의 학문적 토대에서 의학, 심리학, 철학, 교육학, 사회학, 공학 등과 융합하여 다양한 분야로 확장하고 있다. 국제 예술의 학협회 회장인 Lippin(1999)은 Malchiodi의 저서『Medical Art Therapy with Adults』의 머리말에 21세기를 앞두고 의학 사업의 전환을 겪으면서 시대의 새로운 르네상스는 전체론과 휴머니즘이며 이를 다루는 것 중에 예술의 표현과 자양분이 예술치료라는 것을 환기시켰다. 그는 분자생물학과 인간 게놈 프로젝트가 혁명적 발전을 하지만, 대중의 요구와 의지와 관련된 대체 의학의 성장도 제시한다. 그는 이러한 변화 과정에 인간의 정신건강을 촉진하는 자원으로 예술이 타 분야의 추종을 불허한다고 믿으며, 미술치료의 특성과 치유적 에너지를 강조한다. Henningsen(2019)도 21세기 현대 의학은 심신의학의 통합의학을 지향함으로써, '현대 인류학적 지향의 의학은 본질적으로 대인관계 의학, 즉 개인적 의학이자 인간관계의 의학이다.'라고 강조한다.

독일 정신건강의학과 의사 Petersen(2002) 박사는 미술을 포함한 '예술치료는 떠오르는 학문이며, 예술이 존재하는 한 영원히 현재와 미래의 학문'이라고 강조한다. 그는 "우리는 의식의 변화, 즉 새로운 의식으로 현대 의학의 불가능한 일에 도약하여 달성할 수 있으며, 인간 진화의 전통과 지혜를 우리의 의식과 삶에 통합해야 하는데, 예술치료의 풍성함은 이 도약에 도움이 될 수 있다."라고 한다. Ehalt(2003)는 21세기 초에 이론 및 치료방법의 스펙트럼에 전체적인 접근 방식을 수용한 의학은 예술치료를 치료의 중요한 파트너로 인식하게 되었다고 한다. 오스트리아 보건복지부 장관을 지냈던 Rieder(2003)는 의학에서 과학의 가장 다양한 영역이 함께 모이는 포괄적인 발전이 필요하며 미술치료, 음악치료 등은 이제 의료 시스템의 자연스러운 부분이라고 발표하였다. 그는 이러한 변화의 초점은 21세기가 질병과 건강에 대한 인간의 전체론적 관점의 차원이 요구되는 시대기 때문이라고 하였다.

미술치료는 인간과 끊임없이 변화하는 사회적 구조와 환경의 관계를 고려해야 하며, 육체와 정신 및 영혼의 관계를 전체적·통합적으로 볼 수 있어야 한다. 또한 미술치료 학문은 인간에 대한 철학적 사유와 인간학적 관점을 고찰할 필요가 있다. 이러한 고찰을 근거로 미술치료는 치유, 예방, 자기 계발 및 영적 성장의 영역으로 발전해 나가야 한다.

그러나 다른 한편으로 미술치료를 포함한 예술치료는 '비합리적·공상적이며, 암시적인 작업이며 플라세보 효과'를 노리며 비체계적이고 근거 중심 효과의 결과가 부족하다는 비판도 받는다(Jadi, 2002; Kriz, 2002; Peterpetersen, 2002; Vanecek, Wenninger-Brenn, 2003). 이는 미술치료 연구가 인간관계 중심, 과정 중심으로 효과를 제시한 질적 연구의 결과를 인정하지 않으려는 것과도 맞물려 있어 연구 방향이 한쪽으로 치우쳐 있는 문제점에 대한 논의가 필요하다. 그동안 미술치료에 대한 많은 오해가 풀리고 의학과의 관계도 개선되었지만, 미술치료 비판을 수용하여 변화해야 하는 것들을 살펴볼 필요가 있다. Schmeer(1997)는 서로 다른 학문 사이에 위계질서란 없다며, 미술치료의 두 기둥인 미술과 치료는 서로를 포용하며 연결고리,

해결과 항상 새로운 패턴을 형성해야 한다고 주장한다. Reimer(1997)는 미술치료가 지니는 학제 간 특성이 미래에는 더욱 발전할 수 있다고 강조했는데, 이는 21세기에 들어서 박차를 가하고 있다. 짧은 역사를 지녔지만, 시대에 필요한 학문인 미술치료는 21세기에는 새로운 도전과 비전에 관한 연구와 논의가 지속적으로 필요하다.

신경과 의사인 Baukus(1997)은 미술치료의 신경생물학적 근거를 소개하면서, 현대의 자연과학이 이미 오래전에 이원론 형태를 극복하여 인문과학과 자연과학의 분리할 수 없는 단일성이 새로운 명백한 패러다임이 되었다고 주장한다. Petersen (2002)은 21세기가 시작하면서 예술치료는 미래 의학의 선구적 역할을 할 것이라며 그 중요성을 역설하였다. 그는 미술치료 및 예술치료 전반을 언급하면서 일반적으로 예술치료의 효과에 대한 평가가 모호하고 불분명하여 이에 대한 왜곡된 이미지로 비판받지만, 치료현장에서 예술치료의 실제와 효과를 알게 된 사람은 예술치료가 미래의 치료 학문으로서 비전을 인정한다고 주장한다. 오늘날 의학에서 환자를 전인적 관점으로 보는 개혁적 흐름에 따라 의학과 미술치료는 파트너 관계를 이룬다(Ehalt, 2003; Hass-Cohen & Findlay, 2015; Majer, Niederreiter, & Staroszynski, 2015; Martius, von Spreti, & Henningsen, 2019; Rieder, 2003). 비록 이 관계가 모든 나라의 미술치료사들에게 적용되지는 않지만, 장래는 자연스러운 협업의 상태가 되리라 기대하고 예상한다.

Petersen(2002)은 미래학문으로서 미술치료를 포함한 예술치료 비전을 네 가지로 제시한다. 네 가지 비전은 감각적 지각 스펙트럼 확장, 정신신체 관계에서 치료개입의 심화와 강화, 환자와 치료사 간의 인간적 나-너 관계 중시, 자율적 치료 과정의 수용'이다. 이를 구체적으로 살펴보면 다음과 같다.

① 감각적 지각 스펙트럼 확장: 예술치료는 인간의 지각을 시감각에 한정한 전통 의학과 심리치료에서 언어적 개념을 파악하는 대신, 감각적 지각 스펙트럼을 다양하게 확장한다.

② 정신신체 관계에서 치료개입의 심화와 강화: 전인적 치료관점

③ 환자와 치료사 간의 인간적 나-너 관계 중시: 치료 파트너인 예술치료사-환

자 사이의 일회적이며 반복할 수 없는 치료 상황을 제시한다. 이에 비해 현대 의학은 의사, 치료사와 환자(내담자)의 관계를 간과한다.

④ 자율적 치료 과정의 수용: 치료 파트너 사이에 발생하는 자율적 치료 과정은 조작될 수 없으며, 과학적으로 충분히 설명될 수 없다. 이는 첨단 의학의 처치 또는 지침–표준화된 의학의 처치를 통해 차단되거나 허용될 수 없는 자율적 치료 과정이다.

Petersen(2002)은 '예술치료는 증거 기반 의학의 체계적 접근 방식이 부족하다'라는 비판에도 새로운 시각을 제시하는데, 이는 다음과 같다.

- 한 가지 과학적 방법만 존재하는 시대는 끝남
- 심리치료 과정의 복잡성을 고려하여, 다양한 과학적 방법을 수용할 것
- 효능 연구는 주로 자기 행동을 정당화하는 데 도움
- 예술치료의 과학적 사고는 전통 의학의 과학적 이해 및 일반 심리학 및 심리치료와 근본적으로 다름
- 예술치료는 최소한 세 가지 기본 영역에 초점 맞춤: 치료 관계(치료사와 환자), 치료 과정과 미적 매체
- 예술치료 이론은 언어 심리치료와 달리 모든 감각적 지각 영역 수용
- 예술치료를 위한 단일 기초과학은 존재하지 않으며 다양한 학문적 측면 필수
- 심리학은 예술치료의 지지 기둥이지만 모든 예술치료를 설명하지 못함
- 미학, 철학, 인간학 등의 학문도 지지 기둥이 되어야 함

페터젠은 미래학문인 미술치료를 포함한 예술치료는 도전적이며 다양한 시야가 필요하고 기존 학문에 대한 지식과 비판을 수용하는 열린 시선과 반성 능력, 민감성과 유연성과 독창성으로 정체성을 다져야 한다고 강조한다. 미술치료에서 필요한 도전이며 비전에 관한 질문은 미술치료 연구자와 미술치료사들이 함께 고려해야 할 과제다.

미술치료가 학문적 · 임상적으로 발전할 과제와 비전에 대한 성찰을 요약하면 다음과 같다(Fuchs, 2019; Henningsen, 2019; Jadi, 2002; Kiene, 2002; Kriz, 2002; Menzen, 2001; Moon, 2006; Petersen, 2002).

- 미술치료에서 미술의 본질과 역할은 무엇인가?
- 미술치료의 이론적 바탕과 인간학적 견해는 무엇인가?
- 미술치료는 어떤 영역으로 확장되어야 하는가?
- 미술치료사는 다양한 이론적 기반에서 환자(내담자)와 관계를 어떻게 하며, 어떤 과정으로 제시하거나 동행하는가?
- 미술치료의 연구 방법의 과제는 무엇이며, 치료 효과는 어떻게 증명할 수 있는가?
- 미술치료는 의학 및 다른 학문과 어떤 관계로 발전해야 하는가?
- 미술치료사는 어떠한 윤리적 이슈와 임무를 가져야 하는가?

이와 더불어 2019년에 시작된 코로나19 팬데믹으로 미술치료도 새로운 디지털 기술의 적용이 매우 빠르게 증가했다. 이에 디지털 미술치료의 과제와 비전을 제시하면 다음과 같다.

- 인공지능(AI) 시스템에서 디지털 미술치료는 어떤 이론을 첨가하여야 하는가?
- 디지털 미술치료의 영역에서 감각적 영역은 어떻게 논의되어야 하는가?
- 디지털 미술치료와 기존의 미술치료의 융합은 어떻게 이루어질 수 있나?
- 디지털 미술치료의 윤리적 과제는 어떤 것인가?

제2장 미술치료 이론 모델

1. 미술 관점

1) 미술의 특성과 치료적 의미

미술은 미술치료의 중심축이며 학문적 정체성의 핵심이다. 미술의 특성으로 시각언어, 의사소통, 미적 감각 경험, 정서표현, 카타르시스와 창의적 활동을 들 수 있다. 다음은 미술치료 관점에서 미술의 특성과 치료적 의미를 살펴보고자 한다. 미술은 미술치료의 중심축이며 학문적 정체성의 핵심이다. 미술의 특성으로는 시각언어, 의사소통, 미적 감각 경험, 정서표현, 카타르시스와 창의적 활동을 들 수 있다.[1] 미술의 상징 주제는 제3장에서 따로 다룰 것이다.

1) 본 내용은 정여주(2016). 미술치료에서 미술의 특성과 창의적 과정의 치료적 의미. **미술치료연구**, 23(5), pp. 1221-1237에 실린 연구를 기반으로 수정·보완 작성됨

(1) 시각언어

미술의 언어는 시각언어다. 시각언어의 표현은 "자기 본질에 가장 가까이 있는 지각으로 비언어적 작품 과정에서 자기 정체성이나 타인의 다름에 거리를 두는 것이 아니라, 가장 내적인 것에 근접하는 경험"(Jadi, 2002)이다. 예술표현은 보편적인 의사표현과 달리, 예술가 경험의 '지각된 패턴'으로 이루어진 외적 · 내적 힘의 적극적인 제시를 요구하는데(Arnheim, 1974), 미술은 시지각의 표현이다.

Schottenloher(1994)는 미술의 시각언어와 시각화 작업의 중요성을 강조하는데, 이는 미술치료에서 미술 활동이 내담자의 내 · 외적 상황을 상징적 · 은유적으로 표현하여 치유적으로 연결하는 주요 요인이기 때문이라고 한다. 미술치료에서 말로 표현할 수 없거나 말하기를 거부하고 그림으로 표현하는 것은 아른하임의 시각적 의사표현과 다르지 않다. 미술치료의 내담자는 자신의 심리적 고통을 언어표현 보다 은유적 · 상징적 시각언어로 표현하는 것이 더 용이할 때가 많다. 여기에서 미술 표현의 질이나 완성도나 작품이 아니라, 내담자의 외적 · 내적 상황을 시각적 언어로 표현하는 과정이 치료적 의미를 지닌다.

"말로 할 수 있다면 왜 그림을 그리겠는가?"라는 화가 Bacon의 말처럼(Ficacci, 2003), 미술치료에서 시각언어는 미술이 지니는 비언어적 특성의 중요한 요소다. 시각언어를 통한 의사소통 가능성에는 미술치료사의 이해와 개입 능력이 중요하다. 미술치료에서 내담자들은 "그림이 말이나 생각과 다르게 표현"되거나 그림이 "자신도 몰랐던 마음을 표현한다는 것을 깨닫게 되어 신기하다."는 말을 한다. 이는 시각 표현으로서의 미술의 비언어성, 즉 시각언어의 힘이다.

미술치료사는 내담자의 비언어적 표현인 시각언어를 파악하고, 나아가 내담자가 자신의 시각표현을 의식화하도록 안내하고 동행하는데, 이는 치료적 의미로 연결하는 데 중요하다. 그러나 미술치료사가 내담자의 시각언어를 보편적 해석에 의존함으로써, 내담자의 개인사, 개인성, 치료 과정에서 나올 수 있는 메시지를 간과하는 우를 범하지 않아야 된다. 미술에서 상징은 '회화 언어(picture language)'(Langer, 1957)에 기반을 두며, 이 언어는 미술작품의 의미를 정확하게 전달하는 '통역자' 역할(Arnheim, 1974)을 하는데, 미술치료에서도 같은 의미를 지닌다.

(2) 의사소통

예술은 의사소통의 가장 보편적이며 자유로운 형식이다(Dewey, 1934; Winner, 1982). 미술을 통한 의사소통은 언어보다 직접적이며 학습된 것보다 자유로운 표현 형식이면서도 타자 및 감상자와 소통을 가능하게 하는 힘이 있다. 오늘날 스마트폰의 일상화로 감정과 정서를 표현하는 그림 문자인 이모티콘이 의사소통의 중요한 수단이 되는 현상을 볼 때, 시각언어가 지니는 의사소통의 영향력은 과거 어느 때보다 강력하다. 그러나 Schuster(2000)는 미술이 감상자와 의사소통한다는 일반적 견해를 반박하며 그림 내용에 따라 소통이 어려울 수 있다며, 초현실주의 그림이나 종교화 등을 예로 든다. 하지만 그는 미술의 은유적 묘사는 일반적으로 언어보다 감정에 더 영향을 미칠 수 있다고 한다. 슈스터는 미술작품을 '그림을 통한 의미소통' 혹은 '시각적 의미소통'이라고도 한다.

Stauffer(2003)는 피난민 수용소에서 전쟁 트라우마로 다른 사람과의 소통을 거부하던 아동이 미술치료에서 내면의 공포를 그려 냄으로써, 경직성, 자기 분리와 타인과의 의사소통 부재를 극복하는 사례를 보여 준다. Shore(2007)도 전쟁 트라우마를 겪는 내담자에게 미술을 통해 불안과 공포를 표현하게 하는 미술치료를 하여, 창의적 표현이 주는 정신적 외상의 치유뿐만 아니라 그림이 의사소통의 중요한 수단임을 재확인시켜 준다. Allen(2007)은 노숙자들과 가면 만들기를 통해 미술로써 지역사회 일원인 그들과 의사소통하는 프로젝트를 시도한다. 이러한 시도들은 미술의 창의적 과정과 표현이 의사소통의 매개가 된다는 것을 보여 준다. 미술의 의사소통은 내담자가 창의적 활동 중에 '바로 이거야'라는 유레카 경험과 이런 경험을 알리고 싶은 '의사소통의 소망'을 치료적 요인으로 보는 Rogers(1991)의 관점과 같은 맥락이다.

(3) 미적 감각 경험

미술가나 미술 활동을 하는 사람이면 누구나 미술의 감각 매체를 통한 주관적 체험에서 '무엇인가가 감각 속에서 일어난다(Deleuze, 2002)'는 것을 의식한다. 미술의 감각 경험에 중심이 되는 매체는 '표현적인 요소들을 통합하는 객관적 조건'으로 이러한 객관적인 조건들이 '구조화되고 질서화되었을 때만'(Dewey, 1934) 진정한 의미의 미적 매체로 존재한다. 미술 매체의 다양성은 다른 심리치료나 예술치료와 달리 미술치료만의 고유한 자원이며 특성이다.

Malchiodi(1998)는 미술의 감각 경험에서 매체가 '시각언어를 발전시키고 미술치료 경험을 심화'한다고 강조한다. 미술치료에서 매체를 통한 감각 경험은 보는 것을 넘어 신체 인지 및 촉각적 특성과 독특한 관계를 맺는다(Dannecker, 2015). 환자들은 자주 신체적 경험과 유리됨으로써 전체적 자기와도 분리되는 고통을 겪기 때문에 미술 매체는 자기 고유의 신체를 인지할 수 있으며, 건설적이고 상징적인 활동을 위한 출구로 이용될 수 있다. Jadi(2002)는 미술치료에서 감각 경험은 '지각의 동시성, 작품의 지속성, 유일성'이 현재와 긴밀한 관계를 맺으며 분석적 · 치료적 접근 및 자기 인식의 가능성과 연결된다고 한다. 미술 매체를 통한 감각 경험의 특성은 내담자의 현실, 기억, 무의식 등을 '지금 여기'로 표현하는 현재성을 지닌다.

Richter(1984)는 장애 아동미술치료에서 매체를 통한 감각 경험은 인지, 정서, 사회성에 영향을 미친다고 한다. Bröcher(1997)에 의하면 예술적 상상은 감각적으로 인지할 수 있는 물질적인 것, 즉 물질에 의해서 객관화되고 구체화되어 미술치료에서 상징화와 의미전달로 연결된다. 미술 매체는 아동 · 청소년, 성인과 노인의 감각 활성화만 아니라 심리적 · 정서적 · 사회적 어려움을 돕는 치료적 역할을 한다. 미술치료에서 감각 경험의 치료적 의미를 제시하기 위해서는 내담자의 문제와 장애 정도, 운동감각 능력, 통제 능력, 집중력 등에 따라 매체 등을 차별화하여 적용할 수 있다. Horovitz(2007)는 정서문제가 있는 청각장애 청소년 미술치료에서 매체를 통하여 정서표현이 활성화된 사례를 보여 준다.

Bloch(1982)는 아동미술치료에서 매체는 감각과 관련하여 동기를 유발하는데, 모든 감각적 매체는 자체로 고유한 성질과 요구하는 특성을 지닌다는 것이다. 블로흐는 매체의 특성을 아동미술치료에 한정했지만, 이는 모든 연령의 내담자에게도 같은 감각적 동기와 치료적 의미를 지닌다. 일반적으로 내담자는 미술치료 초기에 미술 활동에 대한 부정적 기억이나 미술 능력의 두려움으로 미술 매체에 다가가지 못하는 경우가 많다. 이런 상황에 미술치료사는 내담자에게 자신의 감각을 일깨우는 편안하고 방어를 낮출 수 있는 매체를 소개하여 내담자가 매체와 자연스럽게 접촉하도록 매체 사용 방법과 동기유발을 갖도록 안내한다.

(4) 정서표현

예술은 정서를 표현하고 또 정서를 요구한다(Arnheim, 1966). Ficacci(2003)는 '인간에게 중요한 감정인 욕망, 연민, 절망, 공포 등은 오직 예술을 통해서만 표현'할 수 있다고 한다. 미술작품은 '감상하는 자의 영혼'을 자극하는 감동을 품고 있는데(Huyghe, 1960), 이는 미술의 특성이 정서 및 정서적 상호작용과 밀접한 관계가 있다는 것을 의미한다. Dewey(1934)도 예술과 관련한 정서를 '예술가의 활동을 움직이게 하고 접합시키는 힘'으로 정의한다.

Kramer(1991)에 의하면, 미술치료에서 내담자는 다양한 정서와 억압된 무의식의 내용 및 그와 관련된 감정들을 표출한다. 크레이머는 이러한 정서가 분출되는 현상인 퇴행이 치료적 의미의 승화작용으로 연결되는 사례들을 제시한다. Völker(2006)는 미술치료에서 부정적 감정, 수치심, 분노, 슬픔 혹은 불안 등의 강렬한 정서들은 창의적 과정에서 활성화되고 편안하게 경험되며 정서의 강도도 중간 정도로 이끌어진다고 한다.

미술치료에서 정서는 치료 과정 전반에 중요한 치료 요인이다. 내담자들은 치료 초기에 억압된 정서나 반복하여 나타나는 부정적 정서를 통제하고 방어하는 경우가 많은데, 미술 활동에서 억압 정서를 자연스럽게 표출하면서 과정을 통해 그러한 정서를 수용하고 긍정적 정서를 발견하면서 그와 통합하게 된다. 이런 점에서 미술을 통한 정서표현은 내담자의 자기 의식화와 자기 수용과 통합에 중요한 시금석이 될 수 있다.

Baer(2004)는 감정과 논리의 근본적 차이는 감정은 논리적으로 말하기가 어려우며 수량화하지 못하며, 다른 감정과 신체반응을 불러일으킨다고 한다. 베어는 미술치료에서 내담자가 이성적으로 해결할 수 없는 정서를 표현하고 그것을 치료사 혹은 집단원과 나눌 수 있는 것이 미술치료의 중요한 역할이라고 본다. 미술치료에서 내담자의 심리 상황 정도와 연령에 따라 억압되거나 방어하는 정서표현의 어려움을 어떤 시기에 어떤 매체와 기법과 주제로 개입할 것인가라는 물음이 미술치료사의 과제며 전문성이다.

(5) 카타르시스

조형자는 미술 활동에서 "심리적 방어를 완화하여 자신의 정서 에너지를 자유롭게 표현"(Bloch, 1982)함으로써 심리적 해방감과 정화인 카타르시스를 경험할 수 있다. 감상자도 예술작품에서 금지되거나 억압된 정동들의 표현에서 카타르시스를 경험한다(Schuster, 2000).

카타르시스 경험은 승화로 연결된다. 또한 미술을 통한 퇴행은 카타르시스의 기제가 된다. Schmeer(1998)는 퇴행을 창의적 과정의 유연성이자 자아 성장의 요인으로 본다. Bachmann(1993)은 미술치료에서 그림이 종종 카타르시스 표현도구로만 이용되는 것을 비판하면서, 그림은 정동과 정서를 자유롭게 표출하지만 그것으로만 끝나는 것이 아니라, 치료사가 내담자의 에너지 변화를 정신적인 효과까지 변화시키도록 해야 한다는 입장이다. 미술치료사는 내담자의 퇴행과 카타르시스를 수용하고 전체 과정에서 퇴행과 자아 의식화의 과정이 반복되는 것도 지지할 수 있어야 한다.

(6) 창의적 활동

창의성은 예술의 본질로서 예술과 분리할 수 없다. 미술이 중심축인 미술치료에서 창의성은 인간에게 내재된 고유한 특성이기에 중요한 치료적 요인이다. Bachmann(1993)은 그림의 창의적 과정에 무의식과 의식의 두 영역이 관여하는 심리적 관점을 제시한다. 즉, 그림을 그리는 사람은 창의적 활동을 통해 그림에 몰두하고 자신을 망각하며, 그 후 자기 존재와 창의적 행위를 하게 된 동기를 다시 발견할 수 있다. 이 과정에서 자아가 안정적으로 성장한다.

Malchiodi(2002)는 미술치료의 창의적 활동은 성장과 창의적 힘을 강화하도록 돕고 치유 잠재력을 깨우며, 개인적 성장을 위한 심상을 접목하고 사용하도록 돕는 연습으로, 뇌기능을 강화하고 우울과 긴장을 완화한다고 한다. Bloch(1982)는 미술치료에서 창의성에 대해 새로운 것을 만들어 내는 것에만 국한하지 않고 제작 능력까지 포함하여 완성보다 과정을 더 중요하게 여기며, 이 과정에 내담자의 자율성과 적극성, 잠재력이 창의성과 연결된다는 입장이다.

Petzold(1991a)는 미술치료의 창의적 과정에서 발견되는 치료적 의미와 역할을 단계별 특성과 연결한다. 창의적 치료 과정은 '시작단계, 활동단계, 통합단계, 새로운 오리엔테이션단계'로 연결된다. 페촐트는 예술치료 과정을 '창의적 변모(schöpferische Metamophose)'로 보며, 과정은 순차적 진행이 아니라 단계를 뛰어넘을 수 있고 직선적 과정이 아니라 순환적 과정을 거치며, 네 단계를 지난 후에 다시 첫 단계로 돌아갈 수 있다고 한다. 페촐트의 창의적 네 단계의 치료 과정, 즉 창의적 변모는 다음과 같다.

첫째, 시작단계에 창의적 활동을 하는 내담자는 자신의 문제, 정서 등에 자극을 받으며 그것을 자신과 동일시하여 그림에 표현한다. 이 단계에서 자신의 정보를 모으는 것이 중요한 역할을 하는데, 구체적으로 저장된 기억과 시각적 · 청각적 · 촉각적 · 운동적 정보수집 등이다.

둘째, 활동단계는 창의적 활동을 하면서 의식화된 문제와 정보들을 다룬다. 의식되고 형태화되고 분화되어야 할 주제들이 중단되거나 배경에 있거나 지엽적으로 다루어진다.

셋째, 통합단계는 활동단계에서 표현한 내용들에 동의하고 합의가 이루어지는 시기다. 내담자는 역전이와 방어패턴을 의식하고 행동 틀에 변화를 보이며 의사소통 능력 향상과 통찰력으로 현상을 재해석하고 재평가하며, 의미 파악 능력이 함양된다.

넷째, 새로운 오리엔테이션단계는 내담자가 일상생활을 영위하기 위한 준비기간으로 자신의 행위에 대한 결과에 책임을 진다. 내담자는 계획적인 연습, 역할 연습 등의 방법을 통하여 새로운 상황에 '창의적 변모' 혹은 '창의적 적응'을 할 수 있다.

내담자가 창의적 과정을 통해서 치유되기 위해서 미술치료사는 자신이 창의성을 어떻게 보는지, 자신이 수련과정에 창의적 변모의 과정을 경험했는지, 내담자가 단계를 순서대로 가지 않고 뛰어넘거나 한 단계에 오랫동안 머물러 있을 때 어떤 치료적 전략을 세울지에 대한 고찰과 방안을 마련하는 것이 필요하다.

2) 미술교육 및 미술교수법

(1) 미술교육과 변천사

미술치료에서는 미술 이론, 미술사, 미술교육과 교수법이 미술치료 이론의 모델이 되고 실제와 밀접한 관련성이 있다. 미술교육의 변천사는 유럽의 계몽주의 시대부터 시작된다. 대표적 교육자 Pestalozzi(1746~1827)는 미술교육을 통해 아동의 예술적 힘을 개발해야 한다고 주장했다(Menzen, 1994; Richter, 1984). 페스탈로치는 교육과정에 미술이 필수과목이 되어야 한다고 주장하며 미술교수법을 자연에서 찾았다. 아동은 자연 관찰을 통해 기하의 기본 형태와 선, 직각, 곡선, 평행선 등의 소묘 연습을 하여 원하는 형태를 그릴 수 있을 때 미적 성취를 할 수 있다는 것이 그의 미술교육관이다. 페스탈로치의 교육 대상에는 사회적으로 소외된 아동과 중증 지적 장애 아동도 포함되는데, 이는 후에 장애 아동을 위한 교육적 미술치료의 모델이 되었다(Richter, 1984). 독일의 심리학자며 교육자인 Herbart(1776~1841)는 미술 활동이 아동의 관찰방식, 행동과 생활에 영향을 끼쳐 아동의 정서와 미적 감각 능력을 높이며 도덕적 판단 및 정서적 취향을 발전시킨다고 강조했다(Richter, 1984). 그의 교수법은 감각을 통한 실제 경험을 중요시하여 미술을 교육과 치료 수단으로 적용했다. 이처럼 19세기까지는 미술교육과 미술교수법에서 자연묘사 능력, 외적인 아름다움과 균형을 중시했다.

그러나 20세기 초부터 미술교육자들은 시대 조류인 표현주의 화풍과 프로이트의 심층심리학에 영향을 받아 새로운 미술교육 방향을 모색했다(Dalley, 1986; Richter, 1984). Richter(1984)에 의하면, 20세기에 미술사 및 미술교육과 미술교수법의 변화로 원시미술, 아동미술, 성인과 아동미술 비교 연구에 관심이 증가했다. 개혁적 미술교육은 조형 활동을 통한 심리적 · 치료적 방향도 적극적으로 모색했다. 이 시기에 아동화는 미술교육자뿐만 아니라 심리학자와 의사에게도 높은 관심을 받게 된다(Sehringer, 1999).

20세기 미술교육자들은 아동의 아동다운 표현을 통제하고 정해진 기법 숙련과 주제 등의 과제에 충실했던 전 시대의 미술교수법을 비판하면서 개혁을 시도했다(Menzen, 1994). 미술교육자들은 아동이 상상력이 풍부한 충동을 자유롭게 표현할 수 있는 "아동의 내면적인 눈"(Dalley, 1986)에 더 주목하여 그것을 격려했다. 이는 아동의 본성과 내면이 표현될 수 있는 미술교수법의 모색이며, 성인 미술에도 적용되었다. 오스트리아의 개혁적 미술교육자 Cizek(1865~1946)은 아동 그림의 형식과 기법은 아동이 외적인 영향이나 방해받지 않고 자신의 욕구에 따라 자유롭게 표현할 수 있어야 한다고 강조했다(Menzen, 1994).

또한 20세기 독일에 설립된 바우하우스(Bauhaus)의 조형 교육이 추구하는 예술을 통한 사회변화의 목적과 교수법도 미술치료에 영향을 준다. 대표적인 미술교육자 Itten(1888~1967)은 미술에는 지적 영역보다 정서적 영역이 더 많이 표현되며, 그림의 운동성과 형태 그리고 인간의 정신과 영혼과 신체의 상호작용이 예술적 성취를 위한 결정적 기준이라는 것을 조형 교육의 기본목표로 삼았다(Bader, Bankus, & Mayer-Brennenstuhl, 1999). 여기에서 감각 경험은 조형 활동의 중요한 전제조건으로, 미술 전공 학생은 감각을 통한 신체 이완 후에 미술 연습을 하는데, 그 예로 두 손으로 그리기, 신체운동 조절, 사용하지 않는 손 훈련, 명암대비 훈련, 색채 경험, 시각과 촉각의 민감성 훈련 등이 있다. 특히 색채의 주관적 경험과 객관적 원리를 화가의 경험과 직관에 바탕을 두고 연구한 이텐의 저서 『색채의 예술(Kunst der Farbe)』(1961/2002)은 미술치료의 색채 이론에도 영향을 미쳤다.

추상화가며 바우하우스의 교수였던 Kandinsky도 그의 저서 『예술에 있어서 정신적인 것에 대하여(Über das Geistige in der Kunst)』(1952)에서 미술에서 관찰과 감정 체험과 자기 표현의 중요성을 강조한다. Kandinsky(1912)는 예술은 내적 요소와 외적 요소의 조화로운 결합이며, 예술가의 내적 힘이 작품 형식을 결정한다고 보았다. 특히 그는 색채와 형태의 심리적 · 정신적 · 육체적 영향을 분석했으며, 미술은 다른 감각과도 밀접한 관계가 있는 것을 다른 예술을 통해 알 수 있기에 예술가의 통합적 상상을 강조했다. 칸딘스키의 관점은 미술치료에 미술교육과 교수법에 중요한 논거가 되며, 다른 예술과 통합적 치료를 고찰하는 근거가 된다.

제2차 세계대전 이후 예술가와 미술치료사를 통하여 조형 과정을 중시하는 경향이 새로이 전개되었다. 이들은 완성된 작품의 미적 가치보다 그림을 그리는 행위 자체를 더 중요시했다. 따라서 다양한 미술 재료를 이용하여 정서적 해방감을 표현할 수 있는 기법들이 개발되었다. 대표적으로 액션 페인팅(action painting) 화가인 Pollock의 '물감을 떨어뜨리는 기법(drip painting)'(Gombrich, 1995)과 난화 그리기, 색 뿌리기, 젖은 종이에 색칠하기, 점토 주무르기, 점토 던지기, 물감 떨어뜨리는 기법 등이다. 이러한 기법들은 자유롭고 해방감을 주는 활동 자체로도 의의가 있을 뿐만 아니라, 활동 과정의 관찰과 해석 및 평가의 목적에도 적용된다(Bloch, 1982; Richter, 1984; Schottenloher, 1995).

인지학(人智學)의 창시자인 Steiner(1861~1925)는 "교육은 예술이어야 한다."라며 예술을 통한 전인 교육론을 주장하면서 발도르프 학교(Waldorf schule)를 설립하여 예술 개혁 교육을 개척했다(Menzen, 1994). 인지학은 창의적 존재인 인간이 사회적 관계, 자연과 우주적 세계구조와 연결되고, 인간은 이러한 세계의 한 부분이며 세계 또한 인간의 한 부분이라는 통합적 견해가 기반이다. 슈타이너는 인간을 육체와 정신과 영혼으로 이루어진 통일체적 존재로 보고 이를 미술을 포함한 예술교육 사상에 기초로 삼아, 유아부터 조기 예술교육으로 음악과 동작 예술인 오이리트미(Eurythmie)와 미술 활동을 장려했다(Hauschka-Staverhagen, 1981). 미술에는 소묘 및 형태 활동, 색채와 조형 활동이 교육과 치료의 기초가 된다(Clausen & Riedel, 1994; Mees-Christeller, 2003).

『예술을 통한 교육(Education through Art)』의 저자인 Read(1968)와 『창의성과 정신적 성장(Creative and Mental Growth)』을 집필한 Lowenfeld와 Brittain(1975)의 영향은 미술교육뿐만 아니라 미술치료 이론에도 주요 근거가 된다. 이들은 1920년대 Dewey의 경험주의 사상의 영향으로 미술에 대해 보고 생각하고 느끼며 창의적인 인간 본질을 발전시키는 수단으로 여겼다. 여기에서 '아동 중심'의 활동 구상이 이루어졌으며, 이는 청소년 · 성인미술치료에도 적용되었다. Read(1968)는 미술을 통한 감성교육이 중요하며, 미술을 통한 이성과 감성의 조화와 창의성이 인간 의식의 발전에 핵심 도구라고 보았다. 미술교육자인 Cohen과 Gainer(1995)도 미술교육에서 미술 활동 과정을 통한 아동의 표현과 아동의 사고와 정서 및 감정을 중요시하였다. 이들의 미술교육은 아동이 미술을 이해하며 자신의 개성을 발견하고 자신감을 얻는데 중점을 두었다.

Kükelhaus는 인간의 전인적 관점을 개발하는 미술교육은 보는 것, 걷는 것, 듣는 것, 나아가 삶 자체에 대해 모험하며 그것을 수용하도록 도와야 한다고 강조했다(Menzen, 1994). 그에게 미술 활동과 교수법은 감각 교육을 개발하는 '경험의 장(Erfahrungsfeld)'이다. 그는 인간은 감각을 통해 살기 때문에 교육에 감각 개발을 위한 적절한 경험의 장이 없으면 정상적으로 성장하기 어렵다고 보았다.

Schuster(1993)는 현대 미술은 미술의 치료 기능을 강조하는 경향이 있다고 한다. 그는 현대 예술가들은 그들의 작품이 순간적이고 종종 관찰하기 어려운 정신적 과정에 형태를 부여하고 감상자들에게 자기 경험을 그림으로 설명하기도 하며, 또한 삶의 문제에 대한 해결책을 제시하는 기능을 제공한다고 하였다. Alter-Muri (2003)는 미술사와 미술치료 이론을 연결하는 시도를 하는데, 미술사, 특히 포스트모더니즘 이론을 기반으로 한 미술치료의 장점과 중요한 치료 도구의 역할을 미술치료 사례를 통해 제시한다. Wenninger-Brenn(2003)는 정신신경면역학의 심리치료적 개입에서 예술이 왜 주제가 되며, 미학의 치료적 영향과 예술이 치료를 위해 도움이 되는가라는 질문에서 정신신경면역학과의 융합적 관점을 풀어 나가고자 한다.

(2) 미술교육과 미술치료의 공통점과 차이점

오늘날 미술교육은 학교 미술교육과 대학의 미술전공 교육만 아닌 성인의 평생교육 영역으로 확장되어, 미술관 교육, 평생교육에서의 미술교육, 공공미술, 애니메이션 및 영상교육 등이 있다. 확장된 의미인 미술교육의 역할을 두 측면으로 나눌 수 있다. 첫째, 사회적 요구와 목표 달성을 돕는 교육 수단인 도구주의 입장과 미술 자체가 교육 중심인 미술교육의 본질주의 입장이다(임정기, 이성도, 김황기, 2006). 김성숙 외(2020)는 미술교육의 목적을 다섯 가지로 요약하는데, "미의식의 제고와 미적 감수성의 함양, 시각문화 이해 능력 및 소통 능력 강화, 창의적 · 융합적 조형 능력 향상, 자기주도적 · 비판적 사고력 증진, 정서 순화 및 전인적 조화 능력의 신장"

이다.

미술치료는 미술교육과 교수법 이론을 기반으로 전 연령의 환자나 내담자의 미술 활동을 치료 목적과 연결한다. 그러나 초보 미술치료사는 미술교육과 미술치료 사이에서 정체성 혼란을 겪기도 하는데, 예를 들어 미술치료사가 내담자에게 매체와 기법을 알려 주면서, 본인이 미술 교사인지 미술치료사인지 고민하는 상황이다. 이는 미술치료와 미술교육에서 미술의 주요소인 매체와 교수법과 겹치는 부분이 많기 때문이다. 이처럼 미술교육 및 미술 교수법은 미술치료와 미술교육의 공통분모가 되어 오해와 혼란이 존재할 수 있다. 이런 상황에 미술교육과 미술치료의 공통점과 차이점을 제시함으로써 미술치료의 이론 모델 근거를 정착할 필요가 있다.

미술교육과 미술치료의 공통점은 미술이라는 예술 형태, 예술 특성, 창의성, 감상법, 미술 활동 등의 미적 체험과 매체 사용, 기법, 작품 과정이 유사하다(Bröcher, 1997, 1999; Menzen, 1994, 2001; Richter, 1984; Rubin, 1999; Schottenloher, 1994; Stepney, 2001). 또한 미술을 통한 '정서 순화와 전인적 조화 능력의 신장'도 두 영역의 공통부분이다. Rubin(1999)은 미술치료와 미술교육의 공통점이 재료와 접근 방법이 같고 다양한 구조를 지닌 단계를 제공하며, 미술치료사와 미술교육자의 사용 언어도 구분되지 않을 수 있다고 한다.

미술교육과 미술치료의 차이점으로, 학교 미술교육은 미술 교사가 교육계획안에 따라 미술 이론과 실기 및 감상을 가르치며, 학습과 활동을 평가하고 학년에 따라 단계적으로 지도한다. 대학의 미술전공 교육은 전문적인 영역으로 커리큘럼이 특화된다. 일반 성인 미술교육도 목표에 따라 미술사, 미술 감상, 미술관 방문, 미술 기법과 조형에 대한 단계적 과정 등으로 이루어진다. 이에 따라 미술교육에서는 미술사, 감상, 조형 요소, 기법, 매체 등에 근거하여 교육계획안이 체계적이고 구체적으로 제시된다.

미술치료는 내담자 개인의 심리적·정신병리적 문제 해결과 치료 가능성에 초점을 두기에 미술교육과 목적이 다르다. 미술치료사는 내담자의 문제에 근거한 미술치료 계획을 세우지만, 치료 상황이나 내담자의 요구와 의지에 따라 계획과 과정을 변경할 수 있는 유연성이 기본이다. 미술치료사는 내담자에게 미술 숙련도를 지도

하지 않고 주제도 내담자의 상황에 근거하여 설계한다. 따라서 미술치료사는 내담자에게 미술사, 감상, 조형 요소, 기법 숙련 연습 및 지도나 목표 달성과 평가가 아닌, 개인의 심리적 · 정신적 문제와 창의적 자원을 미술로 표현하는 과정을 주목적으로 둔다.

미술교육자며 표현 화가인 Stern은 '표현회화(Ausdrucksmalerei)'를 통해 미술치료가 미술교육과 차별되는 새로운 방안의 교수법을 소개한다(Bachmann, 1993). 슈테른은 아동을 연구 대상으로 삼는 심리적 방법인 아동 그림으로 심리를 진단하는 것을 비판하면서, 그림이 자기 내면의 모든 것을 자유롭게 표현할 수 있는 표현회화가 되는, 즉 '그리는 사람의 창의적 표현'의 중요성을 강조한다. 슈테른의 표현 중심 아틀리에 '보호공간'은 참가자가 미술 활동과 의사소통을 자유롭게 할 수 있도록 보호하는 공간으로, 여기서는 개인의 상상과 영감을 일반적인 미적 기준으로 평가하지 않는다. '보호공간'의 중심 의미는 아동 · 청소년이나 성인이 이곳에서 자기 내면을 그림으로 자유롭게 표현할 기회를 얻는 표현회화의 장이다. 표현회화에 중요한 것은 완성품이 아니라, 내담자가 자기 존중감을 높이며 경쟁하지 않고 심리적 균형을 찾는 것과 미적 의사 표시를 내면화하는 것이다.

Egger(1998)도 미술치료에서 내담자에게 종이, 물감과 붓의 사용법을 최소한으로 알려 주고, 그의 주변에서 이야기를 들어 주거나 그림 완성 후에는 그리는 동안 느꼈던 것을 대화로 나누는 방식을 사용한다. 에거에 따르면, 그림은 그리는 사람이 자신의 환경에서 자기 위치와 입장을 표현한 것으로, 그림에서 느끼는 것은 그림을 그린 본인만의 몫이다. 에거가 강조하는 미술치료사의 역할은 내담자가 그림으로 자신의 감정에 좀 더 가까이 갈 수 있도록 도와주는 것이다. 미술치료는 미술교육과 달리 미술치료사와 내담자의 관계를 중요시하기 때문에 나이에 따르는 발달 과정 및 표현을 지적하거나 개선하려 하지 않는다.

Rubin(1984)은 미술치료사는 내담자의 작품에 표현된 미술의 언어를 읽고 배우는 것이 미술치료의 본질이라고 한다. 이를 위해 미술치료사는 심리학 기반의 훈련된 시각과 색채, 형태, 재료, 내용, 도구 사용법 등도 학습해야 한다. Malchiodi (1998)도 미술교육과 미술치료는 외견상으로는 같아 보일 수 있지만, 목표와 목적이

다르다고 한다. 즉, 대부분의 미술치료 회기의 기본이자 주안점은 내담자의 내적 경험, 즉 감정, 인식, 이미지, 생각, 아이디어와 상상력의 경험이다. Rubin(1999)도 미술치료에는 교육적 요소가 있으나 이는 치료의 일차 목표를 위한 이차적 수단으로서, 기법을 가르치는 것은 그것을 통하여 내담자가 감정 표현을 분명하게 하거나 자신감을 얻기 위한 도움으로 기능 자체를 교육하는 것이라고 한다.

3) 아동화 발달단계와 미술치료

(1) 아동화 발달단계 연구

미술 이론에서 아동화 발달단계 연구는 아동미술교육과 아동미술치료뿐 아니라 청소년, 성인과 장애 아동·청소년의 그림을 이해하는 필수 주제다. 20세기 초 아동화는 예술, 심리학과 교육학에서 주의를 끌기 시작했다(Richter, 1987). 아동화 발달단계는 오늘날 아동의 지적·정서적·감각적 발달 진단에도 중요한 역할을 하며, 특수교육 영역과 미술치료에 많이 적용된다. 아동의 발달단계를 그림으로 이해하려는 시도는 다양한 진단법으로 개발되었다. 아동화 발달단계는 미술치료에서 아동·청소년·성인 내담자의 미술표현 특성과 과정에 중요한 평가요인(Richter, 1987; Wichelhaus, 1997)이며, 아동화는 성격 진단도구로 심리진단과 미술치료에도 사용된다(Sehringer, 1999).

그러나 미술치료에서 아동화 진단의 경우 그림을 검사 틀에만 맞추려 하면 아동의 상황을 함께 살피지 못하는 우를 범할 수 있다. 진단은 전체 치료 과정을 보완하는 한 부분으로 받아들여져야 한다. 아동화 발달단계의 연구를 시대적 변화에 따라 살펴보면 다음과 같다.

프랑스 학자 Luquet는 1927년 아동화란 근본적으로 아동의 지적 활동으로 단계적으로 변화하고 발달하며, 앞 단계는 다음 단계의 전제조건이라는 것을 최초로 체계화하여 제시했다(Schuster, 1993). 그는 아동화 발달단계를 4단계인 '우연적 사실주의'(2~3세), '결점 있는 사실주의'(3~5세), '지적 사실주의'(5~8세)와 '시각적 사실주의'(8~9세 이후)로 분류했다. 뤼케의 아동화 발달단계 이론은 피아제뿐 아니라,

Kellogg, Lowenfeld와 Brittain, Widlöcher, Richter 등의 연구자에게 영향을 미쳤다.

프랑스의 정신분석학자며 소아정신건강의학과 의사인 Widlöcher(1984)는 1965년 저서『아동화의 비밀(Was eine Kinderzeichnung verrat)』에서 아동화는 교육뿐 아니라 발달장애의 진단 및 치료에도 중요한 역할을 하므로 아동화 연구의 필요성을 강조했다. 그는 뤼케의 아동화 발달단계를 따르지만, 단계별 용어의 문제점을 지적하면서 세분화하여 '소묘표현 시작 단계' '난화 단계' '표현 의도 출발 단계' '우연적 의도에서 지적 사실주의 단계' '시각적 사실주의 단계'로 분류했다. 그는 아동화 발달 과정은 아동 성장에 따라 차이가 있는데, 일반적 발달뿐 아니라, 운동감각 능력, 인지 능력과 사회문화적 · 환경적 영향도 상관관계가 있다는 견해다. 그는 아동화 발달, 아동화 양식, 아동화와 성격, 아동화에 나타난 무의식의 표현 및 심리치료를 위한 실제 적용 등을 제시하면서, 그림 언어가 무엇을 알리고 이야기하려는 의도는 일반 언어와 같은 작용을 하므로 '그림의 의사소통 역할'을 중시했다.

장애 아동과 일반 아동 미술교육에서 미술을 통한 아동의 성장을 제시한 Lowenfeld와 Brittain(1975)은 그림 발달단계의 용어와 나이를 함께 제시한다. 아동화 발달단계는 '난화기'(2~4세), 사물의 묘사를 시작하는 '전도식기'(4~7세), 형태를 구성하는 '도식기/도식기 전기'(7~9세), '또래집단기/도식기 후기'(9~12세), '의사실기'(12~14세)로 분류된다. 그러나 이들은 아동에 따라 이러한 분류보다 더 늦거나 빠른 표현을 하는 경우가 있다는 것을 전제하였다. Richter(1987)는 아동화 발달단계를 '난화기'(문지르기 흔적부터 최초의 그림 형태까지), '도식기'(그림의 탄생기인 전도식기부터 도식적 형태 반복의 도식기 전기까지), 도식기 후기(도식기 탈피와 청소년기 시작)로 분류했다.

Bachmann(1993)은 아동화를 정신분석학적으로 연구한 슈테른과 말러의 유아 개별화 과정 이론을 비교하여 아동 그림의 발달 관점을 전개했다. 바흐만은 말러의 개별화 과정과 슈테른의 아동화 표현 단계는 시간적 차이는 있으나 평행적 관계를 이루는 것을 다음과 같이 보여 준다(〈표 2-1〉, [그림 2-1] 참조).

표 2-1 심리 발달과 그림 발달의 평행적 진전과 시간적 차이

Mahler의 개별화 과정	Stern의 아동화 발달
0~5개월: 개별화의 전 단계, 정상적 자폐와 공생기	3~4.5세: 난화, 기하 형태
5~12개월: 첫 단계, 분화기	4~5.5세: 두족화, 태양 형태
10~18개월: 둘째 단계, 연습기	5~6.5세: 두족화에서 서 있는 사람 형태로 발전: 흔들거리는, 착지하는, 서 있는 형태
15~24개월: 셋째 단계, 재접근단계	6~7.5세: 원, 아치형, 연결, 결합 형태
24~36개월: 넷째 단계, 개성화 공고화, 대상항상성	7~8.5세: 활동하는 사람 형태, 사회에서 활동하는 형태

출처: Bachmann (1993).

[그림 2-1] 아동화 발달단계

(2) 아동화 발달단계와 치료적 관계

다음에서는 아동화 발달단계에 따른 그림 특성과 심리적 역동을 제시하여 미술치료에서 내담자의 미술 표현 이해와 치료적 접근 방안을 모색하고자 한다.

① 난화기

난화는 손이나 종이나 바닥에 연필, 색연필, 크레파스 등으로 선을 낙서하듯이 방향성 없이 문지르거나 위아래, 좌우로 뒤섞여 긋거나 긁적거리는 행위다. 난화는 1~4세 정도 유아의 시각적 표현의 시작이지만 도식적 체계에 속하지 않는다. 그러나 도식화 이전의 미술 표현은 아동화 발달을 이해하는 기본 요인이다.

난화는 나이에 따라 형태가 변하는데, Grözinger(1952)는 난화를 최초 뭉치형, 최초 십자형, 나선형, 네모 나선형, 지그재그 나선형 등으로 구분했다(Schuster, 1993). Kellogg(1969)는 아동의 난화를 수집하여 점, 직선, 곡선, 나선, 겹쳐지는 원, 불완전한 원 등의 20개 기본 난화 요소 목록을 발표했다. 이후에 기본 난화 요소들이 다양한 형태로 발전하는 현상을 중심에서 원주까지 분류하여 만다라 형상으로 제시된다(Kellogg, 1970). Richter(1987)는 켈로그의 구조 분석 방식이 흥미로울 수 있지만, 유아의 초기 표현 의미에 대한 통찰력을 거의 제공하지 않는다고 비판한다. Richter는 어린아이가 난화를 그릴 몇 분 동안에도 난화의 여러 요소가 결합된다는 입장에서 켈로그의 분류로 의미를 찾을 수 있는지 묻는다.

Richter(1987)는 난화는 아동의 운동감각, 지각운동, 정서적 과정과 자율성의 정도와 관련되며, 아동기는 난화 표현에서 '기능에 대한 즐거움과 만족감'을 경험하는 중요한 시기로 보았다. 리히터는 난화단계의 표현 양상을 순차적인 4단계로 제시하면서, 이 단계는 나란히 존재하거나 서로 연결될 수도 있다고 한다. 난화의 4단계는 '문지르기의 객관적 묘사 혹은 흔적 자국' '흔직 난화' '동작 난화'와 '개념 난화'로 다음과 같다.

첫째, '문지르기의 객관적 묘사 혹은 흔적 자국'은 생후 5, 6개월에 발생하는데, 이것은 아이의 초기 활동의 결과에 해당하나 활동 기록은 존재하지 않는다. 이 단계에 아이는 일종의 '움직임의 즐거움' 또는 '기능의 즐거움'을 경험하는데, 이는 난화의 심리적 상관물이며 영구적인 경험으로 연결된다. 아이는 자신이 '생산한' 흔적의 영속성에 대한 만족감을 경험한다.

둘째, '흔적 난화'는 8, 9개월부터 발생하는데, 아이는 물체를 잡는 능력이 발달하고 손과 눈의 상호작용이 이루어져, 그리는 도구 사용과 '성공적인 움직임' '그림을 그릴 수 있음'에 만족하며 활동의 증거를 남긴다.

셋째, '동작 난화'는 약 18개월부터 이루어지며, 아이의 동작 전환으로 '다양한 모양의 난화' '원형 난화' '두족화'의 순서로 진행된다. 아이는 운동 개념을 알고, 운동 과정을 중단하고 다시 시작하며, 선을 긋고 폐곡선을 그릴 수 있다. Wallon과 Widlöcher는 이 시기를 드로잉의 탄생단계라고 한다(Richter, 1987). 이 단계는 피아제의 감각운동기에서 조작적(개념적-인지적) 개념과 비유적(그림적) 행동 개념으로의 전환표상이 동반된다.

넷째, '개념 난화'는 3~4세 초에 그려지는데, 도식적 표현에 가까워진다. 두족화, 상자(집) 형태, 사다리(나무) 형태 등이 부분적으로 포함되지만, 여전히 객관적으로 해석하기 어려운 난화 요소나 형상의 잔재가 있다.

난화기를 지난 아동뿐 아니라 청소년과 성인의 난화는 심리적 퇴행, 감각운동, 이완, 정서적 해방감을 준다. 난화의 이러한 특성은 미술치료에서 중요한 의미를 지니는데, 특히 두려움이 많거나 소심하거나 혹은 완벽한 성향이나 운동 발산 욕구가 많은 내담자는 어느 쪽이든 자연스럽게 선을 표현하면서 억눌린 감정을 해소할 수 있다. 특히 분노, 공격성, 혼란 등의 감정이 많은 내담자는 나이와 관계없이 초기단계에 난화를 그리는 경우가 많다. 난화란 구체적 목적을 가지고 표현하는 것이 아니라 선 표현 자체에 집중하는 특성으로, 내담자는 '지금-여기(here and now)'를 경험하며 표현활동과 자기가 하나 되는 일체감을 경험한다(정여주, 2012). 난화의 놀이적 요소가 운동성 및 능동성 강화, 이완과 대화적 특성과도 연결된다.

② 두족화기(난화기와 전도식기의 과도기)

Richter(1987)가 난화의 단계에서 동작 난화로 명명했던 시기에 나타나는 두족화기는 2~3세 정도의 유아가 사람을 머리와 몸통 혹은 머리와 팔이나 발 모양으로 표현하는 시기다. 유아는 두족화에서 발전하여 원, 수직선, 수평선을 연결하면서 태양, 사다리, 상자, 집 등의 형태를 표현하기 시작하고 공간 의식도 확장된다. 이 시기의 유아는 일반적으로 대상과 색을 맞추거나 좋아하는 색을 쓰기보다는 마음대로 색을 쓴다.

아동이 전도식기 후반 나이에도 두족화를 그린다면 인지 능력, 운동감각 능력, 지각 능력 등의 지체를 의심할 수 있다. 그러나 초등학생이 유행 그림을 모방하여 두족화와 비슷한 졸라맨이나 막대기 모양 사람을 그릴 때는 인지 및 지각 능력의 지체와 다르게 보아야 한다. 미술치료 상황에서는 아동뿐 아니라 청소년, 성인 중에도 우울, 무기력, 불안 등의 심리적 문제나 장애가 있을 때 두족화를 그리는 경우가 있다(정여주, 2012).

③ **전도식기**(4~7세)

아동은 이 단계 초기에 대상을 자신이 아는 대로 그리려 하면서도 이미 사물의 특징을 묘사하기 시작한다. 이 단계의 아동은 교육이나 규범보다는 자신이 무엇인가를 표현할 수 있는 것에 즐거움을 느끼며 자유롭게 표현하기에 자신이 좋아하는 것과 정서에 어울리는 것을 즐겨 그린다. 이 시기는 상상력이 왕성해지는 중요한 단계다. 아동은 대상에 어울리는 색들을 사용하려 하지만, 자신이 좋아하는 주관적 색을 더 많이 사용하는 경향이 있다.

이 단계의 그림에서는 단순한 형태에서 이야기가 있는 내용과 다양하고 세밀한 표현이 증가한다. 아동은 그림에 이야기를 만들어 가면서 상황에 따라 덧칠하거나 보완하거나 없어야 하는 것을 검정으로 칠하는 경향도 있다. 즉, 완성의 의미보다는 과정의 표현이 중요한 역할을 한다. 아동은 이야기 변화 내용을 모두 표현하지 못하여 실망하거나 좌절하기도 하지만 자신만의 기발한 해결 방법을 스스로 찾는다. 아동은 그림이나 입체 활동에서 자신의 감정을 단순하고도 즉흥적으로 표현하여 말로 잘 못하는 내용을 보여 줄 수 있다.

전도식기 아동은 입체 활동에도 흥미가 많아 공감각을 자극하는 다양한 매체를 경험하는 것도 필요하다. 이 단계의 '미술 활동은 아동의 지적 · 정서적 · 사회적 ·

감각적 성장의 이해뿐만 아니라 치료적 진단과 적용에도 중요한 자료"(정여주, 2012)가 된다. 이 시기 아동은 억제하지 않고 온전히 내적 욕구와 충동에 따라 그리기 때문에, 이런 활동이 치료적으로도 중요한 의미(Bachmann, 1993)가 있다.

전도식기는 다양한 면에서 발달이 빠르게 이루어지는 단계로 아동에 따라 언어보다 시각적 표현이 더 빠른 아동도 있고, 환경 자극에 따라 같은 나이의 아동 간에도 차이가 있다. 전도식기에도 난화가 여전히 공존하는 경우가 많다. 나아가 장애아동은 연령이 높아져도 전도식기 특성에 머무르는 경우가 많아서, 장애 아동에게 다양한 자극을 줄 수 있는 더 치밀하고 단계적인 접근이 필요하다.

④ 도식기/도식기 전기(7~9세)

도식기는 아동이 의식하지 않아도 일반적으로 고정된 표현 형식을 반복적으로 그린 것에서 기인한다(Richter, 1987). 7~9세 정도를 도식기(Lowenfeld & Brittain, 1975) 혹은 도식기 전기(Richter, 1987)라고 한다.

이 시기 아동화는 대상의 외면만 아니라 아동이 알고 있는 내부도 동시에 묘사하는 엑스레이 같은 투시화가 많으며, 사물을 다양한 각도에서 보는 것처럼 그리는, 예를 들어 옆모습이지만 두 개의 눈을 그리는 특성도 있다. 또한 대상을 펼쳐 그리는 전개 도식, 예를 들어 축구를 하는 아이들이나 가로수 나무들이 모두 옆으로 누워 있게 그리는 방식의 표현이 많다.

이 시기 아동은 어떤 부분을 매우 상세하게 혹은 실제보다 크거나 작게 그리는데, 이는 자신이 갖는 대상에 대한 의미 관점이 표현될 수 있다. 아동은 자신의 내적 심리 상태의 표현으로 대상을 확대, 축소, 강조 혹은 왜곡하여 그리는 특성(Wichelhaus, 1997)을 보이는데, 이는 미술치료에서 진단과 평가 및 아동의 정서·심리 상황을 이해하는 데 중요한 요인이다.

이 시기 아동은 언어 표현에 어려움이 없지만, 부정적 감정, 갈등, 소망, 무의식의 소망 등을 말로 표현하기 꺼리고 회피하거나 두려워하는 경우가 있다. 이런 상황의 아동은 그림에 자기 내적 현실을 무의식적으로 표현하며, 미술치료에서는 이런 표현을 자연스럽고 유연하게 대화로 연결하거나 상징을 읽어 가며 치료적 실마리를 풀 수 있다.

⑤ 또래집단기/도식기 후기(9~12세)

이 단계는 아동기 후기로서 청소년기에 접어든다. 아동기 후기 그림은 사실적이며 대상 표현이 더 세분되고 정밀한 특성을 보인다. 아동은 원근법, 비율 등을 고려하여 풍경화와 정밀화를 많이 그리지만 최근에는 만화, 풍자 그림, 유행하는 이모티콘과 게임 캐릭터 등도 많이 표현한다.

아동은 사춘기에 접어들어 정서적으로 불안정한 상황을 겪으면서 감정 기복이 심해지고 또래와 대중매체의 영향을 많이 받는다. 미술치료에서 이런 상황이 많이 반영되는데, 아동은 자신의 내적 상황이 그림으로 표현되는 것에 놀라기도 하지만, 자연스럽게 자신을 표현하면서 그림의 내용을 수용하여 마음을 개방하고 자기 인식을 더 잘할 수 있다.

다른 한편으로, 아동은 그림에 관심이 적어지거나 자신은 그림을 못 그린다는 의식이 강해지면서 그리는 활동 자체를 꺼리거나 거부하기도 한다. 미술치료는 미술에 대한 아동의 생각을 바꿀 수 있는 계기를 주기도 한다. 명화나 예술작품을 감상하고 그에 투사되는 자신의 심리적 상황을 표현하거나 여러 회기에 걸쳐 입체 작업을 하는 것도 효과적인 예가 될 수 있다. 또한 이 시기 아동은 아동화 전 단계의 특성이나 매체로서 퇴행을 경험하면서 현재의 억눌린 상황을 표출하고 이완하기도 한다.

⑥ 의사실기(12~14세)

의사실기 청소년은 논리력과 비판력이 향상하지만, 다른 한편으로는 현실적·비현실적 문제에 대한 혼란, 감정적 기복 등으로 어려움을 겪는다. 청소년은 자존감을 중요하게 생각하고 자주적으로 되려 하면서도 또래 관계나 문화, 사회의 영향을 민감하게 받아 모방성이 많아지기도 한다.

따라서 성 정체성, 교우관계, 사회적 이슈 거부, 청소년 하위문화 모방, 영웅적 자기과시, 성적 욕구, 죽음, 공격성, 현실 비판 및 풍자 등이 이 시기 미술 표현의 특성을 이룬다. 청소년은 대상을 사실적으로 그리며, 그렇게 표현되지 않을 때는 여러 번 수정(Lowenfeld & Brittain, 1975)도 하지만, 사실적으로 표현하지 못하는 실망감, 좌절감으로 그리기를 거부하기도 한다(Richter, 1987; Wichelhaus, 1997). 청소년기는 일반적으로 그림을 그리는 것을 꺼려하는 시기다.

2. 심층심리학과 인본주의 심리학 관점

1) 심층심리학 관점

심층심리학은 인간의 의식적 정신생활이 아닌 잠재의식과 무의식의 심층을 밝히는, 특히 감정과 의지 사이의 관계를 본능의 역동에 초점을 맞추는 심리학 방향을 총칭하는 용어다(Dorsch, Haker & Stapf, 1987). 심층심리학의 대표 학자로 Freud, Adler와 Jung을 들 수 있다.

프로이트 학파는 정신분석, 정신역동을 다루며 정통 프로이트 학파와 그의 이론을 수정하여 다른 관점과 방향으로 체계화하는 학파로 나뉜다. 대표적으로 자아심리학, 자기 심리학과 대상관계 이론의 공통적 관심은 대상관계의 문제에 집중된다(Greenberg & Mitchell, 1983). 대상관계 이론은 치료 과정에서 대상의 특성보다 대상의 관계에 더 많은 관심을 기울이게 되면서 구축되었다(Schmeer, 1998/2006). 심층심리학의 또 다른 분파는 융의 분석심리학과 아들러의 개인심리학이다. 이 책에서는 정신분석 혹은 정신역동 모델의 프로이트 이론, 대상관계 모델의 Winnicott 이론, 분석심리학 모델의 융 이론과 개인심리학 모델의 아들러 이론과 각각의 고유한 임상적 접근 방향을 소개하고자 한다.

(1) Freud 정신분석(정신역동)

① 정신분석 개요

무의식은 보이지 않는 뿌리와 같으며 인간의 행동, 생각, 감정은 대부분 그곳에서 공급되기에, 인간의 성장에는 의식과 무의식의 교환이 중요한 역할을 한다(Wellendorf, 1991). Wilson(2003)은 정신분석의 목표는 정신적 상처가 있는 사람의 무의식 자료를 조명하는 것으로, 모든 사람을 치유할 수 있는 수단이고 어떤 사람에게도 유용하다는 것을 강조한다.

정신분석은 Freud의 본능이론, 욕동구조 모델과 정신역동 원리에 의거한다. 프로이트(Freud, 1989)는 욕동구조 모델을 초기에 무의식, 잠재의식과 의식으로 나누었다. 그는 후에 초기 모델을 재구성하여 정신적 기능을 세 부분으로 구별하는데, 원본능(Es, Id), 자아(Ich, Ego), 초자아(Über-Ich, Superego)다(Kraft, 2015; Schmeer, 1998). 원본능은 무의식적인 환상과 억압된 내용으로 성적이고 공격적인 충동의 에너지가 풍부한 본능이다. 자아는 의식적이며 동시에 무의식적인 작동 부분을 가진 인식, 기억, 판단 등의 제어 능력이 있어 외부세계와 내부세계를 중재한다. 초자아는 개인의 양심과 사회적으로 중재된 규범과 법칙이다. 이 세 기능은 일상에서는 큰 경계나 구별이 없지만, 심리적 갈등이 있거나 병이 발생될 때는 그 기능의 차이와 구별이 분명하게 드러난다(Corsini, 1973). 각각의 기능은 환자의 심리적 갈등, 정신역동을 분석하여 변화시키는 역할을 하는데, 원본능, 자아와 초자아 간의 심리적 긴장과 역동은 불안, 억압, 고착, 전이, 투사, 역전이, 저항 등의 방어기제와 꿈에 반영된다.

원본능은 1차 원리인 쾌락원리, 자아는 2차 원리인 현실원리로 적용된다(Freud, 1988). 프로이트의 본능이론은 생명 보존의 목적인 자아본능(Ichtrieb)과 종족 보존을 위한 성적 본능(Sexualtrieb)의 관점에서 출발해 후에 성생활의 동력인 리비도(Libido)로 제시된다(Freud, 1989). 프로이트에게 삶의 에너지는 리비도에 의존하는데, 이를 억압하면 히스테리와 강박신경증과 같은 신경증 증세가 나타난다. 본능은 대상과 목표를 찾는데, 외적 대상뿐만 아니라 자아 대상을 찾는 '나르시즘'인 자기애가 있다(Freud, 1989). 프로이트는 리비도를 만족시키는 대체 작용인 '승화(Sublimation)'를 제시한다. 승화는 성적 대상과 목표보다 사회적 목표를 더 높게 두는데, 대표적 예로 예술을 통한 만족을 얻는 것이다.

프로이트의 성격이론은 성적 발달의 초점을 입, 항문, 성기에 따라 단계적으로 구조화되는데, 연령에 따라 구강기, 항문기, 남근기, 잠복기, 성기기로 나뉜다. 각 단계마다 리비도적 만족의 대상이 달라진다. 이에 대한 이론적 특성은 여기에서는 생략하고자 한다.

② 정신분석 미술치료

Kraft(2015)는 정신분석적 관점에서 미술 활동의 무의식적 힘을 강조하면서 예술행위 과정과 예술작품에 무의식이 항상 흘러 들어가며 예술작품은 예술가의 의식과 무의식을 담을 수 있는 '컨테이너(container)'이라고 한다. 이는 Bion이 심오한 감정적 경험과 억압적 정동에 대해 컨테이너(Container) 모델(Symington, 1996/2015)을 제시한 것과 같은 의미로 볼 수 있다.

정신분석 미술치료는 환자의 꿈, 백일몽, 상상이나 자유연상에 의한 자유로운 표현과 즉흥적인 표현을 중시한다. 이 관점의 미술치료는 환자의 꿈이나 무의식의 내용을 내포하는 백일몽, 판타지, 갈등과 유년의 기억을 그림으로 표현하게 하고, 그림에 나타난 상징과 심리적 내용을 분석하여 의식화하고 언어화한다(Schuster, 1993). 정신분석 미술치료와 같은 의미인 정신역동 미술치료는 나움버거가 1940년대 후반에 미국에 미술치료를 알리고 정의하기 위해 적용한 용어다(Wilson, 2003).

정신분석 미술치료에서 그림 상징은 프로이트의 상징 해석에 의거한다. 프로이트는 초기 연구에서 상징을 개인의 갈등이 정신적 표현 혹은 신체적 증상으로 대체되는 신경증 표현의 전위나 전달로 분석하였으나, 후기 연구에서는 상징이 억압되고 은폐된 소망의 내용도 포함한다는 입장이었다(Neumann, 1996).

미술치료에서 상징은 내담자의 정신적 외상이나 억압된 무의식의 소망과 부정적 에너지를 의식화하고 구체화하는 '구체적 현실'이며 '의사소통의 형태'(Bloch, 1982)다. 내담자는 미술치료에서 상징화 과정을 통해 '건설적 에너지'(Kramer, 1991)를 경험하며, 혼돈에서 질서를 찾아가는 '자아 작업과 자아성장'(Andina-Kernen, 1996)을 한다. 내담자는 내적 흥분을 상징적으로 그리는데, 그림은 무의식의 고통이나 억압된 갈등을 나타낸다. 또한 상징 그림은 내담자의 파트너로서 확대된 의미에서 Kohut(1993)이 주장하는 자기 대상이 된다. 완성된 작품은 내담자의 자기애적 성격의 틈을 메워 주기 때문에 '전체'로 받아들여진다(Schmeer, 1998).

미술치료에 프로이트 이론을 선도적으로 적용한 Naumburg(1950/1973)는 '미술치료는 그림의 투사 수단을 통해 환자와 치료사 간의 상징적 의사소통 방법을 촉진한다. 그러나 나움버거는 그림의 진단적 · 투사적 특성을 통찰의 최우선 순위로 보기 때문에, 미술에 대한 이해와 미술 경험의 중요성을 간과하는 경향이 있다. 이로 인하여 나움버거는 미술치료가 '심리치료의 발판'으로 사용되는 원인을 제공했다는 비판을 받기도 한다(Dannecker, 2000).

미술사가며 정신분석가인 Kris는 기존 정신분석학자들의 예술에 대한 관심이 정신병리적인 면에 치우친다는 점을 지적하면서 예술의 힘 자체를 강조하였다(Kuhns, 1986; Schmeer, 1998). Kraft(2015)는 Kris가 자아심리학적 측면에서 창의성과 관련하여 중요한 기여를 했다고 평가하는데, Kris는 '예술가의 억압 완화'에 대한 프로이트의 생각을 받아들이면서 '자아에 봉사하는 퇴행'이라는 아이디어를 발전시켰다고 한다. 크라프트는 이 개념을 '무의식에 과정에 압도당하지 않고 일시적으로 굴복하는 예술가의 능력을 의미한다.'라고 본다. 나아가 프로이트가 퇴행을 자아방어로 해석한 것과는 달리, 크리스는 퇴행을 창의적 과정에 나타나는 유연성으로 보고 긍정적 가능성을 강조했다. 크리스는 예술의 정신능력을 "종합적 · 통합적 적응 능력이 있는 자아기능"(Dannecker, 2000)으로 본다. 예술 활동에서 보이는 퇴행은 일시적이기 때문에 자아는 통제될 수 있다는 입장을 지닌다(Winner, 1982). 크리스에게 자아기능은 사회적으로 수용할 수 없는 본능적 욕동을 수용할 수 있는, 다른 것으로 우회할 수 있는 능력이다(Schmeer, 1998).

크리스의 논제는 미술치료에서 미술을 통한 퇴행이 내담자에게 카타르시스를 느끼게 하며 자아통제의 힘을 준다는 사례에 부합된다. 그러나 Dannecker(2000)는 예술활동에 퇴행이 먼저 일어나고 다음에 자아가 공급된다는 크리스의 입장은 미술치료를 심리치료의 하위단계로 분류할 수 있다고 비판한나.

Kramer(1991)는 프로이트 학파 미술치료사로서, 자기 문제에 고착되고 외부세계와의 접촉이 어려운 정신적 상처를 지닌 내담자의 대상관계 문제를 극복하는 데 미술치료가 효과적이라고 주장한다. 크레이머는 외상 경험을 겪은 아동이 미술 활동에서 반복 강박을 표현하는 것은, 수동적으로 당했던 고통이 유희적 · 능동적 미술 활동으로 변하여 정동을 안전하게 분출하는 현상으로 받아들인다. 이는 Wellendorf(1991)가 미술치료에서 미술 활동을 "질서를 회복하는 시도"라고 한 점과 같은 맥락이다.

미술치료에서 내담자는 창의적 과정을 통해 정신적 성장과 승화를 경험한다. Kramer(1991)는 아동의 미술 활동은 성적 에너지나 공격적 에너지가 승화하도록 강화시켜 준다고 하며, 미술치료에서 아동의 본능 욕구가 다른 방향, 즉 미적 방향으로 전환된 사례들도 제시한다.

한편, Richter(1984)는 크레이머가 예술적 생산을 승화의 기능이라고 한 프로이트의 입장에 따라 이러한 승화를 아동·청소년의 모든 그림에 적용하는 것을 비판한다. 예를 들어, 아동이 난화를 그리거나 사실적으로 그리려는 것이 항상 '저항'을 의미하는 것은 아니며, 자신의 발달단계에 따라 그림을 그린다는 사실을 그녀가 간과한다고 지적한다. 미술치료에서 반복하여 그리는 그림이 항상 억제된 본능 욕구만을 나타내는 것이 아니라 다양한 원인이 있다는 것을 미술치료사가 알아야 한다는 것이 리히터의 견해다.

정신분석가며 미술치료사인 Schmeer(1998, 2006)는 프로이트 이론을 기반으로 수정과 확장된 정신분석 미술치료를 제시한다. 슈메어는 정신분석 미술치료에서 미술 활동 과정에서 환자의 자아변화단계를 분석하여 치유적 중재와 정신장애를 극복하도록 돕는다. 그녀는 환자가 그림으로 자신의 억압된 무의식을 표출하도록 유도하고, 그림에 나타난 자아 상징, 무의식 상징, 초자아, 대상관계, 불안, 억압, 방어기제 및 자아 동일화와 자율성의 상징을 분석하며 다양한 치료 사례를 보여 준다. 여기에서 미술치료사는 환자의 말과 그려진 그림이 항상 다르다는 것을 경험한다. 즉, 그림은 언어와 달리 '더 다채롭고, 더 과격하고, 더 작고, 더 강하고, 더 건강하고, 더 부서지기 쉽고, 더 찢어지고, 더 비현실적이고, 더 추상적이고, 더 세속적이며, 더 영적'(Schmeer, 2006)으로 표현된다.

경험이 많은 분석가라도 환자가 무엇을 어떻게 표현할지 정확한 예측을 할 수 없는데, 이것이 미술치료의 특성이자 힘으로 작용한다. 환자 그림에는 심리적 힘과 그에 대한 저항력의 상호작용, 퇴행 및 진보 역동, 분열적이고 중심화로의 움직임 등 모든 것이 가시화되고 지각할 수 있고 이해될 수 있다(Schmeer, 1997). 미술치료에서 "그림은 지금까지 간과되었던 것들을 보여 주고 자원과 해결책을 제공하는 조력자며 제3의 대상"(Schmeer, 1997)이 되며 '치료사의 의식과 무의식의 정신세계도 내담자와 지속적으로 상호작용하면서 나타난다(Schmeer, 2006). 이와 비슷한 맥락에서 Kraft(2015)는 정신분석 관점에서 예술가와 예술작품과 감상자의 관계를 개략도로 제시하는데, 이는 미술치료에서 환자와 미술작품과 감상자인 미술치료사의 관계에 대입할 수 있다([그림 2-2] 참조; 정여주, 2021). 즉, 예술가=환자, 감상자=미술치료사가 된다.

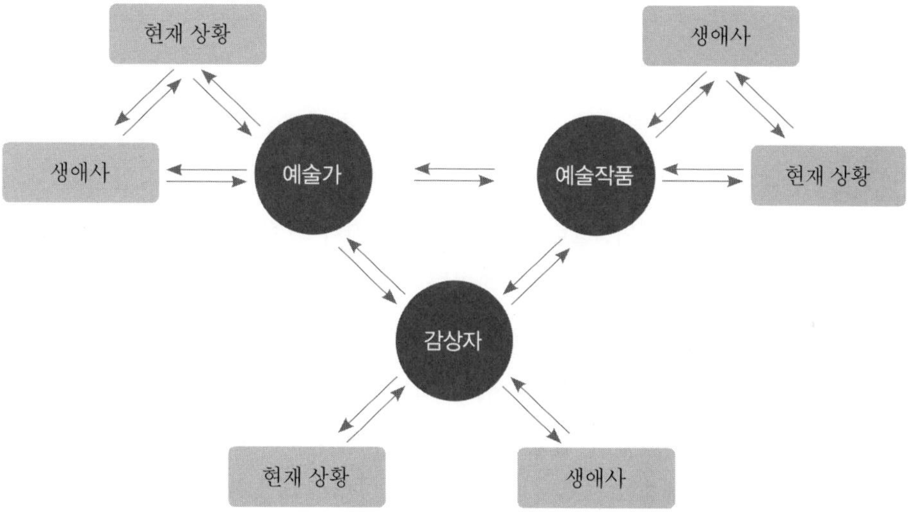

[그림 2-2] 예술가, 예술작품, 감상자 '세 쌍'의 개략도

출처: Kraft (2015).

Wilson(2003)은 정신분석 방법이 모든 사람에게 만병통치약이 아니므로 각 이론 모델이나 적용방법의 한계를 알 필요가 있으며, 모든 미술치료에 정신분석 모델을 적용하는 것은 무리라고 한다. 그러나 인간이 자신의 숨겨진 내면의 생각과 감정을 타인이나 사물에 투사하는 경향이 있는 정신분석 이론은 미술치료에 가장 중요한 명제라고 그는 주장한다.

(2) Winnicott 대상관계

① Winnicott 대상관계 개요

Winnicott을 이해하기 위해서는 대상관계 이론의 기반이 되는 Klein을 언급하는 것이 필요하다. 클라인은 프로이트 정신분석 이론에서 출발했으나 아동분석치료를 통해 '욕동구조 모델에서 관계 구조 모델'에 초점을 맞추어 대상관계 이론으로 가는 과도기 역할을 한다(Biermann, 1973; Greenberg, & Mitchell, 1983). 20세기 중반부터 대상관계 학파를 알린 클라인은 인간을 '주체 관계(subject relations)'로 인식하는데, 즉 인간은 관계와 갈등과 변화의 세계 속에 자신을 주체적 행위자로서 외부세계를 본다(Gomez, 2002).

아동심리치료의 선구적 역할을 한 Klein(1973)은 자아의 발달관점을 신생아인 생애 첫해에 초점을 둔다. 클라인은 아동정신분석에서 신생아의 판타지, 불안과 방어기제에서 출발하여 자아 성장에 초점을 맞추는데, 여기에 첫 대상관계인 '어머니와 아이 관계'가 중요한 주제다. 클라인은 이 시기 아기가 편집-분열성 양태와 우울적 양태의 어느 한쪽이 다른 쪽보다 우세해지는 것을 보고 이후 정신병리를 이 두 양태에 존재하는 불안과 연결하여 다루었다(Gomez, 2002). 그녀에게 자아 경험은 내적 현실과 외부 현실의 상호작용 결과로서, "타고난 그리고 습득된 감정과 이미지를 타인에게 투사하는 것과 외부 현실을 자신의 내면세계로 내사하는 것"(Gomez, 2002)이다. Klein(1973)은 아동정신분석 치료에 최초 발달단계를 깊이 이해함으로써 아동의 놀이와 성적 발달 및 판타지의 관계에 초점을 맞추어 놀이기술과 놀이의 상징적 의미와 치료적 의미를 분석했으며 이를 성인정신병, 특히 조현병의 치료에 활용할 것을 제안했다.

위니콧은 영국 출신의 소아과 의사로서 프로이트의 정신분석과 클라인의 이론을 수용하였지만 유아동·청소년의 정서발달과 정서적 결핍과 관계되는 '초기발달, 정서적, 혼란, 비행, 정신병'(Gomez, 2002)을 치료한 임상경험을 바탕으로 이전 정신분석학자들과 달리 실제 적용 가능한 모델이나 임상내용을 자신만의 혁신적 이론으로 제시한다. 그의 치료방법은 심리치료와 놀이치료 영역에서 호응을 얻었으며, 아동치료에 아동 그림을 아동과 치료사 간의 중요한 의사소통 도구로 사용하여 상호 놀이로도 활용하여 분석(Winnicott, 1973)하였기에 미술치료 이론에도 중요한 기반이 된다.

② 주요 개념

위니콧 이론의 주요 개념은 유아동 중심으로 이루어지는데, 유아는 대부분 '말을 표현하기 이전의 젖먹이를 의미하는 영아기'에 해당한다. 영아-어머니 관계에서 영아는 아직 자기(Selbst)가 분리되지 않아 모성적 돌봄에 심리적으로 절대 의존한다. 위니콧의 대상관계에서 대표적 개념인 죄책감 발달, 혼자 있을 수 있는 능력, 참 자기와 거짓 자기, 모성적 돌봄(충분히 좋은 어머니, 안아 주는 환경), 중간대상과 중간 현상, 퇴행과 놀이를 정리하면 다음과 같다(Gomez, 2002; Greenberg & Mitchell, 1983; Winnicott, 1948, 1964/1992; Winnicott, 1964/1993; Winnicott, 1971a).

■ 죄책감 발달

인간이 죄책감을 갖는 시기는 영아와 어머니의 밀착관계가 이루어지는 생후 1년부터지만 이를 확정하기는 어렵다. 죄책감은 영아와 어머니 사이에 반복되는 관계에서 발생하는데, 반복의 선순환단계는 네 가지로, '본능 충동 경험' '책임감 수용' '극복과정' '진정한 회복의 몸짓'이다. 이 단계가 잘 이루어지지 않으면 아이는 죄책감 능력이 결여된다. 죄책감이 결여된 아이는 본능 충동, 억압 혹은 대상을 좋거나 나쁘게 이분화하는 무의식적 방어기제의 원시적 형태를 보인다. 죄책감 결여는 도덕감각의 결핍으로 이어진다. 이런 점에서 죄책감 능력은 어머니와 초기 관계가 중요하며, 이 발달단계를 지나야 후기 발달에 나타나는 '양가감정'을 감당할 수 있다.

위니콧은 개인의 반사회적 문제는 어린 시절 상실된 죄책감에 근거하기에 죄책감 능력을 발달시키는 것이 필요하며, 이를 위해서는 아기에게 필요한 환경적 신뢰성을 제공해야 한다고 강조한다. 이는 정서적·반사회적 문제가 있는 아동의 치료를 위한 '환경의 재배치' 필요성과 연결된다.

■ 혼자 있을 수 있는 능력

위니콧은 성장의 가장 중요한 신호는 정서발달이라는 입장으로 초기 아동기의 현상에 초점을 맞추는데, 이는 영아가 어머니가 곁에서 혼자 있을 수 있는 경험과 능력이다. 혼자 있을 수 있는 능력의 주 내용은 아이가 혼자서 놀이를 할 수 있는 '충분히 좋은 어머니의 돌봄'인 잠재적 환경의 제공이다. 어머니라는 신뢰할 수 있는 자아-지원으로 아기의 연약한 자아-조직은 혼자 있을 수 있다. 아기는 이 상황에서 '존재의 연속성(going-on-Being)'을 경험하고 개인적 삶을 발견한다. 자아-지원 환경은 점차 아기에게 내사되고 개인의 성격으로 장착되면서 아기는 실제 혼자 있는 능력을 가진다. 이런 능력을 저해하는 요인이 되는 모성적 돌봄의 두 가지 실패는, 아기가 흥분상태에 있을 때 어머니가 그러한 욕구를 충족시켜 주지 못하는 것과 아기가 고요한 상태에 있을 때 어머니가 방해하는 것이다.

■ 참 자기와 거짓 자기

위니콧은 아기가 혼자 있는 데 방해받으면 '자기멸절'의 위협을 느낀다고 한다. 이 상황이 계속되면 아기는 자기의 자발적 욕구와 몸짓을 잃고 주어진 것에 자기를 맞추려 한다. 반복되는 상황의 결과로 아기의 인격은 '참 자기'와 '거짓 자기'로 분열된다. 아기의 참 자기는 표현되지 못하고 내면 깊숙이 숨게 되며 어머니의 기대와 요구에 따라 행동하는 거짓 자기가 되고 나이가 들면서 이런 현상은 강화될 수 있다.

■ 모성적 돌봄: 충분히 좋은 어머니, 안아 주는 환경

영아의 잠재력 성장에는 만족스런 모성적 돌봄이 전제되어야 한다. 위니콧은 돌봄의 세 단계를 '안아 주기' '어머니와 영아가 함께 살기' '아버지, 어머니와 영아 세 명이 함께 살기'로 제시한다. '안아 주기' 단계는 실제 안아 주기뿐만 아니라 함께 사는 전체 환경의 준비도 포함된다. 안아 주기는 어머니가 영아에게 보여 주는 유일한 사랑의 방법으로 만져 주기, 체온, 목소리, 얼굴 모습 등으로 영아의 첫 대상관계며 본능 만족의 첫 경험이 된다. 이 단계는 '일차적 모성적 몰두(primary maternal preoccupation)'며, 이 시기에 어머니의 '젖가슴'은 아이에게 '환각의 순간

(the moment of illusion)'으로 아기의 환상과 어머니가 제공하는 것이 일치한다. 아기는 일치의 순간에 자신을 전능한 존재로 경험하는데, 이 전능성이 건강한 자기 발달의 기초가 된다. 이러한 모자 관계는 신체적 관계를 넘어 상호 관계와 정서적 교류가 이루어지는 중요한 환경이 된다. 이 시기는 '절대적 의존상태'로서, 이에 맞춘 모성적 돌봄이 잘 이루어지지 못하면, 영아는 자기멸절의 불안을 느끼며 힘들어하고 자아는 약해진다. 절대적 의존이란 생의 초기에 어머니에게 절대적으로 돌봄을 받는 것인데, 이때 어머니는 아이에게 매우 헌신적이며 모성적 몰두를 한다. 이런 상황은 아기의 성장에 촉진적 환경이 된다.

그러나 아기는 분리과정 시기에 어머니와의 융합과 동시에 분리되는 존재가 되길 원한다. 절대적 의존에서 독립적으로 되는 영아의 발달 특성은 상대적 의존이며 사회화 과정이다. 위니콧에게 인간의 성장은 개인적 성장뿐만 아니라 사회화의 표현으로 자발성을 잃지 않으면서 사회와 동일시할 수 있는 능력이다. 이런 사회화는 건강한 성인이 되는 능력이기도 하다. 상대적 의존 시기에 영아는 어머니가 존재하고 자신이 어머니에게 의존한다는 것을 인식하기 시작한다. 이 시기에 아기는 불안을 느끼며 어머니가 필요하다는 것을 아는 단계므로, 어머니에게 맹렬하게 요구하고 어머니는 아이와의 분리에 어려움을 겪는다. 상대적 의존 기간은 약 6개월에서 2년 동안 지속된다. 이 시기 동안 아이는 말을 알아듣고 자신도 말을 하면서 어머니의 부재에 슬픔, 증오, 환멸, 공포와 무기력감을 느낄 수 있다.

■ **중간대상과 중간현상**

위니콧의 이론에서 많이 알려진 개념은 중간대상(transitional object)와 중간현상(transitional phenomena)이다. 영아는 한 살 쯤에 부드러운 대상인 곰 인형, 천 인형 등의 물건을 갖는데, 이는 어머니 가슴의 부분대상이 되는 중요한 존재다. 어머니 가슴으로 대체되는 이 대상은 아이에게 자신과 외부 세계 사이의 중간대상으로서 가치가 있다. 아이는 중간대상에 애착을 가지면서도 물고 찢으며 던지기도 하면서 놀이로 연결하며 자신의 소유물로 여긴다.

중간현상은 아이가 한 손으로 중간대상을 잡고 다른 쪽 손의 엄지나 두 개 손가락을 빨거나 잠들기도 하는 몸짓, 곰 인형 애착, 옹알이, 잠들기 전에 흥얼대는 노래 등이다. 중간현상은 아이의 중간대상에서 발달하여 놀이, 예술 창조와 감상, 종교 감정, 꿈, 거짓말과 훔치기, 사랑하는 감정의 근원과 상실, 약물중독, 강박적 의례, 부적 등의 영역으로 성인기까지 확산된다. 영아는 애착 과정에서 대상과 자신 구별하기, 대상 만들기와 대상을 생각하고 고안하며 창조할 수 있는 능력, 대상과 친밀한 놀이 관계를 맺기 시작한다.

중간대상은 영아가 경험하는 주관적 현실을 객관적 현실로 연결시킬 수 있는데, 중간대상으로 중간현상을 보이는 영아는 자신과 환경의 일부분을 상징하는 능력을 보인다. 이 경험이 결여된 아이는 병리적으로 반사회적 경향이나 범죄 경향이 있다. 아이가 성장하여도 외롭거나 슬프거나 불안을 느낄 때에 과거의 이런 행동을 보이는 것은 정상적인 정서적 성장에 해당하고 중간현상은 성인의 문화적 삶의 기초가 될 수 있다.

Greenberg와 Mitchell(1983)에 의하면, 중간현상의 중요성은 대상 자체가 아니라, 아이가 자신이 전능하다는 환상에서 개관적 현실을 인식하는 발달과정의 중간지점의 특성을 지니는 것이다. 아이는 이 시기에 '충분히 좋은 어머니'(good enough mother) 환경에서 존재하는 방법을 배우며, 의존에서 독립적으로 성장할 수 있고 자신의 전능감을 현실적으로 인식할 수 있다. 이러한 특성은 아이의 '참 자기' 경험으로, 참 자기는 보호되고 침범되지 않는 환경에서 자기 존재의 연속성을 경험함으로써 신체감각과 정신적 실재와 잠재력이 발전한다고 위니콧은 강조한다.

■ 퇴행과 놀이

위니콧의 정신분석 치료는 환자에게 부모가 아이에게 주지 못했던 충분히 좋은 환경을 다시 제공하고 초기 유아기의 발달욕구를 채워 주는, '잃어버린 돌봄을 제공'하는 과정이다. 이 과정의 특성은 상호 놀이로서 치료사는 환자의 중간대상과 중간현상으로 연결되는 놀이 능력을 회복시켜 주며, 이 놀이는 퇴행과 밀접한 관계가 있다.

위니콧은 환자가 퇴행에서 기쁨을 얻는 것은 그의 리비도가 충족되기 때문이 아니라, 잃었던 자기를 되찾기 때문이라고 한다. 그는 무의식에는 너무 원시적이어서 결코 의식하지 못하는 정신의 측면이 포함되며, 두려움에 대한 방어 과정에서 무의식에 접근할 수 없게 되는데, 이를 억압된 무의식이라고 한다. 억압에 대한 방어를 낮추어 주는 것이 퇴행과 연결된 놀이 환경이다. 놀이 환경은 이미 중간대상과 중간현상에서 시작되고 그것에는 놀이를 행하는 아동의 내면세계와 외적 현실이 존재하는 잠재적 공간으로서 놀이는 아동을 변화시키고 성장을 촉진한다.

위니콧에게 퇴행은 프로이트와 달리 "환경이 아동을 저버린 그 지점으로 되돌아가는 것을 의미한다."(Greenberg & Mitchell, 1983). 정서적 성장에 중심 요인이 되는 적절한 환경으로서의 부모의 돌봄 환경이 주어지지 않으면, 아이의 발달은 멈추고 대신 좌절된 발달욕구로 채워지기 때문에, 관계 욕구와 퇴행 욕구에 대해 자신을 스스로 치유하고 회복하려는 환자의 능력이다.

③ 대상관계 미술치료

미술치료에서는 내담자 그림에 어머니와 초기 유아기의 유희적 상호교환과 같은 상징적 특성이 많이 반영된다(Andina-Kernen, 1996; Riedel, 1992). 그림을 포함한 만들기의 미술 과정은 위니콧의 어머니 젖가슴과 같은 중간대상으로 비유된다. Winnicott(1971a)은 아동의 그림 상징을 '중간대상'으로 보고, 상징에서 아동의 양가감정을 발견하며 그림 과정에서 아동과 어머니의 정서적 교환을 밝혀내고자 하였다. 그는 치료사가 아동 내담자와 차례를 바꿔 가며 반복적으로 그리는 과정을 개발하여 내담자의 방어기제를 낮추고, 그림 변화에 따른 상징을 분석하여 치료목적에 연결시킨다. 위니콧 이론에 근거한 미술치료에는 미술의 놀이적 요소와 내담자와 치료사의 상호소통과 놀이적 미술 활동이 많다. 여기에 내담자의 저항, 공격성, 분노, 이완, 흥분, 악몽표현과 퇴행 활동 등이 많이 표현된다.

정신과 의사로서 미술치료를 실시한 Benedetti(1992)는 환자든 예술가든 누구나 예술 활동에서 자기 세계를 만날 수 있는 대상을 찾는데, 이 대상은 위니콧의 중간대상과 같은 의미라고 한다. 그러나 베네데티는 위니콧의 중간대상은 유아에 초점을 맞추어 주로 천이나 손가락 빨기, 곰 인형인 반면, 성인의 중간대상은 예술과 종교와 같은 현상이라고 본다. 베네데티는 내담자의 치료적 그림 과정에 '투사'가 일어나는데, 이는 내담자의 현실과 연결되는 의미를 지니기 때문에 '진보적 투사'라고 한다. Andina-Kernen(1996)도 그림을 그리는 것은 어떤 구체적인 것, 물질적인 것을 창조하는 것으로 미술치료가 이미 진보적 해결을 하는 과정이라고 한다.

미술치료의 많은 사례에서 위니콧의 개념이 발현되고 진행되는 과정을 볼 수 있는데, 이는 미술의 중요한 특성인 유희성, 상상력, 창의력, 관계성이 그의 이론과 서로 맞닿아 있기 때문이다. 또한 위니콧의 이론은 이론으로만 존재하지 않고 실제 치료 적용으로 연결되기 때문에 체험 기반 미술치료에서 그 현상이 많이 관찰되고 적용되고 있다. 미술치료사는 미술 활동의 놀이적 요소, 퇴행적 요소를 치료적 요소의 출발점이자 과정으로 이해하기 위해 위니콧의 모델을 기반으로 하면서도 미술 활동 과정을 면밀하게 관찰하고 또한 좋은 어머니와 좋은 환경으로서 내담자의 상호관계하는 능력도 발전시켜야 한다.

(3) Jung의 분석심리학

① 분석심리학 개요

융은 프로이트처럼 인간 무의식의 세계를 인정하고 초기에는 그의 이론을 지지했지만, 후에 프로이트의 정신분석 이론을 비판하면서 자신만의 이론인 분석심리학을 제창하고 그에 기반한 치료를 발전시켰다. 융 이론의 초석은 인간은 태어날 때부터 이미 전체성을 지니고 있다는 입장으로, '인간이 일생을 통해 해야 할 것은 자신의 타고난 전체성을 되도록 최대한으로 분화하여 일관성 있고, 조화롭게 발전시키는 것'(Jung, Hall, & Jacobi, 1995)이다.

② 주요개념

융 이론의 중심 개념인 집단무의식, 원형, 페르소나, 아니마와 아니무스, 그림자와 자기를 정리하면 다음과 같다(Fordham, 1973; Dorsch, Häcker, & Stapf, 1994; Jacobi, 1962, 1977; Jung, 1962, 1991; Jung, Hall, & Jacobi, 1995; Riedel, 1992; von Franz, 1982).

■ 집단무의식

집단무의식은 '개인의 경험에 의한 것이나 개인의 습득물이 아니라는 점에서 개인무의식과 구별될 수 있는 정신의 일부다. 개인무의식은 본질적으로 한때 의식적이었다가 잊히거나 억압되어 의식에서 사라진 내용으로 구성되는 반면, 집단무의식의 내용은 의식한 적이 없으므로 개별적으로 획득된 적이 없으며 전적으로 계승된 것이다.'

■ 원형

원형은 집단무의식의 개념과 불가분의 상관관계를 가진 개념으로 정신에 유비쿼터스 또는 편재하는 특정 형태의 존재를 나타낸다. 원형은 신화, 민담, 환상, 꿈, 섬망, 상징 및 예술이나 행동패턴에서 반복하여 나타나는 집단무의식에 정착된 인간적 상상의 원형 이미지로서 집단무의식의 지배적 특성을 지닌다. 원형은 특정 문화와 개인의 원형 이미지의 내용들로 채워진 형식적 성격의 선험적이며 이해하기 힘든 전형적 존재지만, 심리치료 과정에 즉흥적으로 나타날 수 있으며 치유적 효과가 있다. 이는 원형이 의식적 인식과 반대구조의 결과로서 보완될 수 있기 때문이다. 이처럼 원형은 생존과 성격과 행동 형성에 중요하다. 원형의 네 가지 요소는 페르소나, 아니마와 아니무스, 그림자와 자기가 있다.

■ 페르소나

페르소나는 '정신의 외면, 세계를 향한 얼굴'로서 '외면을 가리는 가면'(Jacobi, 1962)이다. 페르소나는 개인의 생존을 위해 필요한 것으로 우호적인 사회생활과 공동생활을 가능하게 하며 개인적 업적을 가져온다. 그러나 개인이 페르소나 역할에 지나치게 사로잡혀, 자아를 이 역할과 동일시하면 심리적 문제가 된다. 페르소나와 자아 동일시의 문제 현상의 예는 '자만심, 강요, 권위, 획일적 행동 기준을 타인이나 집단 전체에 강요, 자신 속이기, 큰 업적을 쌓아도 열등감, 자책감, 소외감, 고독감, 허무감, 인생의 무의미감, 자신의 기분과 관심에 위선적, 흥미 없는 일도 흥미 있는 체하기' 등이 있다. 페르소나에 압도된 자아는 자신의 본성에 소외되며 페르소나와 미발달한 성격의 부분이 갈등함으로써 자아는 항상 긴장상태에 살게 된다. 치료를 통한 페르소나의 극복전략으로 치료사는 내담자의 페르소나가 팽창된 것을 수축시키며, 내담자 본성의 다른 측면에 표현의 자리를 주는 것이 필요하다.

■ 아니마와 아니무스

아니마는 '모든 남성은 자신 안에 한 여성을 지닌다.'는 의미로, 이는 '남성의 무의식 속에 존재하는 여성적 요소'며, 아니무스는 '여성의 무의식 속에 존재하는 남성적 요소'다(Jung, 1962). 이 내적 이중성은 자주 '양성구유체(兩性具有體)' '자웅동체(雌雄同體)' 형상으로 나타난다. 아니마의 최초 투사는 어머니, 아니무스의 최초 투사는 아버지다. 융은 남성이나 여성의 무의식에 존재하는 아니마와 아니무스는 열등한 기능으로 여겨져 자신이나 타인에게 은폐되면서 문제를 발생한다고 본다. 이러한 예로 지나치게 남성적 행동하는 남성은 무의식적 내면에 약하고 복종적 면이 많으며, 지나친 여성적 행동의 여성의 무의식적 내면에는 완강하고 완고한 성질이 있다.

■ 그림자

그림자는 '성격에서 숨겨지고 억눌리고 불리한 혹은 부당한 면들을 품고 있는 개인 의식이 투사하는 것'(Jung, 1962)이다. 그림자는 '검은 형제'로 상징되는데, 이 어두운 형제는 볼 수 없으나, 인간의 전체 속에 아직 분화되지 않은 기능과 덜 발달한 태도인 어두운 면이다. 그림자는 개인 의식에 의해 거절되고 억압된 심리 내용이 '개인적인 어두운 면'이 되어 상징적으로 나타나는데, 융은 '그림자는 원형 중 가장 강하고 잠재적으로 가장 위험하다'라고 한다. 개인에게 나타나는 그림자의 속성은 '부끄러움, 이기심, 나태함, 허약함, 비현실적 공상, 음모, 책략, 부주의, 비겁함, 금전욕, 소유욕, 분노, 투사'(von Franz, 1982) 등이다. Jung(1962)은 인간 본성의 동물적 측면을 억누르면 문명인이 되겠지만, 그때에는 자발성, 창조성, 강한 정서, 깊은 통찰의 원동력이 감소하는 대가를 치른다고 한다. 영감과 창조성은 그림자의 작용이 될 수 있는데 이는 자아와 그림자가 조화를 이루는 것으로 그림자의 긍정적 요소다. 융은 '그림자는 열등하고 원시적이며 부적절하고 어색하지만, 결코 나쁜 것은 아니다. 그림자는 어떻게 보면 우리의 삶에 생명을 불어넣고 아름답게 하는, 유치하면서도 원시적인 성격을 갖고 있다.'라고 한다.

융은 그림자를 자각하는 것이 꿈이라고 하면서 인격의 무의식적 측면이 실제 꿈에서 인격화하여 나타나지만 충동적 행동이나 무의식적인 부주의한 행동으로도 나타난다. Jung(1991)에 따르면, "그림자를 단순히 억압하는 것은 치료에 도움이 되지 않는다. 열등감을 느낄 때, 사람은 그것을 고칠 기회를 동시에 얻는다. 그러나 이것이 억압받는다거나 의식에서부터 분리된다면, 그것은 절대로 고쳐지지 않는다." 치료사는 내담자가 자신의 그림자를 의식하고 그림자가 자신을 도와주는 무의식의 힘(von Franz, 1962)이라는 것을 경험하도록 동행해야 한다.

■ 자기

Jung(1995)에게 자기(Self, Selbst)는 마음의 전체성이며, 자아(Ego, Ich)는 마음의 일부다. 융은 정신을 설명하기 위해 구를 사용하는데, 표면의 밝은 부분은 의식이며, 자아는 의식 영역의 중심에 있다. 자기는 구 전체면서 구의 핵이기도 하다.

자기는 집단무의식의 중심 유형으로 질서, 조직과 통일의 원형이며 인격을 통일하여 조화와 일체성과 불변성의 감각을 부여한다(Jung, 1995). 융에게 인간의 궁극적 목표는 자기실현, 개성화를 달성하는 것으로 자기는 이 과정을 통해 드러나는데, 자기실현을 위해서는 자아의 협력과 자기 인식이 전제되어야 한다. 즉, 인간은 자신과 세계의 조화를 느낄 때 자기의 역할은 효과적이 된다.

Jacobi(1995)는 융의 이론을 치료적으로 응용하는 분석과정을 두 가지로 명시하는데, 심리적 갈등의 원인 찾기와 해석 및 해결방안이다. 첫째, 심리적 갈등의 원인 찾기로서 갈등은 내담자의 의식과 무의식이 균형을 이루지 못하거나, 전체 심리를 구성하는 개인적 요소와 집단적 요소 사이에서 혼란이 생기기 때문이다. 둘째, 해석과 해결방안에서는 갈등 문제를 '현재' 의미로 해석하고 해결하며 개인의 조건과 나이에 따라 다른 해결책이 제시된다.

③ 분석심리학 미술치료

Jung(1962)의 치료 목적은 환자가 상실한 자기 전체성을 회복하여, 정신을 강화하는 것으로 궁극적으로는 정신의 통합이며, 자신의 내적 심상인 상징과 꿈을 통하여 의식세계가 아닌 무의식에 성장 의지가 있다는 것을 증명하는 것이다. 융 학파 미술치료사는 그림 활동에 프로이트처럼 개인의 성적 억압을 분석의 우위에 두는 것이 아니라, 무의식과 의식의 과정이 동시에 일어나는 역동적 교류를 우선적으로 본다. 이를 통한 융의 치료 목적은 분리되고 파편화된 자아를 통합하는 과정이며, 이러한 통합화 과정은 개성화 과정이다(Riedel, 1992).

Jung(1962)은 개인적 경험을 통해서 그림이 주는 치유력을 체험함으로써 환자도 그림으로 내적 심상을 자신을 형상화할 수 있다고 주장한다. 그는 그림이 지니는 원형의 상징 예로 만다라 그리기의 치유적 의미를 소개한다. 융에게 만다라 그리기는 무의식에 있는 원형을 일깨워 주며, 내적 기쁨과 내적 질서 그리고 생명의 의미를 찾아 주는 자아 치료적 작업이다. 만다라 그림은 개인의 집단무의식에 잠든 원형을 깨워 활성화하는 열쇠가 되며, 만다라인 원은 내면과 외면, 소우주와 대우주 사이의 균형을 유지하고 중심과 통일성을 부여한다(Jaffe, 1962).

프로이트 학파와 융 학파는 서로 다른 관점으로 무의식의 증거를 찾는데, 프로이트 학파는 상징 표현의 해석인 의미론에 집중하고 내담자의 초기 욕동에서 원인을 찾는 반면, 융 학파는 개인의 생애사 전체 내의 의미상관관계 의미를 최우선으로 본다(Menzen, 2000).

융 학파의 미술치료에서는 즉흥적 판타지, 적극적 상상(active imagination), 꿈이나 꿈 시리즈를 그리는 과정이 중요하다. 환자의 상상과 꿈은 개인의 무의식 내용을 투사할 뿐만 아니라 인류의 경험이 내재된 원형적 집단무의식도 상징적으로 표현되기 때문이다. 융은 환자의 그림에 나타나는 퇴행적 상징들이 환자의 내면에 있는 창의적 아이가 재활동하여 치료 과정에서 성장의 상징으로 변함으로써, 환자가 자신의 정체성을 찾고 나아가 개성화단계에 이른다고 본다(Riedel, 1992).

Riedel(1992)은 미술치료의 그림 구상과 전체 과정을 제시한다. 미술 구상은 기본적이며 보편적 심리치료의 틀에 기반하여 무의식 재료, 콤플렉스, 꿈이나 일상의 투사, 전이와 역전이 등을 적용하는 것으로, 심리치료와 다르게 미술치료는 그림을 통한 자기 형상화와 개성화 과정을 장려한다.

Riedel이 제시한 미술치료 과정은 4단계인 '형상화 과정, 상상과 상징화 과정, 대화 과정 및 해석 과정, 만남 및 관계 과정'으로 모든 단계는 상호작용하는데 이는 다음과 같다.

■ 형상화 과정

- 그림 그리기의 형상화 과정은 세부적인 단계로 연결됨
  - 탐색단계는 그림 아이디어 탐색, 아이디어 떠올리기, 색이나 형태 실험과 무의식 활성화
  - 그리기단계는 심상을 구체화하고 형상화하는 현실적 활동
  - 확인단계는 자신의 구상이 올바르게 그려졌는지 살피고 치료사나 집단원의 피드백 듣기
  - 해결단계는 본인이 활동 후에 정서적 해방감을 느끼며, 고통당하는 수동적 존재가 아닌, 조형활동을 하는 능동적인 자아로 느끼고, 그림에서 자신의 감정, 심리적 모습과 만남

■ 상징화 과정

- 무의식에 있는 콤플렉스나 원형 암시의 정서 표상과 심상과 능동적으로 대면할 수 있음
- 색채는 정서적 톤을 드러내고 형태는 눈에 띄는 구조화, 변화와 발전을 드러냄
- 무의식의 내용(원형)을 의식으로 끌어올리기
- 내담사는 무의식에 있는 '기억, 갈망, 기대와 이상을 그림으로써 치유적 통합으로 안내되기 때문에, 상징은 '정서를 담는 그릇'이며 '발전적 의미' 내포(Jung, 1982)

■ 대화 과정 및 해석 과정

- 환자는 치료사와 그림에 기반한 대화를 통해 그림이 자신의 내적·외적 현실인 생활사와 관련되는 것 인식
- 그림은 치료사와 환자 사이에 존재하는 제삼자로서 둘 사이에서 그려진 것으로 이들 사이를 왕래하는 보고서
- 치료사는 그림 내용, 색, 형태를 관찰하고 그린 사람(환자)에게 질문하여 해석에 연결
  - 예: "이것은 당신에게 무엇을 의미합니까?" 이것은 "당신에게 어떤 의미가 있나요?" "이런 것에 대해 어떤 느낌이 듭니까?" "그림을 그릴 때 특히 어떤 점이 중요했는지요?" "어떤 것이 가장 감정을 강하게 불러일으켰는지요?" "이 그림은 당신과 어떤 관계가 있나요?"
- 대화는 부연 해석과 연결되는 요소
- 치료사는 환자의 방어와 회피에도 주의하며, 환자가 수용할 수 있는 것만 언급할 것
- 모성 영역에 해당하는 공감적 대화 분위기
- 결핍과 장애가 있는 그림에는 항상 해결과 구조책, 자기 치유의 몫과 목적의식의 추구가 표현되는데, 이는 내적 치유 가능성의 방향
- 그림과 관련하여 목적론적 혹은 전망 있는 해석 가능성 존재
- 무의식의 내용 의식화

■ 만남 및 관계 과정

- 치료사와 환자의 관계는 항상 함께 보고 고려해 보는 제삼자인 그림과 연결
- 치료는 단순한 관계가 아닌, 환자의 무의식에서 나와 그림으로 형상화되는 것을 관계 짓는 메시지
- 수용적 분위기, 신뢰 기반, 담아 주기, 보호공간 조성

융은 “그림을 그리는 행위 자체만으로는 불충분하다. 나아가 그림에 대한 지적 · 정서적 이해도 필요하다. 그것을 통해 그림은 지적 · 도덕적, 특히 정서적으로 의식에 통합된다. 그림은 종합적 의미해석 작업과 연결되어야 한다.”(Riedel, 1992 재인용)라고 강조한다.

상징 해석에는 원형, 집단무의식, 그림자, 아니마와 아니무스, 대지의 어머니, 자기, 개성화 과정 등이 근거로 자리 잡고 있다. Jacobi(1977)는 그림 상징 해석의 요소를 재료, 그림과 공간의 관계, 비율, 구성, 운동성, 원근, 색, 수, 그림요소, 개인적 의미와 집단적 의미로 분류하여 분석한다. 이러한 분석 요소가 환자 그림을 이해하는 데 큰 도움이 되며, 융 학파인 Furth(1988), Bach(1995), Riedel(1992), Abt(2019) 등도 야코비의 그림 해석의 요소와 방법을 기반으로 하지만, 이들은 그림 사례를 더 세분화하여 미술의 효과요인, 해석방법, 치료방법을 안내함으로써 분석심리학 미술치료를 확장한다.

Furth(1988)는 무의식의 내용에서 표현되는 상징은 항상 삶의 순간에 주어진 심리의 의식 상태와 보상적 관계거나 상호 보완적 관계라는 입장이다. 이러한 보상적 에너지는 무의식의 상징으로 드러나는데, 이는 꿈, 판타지나 그림을 통해 방치되고 의식되지 않은 영역을 표현한다. 그는 방치된 영역은 어떤 방식으로든 항상 관심을 유발하고 그림에 나타난 상징은 지엽적 관점을 집중화하고, 무의식 차원의 심리적 역동을 의식 차원으로 드러내도록 도와주는 것이라고 한다. 그렇기 때문에 상징은 균형과 건강을 추구하는 치유의 영향력을 지닌다. Bach(1995)는 수많은 중병 환아의 자유화 상징들을 융 이론에 근거하여 분석하였으며, 그림의 공간 사용으로 방향성과 공간의 의미를 개발하여 분석자료로 제시한다.

분석심리학 미술치료에서 해석은 환자의 ‘의식을 창조하는 행위’(Abt, 2019)로서 치료에 중요한 역할을 하는데, Jung(1982)은 꿈과 상징의 해석을 위해서는 해석자가 예민한 지성과 이성, 직관과 감정을 고루 갖추어야 한다고 강조한다. Abt(2019)도 그림을 해석하는 데 가장 큰 위험은 치료사가 내담자 개인이 전개하는 그림의 의미에 간섭하는 것이라고 한다. 그는 해석의 위험성 두 가지를 제시하는데, 첫째는 치료사가 그림에 관한 ‘놀라운 통찰력’으로 상대방을 조명해야 한다고 생각하는 파워

게임에서 해석방법을 오용할 위험이 있다. 둘째 위험은 그림이나 그림의 특정 요소를 별것 아닌 것으로 축소하는 태도다. 치료사는 내담자가 표현한 이미지와 정신의 자율성을 존중해야 한다.

Abt(2019)는 그림 해석의 위험요소인 '함정' '편향성'을 피하기 위해 주의점을 융이 제시한 정신의 네 기능인 감각, 감정, 사고와 직관을 바탕으로 안내한다. 이는 미술치료사는 정신의 네 기능 중 어느 한쪽에 우세한 것이 아니라 모두를 고루 적용할 수 있는 수련이 필요하다는 것을 인식하게 한다. 또한 이는 분석심리학 미술치료뿐만 아니라 모든 미술치료에서도 인식해야 할 요소다.

Abt(2019)가 제시한 네 기능의 편향성에 따른 해석의 위험성은 다음과 같다.

- 감각 기능은 우리(치료사)를 심리적 진술이나 관점이 없는 무미건조하고 생기 없는 사실의 세부 사항에 갇히게 할 수 있다.
- 감정 기능은 해석에 구조가 없거나, 소위 핵심을 벗어나는 모호하고 희미한 서술에 갇힐 수 있다.
- 사고 기능은 가치 질서가 없는 일방적이고 공허하며 건조한 분석과 추상적인 구성으로 길을 잃게 할 수 있다.
- 직관 기능은 엉뚱한 추측에 빠지게 하고 단순한 사실을 무시할 수 있다. 이 기능이 우세하면 해석 대신 모든 것을 해석자에 대해 많은 것을 드러내고, 해석할 그림에 대해서는 거의 드러내지 않는 '로르샤흐 검사(Rorschah test)'로 바꿔 놓는다.

융 학파가 상징 이해를 위한 해석자의 자기 인식, 형상화 과정의 중요성과 상징 해석에 비중을 많이 두지만, 치료에서 미술의 역할과 조형활동의 의미에 대한 언급은 적은 편이라는 지적도 있다. Dannecker(2000)는 상징 해석에서 내담자의 인생사 및 그와 관련된 특별한 문제를 원형적 현상으로만 보는 것은 무리한 해석이라고 비판한다. 또한 다네커는 치료사의 역할과 내담자가 매체를 다루는 태도 등을 고려하지 않고 상징을 해석하는 것에 대해 미술치료를 '목적을 위한 수단'으로 만들 위험성이 있다고 지적한다.

(4) Adler 개인심리학

① 개인심리학 개요

개인심리학을 태동시킨 Adler(1985)는 프로이트의 결정론적 관점에 반대한다. 아들러는 인간은 태어날 때 미숙하지만, 성장과 완전성으로 나아가려는 경향이 있는 존재로서 자기의 환경과 상호 관계를 갖는 사회적 존재며, 개인적 조건을 극복하려는 목적의식을 지니며 창의적이고 책임감 있는 통합적 인격체라는 관점에서 출발하였다. 특히 아들러의 개인심리학은 행동문제, 교육문제가 있는 아동의 교육상담을 중요하게 여겨 학교, 상담현장과 병원에서 어머니 및 부모상담의 기반이 되는 역할을 하여, 사회교육에 바탕을 둔 아동심리치료에 영향을 끼쳤다(Biermann, 1973). 아들러의 개인심리학을 따르는 Dreikurs(1973)는 아동의 문제에 부모는 상담이 필요하지 심리치료가 필요한 것이 아니라며, 부모는 아이를 위해 무엇을 할지 배워야 하고, 아동은 심리치료가 필요하다고 강조한다. 드라이쿠스는 상담은 문제 해결을 찾는 반면, 심리치료는 전체 성격구조의 변화, 인생에 대한 근본적인 인식의 개선에 방향을 두어야 한다는 것인데, 이는 아들러의 주장을 발전시킨 것이다.

아들러와 동료들은 다양한 치료기법을 개발하여 아동교육 상담, 가족치료와 집단상담의 발전에 큰 기여를 하였는데, 대표적으로 두 영역을 들 수 있다(Schraml, 1973). 첫째는 체계적 접근 방식의 양육은 심층심리학적 결과와 통찰력인 정신분석적 교육학에 의해 더 풍부하게 인식된다. 둘째는 성인 분석과 분석적 아동심리치료가 독립적으로 개발되어 교육학에 개혁적 영향을 끼쳤다. 인본주의 관점의 최초 심리학자로 인정되는 아들러는 이후 수많은 인본주의 심리학자에게 영향을 끼쳤는데, 대표적으로 Rogers, Elias, Maslow, Fromm 등이 있다(Corey, 2005).

② 주요 개념

■ 열등감, 열등콤플렉스

Adler(1986)는 신체기관의 열등처럼 모든 정신적 삶의 시작에는 심한 열등감이 존재한다는 것을 받아들이면서 '심층심리적-역동적' 접근의 출발을 하게 되었다. 아들러는 개인심리학 이론의 기본 개념으로 인간의 정신생활에 중요한 열등감과 열등콤플렉스를 제시했다. Adler(1973a)는 문화와 문명 발달의 위대한 업적은 인간이 자신의 부족함과 불완전함을 극복하기 위해 노력한 결과로 이루어졌다는 것이다. 즉, 인간은 타고난 열등감에서 삶의 의미를 추구하고 삶의 양식을 꾸려 간다는 것이다.

아동 성장의 관점에서 "열등감은 삶의 추진력이며 그것에서부터 어린이의 모든 노력은 목표를 성취하도록 발달하며 미래 삶의 진정과 안정을 기대할 수 있고 이러한 목표를 이루는 길에 이르게 한다."(Adler, 1986). 그러나 그는 열등감이 부정적인 방향으로 갈 수 있는 두 가지를 제시한다. 즉, 강화되며 심화되고 오랫동안 지속되는 열등감과, 더 이상 진정, 안전, 평등을 보장하기 위한 열등감이 아닌 환경보다 우월하려는 권력 추구다.

Adler(1987a)는 아동교육의 가능성이 아동의 열등감에서 출발하는데, 중요한 것은 아동이 열등성과 서투름과 불안 등을 교육을 통해 보상받을 때 열등감과 열등콤플렉스를 극복할 수 있다고 한다. 아동이 열등감을 극복할 방법을 찾지 못하고 그 안에 갇히게 될 때, 성장에 장애를 겪으며 불안과 비관주의가 강화되어 그의 정신적 긴장은 다른 보상, 즉 "삶의 쓸모없는 측면으로 투쟁한다."(Adler, 1987b). 열등콤플렉스는 성인이 되면서 우월의식, 권력욕이 강화되거나 '정신병리적인 삶의 양식'으로 표현된다(Adler, 1987a, 1987b). 아들러는 인간은 열등감과 보상의 상호 관계를 통하여 자기 삶의 창조자, 삶의 예술가가 된다고 하는데, 예술 활동은 인간의 약함을 보완하는 기능을 한다.

■ 연대감

연대감은 아들러가 인간을 사회적 존재로 해석하고 원칙적으로 삶의 모든 측면을 대인 관계로 해석하는 개념으로서 다른 심층심리학과 차별을 둔다(Rattner, 1987). Adler(1985)에게 모든 문화적 성과는 공동체 생활 기반에서 이루어지며, 언어와 도구 사용 및 전문적 사고는 사회적 진화의 결과다. 문화의 진보는 공동체적이고 협력적인 삶의 방식 때문에 가능하다. 인간의 첫 공동체 연대감은 어머니와의 관계에서 각인되고 무의식적이며 일정한 부분의 성격과 사회적 관계와 태도가 이루어진다.

사회적 성격을 띠고 만족스러운 해결을 위해 발전한 연대감, 즉 사회적 연대감, 공동체 의식을 요구하는 삶의 과제에 대한 태도가 삶의 양식을 만들어 간다(Adler, 1981). 연대감, 공동체 의식은 사람, 동물, 식물 및 사물, 자연 및 예술과 맺는 모든 관계의 기초며 자신의 삶과 인류에 대한 책임이고 삶과의 유대감, 긍정과 화해를 의미한다. 아들러는 제1차, 제2차 세계대전으로 인간에게 필요한 연대감의 결핍과 우월주의와 권력에 대한 열망의 신경병적 문화가 가장 끔찍한 집단 신경증에 기인한다고 주장한다. 그는 삶에서 연대감과 적응 및 문제행동을 보이는 아동과 성인의 신경증적 병을 위한 치료의 기반으로 연대감의 중요성을 강조한다.

■ 유아기 기억

Adler(1981)는 '초기 유아 기억의 의미는 개인심리학의 가장 중요한 발견'이라고 주장하는데, 그것은 '가장 오래 기억되는 것을 선택함에 있어 기억 자체가 의식적이거나 무의식의 목표를 보여 주기 때문'이다. 의식된 기억은 치료 중에 갑자기 무의식과 연결될 만큼 정신의 깊이에 대한 통찰력을 제공한다. 어린 시절의 모든 기억이 반드시 정확한 것은 아니며 변경되거나 왜곡되었을 수도 있다. 그러나 기억의 중요성은 감소되지 않는데, 변경되거나 상상된 것도 환자를 이해하는 기초가 될 수 있다. 아들러는 특히 어릴 적 기억에서 어머니의 이미지가 중요하다고 강조하며 다양한 사례를 제시한다.

인간은 정신적 방향의 지속적인 존재와 중요하고 유익한 기억을 가진 사건을 간직하는데, 망각은 이런 유익한 사건을 잊어버린다(Adler, 1986). 이것은 또한 기억이 마음속에 있는 목표에 대한 적절한 조정 서비스에 완전히 종속된다는 것을 의미한다. 만약 기억이 의도된 목적을 위해 필요하다면, 대화, 감정과 이미지로 바뀔 수 있기 때문에, 사람들에게 어린 시절의 첫 기억을 물어보는 것은 유익하다. 인간의 모든 '삶의 계획'은 종종 이러한 초기 기억 조각에 포함되어 있다는 것이 아들러의 주장이다.

아들러는 치료사는 내담자의 전체 생활의 양식과 인생계획을 살펴보고 이를 통합과 조화의 관점에서 인식할 수 있는 것이 중요하다고 역설한다. 치료사는 내담자의 초기 지각양식과 그의 의미를 정확하게 평가할 수 있기 위해, 환자의 현재 인식을 발견할 수 있는 것과 연결지어야 한다는 점에서 초기 기억은 중요하다. 인간의 성격과 '생활양식'은 그의 모든 삶의 표현에서 찾을 수 있는데, 기억 또한 이 원리에 지배를 받기 때문에, 개인심리학에서는 환자의 무의식적인 '인생 계획'을 가능한 한 빨리 살펴보는 것이 필요하다(Rattner, 1987).

아들러는 어릴 적 과도한 보호를 받았거나 어리광을 많이 피운 내담자나 심리적·정서적 방임이나 돌봄을 잘 받지 못한 내담자는 공통적으로 불안이 기억과 관련 있다고 한다. 이와 관련하여 치료사는 내담자가 자신의 '삶의 이야기'를 하도록 유도하는 기술을 배워야 한다(Adler, 1986). 가장 오래된 기억에 대한 관심은 그것이 실제거나 상상이거나, 옳거나, 변화된 사건들을 조명하기 때문이다. 기억은 개인이 자신의 삶에 대한 방향성, 삶에 대한 견해를 의식화하는 것이다. 아들러는 인간에게 열등감, 공동체 의식, 인정받으려는 노력이 어린 시절의 첫 기억과 얼마나 강한 연대를 가지는지 주의를 기울이며, 개인심리학의 이 세 가지 주요 요인이 모든 정신현상에 적용되어야 한다고 주장한다.

아들러는 어린 시절의 기억에 대한 대화로 환자에게 그의 삶의 기본 태도가 잘못되었다는 것을 납득시켜야 한다고 강조하는데, 기본적인 '삶의 오류'는 이미 가장 오래된 기억 자료에 있으며, 이것으로 교정 효과를 가질 수 있다고 한다. 기억 작업은 "통합적이고 온전한 자아 인식을 위해 내적 전환을 위한 힘을 일깨우고, 행동을 재편성하고, 더 대담하고, 더 사교적이 되도록 한다."(Alder, 1986).

Petzold(1991)도 역사가 미래설계를 가능하게 하듯이, 내담자의 기억과 그와 관련된 작업은 매우 중요한데, 기억은 현재의 해석을 가능하게 하기 때문이라는 것이다. 그에게 치료적 의미로서 기억은 모든 삶의 변화에서 자기 자신을 소외시키는 것이 아니라, 안정감과 친숙함, 자존감과 인격의 초시간적 불변성인 정체성을 유지하게 한다. 페촐트는 인간은 기억을 바탕으로 현재와의 통합을 가능하게 한다는 것이다. 그는 기억은 '자기 자신이 되고, 자신을 알게 되는 것'을 가능하게 한다고 강조한다.

■ 생활양식

Adler(1981)는 개인의 인식 방식에 따라 이루어지는 '생활양식'을 개인심리학과 심리치료에 중요한 요인으로 여겼다. 생활양식은 4~5세에 형성되며, 이 시기에 자아의 완전한 발전과 그에 따른 삶의 태도에 대한 고착이 이루어진다. 이 시점부터 삶의 질문에 대한 대답은 관계 자체에 놓여 있는 진실에 의해서가 아니라, 우리가 개인의 '양식'이라고 부르는 특정한 기계화된 인식에 의해 결정된다. 개인의 생활양식에 따라, 즉 인간이 본래 가지는 열등감을 어떻게 극복하느냐에 따라 인간은 정신병리적 성격으로 변하거나 자신을 사회적 통합체의 일부로 받아들여 공동체 의식인 연대감을 함양할 수 있다. 생활양식은 개인의 모든 행동을 단일화하는 주제들과 연결되며, 개인의 가치와 자신과 타인 및 삶에 대한 인식들을 포함하는 "삶의 목표를 향하여 나아가는 독자적 방식이다."(Corey, 2005). 아들러의 '인생 계획' '기본노선' '인생선'은 생활양식과 같은 의미로 사용된다(Adler, 1981).

Adler(1981)는 불안, 강박관념, 강박적 죄책감, 우울, 연대감 결여, 알코올의존성, 두통, 광장공포증 등과 부부관계나 가족관계의 문제가 개인의 생활양식과 밀접한 관계가 있다는 것을 보여 준다. 개인의 생활양식은 이미 유아기에 자신과 첫 관계를 맺은 사람들, 즉 가족에 의해 많은 부분이 형성되기에 아들러는 아동교육 및 부모, 특히 어머니 교육을 강조했다. 아동이 생활 및 교육환경에서 낙담하고 용기를 잃는 경험을 하게 되면, '삶의 쓸모없는 면'을 찾게 된다(Adler, 1985).

Seelmann(1973)은 아들러 이론을 바탕으로 아동의 성적(性的) 문제의 원인은 부모에게 사랑받지 못한 것에서 출발한다고 한다. 즉, 부모 사랑이 결여된 아동은 일찍 가족 밖에서 '사랑'을 찾으며 너무 이른 시기에 성관계를 갖는 경향이 있다. Seelmann은 이런 생활 상황과 고립된 성교육이란 존재하지 않으며, 성교육은 전체 교육의 일부가 되어야한다고 주장한다. 오늘날 청소년 나아가 아동기에 성적 문제가 있는 상황에 아들러의 생활양식, 열등콤플렉스, 연대감의 이론은 인간의 심리적 성장단계에 주요한 기반이 된다.

아들러 학파의 치료 목표는 내담자의 병을 치료하는 것이 아니라 개인의 생활양식, 삶을 보는 방식을 수정하는 것이다(Adler, 1985). 치료사는 내담자 생활양식의 변화에 주의를 기울여, 내담자 감정을 수용하고 격려하며 배려하고 비난하지 않는 태도를 취한다. 이러한 치료사 태도를 통하여 내담자는 열등감이 감소되고 세상을 보는 관점이 변화된다. 또한 내담자는 생활양식과 생의 목표를 조정하게 되고 사회적 관심이 증가되며, 나아가 사회에 소속감을 갖게 된다. 여기에서 치료사는 내담자 행동, 증상, 꿈, 의사소통, 대인관계 등을 해석하여 환자의 통찰력을 촉진함으로써 자신의 행동을 재정립하도록 돕는다.

■ **꿈해석**

Rattner(1987)는 아들러의 꿈해석은 프로이트의『꿈의 해석』과 관련있지만 이론은 뚜렷하게 구별된다고 한다. 아들러에게 꿈은 유아 성욕의 의미와 관련된 것만이 아니며, 단순히 어린 시절 꿈의 과거가 아니고, 때로 퇴보적인 측면을 가지고 있을 수도 있지만, 그것의 본질은 '심리적 진보'를 보이는 것이다. Adler(1973a)는 꿈을 모두 성욕의 심리적 현상이라는 프로이트 이론을 비판하면서, 꿈은 개인의 삶의 문제들을 다루는 것으로, 인간은 잠자는 동안에도 꿈을 통해 삶의 사회적 책임과 관련이 있다고 주장한다. 아들러는 인간의 심리적 진화와 관련하여 '정신의 생명은 미래를 향하여 전진'하며, 모든 정신 활동은 미래의 의미를 가지며 '삶의 문제를 해결하려는 시도'라고 해석한다.

아들러의 꿈해석 방법은 프로이트의 방법보다 단순하지만 삶에 더 가까우며, 꿈을 개인 생활양식, 사람들과 사물들을 언급하는 방식이 더 두드러진다(Rattner, 1987). 아들러의 꿈해석은 주로 꿈에서 오는 결정적인 성격 동기를 추측하는 것을 목표로 하는데, 이는 깨어 있거나 꿈을 꾸는 사람은 바로 그 사람이기 때문에, 모든 성격이 꿈속에 있다는 것이다.

③ 개인심리학 미술치료

아들러는 창의성의 혁신적 아이디어를 임상에서 발견하고 자신만의 방법으로 작업함으로써 1930년대에 심층분석적이며 내러티브 방법, 조형적 방법의 회화적이며 연상적인 치료방법을 권장했다(Menzen, 2001). 아들러 이론에 근거한 미술치료 프로그램을 개발 · 적용한 미술치료사로 Garlock을 들 수 있다. 뉴욕에서 'Social Club'을 주도하면서 '표현 자체의 형식'을 치료적으로 안내한 미술치료사 갈록은 'Adler의 이론에 기초한 미술치료 프로그램'(19991)을 개발하여 개인, 집단 미술치료를 이끌었다(Menzen, 2000; Rubin, 1999). Garlock(1991)은 집단미술치료에서 공동체 의식 함양을 치료의 기반으로 두며, 집단원은 자신의 감정, 회의, 무력감 등을 그림으로 표현하여 그림에 대해 이야기하고 서로의 고통을 나누는 방식을 취하였다. Menzen은 갈록이 사회적 연대감에 기반하여 개인 및 집단 미술치료 참여자에게 자신의 '소외감' '절망감' '삶의 전기적 내용'을 내러티브 방식으로 묘사하도록 안내하고 그림으로 의사소통을 가능하게 하며 그들의 내적 이미지를 심층심리학적으로 다루는 데 기여한다고 평가한다. 아동기의 열등감, 열등콤플렉스, 연대감과 생활양식이 성인기까지 이어지는 전기적 서술 방식의 개인심리학에 근거한 미술치료는 미술치료사에게 전인적 관점의 아들러 이론과 통찰력과 분석의 근거를 제공해 준다.

필자는 만다라 미술치료에서 개인의 삶의 궤적을 나선형으로 그려 중심의 출생에서 현재의 삶 혹은 미래의 삶까지 본인에게 중요한 기억, 부정적이거나 긍정적인 기억을 그림으로 그리게 한 후, 삶의 과정에 대해 대화를 나누는 방법을 적용한다. 이 과정에서 내담자는 개인심리학의 열등감, 열등의식, 연대감, 공동체 의식과 더불어 자신의 생활양식을 치료사와 함께 나눌 수 있으며 이는 몇 회기로 이어간다. 특히 '삶의 파노라마'를 다룬 미술치료에서 대부분의 내담자는 자신의 삶을 그림으로 표현하니 색과 형태와 내용에서 기억했던 것보다 더 많이 떠오르는 것을 인식하고 놀라워하는 경우가 많았다. 내담자는 부정적 기억들이 자신의 삶에 긍정적으로 작용하는 것도 삶의 궤적을 그림으로 보면서 이야기할 수 있었다.

미술치료에 전기적이며 내러티브적인 방법을 이용한 '동화 듣고 그리기' 방법은 아들러의 개인심리학에서 출발한다. Hellgardt(1991)는 열등한 존재로서의 불안과 무의식과 창의적 힘에 대한 아들러의 개념은, 인간의 삶과 공존의 근원적이며 궁극적으로 신비로운 영역을 표현하는 동화 구성과 내용에 잘 나타난다고 보고 이를 동화치료에 적용한다. 헬가르트는 치료 작업에서 많은 신경증 환자가 특정 동화 주제를 기억할 수 있지만 동화의 특징인 좋은 결말을 찾지 못한다고 한다. 이러한 환자들은 개인의 발달 문제와 관련하여 부족한 상황을 해결할 수 있는 가능성보다 결함적 요소를 극복하지 못한다. 그러나 치료 과정을 통해 동화는 편향적 기억에 대한 치료적 교정을 할 수 있는 가능성을 제공하는데, 이는 아들러가 주장한 창조력의 고유성을 지닌 자아에 대한 작업으로 연결된다. 헬가르트는 동화 속 주인공 삶의 모든 맥락이 자아가 창조적이거나 자아로부터 직접 표현되는 한, 그것은 개인심리학 이론에 해당한다는 것이다. 미술치료사가 내담자에게 동화의 주인공처럼 자아와 창조력의 동일시 경험으로 자신의 운명을 초월하는 경험을 제공하고 내담자는 동화를 통해 고통을 창의적으로 초월하는 것은 자신의 창조적 정체성의 경험이다.

통합적이고 수정된 정신분석 미술치료를 주장하는 Schmeer(1998)는 동화와 맥락을 같이하는 신화 속의 영웅을 주제로 하는 미술치료와 이야기 대본 그리기나 내담자의 기억 중에 동화의 장면을 그리는 사례를 소개한다. 동화 주제 미술치료는 '인생 각본'과 '생활양식'을 새롭게 쓸 수 있는 경험을 제공하여 치료적 영향을 미친다. 필자는『어린왕자』의 각 장에 있는 주제를 미술치료(정여주, 2015) 전체 과정에 따라가면서 위로, 무서움, 외로움, 이별, 후회, 갈등, 고통, 자기애, 자아의 힘, 만남, 의지 등을 전기적 · 내러티브적 방법으로 다룬다. 이 과정을 통해 내담자는 갈등과 고통과 위기를 겪어 내는 심리적 힘을 얻으며 문제해결 과정을 보여 준다.

Katz-Bernstein(1991)은 아들러 개념의 기억과 내러티브를 통해 과거의 저장된 경험을 사용하여 현재 상황에 대처하거나 미래 차원에서 행동을 계획할 수 있다면서 어린이 놀이를 예로 든다. 즉, 어린이 놀이의 모든 얼간이 놀이, 조소(비웃기)놀이는 모두 신화형상에서 나온 것으로 아들러 이론의 열등감을 반영하며, 놀이는 그가 자신의 서투름과 무력감, 외로움을 멈추고 극복하도록 반영하고 도와준다. 필자는 개인이나 집단 미술치료에서 이러한 광대놀이를 바로 하기보다 가면으로 자신이 원하는 인물을 판타지와 상상으로 가면을 만들어 그것을 쓰고 놀이나 다른 역할을 하는 방법을 적용한다. 가면 주제의 미술치료는 아동에서 성인까지 모든 연령에게 치료적 영향을 미친다. 이러한 상상적 · 놀이적 · 치료적 가면 작업과정에는 웃음과 자유로운 몸짓이 어우러지면서 개인이나 집단은 그들의 무의식에 있거나 억제하고 있던 갈등 인물과 대면할 용기를 얻게 되며, 카타르시스를 경험하고 나아가 자신의 고착된 생활양식에 대한 통찰력을 얻게 된다.

개인심리학 기반의 또 다른 미술치료 방법을 개발한 치료사로 Ratcliffe를 들 수 있다(Schuster, 1993). 래트클리프는 화가들의 작품들은 감상자의 마음에 깊이 내재된 정서적 자극을 불러일으키는 힘이 있다는 것을 근거로 미술치료를 실시한다. 이 방법은 환자가 화가의 작품과 대면함으로써 그들의 정신적 변화를 끌어내는 시도다. 환자는 화가의 그림을 선택하여 콜라주로 재탄생시킴으로써 자신의 무의식과 만나며, 그러한 만남을 통하여 '아하 체험'을 한다. 이 방법은 미술 활동에 거부반응을 보이거나 자신의 그림을 폄하하거나 비판하는 내담자에게 유용하게 적용할 수 있다. 이는 수용적 미술치료 관점과 같은 맥락이다.

Petzold(1991)는 임종을 앞둔 대상의 미술치료 적용의 경우 다양한 형태의 임종과정에서는 일반적으로 의학적 · 심리적 · 사회적 상황을 의미하는 의사, 간호사, 목사, 간호사, 심리학자와의 팀 접근 및 가족과 친척과의 관계가 중요하다고 한다. 그는 임종을 앞에 둔 노인 환자를 위한 미술치료의 점토 작업과 심상여행에서 아들러의 '생활양식'과 생의 전반을 반영하는 치료적 의미를 반영한다.

2) 인본주의 심리학 관점

인본주의 심리학은 정신분석과 행동주의와 달리 건강하고 창의적인 인성에 방향을 두는 '제3의 세력'이며, 목표는 '자아실현' '자아 성취'와 '자아 성장'이다(Dorsch, Häcker, & Stapf, 1994). 인본주의 심리치료는 내담자의 과거사, 무의식의 억압, 갈등 등에 초점을 두기보다 현재 상태를 수용하고 내담자가 지닌 발전 가능성에 집중하며 '변화의 건강 모델(wellness model of change)'을 제시한다(Rubin, 1999). 인본주의 심리학의 대표 학자는 실존주의 심리학에 출발점을 둔 Maslow와 May, 실존심리학과 로고테라피(Logotherapy)의 Frankl과 인간중심치료의 Rogers, 게슈탈트 치료의 Perls, Zinker(Malchiodi, 2003) 등과 게슈탈트 치료에서 발전하여 통합적 치료인 예술심리치료를 이끈 Petzold와 Orth(1991) 등이 있다.

인본주의 심리학의 공통된 강조점은 개인적 자유, 선택, 가치, 책임, 자율성과 의미 추구다. 인본주의 심리학 관점은 미술치료의 목적, 과정과 기법에 다양하게 적용된다. Malchiodi(2003)는 다양한 인본주의 관점이 있지만 공통적 기반은 내담자의 미술 활동을 주체적 표현으로 존중하고 개인의 긍정적이고 건설적인 선택을 신뢰하는 것이라고 한다. 다음에서는 대표적 인본주의 심리학 모델이 미술치료와 연결되는 것을 살펴보고자 한다.

(1) Maslow의 자기실현

① 자기실현 개요

인본주의 심리학의 대표 학자인 Maslow(1991)는 인간의 동기와 잠재된 성장 가능성에 대한 긍정적 이론을 제시하였다. 그의 이론은 과거의 전인적 통합론, 게슈탈트 심리학, 프로이트, 융, 아들러의 이론과 임상 등을 거쳐 전인적-역동이론의 통합 혹은 종합으로 명명된다(Eisler-Stehrenberger, 1991). 매슬로는 대부분의 사람은 '창의성, 자발성, 타인 배려, 호기심, 지속적 성장, 사랑받는 능력'을 지니는데, 이는 '자기실현적 인간에게 발견되는 특징'(Corsini, 1973)이라고 본다. 자기실현적 인간은 공통적으로 창의성과 독창성이 있으며, 더 자연스럽고 더 자율적이며 더 인간적으로 '자기 성장과 자기 수용력을 향상'(Eisler-Stehrenberger, 1991)한다. 매슬로 심리학의 목적은 '자기실현' '자기현실화', 성장 잠재력을 발휘하는 '자기 성취'에 있다. Schuster(2000)는 매슬로가 삶을 가치가 있게 만드는 순간은 '아름다움', '완벽함', '성취' 등의 순간이라는 글을 인용하면서 이러한 가치는 자기(Slbst)를 초월하는 것이라고 한다. 특히 매슬로가 창의적 예술경험을 '절정의 경험'이라고 한 창의적 활동은 인간의 '자기실현 가능성과 능력과 재능을 강화하고 통합성을 장려'(Eisler-Stehrenberger, 1991)한다.

Maslow(1991)는 동기이론에 근거한 인간 욕구를 위계적 7단계로 나누어 낮은 수준의 욕구에서 높은 수준의 욕구를 피라미드 형태로 제시한다. 동기이론의 출발은 생리적 욕구며 단계적으로 안전 욕구, 소속 및 사랑 욕구, 자아존중 욕구, 지적 욕구, 심미적 욕구, 자아실현 욕구 순으로 분류된다. 생리적 욕구부터 자아존중 욕구 단계까지는 결핍욕구에 해당하며, 지적 욕구에서 자아실현 욕구 단계까지는 성장욕구다. 매슬로는 심리치료에서 내담자에게 이 7단계가 모두 일어난다고 본다.

미적 동기는 창의적 조형과 미적 즐거움으로서 지위나 안전을 추구하는 것과 연관될 수 있다(Schuster, 2000). 내담자는 자신의 결핍욕구나 성취욕구가 이루어지지 않았을 때 문제를 일으키기 때문에, 치료사는 내담자의 잠재력과 성장을 개발할 수 있도록 배려해야 한다. 매슬로의 관점에서 미술치료는 인간의 욕구들을 만족시키며, 창의적 잠재력을 깨워 주는 중요한 역할을 할 수 있다.

인본주의 심리학 관점에서 Matussek(1974)은 창의성이란 누구에게나 존재하며, 우리가 발견하고 깨워 주어 발전시켜 주길 기다리고 있다고 한다. 그는 심리치료 경험을 토대로 인간은 사회생활이나 개인생활에서 창의적일수록 자신의 삶을 더 풍성하게 하고 충족감을 가지고 산다는 견해를 피력한다. 여기서 창의성의 치료적 역할을 되새겨 볼 수 있다. 마투섹에 의하면, 창의성의 특징은 사고(思考)의 유동성, 유연성, 독창성, 풍부한 상상력, 발견의 기쁨, 새로운 정의 능력, 문제 제시와 해결 능력 등이다. Eisler-Stehrenberger(1991)는 인본주의 심리치료의 관점에서 창의성은 환경과 소통하는 개인의 정서적 건강의 결과나 산물이라고 한다. 창의성은 '자기실현의 기회'(Eisler-Stehrenberger, 1991)다.

② 창의성 미술치료

미술치료에서 창의성이 자기 성장과 치료의 기반이라는 관점은 다른 미술치료 모델에서도 공통적으로 강조된다. Schuster(1994)는 창의성과 관련한 미술치료의 효과를 수용하려면 다음의 사항을 점검할 수 있어야 한다고 강조한다.

- 미술치료는 창의성을 자극하며, 그렇게 '관계된' 창의성이 삶의 태도에 영향을

미친다.

- 미술치료는 내담자에게 어떤 것을 '성취할 수' 있다는 믿음을 준다.
- 미술 활동을 통하여 무의식의 창의적 과정들이 정신적 회복에 도움을 준다.

창의성과 자기 성장 관점에서 미술치료는 환자나 내담자만 대상으로 하는 것이 아니라, 일반인의 정신건강 유지 및 증진을 위한 시도에도 중요한 역할을 할 수 있다. 창의성과 자기 성장을 위한 미술치료는 무엇보다 자기 탐색 및 자아 성찰을 위한 작업에 많이 적용된다. 예를 들어, 아동 · 청소년 인성 개발과 창의성 함양, 의미 있는 노년의 삶을 추구하는 활동, 부모교육, 아동 · 청소년 상담, 삶의 의미를 추구하는 성인미술치료 등에 적용된다.

최근 우리나라에서 시도하는 태교 미술치료는 건강한 산모와 태아를 위한 예방적 효과뿐만 아니라, 나아가 건강한 사회를 가꾼다는 점에서 사회적으로도 의미 깊은 접근이다. 또한 필자는 오랜 기간 만다라 미술치료 워크숍에서 참가자들이 미술 활동을 통해 집중력, 내적 중심, 내적 에너지를 경험하는 것을 보아 왔다. 참가자들은 자신의 경험을 그들의 학생, 가족, 부모, 지인들에게 알리거나 적용하여 자기 성장과 자기 치유의 경험을 하게 한다는 피드백을 듣는데, 이러한 활동도 창의성과 자기 성장의 중요한 주제가 될 수 있다. 무엇보다 만다라 미술치료는 전체성 관점으로 접근하면서 인간의 영성스러운 측면도 다루고 있다. 최근 힐링과 명상에 관한 관심이 사회적 이슈가 되는 현상과 더불어 마음챙김 기반 만다라 미술치료 연구도 심화될 수 있다.

(2) Rogers의 인간중심치료

① 인간중심치료 개요

인간중심치료를 주장한 Rogers의 이론은 인간은 근본적으로 자기실현 경향을 지니고 있음을 전제하여 전인적 성장을 위한 접근이다. Rogers(1983)는 자신의 임상 경험을 통해 인간은 끊임없이 자기 성장을 향해 나아가는 존재로서 자신의 삶을 적극적으로 건설해 나갈 자원을 품고 있다는 믿음을 가졌다. 이를 바탕으로 로저스는 비지시적 혹은 내담자 중심의 이론을 개발했다. 로저스의 인간중심치료 또는 내담자 중심치료는 환자에 대한 치료사의 '무조건적인 긍정적 지지'와 고통에 처한 상황에 완벽하게 반응하는 방법으로서 '감정이입'의 강력한 효과에 기반을 둔다(Rubin, 1999). Rogers(1983)는 적극적이며 자기 성장적인 인간관을 토대로 이론 및 기법보다 치료사의 인간관과 내담자에 대한 진실한 태도를 더 중시한다.

Rogers(1991)의 인간중심치료는 치료사가 내담자를 분석하는 것을 피하는데, 이는 정신분석치료에서 자주 발견되는 환자에게 적절하지 않는 상징 해석, 즉 환자의 많은 것이 자기방어라고 해석하는 것을 비판한 데서 출발한다. 로저스에 가장 중요한 것은, 치료사가 내담자로 하여금 자신을 충분히 표현할 수 있는 분위기를 제공하며, 내담자를 공감하면서 그가 스스로 힘을 키워 나갈 수 있도록 수용적 관계를 만드는 것이다.

이와 관련하여 Rogers(1991)는 치료에서 가장 필요한 조건을 다음과 같이 제시한다(GwG, 1991).

- 두 사람(치료사와 내담자)은 접촉을 한다.
- 내담자는 조화로운 상태가 아니다. 내담자는 상처를 받았거나 심한 불안에 싸여 있다.
- 치료사는 내담자와의 관계를 조화롭게 형성한다.
- 치료사는 내담자를 무조건적으로 존중한다.
- 치료사는 내담자의 내적 준거틀을 공감적으로 경험한다.
- 내담자는 적어도 치료사의 무조건적인 존중과 긍정적 관심과 치료사의 공감적 이해를 인식한다.

Rogers(1991)도 치료에서 중요한 것은 내담자에게 창의성의 동기를 제공하여 치료 과정으로 나아가는 것이라며 창의성을 강조한다. 창의적 과정에 근거한 로저스의 치료 목표는 내담자에게 '경험의 개방성' '내적 평가의 여지' '자신에 대한 신뢰'

'성장에 대한 의지'를 갖게 하여 '완전히 기능하는 인간'이 되도록 하는 것이다. 이 목표는 미술치료가 내담자의 창의성을 치료 목적과 효과의 중요한 요인으로 보는 것과 밀접한 관련이 있다.

Rogers(1991)가 제시한 창의적 과정의 세 가지 요인은 요약하면 다음과 같다.

- 경험의 개방성(확장성): 사고가 자유롭고 독창적이며 경직되지 않고 경험에 개방적인 사람에게 모든 자극은 방어로 변형되지 않고 신경계를 통해 자유롭게 전달된다. 개방성에는 개념, 신념, 인식 및 가설에 관한 경직성이 없고 모순된 정보들도 흡수할 능력이 있는 '확장적 방향'이 있다. 경험의 개방성은 창의력과 연결되며, 창의성은 개인적 · 사회적으로 건설적인 것으로 확산될 수 있다.
- 내적 평가의 여지: 창의적 인간은 자기 성취에 대한 가치를 타인의 칭찬이나 비난에 좌우되지 않고 자신이 정한다. '행동하는 자는 바로 나다.'라는 감정을 가지는 것이 자신의 잠재적 가능성을 실현하는 내적 여지다.
- 기본 요소와 개념이나 구상을 다룰 수 있는 능력: 아이디어, 색, 형태, 관계들을 자발적으로 즐길 수 있는 능력이며, 불가능해 보이는 것이나 주어진 것들을 문제화하여 놀이처럼 표현하여 변화시키는 능력이다. 자발성과 유희적 태도는 새롭고 의미 있는 방식으로 관조하며 창의적 관점으로 삶에 다가간다.

로저스의 창의적 개념은 긍정적 · 치료적 현상들을 가져다준다. 그것은 유레카 감정이라고 할 수 있는 '바로 그거야.' '내가 그렇게 표현하려고 한 거야.' 등의 경험과 창의적 경험과 성취를 타인에게 알리고 싶어 하는 내담자의 '의사소통의 소망'이다. 이는 미술치료 상황에서 항상 경험할 수 있는 현상이다.

로저스는 이러한 창의성을 촉진하고 극대화하는 전제조건으로 심리적 안전과 자유로운 상황을 제시한다. 다시 말하면, 치료사가 내담자를 무조건적으로 존중하고 수용하는 분위기를 만들며, 작품을 평가하지 않는 환경을 조성하여 내담자가 방어기제나 두려움을 갖지 않게 하는 것이다. 여기에 치료사의 공감적 이해, 감정이 이입된 이해의 자세가 있으며, 이러한 태도와 존중이 인간중심적 접근 모델이다.

Rogers(1991)는 치료사가 내담자에게 '상징적 표현의 완전한 자유를 허용할 때 창의성이 장려된다'고 하는데, 이는 내담자에게 '심리적 자유'를 제공하는 것이다. 그는 이러한 관용성은 개인이 생각하고 느끼고 자신 안에 있는 것과 하나가 되도록 완전한 자유를 준다고 강조한다. 로저스는 치료사가 이러한 심리적 자유를 제공하는 것으로 내담자에게 '창의적 과정의 일부에 해당하는 인식, 개념 및 의미에 대한 개방성과 유희적이고 자발적인 움직임을 장려한다.'

로저스는 내담자의 감정, 충동 및 의도의 자유로운 발산이 반드시 모두 성취되지 않을 수도 있는데, 이런 행동은 어느 정도 사회에서 제한될 수 있으나 이것도 좋은 일이라고 주장한다. 그러나 그는 내담자의 상징 표현은 제한될 필요가 없다고 강조한다. 예를 들어, 상징 표현에서 자기 어머니나 미워하는 존재를 공격하고 파괴함으로써 내담자는 심리적 해방감을 느낀다. 이와 관련하여 Eisler-Stehrenberger(1991)는 창의적 과정은 치료적 과정이며, 로저스에게 "창의성은 실제로 그의 이상인 '완전히 기능하는 사람'의 정수"라고 평가한다.

② 인간중심 미술치료

로저스의 창의성 관점은 미술치료에서 내담자의 개방성, 자유로운 표현의 수용과 장려 및 유희성과 즉흥성을 촉진하는 중요한 요인들이다. 표현의 어려움이나 평가에 대한 부담으로 방어가 많은 내담자에게 미술치료에 미술의 창의성 요소를 치료 요소로 적용하는 것이 적절하다. 인간중심치료 기반 미술치료사는 내담자가 심리적 자유를 경험함으로써 방어나 억압을 낮추고 능동적인 참여로 자신의 갈등 대상이나 상황을 마음껏 미술로 표현하도록 한다. 미술작품의 상징과 해석에서도 내담자가 자신의 활동 후에 대화를 통해서 상징을 반영할 수 있는 분위기를 제공한다. 그러나 이것으로 미술치료사가 평가를 멈추는 것이 아니라, 창의적 · 상징적 과정 전체를 적극적으로 관찰하여 미술 과정, 미술작품과 내담자의 태도 변화에서 문제 상황이 어떻게 변화하는지 평가한다. 이러한 관점은 미술치료 전반에 영향을 미치며, 무엇보다 미술치료사의 자질과 역할에 중요한 가르침이 된다.

(3) 게슈탈트 치료

① 게슈탈트 치료 개요

게슈탈트 치료는 독일인 Perls가 정신분석과 실존주의 요소를 사용하여 1950년대에 개발하고 발전시킨 개혁적인 심리치료 형태다(Dorsch, Häcker, & Stapf, 1994). 게슈탈트 치료는 펄스 중심으로 인본주의 심리학의 중요한 자리를 차지하고 있다. 게슈탈트(Gestalt)는 독일어로 형태, 외형이란 뜻으로 게슈탈트 치료는 외적 세계와 내적 세계의 전체론적 관점에서 탄생한 것으로, 이론 기반은 실존철학, 현상학과 장 이론이다(Corey, 2017). 또한 게슈탈트 치료는 Goldstein의 유기체이론, Smith의 생태이론, Reich의 신체이론, Wertheimer 등의 게슈탈트 심리학, Moreno의 사이코드라마, Reinhardt의 연극과 예술철학, Heidegger와 Buber, Tillich 등의 실존철학, 도가와 선 사상인 동양사상도 포함된다(김정규, 2015).

게슈탈트 이론은 내담자의 현재 상황을 중시하며, 내담자가 자신의 현재 상황의 경험을 알아차리도록 설계된 것으로 전체론적 관점의 펄스는 자기 이해와 알아차림에는 지식을 넘어 느낌과 감각이 필요하다는 것을 강조한다(Perls, 1973). 이와 더불어 항상성에 해당하는 유기체적 자기조절 원리, 접촉과 접촉의 경계 원리가 적용된다.

이러한 이론적 기반에서 게슈탈트 치료의 목표는 환자의 감각적 지각 및 신체 감정을 강화하는 해석, 배열 및 연습에 초점을 맞추며, 치료 효과로 환자는 자신의 신체적 · 정신적 영역의 전체를 경험함으로써 자신의 감정에 더 잘 접근할 수 있다(Dorsch, Häcker, & Stapf, 1994). 펄스는 환자가 겪는 사건이나 문제가 되는 것을 전체의 관계성 안에서 조망해야 한다는 '장(場, Field) 이론'과 경험의 즉각적인 자각을 신뢰하는 '현상학적' 관점, '경험되는 것을 그대로 경험하는 개인'의 실존적 존재방식을 치료의 기본으로 둔다(Corsini, 1973). 게슈탈트 치료는 개인이 겪는 여러 요인을 통합하면서, 과거에 더 무게를 두는 다른 심리치료와 달리 개인이 '지금-여기(here and now)'의 현재 상황을 경험하고 인식하게 한다(Perls, 1973). 내담자가 여러 감정을 서술하면, 치료사는 그러한 감정들을 지금-여기에서 느낄 수 있는 다양한 방법으로 적용함으로써 그러한 상태의 요인들을 재경험하여 해결하도록 돕는다. 게슈탈트 치료에는 예술적 수단인 무용, 동작, 연극, 조형, 그림, 음악 등으로 자신의 현재와 감정을 표현할 수 있는 형태 작업이 많이 이루어진다.

Zinker(1978)가 제시한 게슈탈트 치료의 일반적 목표는 다음과 같다(Corey, 2017).

- 자기 인식의 증가
- 자신의 생각, 행동, 감정에 대한 책임 및 경험의 주체가 자기라는 태도 수용
- 타인의 권리를 침해하지 않으면서 자기 욕구 충족의 기술 개발 및 가치 형성
- 모든 감각 더 잘 인식하기
- 자신의 행동 결과 수용과 책임능력 인정하기
- 외적 지지에서 내적 지지로 변화
- 타인에게 요구나 도움 요청 가능하며 동시에 타인을 도울 수 있음

게슈탈트 치료 개입의 기본은 내담자의 정서와 행동을 끌어내어 구체적 목표를 성취하기 위해 만들어진 많이 사용되는 기법들이 있는데, 모든 내담자에게 필수적으로 적용되지는 않는다. 게슈탈트 치료의 대표적 기법으로 내적 대화 기법, 빈 의자 기법, 미래 투사 기법, 한 바퀴 돌기 기법, 반동 기법, 시연 기법, 과정 기법, 감정에 머무르기 기법 등이 있다(Corey, 2017).

② 게슈탈트 미술치료

게슈탈트 치료 관점에서 아동 · 청소년 미술치료를 시도한 Oaklander(1999)는 소묘, 그림과 조소뿐만 아니라 모든 감각에 자극을 주는 감각적 경험방법 및 이완과 명상, 연극, 시, 음악 등의 다른 예술매체를 함께 적용한다. 그녀는 미술치료에서 아동 · 청소년에게 갈등, 문제점, 두려움 등을 예술매체를 이용하여 자극하고 표현하게 한다. 오클랜드는 아동 · 청소년이 은유적이며 상징적인 표현을 통하여 자신의 심리적 문제점과 장애를 표현할 수 있는 다양한 기법을 개발했다.

Rhyne(1991)은 게슈탈트 미술치료에서 환자의 창의성이 적극적으로 움직이는 데

초점을 두는데, 치료사는 치료 상황에서 즉흥적으로 환자를 받아들이고 적극적으로 반응하는 또 다른 유기체로서 치료 형태의 일부분이 된다. 라인은 치료목표는 환자가 창의적 활동을 하면서 자신의 문제를 말할 수 있도록 환자의 감정을 일깨워 주는 것이다.

(4) 통합예술치료

① 통합예술치료 개요

게슈탈트 이론에서 발전한 통합치료는 Petzold와 Orth(1991) 중심으로 1970년대 유럽에서 '통합적 예술치료와 창의성 치료'로 출발하여, 독일의 '통합치료, 게슈탈트 치료와 창의성 장려를 위한 프리츠 펄스 연구소(Fritz Perls Institut fur Integrative Therapie, Gestatltherapie und Kreativit-atsforderung: FPI)'를 중심으로 전 유럽의 교육기관으로 발전하였다(Petzold, 1991).

통합치료의 출발(Orth & Petzold, 1991)은 인간은 자신의 변형(Metamorphose)에서 변화하는 존재로 자기를 이해하는데, 이는 인간이 지속적인 변화 속에 있다는 개념이다. Orth와 Petzold(1991)는 인간 존재를 다음의 특성으로 나누었다. 첫째, 고유감각과 외감각을 경험하는 흐름 속에서 자신을 느끼는 지각자, 둘째, 감정의 움직임에 의한 감수성이 강한 자, 셋째, 자신의 과거인 '기억의 혜성 꼬리'를 더듬는 기억자, 넷째, 주관성을 넘어 추상적인 깊이에 기원을 두는 생각의 근원이 되는 사고자, 다섯째, 일상생활과 일상생활에서 현실을 이해하고, 변화를 파악하고, 변형하고, 형성하고, 구체화하는 행위자, 여섯째, 이러한 변화를 재인식하여 자연에 내재된 살아있는 존재로서, 자연의 본질은 변화라고 인지하는 생명체다.

예술치료에 '통합'이라는 의미를 부여한 것은 연극에 음악, 의상, 무대그림, 각본 등의 다른 영역 예술이 함께 이루어지는 현상에 기인한다. 통합예술치료는 육체적 · 정신적 · 영적 존재인 인간의 총체성에 근거한 심리치료 관점을 지닌다. 대표적으로 Petzold(1991)는 예술치료를 상위개념으로 두고, 미술, 음악, 춤, 동작, 드라마, 시 등의 예술을 치료에 통합하여 적용하였다. 그에 의하면, 예술치료는 병의 치유와 완화 및 인성 계발과 확장을 목적으로 한다. 페촐트는 통합예술치료는 다양한 치료 이론을 구별 없이 마구 혼합하여 '많을수록 낫다, 어느 것이든지 유용할 것이다'라는 식의 임의적 절충주의가 아니라, 다양한 예술의 치료적 접근 방식과 매체를 차별적이면서도 독특하게 적용하는 것이라며, 이 모델의 정체성을 강조한다.

페촐트는 예술치료 목표를 네 가지 영역으로 구분하여 실시하는데, 여기에 미술치료도 같은 목표를 지닌다. 첫째, 자기현실화란 인간의 창의성과 대화능력의 가능성, 둘째, 자아 힘이란 정체성, 자기안정성 함양, 셋째, 환자의 생활세계 분석, 넷째, 방법 적용이란 적절한 치료방법, 기법과 예술 매체 이용이다

Petzold(1991)는 이와 같은 목표에 따라 환자의 자원 영역, 생의 파노라마, 자화상, 정체성 기둥 도식화, 신체차트(body chart) 등의 기법을 미술치료에 적용하여 분석하고 치료한다. Orth와 Petzold(1991)는 예술치료에 인간 존재의 특성을 변형, 변화의 개념으로 적용하는데, 치료에서 변화의 특성은 다음과 같다. 첫째, 변화를 인지하고 표현하는 직접적 경험으로서의 변화, 둘째, 접촉과 만남의 관계 경험으로서의 변화, 셋째, 치료 제공과 내담자의 선택에 따른 방법과 매체를 통한 과정의 변화다.

② 통합적 미술치료

통합예술치료 관점에서 미술치료는 조형예술을 중심으로 사용하면서 다른 예술 형태, 예를 들어 시, 음악, 무용, 연극, 인형극, 팬터마임 등을 결합하여 통합적으로 적용한다. 예를 들어, 미술치료와 심리드라마, 미술치료와 동화, 미술치료와 심상치료, 미술과 비디오그래픽 작업, 미술치료와 춤, 미술치료와 음악 등이 있다. 미술치료는 다른 예술 형태 및 매체와 결합을 통해 환자에게 다양한 미적 경험을 제시하고, 그들의 감정과 감각을 통합적으로 사용하게 하여 치료 가능성을 확대시키는 것을 목적으로 한다. 다음에서는 통합적 예술치료에서 미술치료 중심 예술치료 몇 가지를 소개하고자 한다.

■ **팬터마임과 미술치료**

Schiefer(1997)은 통합적 관점의 미술치료에서는 모든 회기에 즉흥연기를 기본적으로 한다. 즉, 한 회기를 두 단계로 나눠 즉흥연기와 미술 활동을 한다. 초기단계에서는 미술치료 과정에 집중하기 위하여 심리극에서 나온 즉흥극 연습을 시도한다. 이 단계의 처음에는 신체이완 연습을 하면서 유희적 동작을 겸한다. 예를 들어, 곰처럼 걷기, 캥거루처럼 뛰기, 뱀처럼 소리 나지 않게 살금살금 걷기 등이다. 다음은 상상여행에 해당하는 연습을 놀이처럼 한다. 즉, 치료사가 짧은 동화나 이야기를 들려주면, 집단원 중에 몇 명이 그 내용을 연극으로 표현한다. 미술 활동단계에서는 동화를 듣거나 연극을 본 후에 그 순간에 떠오르는 것을 그림으로 그린다. 마지막으로, 참가자들은 치료사의 도움으로 자신의 그림이 나올 수 있었던 배경에 대해 말하며 대화의 시간을 갖는다.

■ **동화와 미술치료**

통합예술치료에서 동화 중심 미술치료는 문학과 미술치료의 만남에서 이루어진다. 동화, 특히 전래동화는 한 개인의 삶을 뛰어넘는 보편적 인간의 삶을 상징적 · 우화적 혹은 풍자적으로 묘사한다. 동화는 인생의 변화, 위기, 성장의 길을 제시하고 있다. 동화와 미술치료의 결합은 동화가 지닌 인간의 보편적 문제와 해결 과정을 내적 심상과 판타지 이미지로 쉽게 연결할 수 있다는 점에서 출발한다(정여주, 2001, 2015).

Baer(2004)는 동화와 미술치료의 통합적 치료에서 인간의 특성, 행동방식과 개인 발달사를 은유적 · 비유적으로 보여 주는 동화가 내담자에게 심리적 반향을 불러일으켜 치료적으로 연결된다고 한다. 베어가 사례를 통해 보여 주는 동화와 미술치료의 치료적 요인은 '반향과 동일시' '내면의 주관적 관점' '극복전략'이다.

Schmeer(1994)는 정신분석 입장의 미술치료에서 동화의 치료적 의미를 제시하는데, 동화와 미술치료는 미술치료 이론의 다양한 관점에서도 활용하기에 여기서 소개하고자 한다. 슈메어는 동화를 그림으로 그리는 미술치료에서 동화를 듣고 그리기나 원문을 기억하지 못하면 내담자가 직접 동화를 쓰고 그리면서 갈등상황을 해결하는 과정을 제시한다. 슈메어는 환자가 그림 이야기를 쓰는 과정에 자신의 삶에서처럼 개인적 대본에 갇히게 될 때, 치료사는 대화로 조심스럽게 개입할 것을 제안한다. 치료적 그림이 있는 동화의 출발점은 항상 환자 자신이 무엇을 말하고, 자신의 행동에서 무엇을 보여 주고, 그림에 어떤 자원을 가져왔는지를 살피는 것이다. 슈메어는 동화 듣고 그리기의 치료 과정을 7단계로 제시한다.

- 1단계: (동화 주인공의) 고통에 대한 인식
- 2단계: (동화의 내용과) 함께 가기
- 3단계: 개발 제안(과도기 주제 만들기)
- 4단계: 저항의 처리
- 5단계: 자아를 위한 퇴행
- 6단계: 일차적 감정(예: 고통, 슬픔, 불안, 미움, 사랑 등)
- 7단계: 해결, (그림 속 내용의) 변화

정여주(2015)는 『어린왕자 미술치료』에서 생텍쥐페리의 동화 『어린왕자』 전 과정에 대한 치료적 관점의 요인을 다루어 미술치료에 적용한다. 정여주가 제시하는 동화 미술치료단계는 이완과정, 치료사가 들려주는 동화 듣기, 치료사와 내담자 및 집단원과 동화에 대한 느낌 나누기, 인상적인 동화 내용 그리기, 동화 그림에 대한 대화 나누기다. 참가자들은 이 과정을 통하여 자신의 무의식에 있던 불안, 갈등, 소망 등을 의식하고 대면하게 됨으로써 치료의 효과를 경험하게 된다.

■ **가면작업과 미술치료**

Weiß(1991)는 '가면은 내면과 외면, 놀이와 현실, 삶과 죽음, 개인적인 것과 집단적인 것, 인간적인 것과 초월적인 것 사이의 경계경험을 할 수 있게 하는 경계의 상징'이라고 한다. 그는 오랫동안 가면작업의 치료 과정에 대한 교육과 임상을 이끌면서 가면의 치료 효과와 적용영역과 제시 및 가면작업의 한계와 위험성을 제시한다. 가면작업을 '놀이처럼' 하는 것은 한편으로는 동일시 확인과 다른 한편으로는 자신의 놀이를 의식하고 있는 능력을 요구한다. Weiß는 가면과 자기 동일시는 갈등으로 이끌 수 있기 때문에 치료적 가면놀이에서 가면만 사용할 것이 아니라, 예를 들어 점토 작업이나 심리치료 역할놀이와 함께 이루어지는 통합적 치료를 추천한다.

미술치료에서 가면 주제는 다양한 대상에게 적용된다. 가면의 이중적 면과 유희적이며 드라마틱한 요소로 인한 방어기제의 완화, 억제하던 문제의 유희적 표출로 내담자는 자기 변화와 새로운 인식과 행동으로 변화될 수 있다. 가면 주제 미술치료에서는 일반적으로 감정놀이, 표정놀이 등으로 시작하여 갈등 대상 가면 혹은 갈등 대상을 상대하는 자의 가면 만들기에서 다음 단계에 가면을 쓰고 놀이나 역할극을 하는 통합적 과정으로 이루어진다. 가면 매체는 점토, 신문지나 두꺼운 종이를 사용하거나 완제품의 플라스틱 가면이 있으며, 내담자는 가면에 다양한 색채나 입체 재료를 덧붙여 작업한다. 바로 이 가면 만들기의 창의적 작업 자체가 치료적이 되는 것을 미술치료사들은 관찰하고 경험한다.

3. 인지학(人智學) 관점

1) 인지학 개요

인지학(人智學, Anthroposophie)의 창시자인 Steiner는 20세기 초에 산업문명으로 인한 합리성의 강조와 일방적이고 편협된 교육 상황에 반대하면서, 인식론적이고 미적 원리에 입각한 인간교육을 지향했다(Mees-Christeller, 1996). 슈타이너는 인간의 잠재력과 소질을 개발하는 교육이념으로 예술을 교육의 기초로 삼았으며, 그 외에도 농업, 의학, 자연과학, 기독교 공동체 생활, 예술의 부흥과 개혁을 강조하고 실현해 나갔다(Steiner, 1991).

슈타이너는 1914년부터 예술교육과 예술치료의 근간이 되는 다양한 예술의 기초 법칙으로 언어와 움직임에서 나온 오이리트미(Eurythmie), 음악과 미술 특성을 보여주었다(Pütz & Glöckler, 1997). 슈타이너는 창의적 존재인 인간은 사회적 관계, 자연과 우주적 세계구조와 연결되며, 세계의 일부며 세계 또한 인간의 일부라는 통합적 입장을 취하며, 인간을 육체와 정신과 영혼으로 이루어진 통일체적 존재로 보았다 (Hauschka-Staverhagen, 1981).

인지학 의사인 Hauschka 박사는 1962년 예술치료학교를 설립하여 미술치료, 음악치료, 오이리트미 치료 과정을 교육했는데, 지금은 이 영역이 세계적으로 확장되었다(Mees-Christeller, 1988). Hauschka(1981) 박사는 '활동'이 인간의 고통을 저지한다는 믿음에서 병 치료에는 '무엇'이 아니라 '어떻게'에 초점을 맞추는 것을 강조하여 환자에게 약 복용을 권유하지 않고 예술활동을 처방했다. 이처럼 인지학 예술치료는 의사와 예술치료사의 협업으로 진행된다. 모든 예술치료는 육체적 · 정신적 · 영적 존재인 전인적 인간관에서 환자의 병을 탐색한다(Mees-Christeller, 1988). 인지학 예술치료에서는 인간의 자아–유기체의 부조화를 통하여 나타나는 불균형 상태를 진단하고 치료하기 위해 치료사는 인간관, 자기 인식, 영역 전반과 진단, 목표설정, 치료 개입과 대화 및 태도의 교육을 받는데, 이는 진단과 처방, 치료 활동과 평가가 의사와 협업이기 때문이다(Golombek, 2003, Mees-Christeller, 1988). 원칙적으로 의사가 환자 처방으로 특정 예술치료를 의뢰하는데, 예술치료 활동에서 진단은 보완 혹은 수정될 수 있다(Golombek, 2003). 이는 진단과 치료는 동반되며 상호의존적이라는 것을 의미한다. 예술치료에서 진단은 시작에서 확정되는 것이 아니라 치료 과정에서 더 진단되기도 하고 어떤 것은 사라지기도 한다(Altmeier, 2003; Golombek, 2003; Mees-Christeller, 2003).

2) 인지학 미술치료

Golombek(2003)은 미술치료는 '질병'이 아닌 전인적 존재로서의 인간이 항상 관심의 초점이기 때문에, 치료사는 그 사람을 '증상 보유자'로 취급하지 않고 개인의 신체적 · 정신적 · 영적 측면과 개인 세계 및 삶에 대한 참여를 고려해야 한다고 역설한다. 나아가 미술치료사는 환자의 능력과 잠재력 그리고 자신을 스스로 도울 수 있는 가능성에 특별한 주의를 기울이며, 질병이나 증상 중심이 아니라 인간 중심으로 다가가야 한다.

① 미술치료 목표

Altmeier(2003)는 인지학 미술치료 목표는 병리학적 과정에 정확하게 맞춰져야 한다며 다음의 지침을 제시한다.

- 치료 과정의 목표는 예술작품이 아니라 치료다.
- 치료 과정에서 미술은 수단이 된다.
- 치료 과정에 환자의 개성과 창의성을 발견한다.
- 환자를 '특정 질병 유형'의 일반화가 아닌 개별화로 접근하여, 환자가 주도적으로 창의적 행위를 하도록 도와 증상이 사라져 질병을 극복하고 회복하게 하는 것이다.
- 진선미를 추구하는 통일체적 인간으로서의 건강을 회복한다.

② 미술치료 영역과 치료 형태 및 효과

인지학 미술치료는 인간 존재의 세 영역인 육체와 정신과 영혼을 탐색하여 각 영역의 특성에 적합하고 효과적인 치료 형태를 개발하였다(Mees-Chisteller, 1996; 〈표 2-2〉 참조). 미술치료 형태는 소묘, 회화와 조소의 영역으로 나뉜다. 소묘는 머리인 신경-감각 계통, 회화는 흉부인 순환기 계통 그리고 조소활동은 신체 하부인 신진대사-사지 계통에 작용하는 특징에 근거한다. 소묘활동은 자유로운 지성, 진리로 이끌며 (사고, 진), 조소활동은 중용의 힘을 얻어 인간을 선하게 하며(의지, 선), 회화활동은 정서를 정화시켜 아름다움을 맛보게 한다(정서, 미)(Mees-Christeller, 1988).

세 영역인 소묘, 회화와 조소의 치료적 접근과 영향은 다음과 같다(Altmeier, 2003; Golombek, 2003; Mees-Christeller, 1988, 1996, 2003; Pütz, 1981). 이 영역은 각각 주된 영향력을 가지지만 유기적 관계로 작용하여 전체성을 목표로 한다.

표 2-2 인간의 세 영역과 치료 형태

치료	형상	육체	영혼	정신
미술 형태	세 부분	생리학	특성	의식
소묘	머리	신경-감각 계통	사고	깨어 있음
회화	가슴	순환기 계통	정서	꿈
조소	하복부	신진대사-사지 계통	의지	수면

출처: Mees-Christeller (1996).

■ 소묘

선 작업인 소묘는 머리 영역에 영향을 끼쳐, 논리적 사고와 관찰력 및 집중력을 길러 주며 감정에 치우치지 않도록 돕는다. 환자는 소묘를 통하여 자연과 형태에 대한 체험을 하고 소묘에 대한 두려움을 극복하면서 그리는 즐거움을 느끼며 세계를 새롭게 보는 것을 배운다. 소묘에는 대상-자연 소묘, 기하 소묘, 역동 소묘, 형태 소묘, 음영(스크레칭) 소묘, 목탄 소묘, 파스텔 소묘 등이 있다(Mees-Christeller, 1988, 2003). 각 활동의 효과와 적용대상은 다음과 같다(Mees-Christeller, 2003; 〈표 2-3〉 참조).

■ 회화

Steiner(1991)는 Goethe의 『색채론(Farbenlehre)』에 영향을 받아 그의 저서 『색채의 본질(Das Wesen der Farben)』(1991)에서 색의 치료적 역할을 다음과 같이 강조한다.

"색환에서 색을 통해 색의 본질, 색의 배열 그리고 색의 침투를 경험하는 것은 색들과 함께 작용하고 치유하기 위해 필요하다. 우주와 단절되어 고통받고 병든 사람들은 색을 다루면서 서서히 되살아날 수 있다. 그들의 영혼은 다시 숨을 쉬기 시작하고 점차적으로 우주의 리듬과 거대한 흐름에 의해 흡수된다고 느낀다."

회화는 인간의 정서에 영향을 주고 심장박동과 혈액순환에 도움을 주며, 특히 습식수채화 기법은 심리적 이완과 자연스런 호흡에 매우 효과적이다(Mees-Christeller,

표 2-3 소묘 유형, 효과 및 적용 질병

소묘 유형	특성과 효과	치료 적용
대상 소묘	–거리감, 비례감, 분별력, 집중력 –예민한 지각 –외부세계 관심 유발 –환경과 연결 및 발견 –창조의 경건함과 경탄 촉진 –현실감각, 정확성 –앞의 전체 효과는 자아 강화로 연결	–염증 –히스테리 체질 –정신 질환 –해체 경향의 정신 상태 –사고–느낌–욕구의 구조 부족 –중독 –불안 신경증 –스트레스 –무관심
기하 소묘	–규칙성, 정확성, 논리, 개요, 객관성, 공유 및 연결의 연습과 경험 –감각 세계에서 기하학적 형태 발견 –구조화 및 질서 효과 –사고의 명확성과 자유 유발	
목탄 소묘	–빛과 그림자 체험, 명암 체험 –영혼의 반대 극을 더 잘 다루도록 유도 –의지의 활성화 –용기의 힘 강화	
형태 소묘	–리드미컬한, 반복적, 시작하는, 흐르는 듯한 –수축과 팽창의 반복적 순환 연습(시공간, 상하좌우 연결 연습) –리듬과 박자 –리듬 체계와 균형 감각에 영향 –유희적 자극, 정돈자극	–심장 부정맥 –자폐증 –균형 장애 –천식
파스텔 소묘	–부드럽고, 민감하고, 섬세하고, 다채로운 색상 –앞의 특성에 상응하는 정신적 자질, 신체적 · 정신적 따뜻함, 사랑의 힘, 꿈꾸는 의식 자극	–신경쇠약 체질 –암종 –류머티즘 –우울증 –불안 및 강박 신경증 –중독 –다발성 경화증 –AIDS
역동 소묘	–기민하고, 자유롭고, 유희적, 연계하는 –유려하고 유쾌하며 창의적인 선은 내면과 외면의 이동성 자극 –해방과 자극 효과 –자연의 기운 시각화 –앞의 전체 효과는 상쾌한 효과로 연결	
음영 (스크레칭) 소묘	–자제하는, 균형 잡힌, 방향성과 투명성 있는 –물체 사이에 존재하는 분위기 경험 –물리적 경계 제거 –앞의 전체 효과는 자아 강화로 연결	–경화 경향이 있는 질병 및 상태 –치매

출처: Mees-Christeller (2003).

1988, 1996; Pütz, 1981). 현대인에게 호흡과 심장 장애가 가장 빈번한 질환인 점을 고려하면, 색을 이용한 치료가 가장 많이 적용되는 것을 이해할 수 있다. Pütz(1981)는 미술치료에서 호흡연습은 치료적 그림의 기본 목표 중 하나며, 능동적 색과 수동적 색이 호흡과 관련 있다고 한다. 예를 들어 능동적 빨강은 들숨, 수동적 파랑에서는 날숨을 경험한다.

Altmeier(2003)는 그림 재료의 사용 시기, 뉘앙스, 강도, 조합, 재료 유형 및 사용 빈도가 질병의 정도와 단계 및 환자의 개별 접근 방식에 따라 다르다는 것을 강조한다. 물감은 식물에서 채취한 수채 물감으로 한정하는데, 이는 그리기 과정에서 물감의 투명성, 여과성, 모든 색상의 뉘앙스를 차별화하고 빛을 발하기 때문이다(Pütz, 1981). 색채 기법으로 젖은 종이에 물감으로 그리기, 마른 종이에 물감으로 그리기와 색연필화, 파스텔화, 크레파스나 색밀랍화가 있다(Mees-Christeller, 1988).

색채의 치료 효과는 다음과 같다(Altmeier, 2003).

- 색은 온화함, 열정, 공격성, 소심함, 진지함, 동경, 성찰, 평온, 우울, 평온 등의 정서와 어우러진다.
- 색채에 따라 의식은 깨어 있는 상태, 꿈꾸는 상태, 무의식 상태로 달리 경험된다.
- 색채로 아이디어가 자극되고 의지의 충동을 경험한다.
- 색채의 특성과 힘은 그리는 사람의 영혼을 감동시키고 움직이게 한다.
- 색채 경험과 정신적 움직임을 통해 행동의지의 자극을 받고 형상화로 연결된다.
- 색채 그림은 호흡의 리듬과 그리는 속도의 변화를 경험한다.
- 색을 칠하는 과정에 생명체의 정신력과 조형력이 함께 작용한다.

■ 조소

조소는 인지학 인간관과 병리학뿐만 아니라 조형의 본질과 과정에 기반을 둔 치료 형태로, 재료와 형태는 신체, 의지와 감각, 신진대사와 관련된다(Golombek, 2003; Mees-Christeller, 1988). 조소는 원활한 신진대사와 의지력 개선 그리고 공간의식의 확장을 위한 치료에 적합하며, 조소 중의 점토활동은 실패에 대한 두려움을 갖지 않아도 되며, 다른 도구 없이 손만으로도 치료적 활동을 이어 갈 수 있다(Mees-Christeller, 1988). 조소 재료는 3D 특성의 모든 촉각 매체가 가능하며, 대표적으로 돌, 납석, 나무, 점토, 밀랍 및 공예점토와 모래다(Golombek, 2003; Türk, 1997). 조소의 치료 목적은 환자에게 잃어버린 정체성을 다시 제공하고 더 나은 정체성을 가지게 하는 것이다(Türk, 1997).

미술치료사는 조소치료에서 의사와 협업하여 환자의 기질, 성격, 생활 상태 등을 참고하여 어떤 형태의 미술치료가 적합한지를 선택하여 적용한다(Altmeier, 2003; Golombek, 1993; Mees-Christeller, 1988, 2003). 한 예로, 의사인 Stalhammer, 미술치료사인 Henn과 미술치료사며 의사인 Keller는 미술치료사와 의사의 교류를 통해 질병에 대한 의료 및 미술치료 측면의 융합 가능성을 보여 주려고 한다(Stalhammer, Henn & Keller, 1997). 이들이 결정한 미술치료 방식은 암 환자에 적합한 점토며 점토 활동 과정의 사례를 현상학적 접근을 통해 소개한다.

Golombek(2003)은 조소의 치료 대상, 목표, 매체 특성 등을 다음과 같이 소개한다.

- 대상: 아동 · 청소년, 성인, 노인/개별, 소집단, 유사 환자 집단
  - 치료–교육적 대상 장애
  - 아동기 및 청소년기의 발달장애
  - 유기적 · 기능적으로 비정상적 발달
  - 정신 장애: 해리장애, 조현병, 불안장애
  - 노인병(방향 감각장애)
- 치료 목표:
  - 능동적 활동 태도로 변화시킴
  - 활기 있고, 영감을 받는, 영적인 창조적 삶을 영위
  - 형태를 바꿀 수 있는 경험
  - 신체 감각의 활성화를 자극
  - 안전, 유동성, 고요, 집중, 신뢰 성취
- 치료 공간 및 환경: 병원, 입원 환자 병실, 외래환자 공간

• 시간: 환자의 연령과 건강 상태에 따라 일반적으로 30~90분
• 치료방법: 나이와 발달 정도에 따른 조형활동과 장려, 지지, 대결, 자극, 강화에 대한 제안도 다르게 선택하여 안내
• 매체:
  –돌: 저항 제공, 목표 정하여 일관되고 리드미컬한 타격 요구 및 연습, 힘, 따뜻함 자극
  –동석/납석: 부드러운 일관성으로 더 적은 힘과 더 빠른 결과, 깎기와 다듬기, 모래 첨가가능, 지속적이고 시원하며 물질적 아름다움 경험, 피부질환자나 '더러움'을 싫어하는 대상에 인기
  –목재: 경도, 색상, 냄새, 나뭇결 및 탄성과 같은 고유한 특성, 따뜻하고 편안한 효과
  –점토: 선호되는 치료 매체, 진흙에서 유연한 조소, 건조에 이르기까지 작업 가능, 가변성이 있고 '순응하는' 매체, 몰딩 고정 작업 및 모든 중간단계에 사용 가능
  –밀랍 또는 공예점토: 손에서 빠르게 따뜻해지고 유연해짐, 어린이, 매우 약한 사람 및 노인의 작은 일에 사용 가능
  –모래(큰 상자에 보관): 쉽게 변형됨, 노력과 저항 필요 없음, 처음에는 기분 좋은 냉각 효과가 있으며 손의 촉각 자극, 모양이 변화되면서 빠르게 다시 사라질 수 있음
• 조소 기본 형태 및 효과:
  –손 형태: 손 모양은 환자 자신에게 빠르게 집중하고 내면화하는 데 도움
  –평면(눕거나 서 있는 형태): 환자는 공간적 다양성과 균형의 상호 관계에서 기본 조소 형성 연습
  –그릇: 무형의 내부를 감싸며 자신의 내면을 비추는 거울이며 안정적 상태 작용
  –독립형 조소: 조형자는 3D 형태가 와해되지 않도록 전방위적인 인식 개발

4. 정신의학과 의료미술 관점

1) 정신의학 미술치료

정신의학 관점은 병원 내 미술치료의 출발을 이해하는 것이 전제된다. 19세기 초 구미의 정신병원 폐쇄병동에서 실시한 '작업치료'는 미술치료의 시작과 연관된다(Domma, 1990). 작업치료의 목적은 정신적 · 육체적으로 무기력한 환자가 예술활동을 통해 예술적 · 정서적 자극을 받아 병원생활을 개선하고 단절된 사회생활로 인한 이차 증세를 감소하며, 잠재된 건강한 측면을 회복하고 사회화를 재시도하는 것이다.

1930년 중반 이후에는 미국과 영국의 정신병원에서 미술치료를 위한 미술 아틀리에가 생겨 발전하면서 아동병원과 외래치료에 정신분석적 치료 모델을 적용하기 시작했으며, 나아가 소아병동에서 'art class'가 실시되면서 성인 환자 미술치료로 연결되었다(Günter, 2015). Günter(2015)는 이 시기 병원 미술치료의 개념을 두 가지로 분류하는데, 정신분석 심리치료와 전통적인 작업치료다. 정신분석적 미술치료 기반의 art class에서는 미술 활동을 내적 갈등의 표현인 개인의 심리적 현상으로 보았다. 여기에서 환자는 미술 활동으로 카타르시스, 성적 및 공격적 판타지를 자유롭게 표현하여 본능적 긴장을 푼다. 반면, 작업치료 기반의 미술치료는 미술교육적 · 작업치료적 모델에 따라 환자의 일상 회복, 작업 재개를 위한 훈련, 자기 통제, 현실 적응을 목표로 하였다.

정신병원에서 작업치료의 한 영역으로 미술치료를 담당하는 치료사는 미술치료 관점에서 환자를 진단하고 평가하며, 의사, 간호사, 사회복지사와 함께 환자의 상태에 대한 의견을 나누고 전체 치료에 개입할 수 있다. 미술치료는 작업치료 내에서 미술을 통한 치료적 수단으로 적용되기도 하지만, 병원 상황에서는 미술 활동을 치료를 위한 목적 자체로 받아들이는 경우도 많다.

Lechner(1989)에 의하면, 작업치료 관점의 미술치료사는 환자에게 예술경험을 하게 함으로써 '자아붕괴 경험에 대하여 능동적으로 반응'하도록 돕는다. 즉, 미술치료를 통하여 환자는 자신의 내적 소외를 견디며, 색과 형태 및 다양한 미술재료를 사용하여 활동에 전념함으로써 통제된 정서와 공격성 등에서 자유로워지거나 그로부터 완화될 수 있다. Scheff(1979)에 의하면, 미술 활동을 통한 카타르시스는 안정된 환경에서 과거의 정서적 위기를 다시 체험하는 것으로, 이를 통해 환자는 억눌린 정서적 고통을 분출하고 자신을 깨닫게 될 수 있다. Matthies(1988)는 미술을 통한 카타르시스 경험을 치유의 기회로 받아들이며, 환자가 한 번도 분출하지 못했거나 풀 수 없다고 생각했던 억눌린 정서를 표출함으로써 그러한 감정을 거리를 두고 보게 되며, 이후 심리적 · 이성적 균형을 잡게 되는 현상을 언급한다.

미술치료는 환자에게 카타르시스를 줄 뿐만 아니라 미적 형상화를 통하여 모든 인간에게 잠재된 창의성을 회복시켜 주며, 현실성의 자각과 적응을 중요시한다. 즉, 미술치료는 환자들의 건강한 측면을 일깨워 주는 작업이다. 정신병원에서 미술치료는 환자들의 정서를 자극할 뿐만 아니라 그들의 이성적 측면도 발전시킨다(Ciompi, 1982: Domma, 1990에서 재인용)는 점에서 효과가 높은 치료 형태로 발전될 수 있었다.

정신병원 미술치료를 위한 세팅에는 환자들이 언제든지 마음대로 와서 활동할 수 있는 미술치료 공간이 마련되어 있다. 그러나 환경이 마련되어 있지 않을 때는 환자가 병원의 다른 공간을 사용할 수 있도록 한다. 미술치료 과정에서는 미술의 모든 기법을 적용할 수 있고 재료도 다양하게 제공하지만, 환자의 증세에 따라서 미술치료사가 제한을 하기도 한다. 활동 내용은 즉흥적이고 자율적인 활동을 하도록 유도하는 비구조적 활동과 미술치료사의 계획된 주제에 따른 구조적 활동으로 나눌 수 있다. 이 두 가지 활동에서 공통적으로 중시하는 것은 미적 완성도보다 과정 자체다. 이러한 활동이 이루어진 후에 치료사는 참여한 환자들과 함께 미술작품과 과정에 대해 대화를 나눈다. 치료사와 환자들은 그림을 통한 대화를 하면서 그림에 나타난 상징성을 읽게 된다.

Lechner(1989)는 정신병원에서 10년 이상 조현병 환자들과 미술치료를 하면서 환자들의 정신세계는 환상의 세계와 원시인의 감정 및 사고 양상과 밀접한 관계를 가지고 있다는 것을 경험하였다. 레히너는 미술치료사로서 환자들과 신뢰관계를 구축하여, 그들의 불안, 거부, 폐쇄성을 조형적으로 표출하게 함으로써 환자 자신을 신뢰하는 데 기여한다.

Rosiny(1993)는 소아청소년 정신병동의 오픈스튜디오 세팅에서 이루어진 개인미술치료의 사례를 서술한다. 그에 의하면, 병원 개인미술치료의 주목적은 환자가 자신의 자율적이고 안정된 행동 능력을 발견 및 재발견하도록 돕는 데 있다. Lapke(2002)도 대학병원 정신병동의 응급 폐쇄병동에서 추적과 고문 트라우마를 지닌 망명자들을 대상으로 환자 중심 집단 미술치료와 개인 미술치료를 하면서, 그들에게는 개인치료 접근이 더 용이하다는 경험을 보여 준다. 또한 그는 초기에는 응급 환자가 치료사에 대해 공격적이고 적대적이었으나 환자 중심 미술치료 과정에서 치료사의 관심과 주의가 환자에게 심리적 무장해제를 하는 역할을 했다고 한다.

Gerum과 Muth(1998)는 정신병원에 수년간 입원한 장기 환자들에게 미술치료 프로젝트를 실시하면서, 초기에는 추진력을 발산하게 하는 것을 치료 목표로 하고, 다음은 희망을 전해 주며 변화하는 과정에 동반자 역할을 하는 데 초점을 두었다. 이들은 의료 팀과 함께한 미술치료를 통해 환자들이 패쇄병동을 떠나 자신의 삶을 꾸려 나가는 과정을 보면서 환자들을 보호하는 것만이 아니라 재활할 수 있게 하는 것이 중요하다는 것을 확인하였다.

Cleveland(1999)는 병원의 정신건강의학과에서 위기 섭식장애가 있는 아동·청소년 단기 미술치료 사례를 소개하는데, 무엇보다 환자가 안정된 상태에서 미술치료를 시작하였다. 병원에서 이루어진 학제간 치료는 섭식장애의 심리적 합병증에 무게를 두었다. Cleveland는 팀의 일반 목표도 따르지만, 아동에게 더 깊은 수준의 요인을 다루어 심리적 의미를 탐구할 수 있는 기회를 미술치료로 제공하고자 했다. Cleveland의 경험을 토대로 섭식장애 미술치료의 결과를 제시하는데 소개하면 다음과 같다. 첫째, 미술치료는 아동·청소년의 세계와 그들의 보살핌에 관련된 치료 팀, 가족 그리고 다른 사람들 사이에 다리를 만들 수 있는 예술적 의사소통이었다. 둘째, 미술치료는 때때로 무서운 의료 절차와 치료로부터 안도감을 제공할 수 있었다. 셋째, 섭식장애 환자는 미술치료를 통해 자기 이해와 통찰력을 얻고 치유를 시작하려는 동기를 얻으며 삶에서 대처 전략을 연습하기 위해 위협적이지 않은 환경을 제공받는다. 아동 · 청소년 환자는 이 과정에서 두려운 경험, 압도적이고 혼란스러운 감정을 표현하고 나아가 구체적인 대처 기술들도 실행할 수 있었다.

20세기에는 병원 미술치료에 대한 임상 사례 및 효과를 다루는 연구들이 나오고 대학에서 미술치료 전공이 개설되면서, 미술이 도구가 되는 활동 및 작업치료가 아닌 미술치료로 전문화되며 성장하였다. 그러나 Günter(2015)는 1960년대 후반부터 병원에서 이루어지는 임상미술치료의 이론과 실제에 큰 변화가 있다고 하지만, 여전히 그림자도 드리워져 있다고 비판한다. 즉, 임상미술치료는 미술 과정에서 긴장을 완화시켜 주는 카타르시스를 과대평가하고 그 과정에 내재하는 사고활동 및 치료적 관계에 대한 논의는 이론에서 많이 무시된다는 것이다.

2) 의료미술치료

Malchiodi(1999)는 병원에서 이루어지는 미술치료를 '의료미술치료(medical art therapy)' 용어로 사용하였다. 말키오디는 의료미술치료를 '육체적으로 아프거나 신체에 외상을 경험하거나 수술이나 화학 요법과 같은 공격적인 치료를 받고 있는 개인과 함께 미술 표현 및 이미지를 전문적으로 사용하는 데 적용되는 것'으로 정의한다. 그녀는 의료미술치료라는 명칭이 의료 환경에서 예술치료의 현대적 적용을 설명하기 위해 점점 더 많이 사용되고 있지만, 실제로 의료미술치료의 관행은 수십 년이 되었다고 한다. 특히 의료미술치료가 환자의 재활 및 회복을 향상시키고, 환자가 진단, 수술, 장애, 내과적 치료 및 증상에 대처하도록 돕고, 심각하거나 생명을 위협하는 경험에 대한 개인적인 의미를 찾는 데 활용된다고 한다. 말키오디는 의료미술치료가 환자 개인에게 치료적 효과를 주는 미술의 이점을 '개인 권한 부여로서의 미술 표현' '보완 요법의 한 형태로서의 미술' '변형과 초월로서의 미술 표현'으로 제시한다.

병원에서 미술치료를 제공받는 의료미술치료 환자의 병과 병동도 다양해지고 있다. 과거에는 정신의학 관점에서 정신질환 중심으로 미술치료가 실시되었으나, 의료미술치료 관점으로 확장되어 종양, 섭식장애, 천식 AIDS, 희귀병, 노인병, 트라우마와 PTSD, 난임, 호스피스, 재활, 만성통증 등의 환자에게도 적용된다(Baukus, 1997; Günter, 2015; Hamel, 2021; Malchiodi, 2003; Martius et al., 2019; Mees-Christeller, 2003). 또한 장기 입원 환자와 호스피스 환자의 보호자 가족을 위한 가족치료도 증가하며, 미술치료와 신경과학의 연계로 뇌손상 환자 미술치료도 이루어지고 있다(Hass-Cohen & Findlay, 2015).

21세기는 심신의학적 관심이 확산되는 상황과 맞물려 병원에서 미술치료가 증가하며(Dannecker, 2015), 병원의 정신건강의학과와 심리치료 클리닉에서 미술치료는 당연하게 적용하는 영역이 되었다(Günter, 2015). 미술치료가 전문화된 임상 역할을 하면서 병원의 미술치료사는 의사, 간호사, 사회복지사와 함께 환자의 상태에 대한 의견을 나누고 전체 치료에 개입할 수 있는 협업 형태로 활동한다. 그러나 Waller(2003)는 아직도 병원에서는 미술치료를 협업의 동등한 위치가 아닌 두 번째나 취소 가능한 업무로 여겨, 미술치료가 환자에게 미치는 영향은 미미하거나 효과가 검증되지 않은 경우가 적지 않다고 한다. 월러는 이러한 상황이 병원과 미술치료 교육 시스템의 경직성에 있다고 비판하면서 전문적인 조직화가 필요하다고 강조한다.

Hiltebrand(1999)도 미술치료에서 암 환자 사례를 제시하면서 신체의 심리생리학적 효과를 연결하는 미술치료 연구가 부족하기에, 협업 형태의 연구가 필요하다고 한다. 그녀는 미술치료에서 창의적 표현이 환자의 정신적 상태와 신체적 건강에 영향을 미치는 예술치료 프로그램을 의학적 환경에 접목할 때 효과와 영향이 클 것이라고 본다. Bach(1995)는 병원 중병 환아의 그림들을 수년 동안 분석하여 환아들이 자신의 병이나 삶의 상황을 그림에 직접적으로 표현하고 투사한다는 것을 보여 주었다.

의료미술치료 공간은 환자들이 마음대로 와서 활동할 수 있는 재료가 준비된 오픈스튜디오 및 미술치료실이나 환자의 질병 정도에 따라 입원실이나 병실 침대 등이 있다. 미술치료 형태는 개인 및 집단으로 이루어진다. 미술치료는 의료미술치료에서 어떤 목적을 두고 미술치료를 하느냐에 따라 특정 미술치료 이론을 기반으로 실행된다. 여기에 미술치료사도 대상과 병에 따라 적절한 이론을 적용하는 경우가 많다.

Dannecker(2015)는 병원 미술치료의 세팅, 공간, 매체, 도구, 미술작품이 어떤 의미를 지니는지 이론에 근거하여 제시한다. 미술치료 과정에서는 미술의 모든 기법을 적용할 수 있고 재료도 다양하게 제공하지만, 환자의 증세에 따라서 미술치료사가 제한하기도 한다.

5. 미술심리재활과 미술치료교육 관점

1) 미술심리재활과 미술치료교육 개요

우리나라가 2021년 개정한 「장애인 등에 대한 특수교육법」에 따르면, 특수교육 대상의 장애는 "시각장애, 청각장애, 지적장애, 지체장애, 정서 · 행동장애, 자폐성 장애(이와 관련된 장애를 포함), 의사소통장애, 학습장애, 건강장애, 발달지체, 그 밖의 대통령령으로 정하는 장애"로 분류한다(교육부, 국립특수교육원, 2021). 특수교육 대상은 유아부터 청소년까지 해당되며 장애 유형에 따라 문제현상도 다르지만, 일반적으로 시각, 청각, 촉각, 운동, 후각, 미각 등의 감각, 인지, 의사소통, 적응능력 등에 문제를 보인다. 이에 따라 조기교육과 치료가 장애 유형에 따라 특화되는데, 여기에서 장애 유아동 · 청소년의 감각 · 인지 · 행동 문제에 초점을 많이 두는 반면, 이들의 정서적 · 사회적 성장도 고려한 전인적 관점을 간과하는 경우가 많다.

이와 관련하여 장애 유아동 · 청소년에게 교육적이면서 동시에 치료적인 접근을 시도하는 치료교육 관점이 중요한 의미를 지닌다. 이러한 관점에서 Speck(1991)은 치료교육은 인간학적 · 전인적 관점으로 '전체성 원리'와 '보완 원리'가 기본이 되어야 한다고 강조한다. 우리나라에서는 치료교육을 "장애로 인한 결함을 보충하며 생활기능을 회복시켜 주는 교육활동"(교육인적자원부, 2005) 또는 "특수아동에게 치료적 수단을 접근시키는 교육방법으로 특수교육의 한 분야"(이규식 외, 2000)로 규정한 적이 있으나 현재는 이 용어를 사용하지 않는다.

Speck(1991)은 치료교육에 장애 유아동 · 청소년뿐만 아니라 위협적이며 장해가 되는 교육환경에서 사회적 혜택이나 다른 교육적 혜택을 받지 못하여 개인적 · 사회적으로 소외를 겪는 대상까지 포함한다. 대신 최근에는 '미술심리재활'이 발달재활 영역으로서 특수교육대상 유아동 · 청소년에게 심리정서적 · 심리사회적 발달을 위한 치료 서비스가 확장되고 있다(정여주, 최한, 정유진, 2021). 발달재활 영역에 '미술심리재활'이 미술치료교육의 의미로 적용된다. 따라서 미술심리재활은 장애 유아동 · 청소년과 성인 · 노인으로 구분된다.

2) 미술치료교육: 유아동 · 청소년 미술심리재활

미술심리재활은 우리나라 보건복지부 산하 발달재활서비스의 한 영역이다. 발달재활서비스는 "성장기 장애 아동의 기능 향상과 행동 발달을 위해 제공되는 서비스"다(www.mohw.go.kr. 2023. 1. 10.). 최근에 제공되며 사용되는 미술심리재활은 미술치료 이론에서 장애 아동을 위한 미술치료교육에 근간을 둔다.

미술치료교육은 치료교육의 한 영역으로 19세기 후반 유럽의 심리학자, 의사, 특수교육학자는 장애 아동 교육과 치료에 미술을 적용하기 시작했다(Menzen, 2001). 이들은 장애를 가진 아동의 상태를 자연과학적 · 의학적, 미적 · 감각적 수단을 이용하여 치료하고자 했다. 그 당시 특수교육학자인 Deinhardt와 Georgens는 장애아동의 감각, 지각 등과 관련된 장애에 대해 의학적 접근뿐 아니라 미적 · 감각적 수단을 이용한 치료를 하면서 '치료교육'의 용어를 최초로 사용하였다(Richter, 1977).

그 이후로 감각 교육을 통한 미술교육은 특수교육에 중요한 영향을 끼치게 되었다. 특수교육과 심리치료에 종사하는 심리학자들과 교육자들은 장애 아동 · 청소년에게 감각자극을 경험하게 하는 미술재료와 그것을 체계적으로 사용하는 방법을 소개하였다(Konrath, 1997). 20세기 중반 이후 Lowenfeld와 Brittain(1975)은 시각장애 아동을 위한 미술교육에 치료적 접근이 성취감과 정서적 효과를 준다는 사례를 제시하였다. 이후 특수교육에서 미술교육과 치료적 접근을 시도하는 미술, 교육과 치료의 개념이 대두되었다.

Theunissen(1980)은 장애 아동 · 청소년을 위한 미술교육에 치료적 형태의 필요성과 방법론을 제시하면서, 다른 특성 외에도 미적 전달 기능과 카타르시스 기능을 강조하였다. Bröcher(1999)는 『기회로서의 미술치료(Kunsttherapie als Chance)』라는 저서를 통하여 행동장애 아동 · 청소년의 미술치료교육에서 미술의 의미와 역할을 이론적 관점에서 제시하고, 행동장애 아동 · 청소년의 생활세계를 미술을 통하여 표현한 다양한 프로그램과 사례를 소개한다.

Myschker(1999)는 정서행동장애 아동 · 청소년의 미술치료교육에 미술 진단, 기법, 상호활동 놀이 및 미술치료 놀이, 다양한 기능과 창의성 장려를 위한 기법들을 소개한다. 그는 미술치료교육을 통한 재활적 관점과 예방적 관점에서, 정서행동장애 아동 · 청소년의 스트레스를 해소하고 과잉불안과 흥분을 약화시키며 활동 거부 및 등교 거부를 없앨 수 있다는 것을 강조하였다.

영어권에서는 '치료적 미술교육(therapeutic art education)'과 '미술교육치료(art education therapy)' 용어를 사용한다. Henley(1992)는 장애 아동의 특수한 욕구를 바탕으로 '치료적 미술교육' 용어를 사용했는데, 이를 "미술 과정에서 이루어지는 치료적 효과를 인식하고 이용하는 미술교육"으로 해석한다. 여기에서 헨리는 치료적 역할에 비중을 두지만, 심리치료나 분석적 접근은 하지 않음으로써 일반 미술치료와 구분한다. 헨리는 치료적 미술교육을 통하여 미술교육과 미술치료가 커리큘럼에 통합될 수 있다는 입장을 보였는데, 이를 위해서는 아동교육과 아동발달의 기초가 이루어져야 한다고 주장한다.

Anderson(1994)은 장애 아동에게 '미술중심교육(art-centered learning)'의 필요성을 제시하면서 미술치료사와 교사가 다양한 세팅에서 상호협동할 수 있어야 하며, 이를 통해 교육과 치료의 목적에 창의적으로 접근할 수 있다고 본다. Rubin(1999, 2005)은 병원 임상이나 특수학교에서 장애 아동들이 미술로 자신을 표현하고 감정을 조절할 수 있는 사례를 다양하게 제시하면서, 이들을 위한 교육적 세팅의 필요성을 강조한다. Stepney(2001)는 폭력성과 공격성이 심한 위기의 학생들에게 그러한 행동의 감소를 목적으로 미술교육과 미술치료가 융합된 '학교미술치료'를 운영한 사례를 제시한다. 또한 Safran(2002)은 ADHD 아동에서 성인까지 통합적 관점의 미술치료에서 집단치료 프로그램과 사례를 제시하면서 미술치료가 ADHD의 진단과 치료에 가치 있는 양식이라고 강조한다.

이러한 개념과 정의를 근거로 장애뿐만 아니라 학교 및 사회 부적응 아동·청소년을 위한 미술치료를 미술치료교육으로 규정할 수 있을 것이다. 특히 학교폭력으로 인한 문제가 사회적 이슈로 부각되고 이에 대한 교육적·치료적 방안과 예방책이 강구되고 있는 시점에서 미술치료교육 대상과 접근에 대한 연구가 확대되어야 한다.

아동은 어릴 적부터 자신이 보고 듣고 느끼고 경험한 것을 율동이나 동작, 노래, 그림 등으로 자연스럽게 표출한다. 이는 인간의 기본적 표현 욕구에 해당하며, 장애 아동이나 청소년에게도 예외가 될 수는 없다. 그러나 장애 아동·청소년은 감각운동, 인지 능력, 조합과 재구성의 문제 등으로 인해 그들에게 잠재해 있는 예술적 욕구와 능력을 자연스럽게 표현하거나 혹은 표현할 기회가 많지 않다. 이로 인해 어릴 적부터 이러한 예술교육과 예술치료의 기회를 놓치는 경우가 많다. 또한 우리는 장애를 가진 많은 예술가가 예술 분야에서 이룬 많은 업적을 보면서도, 그러한 점을 특수교육과 치료에 적용하는 데는 적극적이지 못한 실정이다. 장애로 인한 감각 기관과 인지 능력의 지체, 의사소통의 곤란 등은 특정한 예술활동을 통하여 또 다른 의사소통과 자기 표현의 기회가 될 수 있다.

이와 관련하여 미술치료교육은 장애 아동·청소년의 문제점을 경감하거나 개선하며, 자신과 주변 세계를 새롭게 경험하는 확대된 시각을 열어 줄 수 있다. 미술치료교육은 장애 아동·청소년들의 지적·감각적·운동감각적·정서적·사회적·미적 관점들을 통합적으로 자극하고 장려한다(Lowenfeld & Brittain, 1975; Menzen, 1994; Richter, 1984).

Herrmann(2001)은 유전성 난치병인 중추신경장애(neuronal ceroid lipofuscinosis: NCL)을 겪는 아동·청소년의 심리적·정신적 고통을 심리치료에서 접근하지 않았다는 것을 안타까워하며, 아동·청소년 환자의 신체적·언어적·지적 도태가 이루어지는 상황에서 그들의 상황을 극복하는 데 미술치료가 도움을 주는 사례들을 제시한다. 헤르만은 미술치료의 창의적 과정은 만성질병 아동 · 청소년을 위한 창조적인 과정이 사고와 행동에서 부분적인 자율성을 다시 시험할 수 있는 의사결정 여지를 만든다고 한다. 그는 중추신경장애로 시각장애까지 겪는 아동 · 청소년이 미술치료 과정에서 자신의 삶에 필수적인 희망과 계획을 상징적으로 충족시키고 완성할 수 있다는 것을 보여 준다. 그는 미술치료가 환자, 부모 그리고 병원 및 복지관 직원들과 사례를 공유하면서 환자의 기본적인 필요를 충족시키는 데 도움을 줄 수 있다고 강조한다.

최근 우리나라에서도 특수학교와 일반학교의 특수학급뿐 아니라 일반학교와 지역사회복지관이나 청소년센터, 학교 Wee센터, 병원형 Wee센터 등에서 학교 부적응, 학교폭력, 품행장애와 관련된 학생들에게 치료교육적 관점인 미술치료가 시도되고 있다.

이러한 연구들을 볼 때, 미술은 시각적 · 비언어적 활동으로 장애 아동 · 청소년의 교육적 · 정서적 · 사회적 발달과 나아가 심리적 재활에 중요한 역할을 한다. 또한 아동 · 청소년 교육문제가 더 이상 가정과 학교만의 문제가 아니라 심각한 사회적 문제가 되고 있는 상황에서, 이러한 현실을 거시적이고 다각적으로 접근하여 해결하는 방안으로 예방적 차원의 심리재활 미술치료 연구와 논의 및 프로그램 개발이 시급하다.

미술심리재활과 미술치료교육에서 미술치료사는 다음과 같은 사항을 유의하여야 한다.

- 특수교육적 지식뿐만 아니라 부적응 행동과 품행장애 등 소아정신장애에 대한 지식
- 대상에 대한 인간학적 · 생리학적 · 감각적 · 인지적 · 심리적 · 정서적 · 사회적 · 환경적 이해
- 아동화 발달단계에 근거하여 대상 아동 · 청소년의 미술 활동을 진단 및 평가
- 개인 특성과 상황에 맞추어 목표와 치료 형태 적용
- 대상자의 욕구 표출, 자아 성장, 자율성, 자신감 및 일상생활과 사회적 관계능

력 향상 목표
- 다른 교육 및 치료와 연계하여 단계적 · 구체적 · 지속적으로 실행

3) 성인 미술심리재활

심리재활 관점의 미술치료는 장애 유아동, 청소년뿐만 아니라 성인과 노인 영역까지 해당한다. 재활은 장애와 관련이 있는데, 우리나라 「장애인복지법」에서 장애 판정기준(보건복지부, 2021)은 신체와 정신의 장애로 나누며 대상은 영유아부터 성인까지다. 신체적 장애로는 외부 신체기능 장애와 내부 기관장애로 나뉘고, 정신적 장애는 발달장애, 정신질환장애로 구분한다.

심리재활 관점의 미술치료는 환자가 재활과 자기 치유의 힘을 가질 수 있도록 개인의 심리적 잠재력과 자원을 활성화하거나 회복시키는 것을 목적으로 한다. Wichelhaus(1996)는 '재활신경외과에서의 미술치료' 주제의 학술대회에서 뇌손상 환자의 미술치료 사례를 소개했다. 뇌손상 환자들을 위한 미술치료는 환자들이 자신이 처한 병의 후속현상으로 삶의 위기에 직면하였을 때 그들의 불안정한 심리 상태와 주체성 상실 등을 중재하는 효과적 도구로 이용된다. 이때 미술치료는 심리적 해방 기능과 안정감을 주고 환자 본래의 인성을 유지하도록 돕는다. 이에 따라 뇌손상 환자들을 위한 미술치료에서는 크게 두 가지 측면의 관점을 목표로 둔다(Wichelhaus, 1996).

- 제한된 기능적 · 인지적 측면을 보완하기 위하여 표현 능력과 의사소통 능력 발전
- 심리적 실존 위협에서 벗어나고 자기 치유 과정을 이루기 위해 감각적이고 의미 있는 미적 · 창의적 · 통합적 경험을 통하여 주체성과 자율성 개발

뇌손상 환자에게는 부위별 손상 기능의 재활을 위한 미술치료를 시도한다. 미술치료사는 환자의 손상 부위, 손상 특성들을 알아야 하며, 어떤 미술치료 기법을 적

용해야 하는지 계획을 세워야 한다. 또한 뇌손상 환자를 위한 미술치료에서는 다양한 뇌혈액 공급틀을 자극하기 위하여 여러 가지 미술재료를 사용해야 한다. 뇌손상 환자 미술치료에 시각적·운동적·촉각적 자극을 통하여 뇌세포를 자극하는 새로운 시도를 한다(Menzen, 1996, 2001). 예를 들어, 좌뇌 손상에는 기억, 운동 혹은 감각적 실어증, 시간적 상황 파악의 어려움이 있으며, 우뇌 손상에는 방향감각, 공간적 조형 능력의 문제가 나타난다(Menzen, 2001). 좌뇌 손상 환자는 분석 능력이 없거나 대상 묘사에 과도하게 소심하여 너무 꼼꼼하고 강박적으로 반복하여 그리기 때문에 형상을 올바르게 구성할 수 없고 순서대로 하는 것도 어렵다. 이에 반해 우뇌 손상 환자는 모든 것에 연계성을 짓지 못한다. 그래서 형상 파악이 안 되고, 형태와 공간 묘사를 하지 못하며, 부분을 전체와 연결시키지 못한다. 이러한 환자의 그림은 산만하고 단편적이다. 그러나 Stirling(2001)은 뇌손상에서 좌반구와 우반구 손상을 분리하여 치료하는 분리이론에 문제를 제기하면서, 손상된 좌반구와 우반구의 상호보완적 접근이나 손상되지 않은 뇌 영역을 강화하는 접근법을 강조했다.

뇌손상 환자 미술치료사는 우선 그가 무엇을 성취하려 하고, 어느 쪽 뇌반구의 복원을 시도하여 새롭게 구성할지를 알아야 한다. 미술치료는 이러한 손상에서 기본적으로 말초신경과 감각운동을 자극하고 감각 기관을 활성화하여 신경세포의 활동을 개선할 수 있어야 한다. 따라서 뇌손상 환자를 위한 미술 재료와 기법의 적용은 장애 아동·청소년의 특수교육 미술치료 관점과 비슷하다. 뇌손상으로 인해 손상된 정보망의 수선과 회복(예: 소리와 입모양 연결), 손상된 것의 대치(예: 시각이식과 청각이식을 통한 대치), 개개 감각 능력의 재연결(예: 냄새와 그림의 연결), 그리고 분리된 활동을 통합하고 기본적으로 활성화하는 것이 치료 초기에 할 수 있는 전략이다(Menzen, 1994, 2001).

뇌손상 환자의 미술치료에서는 [그림 2-3]과 같이 미술치료 과정을 통하여 손상되지 않은 뇌 영역이 손상된 뇌 영역의 기능을 맡게 된다(Menzen, 2001). 그뿐 아니라 이런 활동이 정서적 활기를 주는 데 중요한 역할을 한다는 것도 간과하지 않아야 한다.

치매 환자를 위한 미술치료에서는 기억을 되살리고 활성화할 수 있는 주제나 재

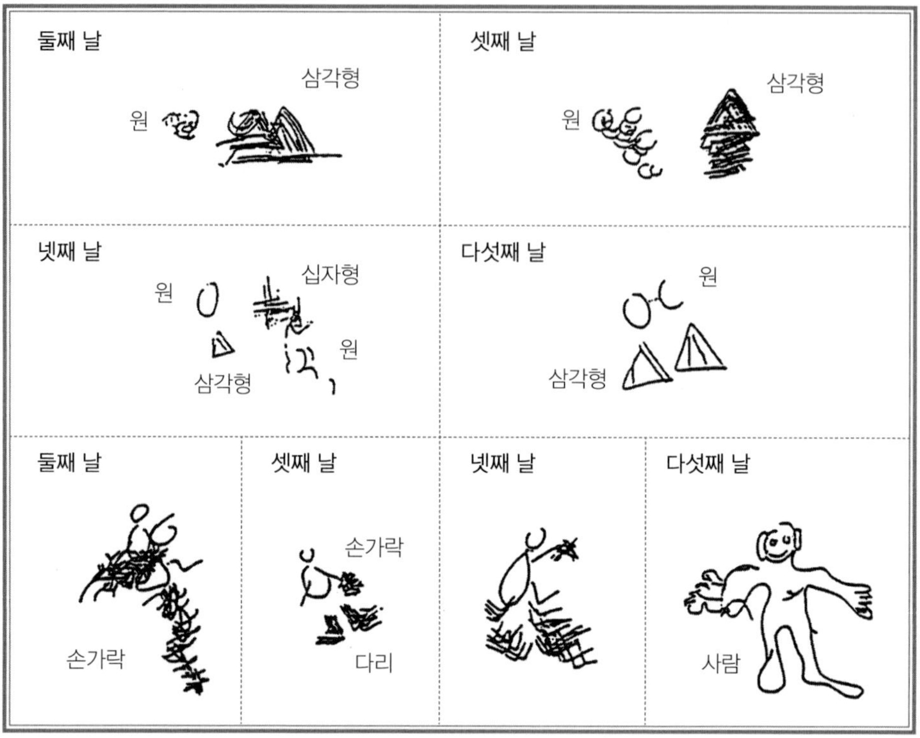

[그림 2-3] 뇌손상 환자의 재활 사례로서 뇌수술을 받은 후 5일 동안 그린 그림
(여기에서는 뇌손상 환자를 위한 그림활동의 중요성을 강조한다.)

출처: Menzen (2001).

료들을 반복적으로 많이 사용한다. 예를 들어, 가족사진, 좋아하는 노래, 즐겨 입던 옷, 기호품, 좋아하는 음식, 과일, 친한 사람들, 산책 등을 활용하여 시각적 · 청각적 · 촉각적 자극을 줄 뿐만 아니라 정서적 · 감성적 활기를 느끼게 한다. 또한 많은 사례에서 만다라 그리기는 치매 노인뿐만 아니라 일반 노인에게도 자연스럽게 다양한 색을 사용하게 하고, 과거를 회상하게 하며, 집중력을 높여 준다. 특히 노인들이 색을 다양하게 즐김으로써 색과 관계된 과거의 기억을 되살리고 성취감과 즐거운 마음을 함께 누리는 것은 미술치료에서 얻을 수 있는 중요한 요인이다.

심리재활 미술치료의 다른 예로 Kollmorgen(1989)의 콜라주 미술치료를 들 수 있다. 그녀는 20년 넘게 재활 클리닉에서 심근경색 환자와 심장수술 환자를 위한 집단미술치료 프로그램을 운영하면서 콜라주 기법을 이용한 미술치료를 하고 있다. 콜라주 미술치료는 환자들의 판타지와 창의성을 활성화하는 것을 목적으로 한다. 콜모르겐에 의하면, 콜라주에 사용하는 잡지의 광고들은 환자들의 욕구와 감정에 부합되고, 환자들은 그러한 광고 내용들을 선택하여 작업함으로써 자연스럽고 즉흥적인 의사소통을 할 수 있고 자신의 감정을 표현할 수 있는 치유 과정을 경험한다.

치료교육과 재활에 중심을 둔 미술치료는 무엇보다 자기경험과 자기경험의 형상화를 통하여 장애인들이 겪는 단절된 생활에서 사회적 재접근의 기회를 얻을 수 있도록 시도한다. 다양한 미술 재료와 기법은 인지 및 감각 기관에 자극을 주기 때문에 교육적 · 치료적 효과가 높다. 특히 치료의 일반적 목적이 사회적 관계에서 분리되거나 그러한 분리로 인해 고통을 겪고 있는 장애인들을 사회적으로 재통합하는 것이라고 볼 때(Menzen, 1994), 미술 활동은 장애인이 겪는 신체적 문제뿐만 아니라 심리적 · 정신적 고통을 경감하고, 제한된 그들의 세계를 확대하고 시각을 넓혀 줄 수 있다.

6. 수용적 관점

우리는 미술관에서 작품 감상에 몰입하며 자신도 모르게 어떤 감정이나 기억이 되살아나는 경험을 할 수 있다. Kandinsky(1952)는 "예술가의 사명은 인간의 마음 속 깊은 곳에 빛을 비추는 것"이라는 작곡가 Schumann의 말을 인용하는데, 이는 예술이 감상자의 깊은 내면에 있는 자원을 밝혀 주거나 고통에 공감하고 위로하는 역할을 한다는 것을 알 수 있다.

예술가 Tolstoy, Gogh, Kandinsky, Rothko 등은 예술작품에 독자 및 감상자가 없으면 존재가치와 아무런 소용이 없다고 강조한다(정여주, 2021). 또한 감상자에게 예술작품의 감상은 지식획득이 아닌, 자신의 낡은 지각방식을 파괴하는 경험이다(Palmer, 1969). 나아가 예술 감상은 치유의 역할을 한다. 예를 들어, 종교예술 작품 감상은 신앙을 가진 사람뿐만 아니라 비종교인에게도 마음의 고요와 안정을 경험하게 하는 경우도 있다. 이처럼 종교예술 작품이 인간의 신심을 고취할 뿐 아니라 마음을 치유하는 역할은 널리 알려졌다. 이는 종교예술에만 한정된 것이 아니라 다양한 문화에서 음악, 미술, 시, 춤 등의 예술 감상이 치유적 수단으로 사용된 것을 발견할 수 있다.

미술치료는 환자가 그림을 그리거나 조형활동을 하는 것뿐만 아니라, 미술작품 감상을 치료 목적에 적용한다. 이러한 영역이 미술치료의 수용적 관점이다. 수용적 관점의 미술치료는 "예술을 인지하고 수용하는 것과 예술과 의식적으로 대면하는 것도 미술치료 과정이 될 수 있다."(Leuteritz, 1997)는 것에서 출발한다. Leuteritz (1997)는 예술작품이란 능동적으로 인지하는 주체자 없이는 단순히 음, 철자, 색과 다른 재료들을 모아 놓은 것에 불과하다며, '예술은 예술가와 예술작품과 예술 감상자 사이의 복합적 상호활동을 통해서 이루어지는' 것이라고 주장한다. 이러한 점에서 예술가뿐만 아니라 예술 감상자도 예술가 및 예술품의 심리적 · 정신적 · 영적 상태를 받아들이고 내적 대화를 하는, 즉 '훌륭한 창의적 생산'을 한다.

미술작품을 감상하는 것은 환자에게 작품을 내적으로 재창조하게 하는 것이다. 환자는 그림을 감상함으로써 심리적 · 정신적 이완을 하게 되며, 나아가 마음의 고요와 평화뿐만 아니라 새로운 힘을 얻기도 한다. 여기에서 주의하고 연구해야 할 과제는 환자들의 치유에 적절한 미술작품을 선택하는 것과 치료사가 환자에게 미술작품을 수용할 수 있는 방법을 제공하는 것이다.

수용적 관점의 미술치료 예로, 독일의 의사 Ott(1997) 박사는 수십 년 전부터 병실, 응급실, 중환자실, 복도, 휴게실 등에 의도적으로 그림을 걸어 두어 환자들끼리 그리고 환자와 병원 종사자들끼리 그림에 대한 대화를 할 수 있는 자극을 주려고 했다. 이러한 시도에서 그는 무엇보다 미술작품의 감상을 통해 환자들의 고통이 약화되거나 환자가 치유의 힘을 얻을 수 있는 것을 최우선적 목적으로 삼았다. 그는 환자의 치료단계에 그림을 적용하기 위한 세심한 고려와 계획이 필요하다는 것을 강조했다. 다음은 오트가 제시한 병원 환자들을 위한 그림 선택에 있어서 고려할 주의사항이다.

① 병실에 항상 그림을 걸어 놓는다. 환자를 위해서는 빛과 소리뿐만 아니라 색과 그림의 운동성 등에도 자극적인 것을 피하여야 한다. 이 관점에서 다음의 사항을 염두에 둔다.

- 환자는 화려한 색에 저항감이 있어, 단색이나 파스텔 톤 그림 권장
- 역동적이고 날카로운 기법의 그림은 환자 안정에 방해: 종교화나 정물화, 추상화나 기하학 작품 권장
- 십자가나 원 형상 작품의 상징은 희망이며, 중환자에게는 편안함과 안락함 제공(예: 금빛 태양이나 천사의 날개와 같은 원형, 예수의 십자가 등)
- 추상적이면서 다양한 의미를 내포하는 작품은 환자의 판타지를 불러일으킴
- 아름답지 않은 작품이 긍정적 효과, 환자 자신과 동일시나 위로를 줄 수 있음 (예: 가시관을 쓰고 십자가에 매달려 있는 예수상)

② 수술실에는 공간상 미술작품 대신 규칙적 리듬의 음악을 들려주어 수술받는 환자의 불안과 두려움을 감소시켜 준다(예: 종소리나 첼로, 피아노 소리).

③ 병원 대기실과 복도에 다양한 미술작품을 전시하여 환자가 이곳에서 일상과 접촉하는 것을 간접적으로 경험한다(예: 비판적 · 시대적 문제가 있는 그림 시리즈나 정치적 · 사회적 이슈가 되는 그림).

④ 영안실에 그림을 걸어 둔다(예: 성화聖畵).

Ott(1997)는 병원 대기실이나 복도에 시대적 · 사회적 이슈의 그림을 제안하는데, 환자보호자의 불안과 걱정이나 방문객들을 위해서 꽃, 과일, 풍경화 등도 병원 공간의 무거운 분위기를 전환할 수 있다. 병원에서 이러한 감상 목적의 미술작품에 대한 연구도 필요하다.

미술치료에서는 환자가 미술작품 과정에 자신의 정신적 · 심리적 · 영적 상태를 투사하고, 작품을 완성하고 바라본 후 직관적으로 느끼는 것을 치료사나 집단원들과 대화하고 나눔을 갖는 단계가 있다. 그러나 앞의 예처럼 화가들의 미술작품을 통하여 환자에게 치유의 길을 찾게 하는 방법도 중요한 의미를 지닌다. 또한 미술작품 감상뿐만 아니라, 환자가 성화를 모사하면서 그림의 형태와 색과 내용에 깊이 몰

입하여 치료적 영향을 받도록 하는 방법도 있다. 예를 들어, 인지학 미술치료에서는 환자가 어머니와 아이의 관계를 제시하는 마돈나 주제의 성화나 승천하는 예수상을 모사하여 치유 효과를 얻도록 한다(Mees-Christeller, 1996).

수용적 관점의 미술치료가 이론에 적용된 것은 아직 시기적으로 오래되지 않았다. 하지만 이러한 측면의 치유 효과는 오랜 시대를 거쳐 증명되어 왔기 때문에 좀 더 의식적이고 계획적인 그림의 선택과 치유적 방법의 적용에 대한 연구가 필요하다. Stone(2018)은 수용적 미술치료 의미에서 예술작품을 복사하여 환자에게 제시하는 '차용 이미지(The borrowed image)' 방법을 적용했다. 스톤은 수년간 정신건강의학과 환자 미술치료에서 미술작품의 복제나 이미지 차용법을 적용하여 효과를 경험함으로써, 이러한 방법을 임상현장에 확장하기를 강조한다.

정여주(2021)도 감상작업의 미술치료 임상 효과를 경험함으로써 저서인『수용적 미술치료에 기초한 명화 감상 미술치료』에서 수용적 관점의 명화 감상의 치료적 요인과 특성, 치료방법과 프로그램을 제시한다. 이 책은 명화 감상 미술치료 실제 적용을 위한 프로그램에서 다양한 명화와 치료 과정을 소개하여 이러한 모델이 활성화되는 데 보탬이 되고자 했다. 정여주는 명화 감상의 치료적 요인과 특성을 '의사소통 및 의미소통, 방어기제 완화, 정서적 해방감과 승화, 공감과 위로, 희망, 자아성찰 및 명상, 창의성 및 잠재자원의 활성화'로 요약한다. 또한 여기에서 수용적 미술치료의 두 가지 유형인 '명화 감상 미술치료'와 '명화 감상 재구성 미술치료'가 제시되는데, 과정은 다음과 같다([그림 2-4]).

과정 1: 명화 감상 미술치료

과정 2: 명화 감상 재구성 미술치료

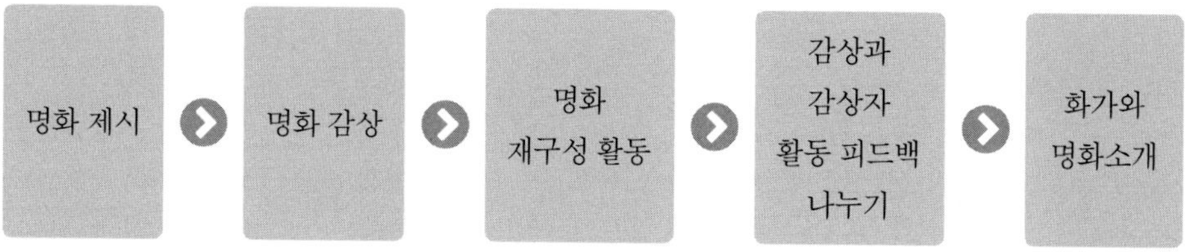

[그림 2-4] 명화 감상 미술치료 과정

미술치료와 상징

제3장

1. 상징 의미

상징(symbol)의 어원은 그리스어 symbalein이며 '표시'나 '기호'의 의미로 두 개의 파편을 '연결하고, 뒤섞어 놓고, 맞추는' 표시며 표상이다(Becker, 1998; Andina-Kernen, 1996). 즉, 상징은 인지할 수 없던 것의 대상물이자 대리역할로서 알아볼 수 있게 한다.

신화학자 Eliade(1985)는 현대인은 '상징, 신화, 이미지가 정신적 삶의 본질을 이룬다는 사실'을 인식하며, 이를 '은폐하고 가치를 하락시킬 수는 있어도 결코 근절시킬 수는 없을 것이라는 사실'을 받아들인다고 한다. 그에 의하면, 상징의 기능은 가장 깊숙이 감추어진 존재의 속성을 밝은 곳으로 데려오는 것으로, 오랜 세월에 걸쳐 인간의 필요에 반응한다. 엘리아데는 상징 연구가 인간존재를 더 잘 이해하도록 이끈다고 강조한다. Read(1931)도 '상징이란 완전히 임의의 기원을 가진 형식이며, 주관적이며 막연한 정서에 대해 형태를 지닌 대상으로 구체화하는 것'이라고 한다.

Arnheim(1966)은 인류학적 · 정신의학적 관점에서 문화와 시대와 사람이 달라도 미술에서 도식적 · 상징적 · 장식적 표현의 기본 양식과 패턴의 질은 유사하다며 보편적 의미의 상징은 인간생활과 사고에 기본적 힘의 배치라고 한다. Langer(1985)에 따르면, 조형예술의 상징화 과정은 추론적 언어의 논리로 파악될 수 없는 오감을 통해 지각하는 감각적 감정의 순수한 세계로서, 상징적 조음인 상징적 표현으로 드러난다.

프로이트와 융은 심리치료에서 꿈이나 그림의 상징 해석을 시도한다. 프로이트의 상징해석은 개인의 심리적 방어기제 기능과 역할에 초점을 맞춘다. Jung(1982)은 상징에는 개인을 넘어선 집단원형의 의미가 내포되며, 이것이 꿈이나 예술작품으로 구체화된다고 한다. 융에게 상징이 인간 의식으로 이해하지 못하는 방향을 가리키며 무의식이거나 적어도 완전히 의식 못하는 것과 관련 있는데, 이는 집단무의식과 집단원형에 근거한다. Andina-Kernen(1996)은 융에게 상징이란 무의식의 심상 내용을 의식화로 이끌어 내는 '에너지 변압기'로, 대립되는 것을 통합함으로써 치유의 영향을 끼치는 것으로 해석한다.

상징은 꿈에서 가장 빈번하고 심오한 형태로 만나지만, 아동의 그림이나 환자의 그림과도 연결된다(Fontana, 1993). 엘리아데(Eliade, 1961)는 상징적 사고는 아동과 시인, 불안한 마음을 지닌 자들에게만 나타나는 특성이 아니라, 인간 존재와 동질적인 것으로 언어와 이성 이전에 나타나는 것이라고 한다. 엘리아데의 견해처럼 상징은 "결코 정신의 현실에서 사라지지 않으며, 관점이 변할 수는 있으나 그 기능은 항상 동일하게 남아 있다." 그는 상징의 지속적 존재와 현상을 '파라다이스에 대한 향수'라고 하며, 이러한 향수 이미지가 중요한 것은 말로 표현할 수 있는 경험보다 더 많은 것, 심오한 것을 표현하기 때문이라고 한다.

2. 미술치료의 상징 해석

미술치료에서 그림 상징을 해석하는 것은 치료 과정에서 중요한 역할을 한다. 그림은 인간의 집단무의식에서 나온 인간 영혼의 커다란 방향 표시며, 모든 시대의 종교적 · 사회문화적 인식과 가치의 상징이 될 수 있다(Riedel, 1988). 현대인은 "신화와 상징을 근절시키려는 것은 환상에 불과하다."(Eliade, 1985)는 것을 인식하는데, 엘리아데 주장처럼 '타락한 상징의 심오한 의미작용을 재발견하는 것'이 미술치료의 과제다.

그러나 미술치료에서 그림의 다양한 요소를 일반적인 상징에 맞춘 경직된 해석을 하는 것은 위험할 수 있다. Widlöcher(1984)는 그림 해석에서 상징적 의미에 신중하고 조심스럽게 접근해야 한다는 것을 강조하며, 특히 아동 그림은 아동의 기질, 정서, 성격, 상황에 따라 내용, 형태, 선, 공간 사용들이 달라질 수 있다고 제시한다. Bloch(1982)는 아동은 미술치료에서 실제 형상을 사실적으로 그리기보다 자신의 시각과 판타지를 섞어 유희적 · 상징적으로 그리는데, 이러한 해결방식으로 자신 안의 내적 혼돈에서 자율성의 단계로 간다고 한다. 따라서 아동이 표현하는 그림 상징은 대체물, 객관화나 전위가 아닌 모든 과정의 통합이라는 것이다. 상징이 미술 활동에서 중요한 이유는 그 과정에서 미술의 모든 기능이 하나가 되고 창의적 · 적극적 활동으로 전개되기 때문이다(Bloch, 1988). 아동에게 상징은 항상 자신의 상황을 표현하는 구체적 현실이다. 상징과정은 아동뿐 아니라 다양한 연령의 내담자에게도 자기 무의식의 내용과 대화하게 하는 의사소통 형태다. 동시에 상징과정은 내담자 자신과 환경에 대해 표현하는 매개의 가치를 지닌 의사소통 형식이다. 내담자는 미술에서 상징적 표현을 함으로써 자신의 소망, 경향, 판타지를 파악하며, 그것들과 관계를 맺고 치유될 수 있다.

상징 해석에서 중요한 것은 먼저 개인의 의도와 상황과 밀접하게 관련되는 상징 요소들의 의미를 치료사가 인정하고 수용하는 것이다. Andina-Kernen(1996)은 미술치료사는 내담자가 표현하는 상징적 형상에서 피상적이고 의식된 관점 및 내용과 무의식적 관점들 사이의 모순된 내용들 사이에서 움직인다고 한다. 여기에서 미술치료사가 상징 그림에서 내담자의 방어형태와 같은 '자아의 몫' 외에도 무의식의 소원과 욕구가 내포된 '본능-내용'을 읽고, 전이 상황, 치료적 상황 및 환자의 성격 구조와 문제에 따라 어느 쪽에 더 무게를 두고 작업하느냐가 중요하다.

그러나 내담자가 미처 의식하지 못했던 내용의 상징을 치료사가 발견하는 것은 상징에 대한 치료사의 전문적 이해와 직관력에 근거한 경우가 많다. 이와 관련하여 미술치료사는 그림의 일반적 상징에 대한 지식과 자신의 직관과 내담자-미술작품-치료사의 역동에 근거하여 해석할 수 있어야 한다. 또한 Jadi(2002)는 미술치료사가 미적 상징화 과정을 실제 경험하지 않으면, 미술치료 상황에서 치료적 직관을 위한 지평을 형성하지 못한다는 것을 지적함으로써, 미술치료사의 미술 활동과 매체연구와 그림에 대한 '미술적 사고'를 요청한다.

그림을 통한 상징 해석에는 그림 구성의 기본 요소인 공간 상징, 색 상징, 선 상징, 형태 상징에 대한 이해가 포함된다. 미술에서 상징은 한 가지 의미만 존재하는 것이 아니라 다양하게 해석될 수 있다는 견해가 일반적이다. 상징 해석은 Jung의 분석심리와 Freud의 정신분석에 근거한 상징 위주로 소개하면서, 미술치료에서의 적용 가능성을 살펴보고자 한다.

3. 공간 상징

1) 공간의 의미와 상징

공간은 인간이 존재하고 있는 세계를 인식하는 근거며 우주의 신비를 탐구하는 기본 틀이다. 주역에서는 태극, 음양오행의 원리에 근거하여 우주의 질서를 이해한다. 음양오행설에 따르면, "태극에서 나온 것이 음양이며, 하늘은 양이고 둥글며 땅은 음이고 네모난 것"이다(김석진, 1999). 오행에서 기본 공간은 오방(五方), 즉 동서남북과 중앙으로 이루어진다. 오방의 공간은 오행에서 색, 계절, 오상, 오장, 오관, 맛, 음과 더불어 연결되어 있으며 모든 것이 순환관계를 가진다(구미래, 2000; 〈표 3-1〉 참조). 동쪽은 상승하는 목(木)의 과정과 연결되며 색은 청색 상징이다. 서쪽은 하강을 의미하는 금(金)의 과정과 연결되며 백색 상징이다. 남쪽은 화(火)로 힘의 확장을 의미하며 적색으로 상징된다. 북쪽은 수(水)의 힘으로 응축된 것을 의미하며 흑색이다. 중앙은 토(土)로 중심을 나타내며 황색으로 상징된다.

표 3-1 오행소속일람표

오행	방위	색	계절	오상	오장	오관	맛	음
木(목)	동	청	봄	仁(인)	간장	눈	신맛	각
火(화)	남	적	여름	禮(예)	심장	혀	쓴맛	치
土(토)	중앙	황	4계절	信(신)	비장	몸	단맛	궁
金(금)	서	백	가을	義(의)	폐장	코	매운맛	상
水(수)	북	흑	겨울	智(지)	신장	귀	짠맛	우

서양에서는 공간의 기본을 십자형에서 찾는다. Koch(1997)에 의하면, 기독교 신비주의자들은 십자 형태를 신이 우주에 각인한 공간의 기본도식으로 받아들였으며 십자가를 예수의 희생 상징으로 인식한다. 또한 십자형은 남성성과 여성성이 하나로 통일되는 것을 상징한다. 코흐는 융 학파인 Frei의 견해를 인용하여, 십자형은 정신과 육체, 하늘과 대지, 과거와 미래, 개인과 공동체 관계를 펼쳐 놓은 것이라고 본다. 즉, 인간은 십자형이 지니는 이러한 다양성을 조절하고, 극(極)의 대립을 수용하기 위하여 양극 간의 긴장 속에서 전력을 다하며, 양극을 의미 있게 연결함으로써 인간의 목적인 자기(自己)를 발견한다.

미술치료사는 그림 형상들이 화면이라는 공간에서 어디에, 어떻게 배열되는가에 따라 내담자의 심리적·정신적·육체적 상태를 해석하고 이해할 수 있다.

2) 미술치료의 공간 상징과 심리적 영향

다음은 미술치료의 공간 상징성을 살펴보고 적용 및 응용 가능성을 알아보고자 한다(Bach, 1995; Koch, 1997; Riedel, 1988).

(1) Jünger의 방향 모델

Jünger는 화면에 나타난 그림 방향을 인간의 신체구조와 연결하여 상징화하며, 화면을 인간의 생활공간으로 비유한다. 이에 근거한 상징 의미를 살펴보면 다음과 같다.

- 위: 머리–하늘, 높은 세계
- 아래: 발–현세, 지상
- 수평: 누워 있음
- 수직: 서 있음
- 오른쪽: 숙련된 팔–선
- 왼쪽: 미숙한 팔–악
- 앞: 얼굴, 눈
- 뒤: 보이지 않는 면

(2) Pulver의 십자 축에 따른 공간 상징

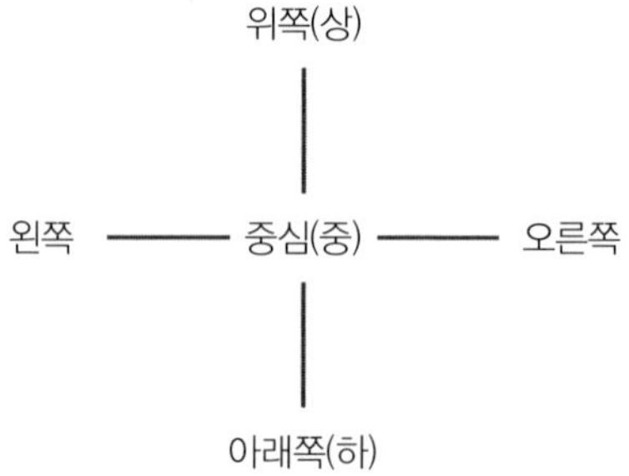

① 왼쪽(중심에서 왼쪽): 자신과 과거 영역
- 상징: 내향성, 과거의 것, 종료된 것과 잊은 것에 대한 관심과 지향

② 오른쪽(중심에서 오른쪽): 타인, 미래나 목표 영역
- 상징: 외향성, 미래와 추구하는 것과 계명이나 법칙에 대한 관심과 지향

③ 상, 중, 하 영역: 의식 내용 상징
- 상: 초개인적 의식화, 지적 형태와 형상
  – 상징: 지적 · 정신적 · 종교적 · 윤리적 내용과 그와 관련된 정서
- 중: 개인적 일상의식 상태, 자아경험 영역
- 하: 전의식, 무의식
  – 상징: 물질적 · 육체적 · 육감적 · 성적 내용과 무의식에서 나온 집단 상징

(3) Grünwald의 공간 도식과 상징

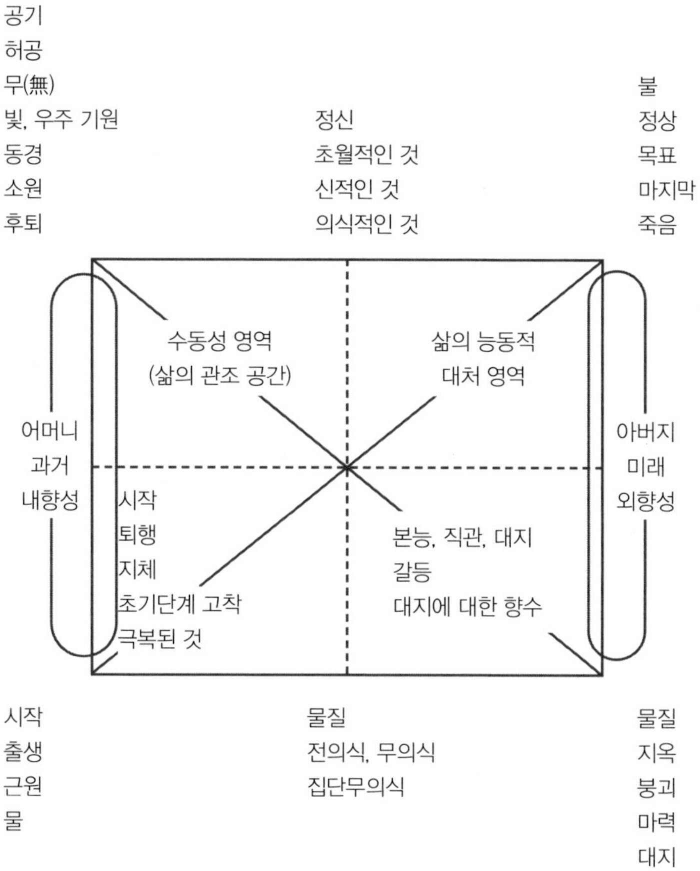

(4) Bach의 공간 도식과 상징

Bach(1995)는 30여 년간 중환자들의 그림 연구를 통해 그림이 환자의 진단, 치료와 조기예측에 기여할 수 있다고 공간 도식을 제시한다. 다음 도식에서 오른쪽은 +, 왼쪽은 −며 위는 +, 아래는 −로 표기된다. 바흐는 공간 사용 연구에서 동일 환자의 많은 그림을 분류하여 분석하였다. 다음은 Bach의 대상의 위치에 따른 공간 상징 해석이다(〈표 3−2〉 참조).

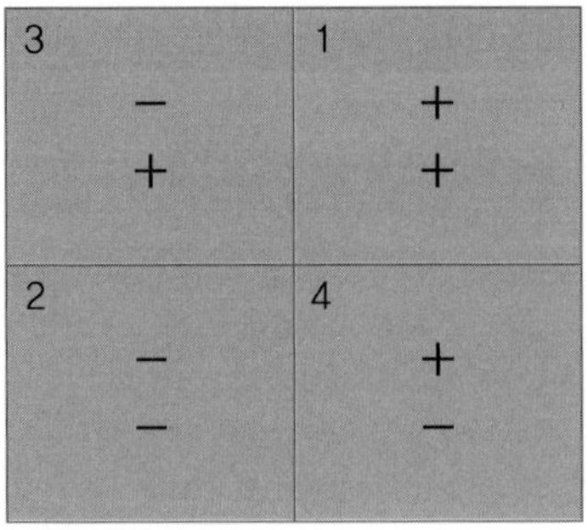

표 3-2 Bach의 공간 상징

1) + +	지금-여기(here and now)의 상태를 암시한다.
2) − −	+ + 방향과 반대되는 − − 쪽에 있는 대상이나 길, 혹은 이쪽으로 향하는 그림은 어둡고 알려지지 않은 영역으로 나아가는, 즉 악화되는 경향과 관계가 있다.
3) − +	오른쪽에서 중앙을 지나 왼쪽 위로 향하는, 서쪽으로 향하거나 그쪽에 있는 그림은 점차 삶과 결별하는 것을 암시한다. 삶에서 물러나며 신비하고 영원한 것에 대한 내적 추구를 의미한다.
4) + −	오른쪽 아래에 있는 + − 그림은 자주 미래의 가능성을 나타내거나, 아직 혹은 이미 치료한 영역에 있는 과거의 신체적 상태거나 심리적으로 의식화에 다가가는 것을 의미한다.
5)	중심이나 중심 부근 대상: 주로 중심적 의미를 지닌다. 중심이 비거나 채워지지 않은 그림은 시사하는 바가 많다. 왜 그렇게 되었는지, 대상과 색과 모티브가 서로 어떤 관계인지 질문을 제기할 수 있다.

(5) Michel의 공간 상징

융 학파인 Michel은 기존의 공간 상징 연구들을 분석하고 보완하여 다양한 관점을 종합적으로 제시한다.

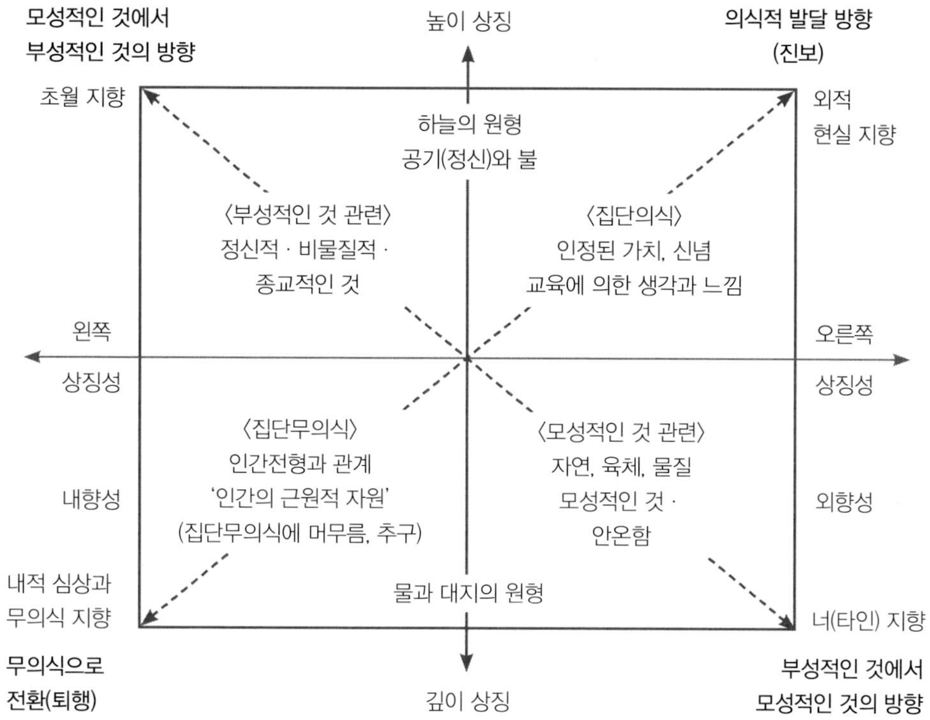

4. 색 상징

1) 색의 의미와 상징

빛은 모든 생명체의 생존을 위한 필수 에너지다. 빛을 통해서만 드러나는 색은 인간의 생활, 심리적 에너지 및 정서와 분리될 수 없다. Itten(1961)은 "색채는 생명이나……. 색은 빛의 소산이며, 빛은 색의 모체다. 우주 최초의 현상인 빛은 색채를 통하여 우주의 생동하는 영혼의 존재를 우리에게 제시한다……. 색은 우리의 의식과 상관없이 긍정적 혹은 부정적 방식으로 우리에게 영향을 미치는 방사력, 에너지다."라고 하였다.

색의 신비를 풀려는 노력은 17세기 물리학자인 Newton에서 큰 성과를 거두는

데, 그는 프리즘을 통해 태양 광선에서 나오는 다양한 색을 발견하였다. 그러나 색채의 영향력과 색채이론의 관심은 19세기 초부터라고 할 수 있다. 독일의 대문호인 괴테는 색채 연구를 통해 18세기 말에서 19세기 초에 이르러 『색채론(Farbenlehre)』(1997)을 출판한다. 그는 이 책에서 색채의 물리적 현상, 신체적 현상, 화학적 현상, 감각적 · 윤리적 영향, 미학적 영향을 다루었다.

그 후에 색은 인간의 육체적 상태와 관련 있을 뿐 아니라 심리적 상태에도 영향을 끼친다는 연구들로 이어졌다. 색채심리학에 관한 연구를 통해 색은 감각의 변화를 일으키고, 인간의 기분, 정서, 불안이나 편안함에 영향을 끼치며, 육체적 상태를 진단하고 치유할 수 있다는 것이 밝혀졌다.

2) 미술치료의 색 상징과 심리적 영향

미술치료에서 모든 색은 심리적으로 긍정적 영향과 부정적 영향의 양면이 있다는 것에서 출발하여 상징 해석을 한다. 치료적으로 중요한 것은 내담자가 색을 다양하고 균형 있게 사용하는 것이다. 한 색만을 너무 오랫동안 사용하는 내담자는 심리적 · 정서적으로 불균형 상태라는 것을 의미할 수 있다. 또한 내담자 개인이 경험한 색은 일반 상징과 다른 의미를 가질 수 있다는 것도 간과해서는 안 된다. 색의 일반 상징 해석도 중요하지만, 개인의 경험과 선호에 따라 표현되는 색과 형태 및 주제 그리고 내담자의 정서 상황과 상호 관계에서 색의 상징을 살펴보아야 한다.

다음에서는 미술치료에서 색의 상징, 심리적 작용, 색 선호와 기피의 성향, 미술치료 개입과 효과에 대해 살펴보고자 한다(정여주, 2008a; Bach, 1995; Becker, 1998; Goethe, 1997; Muths, 1998; Pütz, 1981; Riedel, 1999; von Rohr, 2003).

(1) 빨강

■ 상징

빨강의 긍정적 상징은 불과 태양으로 따뜻함과 온기, 피의 색으로 건강과 생명, 열정, 활력, 행운, 에너지, 확장, 사랑과 결합, 감각적 에로스, 삶의 즐거움, 의지와 용기다. 빨강은 물질적 · 능동적 · 역동적인 것의 상징이다. 빨강의 부정적 상징은 분노, 폭력, 지배성, 공격성, 욕심, 고통, 파괴, 무서움, 과도한 행위와 전쟁의 신이다.

빨강은 여성의 상징성과 남성의 상징성으로 나눈다. 여성적 빨강은 구심적 · 육체적 · 세속적 · 모성적 · 내면적인 것의 상징이다. 남성적 빨강은 원심적 · 외형적인 것을 상징한다. 정신적 · 육체적 에너지의 중심을 의미하는 차크라에서 빨강은 뿌리차크라, 즉 생명 에너지를 의미한다.

빨강은 스포츠와 활동성, 축제와 기쁨과 환희를 상징하는데, 이는 2002넌 한국의 월드컵에서 빨간색 선수 유니폼과 응원단의 빨간 퍼레이드는 온 세계에 빨강의 상징을 환기시켜 주었다. 또한 토마토 축제에서 빨간 토마토 속에서 뒹굴고 장난을 치면서 축제를 즐기는 사람들을 볼 수 있다.

종교 의식에 빨강은 속세의 권위와 감각적인 것을 상징할 뿐만 아니라, 성령, 희생제물인 그리스도 수난, 열정적 신앙의 상징 색으로 긍정적 · 부정적 의미를 모두 지닌다. 빨강은 공산주의와 사회주의가 정치적 상징으로 사용하였으며, 혁명과 전쟁과 테러 집단의 대표적 상징색이다.

현대에 빨강은 광고에 미적 관점을 나타내며 구매 의욕을 증가시킨다. 빨강은 음식과 요리의 상징이기도 하다. 신호등의 빨강은 정지, 빨강과 하양의 줄무늬는 출입금지를 의미하며, 소방차 또한 빨강이다. 축구경기에서 빨간 카드는 퇴장을 의미한다. 감각적 관점에서 홍등가도 빨강으로 표시된다. 빨강은 시점상으로는 현재를 상징한다.

■ 심리적 작용

빨강은 온기와 생기와 활동성과 강한 자극을 불러일으킨다. 이 색은 자율신경에 관계되고 맥박과 혈압, 호흡수를 증가시키며 감각적 작용을 한다. 빨강은 운동성을 높이고 활기를 주며 충동성도 부여하며, 일의 능률을 상승시키고 성취와 성공을 지향하며 심리적 · 육체적 욕구와 더불어 식욕을 증가시킨다. 냉혹하고 탐욕적인 성향의 사람과 분노와 화, 공격성과 폭력성도 빨강으로 표현된다.

빨강은 설렘, 부끄러움, 수치심, 당혹감, 분노, 화 등으로 얼굴, 신체가 붉어지는 신체현상과도 연결된다. 그림의 인물에 빨강을 칠하는 경우는 심리적 상징과 더불어 신체적 현상으로도 해석할 수 있다. 건강이 회복되어 원기를 얻는 것도 빨강이나 분홍의 상징과 연결된다.

■ 선호와 기피 성향

빨강을 선호하는 사람은 외향적 · 역동적 · 단정적이고 충동적인 성향이 있으며, 낙천적 · 자발적이고 생에 강한 애착이 있다. 이러한 성향의 사람은 신체 활동, 모험, 운동경기 등의 동적인 야외활동과 친교모임 등의 집단활동을 즐긴다. 빨강을 좋아하는 사람은 단순하고 흥분을 잘하며 성급하고 불안정하며 공격적이고 떠들썩한 성향이 많은 반면, 이성적 · 논리적 · 합리적인 면이 약하다. 빨강을 선호하는 사람은 피상적 경향이 있어 자신의 어두운 점, 그림자를 성찰하지 않고 자신의 실패나 어려운 상황을 타인에게 돌리려 한다. 조용하고 내성적인 사람이 빨강을 많이 사용하면, 빨강의 따뜻함과 활력에 대한 욕구를 무의식적으로 표현한 것으로 볼 수 있다. 다른 한편으로 내성적인 사람이 빨강을 많이 사용하거나 착용함으로써 자신의 진실한 감정을 이 색 뒤에 감추려는 경향도 있다.

빨강을 기피하거나 거부하는 사람은 어머니나 모성적인 관계에 부담이나 어려움이 있으며, 빨강이 주는 심리적 · 정서적 영향을 충분히 체험하지 못할 수 있다. 생각이 많거나 위축 성향이 있거나 친교를 꺼리거나 냉담한 사람, 논리와 합리성을 강조하는 사람은 빨강을 좋아하지 않는 경향이 있다. 또한 피, 불, 병과 관련되어 부정적 경험을 가진 사람은 의식적이든 무의식적이든 빨강을 기피한다.

■ 치료 개입과 효과

미술치료사는 내담자의 발달사와 빨강의 선호 및 기피 상황의 상관관계를 고려한다. 빨강의 긍정적 에너지와 그와 관련된 감정이 필요한 내담자에게 빨강과 관련된 주제를 권하여 자극을 줄 수 있다. 예를 들어, 부부관계나 성적인 면에 무관심한 내담자, 무감각하거나 냉정하고 생각이 많거나, 실천력이 적거나 위축된 무기력한 성향의 내담자다. 내담자는 빨강 사용으로 활동을 위한 동기유발과 용기를 얻으며, 불안이 줄어들고 관계나 상황에도 안정감을 얻게 된다. 그러나 빨강을 너무 자주 사용하거나 사용하지 않는 내담자에게는 빨강과 관련된 부정적 경험이 무의식적·의식적으로 내재되어 있는지 살펴보아야 한다. 미술치료 상황에서 분노, 두려움, 공포 등의 경험을 빨강으로 표현하는 내담자가 많다.

정여주(2008a)의 아동 정서와 색채의 관계 및 선호색 연구에 의하면, 남녀 아동 283명은 14색 중에 빨강을 '짜증/화난 색' 1위, '불안/무서운 색' 2위로 선정했다. 또한 자유화에서 빨강을 많이 사용하는 내담자 중에는 중병, 천재지변, 폭행 등을 겪은 아동이 있다는 연구 결과(엄은영, 정여주, 2007; Bach, 1995; Withrow, 2004)가 있다. 이처럼 환아나 외상이 있는 아동뿐만 아니라 일반 아동·청소년, 성인에게도 빨강이 부정적 정서를 줄 수 있다는 점을 고려하여 신중하게 개입하고, 빨강을 원기와 심리적·신체적 회복 및 긍정적 정서로 전환할 수 있도록 도울 필요가 있다.

(2) 파랑

■ 상징

파랑은 물과 대양과 하늘, 형이상학, 동경과 초월성, 정신적 에로스, 비현실성, 비물질적인 것, 추상적인 것, 잠재력, 우주적인 것과 영원성을 상징한다. 조건 없는 신의와 지속적 애정과 헌신과 진지함을 상징하며, 상냥함과 감정이입과 명상적 사고의 색이 파랑이다. 이 색은 휴식, 거리감, 절제의 상징이다. 파랑은 몽환적이거나 취한 상태와 불안·침울함·차가움이나 공허한 합리주의를 상징하기도 한다.

파랑은 문학과 미술에서 신비, 낭만, 순수함, 초현실성을 상징한다. 그러나 Picasso의 청색 시대에 그려진 파랑은 비참함, 차가운 손, 농상, 창백한 입술, 굶주림, 걸인의 상징이다. 파랑은 기독교에서 마리아의 상징색이다. 파랑은 사회생활에서 노동과 소속감과 연대감, 비권위와 자유와 일상에 대한 관심을 상징하는데, 대표적으로 노동자의 블루칼라와 블루진 등이다. 파랑은 차크라에서는 목과 후두의 에너지를 상징한다.

■ 심리적 작용

파랑은 내향성, 수동성, 감정 조절과 순응의 작용을 하며 심신을 편안하게 안정시키며 시원하게 한다. 파랑은 심리적 독립성과 자기몰두의 성향이 있으며 직관적 지식을 강화한다.

Goethe(1997)에 의하면, 파랑은 수동적인 색으로 불안하고 유약하며 동경하는 느낌을 주며, 색 중에 감각적 자극이 가장 약하며 정신적 자극은 가장 높다. 파랑은 조용하면서도 동경하며 꿈꾸는 기분과 강한 잠재력을 불러일으킨다. 진한 파랑은 편안하고 보호하는 느낌을 주기 때문에 안정되지 못하고 불안한 사람, 몽상가와 자기 한계를 쉽게 넘어서는 성향의 사람에게 도움이 된다.

남색은 높은 투명성을 지니며, 명상적이고 경건한 느낌을 내면화하여 안정감을 준다. 남색은 조화로운 조정기능과 통제기능으로 작용하며, 생리적으로는 휴식, 심리적으로는 충족과 만족 및 평화를 희구하는 욕구와 기분을 대변한다. 남색은 내면에 대한 관심과 자신의 체험세계에 몰두하게 하지만, 극단적인 경우는 자폐적 고립까지 이를 수 있다.

■ 선호와 기피 성향

파랑을 선호하는 사람은 만족과 충만, 애정과 영적 결속, 종교나 전통 안에서 안정감을 지니며 의무감과 책임감이 강하고 양심적·인습적이며 심사숙고하는 성향으로 자기관찰과 내적 통찰력이 뛰어나고 침착하다. 파랑의 사람은 타인에게 신뢰감을 주며 지혜롭고 영리하며 자기통제를 잘 한다. 이 사람은 감성이 풍부하고 애정이 많으며 감동을 잘하고 때로는 센티멘털하며 걱정이 많은 경향이 있다. 정여주(2008a) 연구에서 아동의 선호 색은 전체 비율로는 파랑과 하늘색이 1, 2위며, 그중에 남아는 파랑, 하늘색 순이며, 여아는 분홍, 노랑, 하늘색, 파랑 순이었다.

파랑에 집착하는 사람은 완고하고 엄격하며 과거에 매달리거나 독선적인 성향이 있다. 이런 사람은 타인도 자기와 같기를 요구하며, 자기비판이 결여되며 자신의 의도가 진실하다는 주장을 밀고 나가려 한다. 파랑에 집착하는 사람은 고정관념과 좁은 시야를 가지고 창의성이 결여되며 양보나 남에게 뒤지는 것을 싫어하는 경우가 많다. 파란색에 집착하는 것은 위축된 행동이나 과도한 자기통제를 의미한다.

파랑을 싫어하고 기피하는 것은 휴식 욕구와 신뢰 깊은 결속 욕구가 충족되지 않은 상태다. 남청색의 기피는 휴식을 피하는 것으로, 이때는 휴식을 감당하기 어렵다고 의식적 · 무의식적으로 느끼기 때문이다. 이에 상응하는 신체 증상으로는 신경성 기관 통증, 알레르기성 습진이나 중독성 행위가 있다.

■ 치료 개입과 효과

파랑은 신경조직을 이완하고 편안하게 해 주므로 피로하고 병이 났을 때 파랑에 대한 욕구가 커진다. 이때 파란색으로 그림을 그리거나 일상 또는 의복에 사용하도록 권할 수 있다. 특히 파란 원을 그리거나 파란색 낙서를 하면 신체가 이완되고 마음이 편안해지며 고요해진다. 그러나 파랑을 너무 오래 사용하면 심리적 추위만이 아니라 신체적 추위도 느끼게 된다. 필자의 색채 워크숍에서 파랑을 장시간 사용한 참가자들이 여름인데도 추위를 느낀다고 하였다.

남청색은 눈이 피로할 때 이 색을 사용하거나 자연에서 이 색을 바라보는 것을 권한다. 미술치료에서 파랑을 적용하면 어려운 상황에 인내심을 가지게 되고 문제 해결력도 생긴다. 영적 발전을 지속시키기 위해서 파랑을 치료에 적용할 수도 있다. 하늘색은 광활함과 자유로움, 모든 구속과 물질세계에서 해방된 느낌을 주기 때문에 이 색으로 인하여 우리는 깊은 숨을 내쉴 수 있다.

내담자는 남색을 사용함으로써 사고와 정서, 이성과 감정의 조화를 이루며, 정신적 이해력을 넓히고 깊게 이완하며 타인을 수용할 수 있다. 남색은 균형을 잡을 수 있는 치유의 색이나, 이 색을 너무 자주 사용하면 자기고립적 경향이 증가한다.

청록색은 불안한 상황, 예를 들어 많은 사람 앞에서 발표나 연설을 해야 하는 경우에 자신감과 안정을 주는 색이다. 발표 전에 잠깐 눈을 감고 청록색 명상을 하면 도움이 된다.

(3) 노랑

■ 상징

노랑은 괴테의 『색채론』에서 긍정적이고 적극적인 색으로 분류되며, 색이 지니는 지고의 순수함에서 항상 밝음의 본성을 내포하며, 유쾌하고 다채로우며, 부드러운 자극을 주는 특성을 지닌다. 노랑은 태양과 명랑함과 즐거움을 상징한다. 노랑은 빨강처럼 따뜻한 색이지만, 빨강의 감각적 · 정서적 면보다 정신적 면에서 따뜻한 기운의 상징이다. 따라서 노랑은 지성과 이성과 이해를 상징한다. 그러나 노랑은 책임 회피, 자유로운 생각과 행동 추구, 질투심과 시기심, 적대적 행위를 상징하기도 한다. 때에 따라 노랑은 유아적 사고와 행동의 상징이기도 하다.

노랑은 색 중에서 가장 먼저 눈에 띄기 때문에 보호색의 상징으로 환경미화원, 선원 등이 착용하며 신호의 상징으로 신호등, 도로표지판과 횡단보도에 사용된다. 방어를 상징하는 노랑은 사막의 동물인 기린, 사자, 호랑이의 색이기도 하다. 또한 위험을 알리는 상징으로 전염성이나 독성이 있는 것에 사용된다. 스포츠에서 노랑은 경고의 상징으로, 예를 들어 축구경기에서 위반한 선수에게 노랑 카드를 제시한다. 노랑의 부정적 상징은 경솔함, 흥분, 소모, 무절제와 낭비벽이며, 번쩍이는 노랑은 도발적이고 집요하며 뻔뻔스럽고 미친 웃음과 같다. 노랑은 차크라에서 복강 신경조직에 해당하는 색으로 신체이완과 내적 힘을 주며, 밝은 정서와 사고력과 연결된다.

■ 심리적 작용

노랑은 행복하고 지혜로우며 상상력이 많은 색으로, 생동감과 명랑성과 자유로움을 준다. 이 색은 충동과는 관련이 적은 외향성과 원동력과 활동력을 준다. 노랑은 영리한 인성, 강한 신념과 확신을 대변하며 사업 감각과 유머 감각을 내포한다. 반면, 노랑은 참을성이 적고 자기중심적이며 고집이 세다. 이 색은 화려한 색이지만 강제적이고, 우쭐대며, 야하고, 거만하며, 깊이와 온정이 없는 피상적이고 분노를 폭발하는 경향도 있다. 금빛 노랑은 가치 있는 것을 제시하는 반면, 빛바랜 노랑은 삶의 어려운 상황을 나타낸다. 탁한 노랑은 병을 암시하기도 한다.

Kandinsky(1912)는 “노랑은 인간을 불안하게 하고, 빈정대며, 흥분시키고, 뻔뻔하며, 강제적인 기분에 작용하는 색으로 폭력의 성격을 나타낸다.”라고 한다.

■ 선호와 기피 성향

노랑을 선호하는 사람은 계획에 참여하고 미래의 중요한 목적을 수행할 때 에너지가 넘치며, 다방면에 관심이 많고 자신의 목적을 자율적으로 성취할 수 있다. 노랑을 선호하는 사람은 정신적 수용 능력이 높고 명쾌한 사고와 높은 이상을 가진다. 이 색의 사람은 창조와 새로운 것을 개발하는 능력 있는 예술가와 연관이 있다. 이러한 사람은 지적 영역에 모험심이 많아 과학적인 성향 및 지적 도전과 토론을 즐기며 새로운 도전을 즐긴다. 이 사람은 진보적 사고와 개혁 정신으로 미래에 비범한 지도자가 될 가능성이 있으며, 행복에 대한 희망을 가지고 있다. 그러나 이 사람은 어떤 것이 결핍되거나 마음 깊은 곳의 감정을 숨기기 위해 노랑을 즐겨 사용할 수도 있다. 정서와 색 연구(정여주, 2008a)에서 아동들은 노랑을 ‘기쁜/즐거운 정서’와 ‘편안/평온한 정서’의 색 1위로, ‘행복한 감정’의 색 2위로 선택하였다.

노랑을 기피하는 사람은 자기 내면을 깊이 들여다보거나 자신만의 동기를 찾는 데 두려움을 가질 수 있다. 이 사람은 자신만의 생각에 빠지기 쉽고 불쾌한 생각을 밀어내려 한다. 노랑을 피하는 사람은 자기 생각과 느낌에 대해 불안해하며, 그러한 상태를 직면하려 하지 않는다. 희망이 이루어지지 않거나 그에 대해 실망한 사람은 노랑을 기피할 수 있다. 즉, 그 사람은 노랑을 거부함으로써 실망과 손실과 소외를 무의식적으로 방어하거나 보상하려 한다. 허무감과 소외감이 많이 들 때에도 노랑을 기피하는데, 이러한 심리적 상태에서 노랑은 위선적이고 피상적으로 느껴진다.

■ 치료 개입과 효과

노랑의 치료적 개입 목적은 내담자에게 활기를 주며 행복과 즐거움을 제공하는 것이다. 노랑으로 인해 내담자는 마음과 정서와 기분이 밝아진다. 노랑은 좌뇌를 자극하는 색으로 학문이나 지적 업무를 하는 데 도움이 되기에, 노랑 사용을 유도함으로써 내담자의 정신력을 강화하고 기억력과 지적 능력을 높인다. 노랑은 현실성이 약하거나 많이 보호 받지 못한 내담자에게 도움이 된다. 내담자는 노랑을 사용함으로써 긍정적 에너지를 얻거나 생각을 정리하고 정보를 기억한다. 그러나 지적 활동이나 생각이 너무 많은 내담자에게는 노랑을 줄이는 것이 필요하다.

고집 세고 고루한 내담자는 연노랑을 연습함으로써 따뜻하고 풀어지는 느낌을 경험할 수 있다. 우울한 사람은 노랑을 기피하는 경향이 있는데, 미술치료에서 노랑을 처음부터 사용하게 하기보다 단계적으로 자연스럽게 사용할 수 있도록 돕는다. 우울 성향의 내담자에게는 습지나 물을 사용하여 노란색이 번지는 연습을 하거나 노랑 파스넷 또는 파스텔 사용을 안내한다. 노랑을 기피하는 내담자에게는 내담자가 좋아하는 색부터 시작하여 노랑으로 점점 다가가도록 노랑이 섞인 연두, 주황을 먼저 사용하도록 돕는다. 진노랑은 밝은 노랑보다 더 따뜻한 느낌을 주며 리듬체계에 더 강하게 작용하기에 억제하고 경직된 사람에게 도움을 준다.

(4) 주황

■ 상징

주황은 불과 일출과 일몰의 상징색이며 종교적 깨달음의 상징이다. 이 색은 노랑과 빨강의 혼합색으로 따뜻함, 활동성, 호기심, 용기와 영감, 젊음과 유쾌한 자극을 줄 수 있는 외향성, 축제와 즐거움과 충만함을 상징한다. 주황색 불의 상징은 사랑과 자비와 온기다. 그러나 불안정과 동요를 상징하는 것도 주황이다. 주황은 차크라에서 두 번째 천문에 해당하며, 성욕과 창조력과 관계성을 의미한다.

■ 심리적 작용

주황은 심리적으로 따뜻하고 명랑한 효과를 주며 흥분을 자아내기도 한다. 주황은 행동을 활발하게 하면서도 조정하는 효과도 있다. 이 색은 심리적으로 깨어 있게 하고 편안함을 주며 갈등을 이완시킨다. 주황은 인식과 깨달음의 색이며, 온화함과 모든 것에서 흥미를 끌어내 준다. 주황은 성취에 대한 노력과 추구를 하게 한다. 반면, 주황은 피상적이고 변덕스러울 때가 있다. 또한 불안을 유발하거나 경계의 의미를 나타내기도 한다. Munch의 그림 〈절규〉나 〈불안〉에서 볼 수 있는 주황빛 하늘은 제목처럼 심리적 상태를 잘 반영한다.

■ 선호와 기피 성향

주황을 선호하는 사람은 사교적이며 친구 관계가 좋고 사회 적응도 잘한다. 주황의 사람은 높은 포부를 가지며 집단 활동에 참여하기를 좋아한다. 주황을 선호하는 사람은 예의가 바르고 심사숙고하는 편이며, 명랑한 성향으로 사회생활에서 인기가 많다. 또한 이 성향의 사람은 일을 논리적이고 지적으로 처리하고 성공을 열망하며, 성공의 대부분을 자신이 가진 인기와 유머감각을 통해서 성취한다. 주황색 선호자는 창의력과 자기확신으로 창의적 지도자가 된다.

주황을 선호하는 사람은 사랑스럽고 단순한 것을 좋아하며 악의나 저의가 없는 속임수 같은 것을 즐긴다. 또한 집단에서 타인보다 자신이 인정과 각광을 받고 싶어하기에, 이런 욕구가 이루어지지 않으면 주황 성향을 가진 사람은 기분이 저하되거나 토라지기도 한다. 주황을 너무 많이 사용하거나 주황색 옷만 입는 사람에게 빨강과 노랑이 주는 자극적 특성의 욕구가 크다. 주황을 싫어하는 사람은 노랑과 빨강을 싫어하는 성향과 비슷하며, 주황을 선호하는 사람의 성향과 반대되는 경우가 많다.

■ 치료 개입

주황은 침울하고 우울하며, 무기력하고 무감각하며 모든 것에 관심이 없는 내담자에게 필요하다. 내담자에게 이런 상황이 지속된다면, 주황색 옷을 입거나, 주황으로 그림을 그리거나, 실내 공간에 주황색을 더 많이 배치하도록 치료사가 안내한다. 이 외에도 내담자는 주황색을 사용함으로써 지적 능력이 증가하고 논쟁에서 이길 수도 있다. 주황으로 낙서를 하거나 그림을 그리면 긍정적인 변화를 일으킬 수 있고 좀 더 사회적이 될 수 있다. 주황은 식욕을 돋우는 작용을 하기에 섭식장애가 있거나 입맛을 잃은 내담자에게 필요하다.

주황이 필요한 내담자에게는 먼저 남색에서 하양, 가라앉은 파랑, 복숭아색, 보라, 차분한 녹색을 연습하게 한 후에 주황에 다가가게 한다. 젖은 종이에 주황을 칠하는 연습은 호흡이 짧은 내담자나 뇌전증 환자에게도 편안함을 준다.

인지학 미술치료에서 주홍은 어떤 내담자에게는 즐길 수 있고 치료에 도움이 되는 색이지만, 그와 반대로 어떤 내담자에게는 견딜 수 없고 안정을 파괴하는 작용을 하기도 한다. 슈타이너의 기질론에 따라 담즙질이 강한 공격적 성향의 내담자는 주홍색 그림 연습에서 폭발할 것같이 느낄 수 있으나, 점액질의 성향으로 우울 증세가 있고 비활동적인 내담자는 주홍으로 기분이 좋아지며 생동감을 얻는다. 주홍은 숨을 충분히 들이쉬지 못하는 사람, 헤매는 사람, 현실 도피적인 사람, 불분명한 사람에게 활동성과 어떤 일을 시도할 수 있게 한다. 주황을 과도하게 많이 그리고 사용하는 내담자는 보색인 파랑의 연습이 필요한데, 이런 적용을 통해 심리적 균형을 유도할 수 있다.

(5) 녹색

■ 상징

녹색은 자연의 기본 색으로 식물과 봄과 조화와 균형의 색으로 희망, 평화, 개혁과 부흥을 상징한다. 녹색은 식물의 발아를 의미하여, 초보자, 신참, 청년, 약혼한 처녀, 새 신부의 상징색이다. 초보의 의미를 지닌 녹색은 때로는 미성숙을 상징한다. 녹색은 종교적으로 화해와 위로와 성령을 상징한다. 녹색은 환경보호 집단과 핵실험금지 집단의 상징색이다. 광고에서 녹색은 자연생산인 우유, 생수, 화장수 등을 상징한다.

녹색은 자기주장, 지속성, 자신감과 자아존중감을 표현할 수 있는 의지와 활력의 상징이다. 또한 이 색은 신비로운 것, 근원적인 것, 기본물질, 기원, 생명과 인간과 자연의 일치를 상징한다. 녹색은 차크라에서 심장의 에너지를 상징한다.

■ 심리적 작용

녹색은 심리적으로 조화롭고 균형 잡힌 효과와 마음을 진정시키고 부드럽고 쾌적하며, 신선하고 평화로운 느낌을 불러일으킨다. 이 색은 내적으로 물러설 수 있는 능력과 집중력을 주며 흥분을 제어한다. 녹색은 자율적인 동시에 방어적이며, 확실성과 인내의 효과를 준다.

녹색은 신경계에 도움이 되어 균형과 평형을 주는 작용을 하며 심장박동을 고르게 한다. 녹색은 모든 색 중에서 가장 편안함을 주며, 마음을 진정시키기 때문에 심리적 접촉을 가능하게 한다. 그러나 황록색이나 번쩍거리는 녹색은 충동적 · 소모적 · 탐욕적 성향이 있을 수 있다.

■ 선호와 기피 성향

녹색을 선호하는 사람은 좋은 인상을 주고 지도자 역할을 하며, 남을 도울 준비가 되어 있고 인간관계를 중시하며, 참을성과 책임감이 강한 편이고 겸손하고 유순하며 성실하다. 녹색의 사람은 교양 있고 높은 안목으로 명성이 있으나 중심에 나서지 않는다. 녹색 성향의 사람은 자신의 일에 자긍심을 느끼는 훌륭한 교사, 지도자가 많다. 녹색을 선호하는 사람은 수용적이고 융통성이 있으며, 자기통제력을 잘 유지하고 친절하다. 녹색의 사람은 집단생활을 잘하며 개방적인 성품을 가진다. 이들은 사회성이 좋으나 일반적으로 고요하고 한적한 생활을 즐긴다. 녹색 성향의 사람은 내적 욕구가 자연과 가깝게 있는 것이며, 마음과 정신과 육체가 편안한 것을 중요하게 여긴다.

전나무 색을 선호하는 사람은 인정받는 것을 필요로 하며 반대에 대항하는 성향이 있다. 전나무 색을 기피하는 사람은 한결같은 성품이지만, 반대에 부딪히면 저항력을 잃고 자신이 만든 긴장에 시달리는 경향이 있다. 이들은 자주 가슴과 심장이 죄이는 현상을 보인다.

녹색 옷만 입거나 주변 환경을 녹색으로만 치장하는 사람은 무의식적으로 불안에 시달리는 경우가 많다. 즉, 불안하고 적대적인 환경에서 바로 서고 더 나아지기 위하여 조화와 균형의 색을 찾을 가능성이 많다. 이러한 경우에는 빨강이 부족하기 때문에 이 색에 다가가는 연습이 필요하다.

■ 치료 개입과 효과

녹색은 고요함과 부드러움과 심신의 균형과 조화를 주기에 치유력이 강하며 치유의 색이라고 한다. 녹색도 하늘색처럼 눈을 이완해 주기 때문에 약화된 시력을 보강하기 위해 녹색 잔디를 바라보거나 녹색 평원을 상상하면 도움이 된다. 생각이나 행동이 느린 사람이 많은 녹색을 경험하면 그런 성향이 강화된다. 또한 녹색을 많이 사용하면 오히려 기분이 저하되고 우울한 성향에 빠지기 쉽다.

녹색은 다른 색과 끝없이 혼합할 수 있어 미술치료에 필수적인 색으로, 불안 증세, 현실성과 지구력이 약한 사람, 억압과 압박을 받는 사람, 조화를 얻기 어려운 분열된 사람, 정신이 혼란한 사람, 운동성이 강한 사람에게 침착함과 태연함을 주는 정서적 효과가 있다.

녹색에 노랑을 섞으면 좀 더 활동적이고 감성적이 된다. 녹색에 파랑을 혼합하여 연습하거나 이 색으로 그림을 그리는 사람은 심리적 넉넉함과 편안하고 깊은 호흡을 할 수 있게 된다. 미술치료에서 파랑과 노랑이 잘 섞인 녹색의 사용은 불안 증세가 강한 사람, 느슨하고 잘 풀어지는 사람, 구체성이 약한 사람, 지구력이 약한 사람에게 효과가 있다. 따뜻하고 밝은 기운의 황록색은 겁이 많은 사람, 억압이나 압박을 받은 사람에게 필요하다.

(6) 보라

■ 상징

보라는 파랑과 빨강의 혼합색으로 빨강의 자극과 파랑의 억제라는 양면성을 지녀 색채 연구가들로부터 엇갈리는 반응을 받는다. 보라는 창의성과 개성, 변화와 독창성, 신비로움, 영감을 상징하는 반면, 슬픔과 고통의 상징으로 기독교에서는 참회와 단식의 색이다. 보라는 자체의 신비함으로 인해 요술사, 마술사, 신비가와 초감각적인 것을 상징하기도 하다. 이 색은 여성운동과 감정이입과 공감과 여성성을 상징하며 방사능의 위험을 표시하는 문제성의 상징이기도 하다.

Cooper는 보라를 네 가지 의미 범주로 분류하는데, 첫째, 지능과 지식, 둘째, 종교적 헌신과 성스러움과 겸손과 속죄, 셋째, 근심, 고통, 비탄과 슬픔, 넷째, 노년을 상징한다(Riedel, 1985). 보라는 차크라의 마지막 일곱 번째 정수리 영역에 해당하며, 우주적인 것, 깨달음과 망아를 상징한다.

■ 심리적 작용

보라는 창의적이거나 불안정한 심리를 표현한다. 보라는 빨강의 자극과 파랑의 억제를 동시에 내포하여 통일성과 균형을 맞추기 어렵고 분열이 심한 갈등의 색이다. 다른 한편으로 보라는 극단의 두 색을 맞추므로 중재의 색이다. 따라서 따뜻함과 차가움, 능동성과 수동성, 의식과 무의식, 이성과 정열 사이에 균형을 이룬다. 보라는 창의성과 상상을 불러일으키며 변형과 변화의 기능에 작용한다.

보라는 기분이 가라앉고 슬프고 우울한 색이면서 동시에 동경의 색이다. 보라는 긴장, 의욕 상실, 불만, 초조, 성가심, 포기 혹은 우울을 표현하거나, 거꾸로 그에 해당하는 기분을 불러일으킬 수 있다. 빨강이 많은 보라는 매혹적이고 분열적이며 쇠약해지는 영향을 주는 반면, 파랑이 더 많은 보라는 신비롭고 초조하며 번거로운 기분을 불러일으킨다. 칸딘스키는 보라를 육체적 · 심리적 의미에서 가라앉은 빨강으로서 병적인 것, 힘을 잃은 것, 자체에 슬픔을 지니고 있는 것으로 보았다. Chevalier는 보라를 빨강과 파랑의 비율이 조절되도록 균형을 잡는 중재의 색, 특별한 느낌을 가진 색으로 본다(Riedel, 1985). 보라는 동일시, 공감, 참여의 비결이란 의미에서 일체감을 표현하며, 내면에는 주체–객체–대비를 지양하려는 욕구도 있다.

긍정적인 면의 보라는 직관적 · 감각적 이해와 파트너와의 일치를 바라며 두 극단의 분열을 극복하려는 색이다. 보라는 내성적이고 감정이입 능력이 있으며, 섬세하고 감상적이며, 내적 관찰력이 높은 편이다. 부정적인 면에서 보라는 마음이 흔들리는 미결정과 퇴행적 도주와 도피의 경향이 있다.

■ 선호와 기피 성향

보라를 선호하는 사람은 감수성이 풍부하고 보통 사람과 다르게 느끼는 경향이 있다. 이러한 점이 창의성과 상상력과도 연결된다. 보라를 선호하는 사람은 공생과 융합에 대한 동경이 많으며, 신비주의적 집단이나 종교 영역에 관심을 가진다. 밝은 보라를 좋아하는 사람은 최상의 취향을 가지며 고상한 편이다. 이런 사람은 문화,

예술에 많은 관심을 보이고 자신도 예술적 재능이 있다. 보라 성향의 사람은 자신이 의도하는 세계나 판타지 세계에 살려고 하고 초연하며 속세에 물들지 않는 편이다. 그러나 이런 사람은 여성성을 너무 강조하거나 허영심을 보일 수도 있다.

보라를 기피하는 사람은 타인과 융화하고자 하는 동경을 의식적 · 무의식적으로 자주 억누른다. 이러한 태도는 타인이나 파트너와의 융화 조건을 이루지 못한 경우가 많았기 때문에 나타난 것으로 볼 수 있다.

■ 치료 개입과 효과

빨강과 파랑의 혼합으로 아주 다양한 색조를 표현할 수 있는 보라색으로 그림을 그리면 기분이 조절될 수 있다. 호흡이 짧은 사람은 보라로 평온해지며, 분주하고 서두르고 기분이 불안정한 사람은 평정을 얻는다.

보라색이 필요한 사람은 조현병 환자거나 의기소침하고 우울증 증세가 있거나 감정 기복이 심하다. 파란 톤의 보라는 신경질적이고 심경의 변화가 심한 사람, 숨을 내쉬기 어려운 사람에게 도움이 된다. 붉은 톤의 보라는 신진대사 변화가 심하거나 숨을 들이쉬기 어려운 사람에게 도움이 된다. 보라색으로 낙서를 하면 이 색이 주는 정서와 에너지를 얻어 창의성이 높아지고 직관력과 개성이 계발된다. 보라색을 기피하는 사람에게는 노랑과 보라가 필요하기 때문에, 치료 상황에 서서히 접근할 수 있도록 안내한다.

(7) 분홍

■ 상징

분홍은 애정과 사랑이 있으나 빨강의 열정은 없다. 이 색은 아름다움과 신비로운 사랑의 상징이다. 분홍은 꽃의 색이자 아기와 젊은이의 색이며, 부드러움과 섬세함과 사랑의 상징이기도 하다. 히틀러 시대에는 동성애자에게 남성성에 반하는 분홍색 낙인을 붙였다.

진한 분홍은 완전한 빨강이 아닌, 빨강에서 열을 내린 분홍으로 과거 빨강의 활기가 약해진 의미로 노인들이 즐겨 입는 옷 색이다. 이 색은 침착하고 나서지 않는 명랑함이 있으며, 어느 정도 조용히 즐기는 상징을 포함한다. 괴테는『색채론』에서 분홍을 복사꽃 색이라고 하며, 정신적 · 영적 질서의 중심을 상징하는 것으로 여긴다. 이 색은 많은 화가가 초상화나 인물화에 표현한 색으로 높은 영성과 투명성을 상징한다.

■ 심리적 작용

분홍은 부드럽고 섬세한 감각적 영향을 준다. 또한 혈액순환이 잘되는 사람의 피부 및 육체와 관련이 있다. 분홍은 신체와 관련하여 쾌감과 고통을 나타낸다. 병이 회복된 후에 느끼는 감정도 분홍에 해당한다. 분홍은 내면의 아이 색이다.

■ 선호와 기피 성향

분홍을 선호하면 보호를 원하고 주변으로부터 특별한 대우를 바라며 보호된 삶을 원하여, 애정과 사랑이 필요하며, 자신이 안전하다고 느낄 필요가 있다. 분홍은 허약하고 연약하게 보이는 사람이 즐겨 입는 색이다. 분홍 옷을 너무 자주 입거나 사용하는 사람은 꿈나라, 환상의 세계에 살고 있는 것을 나타내며, 모든 것을 장밋빛 안경으로 보려 한다. 현대의 젊은이들은 남녀 가리지 않고 초현실적인 핑크 변형이나 야광 분홍색을 좋아하는 경향이 있다. 근래에 우리나라에서 분홍은 운동복, 운동화, 등산복 등으로 여성들이 즐기는 색이기도 하다.

Kellogg에 따르면, 만다라에서 분홍이 많이 나타나는 것은 연약함을 인정하고, 드러나는 것을 두려워하며, 보호가 필요함을 시사한다(Fincher, 1991). 필자의 경험에 의하면, 분홍을 많이 사용하는 내담자는 섬세한 애정, 사랑받고 싶은 욕구, 스킨십을 무의식적으로 원하는 경우나 즐겁고 행복한 상황을 표현하기 위한 경우도 많다.

정서와 색의 관계 연구(정여주, 2008a)에 의하면, 아동은 남녀 모든 행복한 감정을 나타내는 색으로 분홍을 최우위로 두었다. 기쁜/즐거운 감정에도 노랑 다음으로 분홍을 선택하였으며 선호색에 대한 조사에서 여아는 분홍을 1위로 선택하였다.

분홍을 강하게 거부하는 것은 정서적으로 부드럽고 섬세하며 귀여운 것을 평가절하하는 표현이다. 이 색을 거부하는 사람은 분홍이 촌스럽고 유치하고 여성적이며 약해 보인다고 한다. 자신뿐만 아니라 타인의 다정다감함을 필요로 하는 많은 사람이 이 색을 거부하는 경향이 있다. 그들은 이 색을 연약하게 보고, 분홍을 좋아한다는 것은 약함을 인정하고 자신도 약하게 할 수 있다고 생각하기 때문이다.

■ 치료 개입과 효과

미술치료에서는 실리주의자, 직업과 일로 생동감과 활기를 잃은 사람, 편안하게 숨 쉴 여유가 없는 사람, 스트레스가 많은 사람에게 분홍을 권한다. 미술치료사는 애정 결핍, 낮은 자존감, 불안이 많은 내담자에게 분홍을 자연스럽게 사용하도록 제안한다. 미술치료실에 분홍색 쿠션과 방석이나 분홍 꽃을 두기도 한다. 경직되고 자신의 강함을 과시하거나 많은 부분을 유치한 것으로 평가하는 내담자도 실제로는 분홍이 필요하기 때문에, 치료사와 신뢰관계가 이루어지면 서서히 분홍을 사용하는 횟수나 강도를 높일 수 있는 주제를 제안할 수 있다.

반면, 분홍만 사용하거나 유독 분홍을 많이 사용하는 내담자는 자기애 문제나 자신감 결여, 애정 욕구와 관련성이 많기 때문에, 초기에는 분홍을 마음껏 사용하도록 두다가 회기가 진행되면서 다른 색과 만나게 하는 방법을 유도한다.

(8) 갈색

■ 상징

갈색의 상징은 따뜻한 갈색과 차가운 갈색으로 나눌 수 있다. 따뜻한 갈색에는 황갈색과 붉은 갈색이 있는데, 이는 생명과 따뜻함을 나타내는 대지를 상징한다. 이 색은 생산력, 모성적 힘, 자연과의 일치와 연의 비옥함을 상징한다. 흑갈색은 부식토를 나타냄으로써 생산적인 대지며 동시에 겸손과 소박함과 청빈함을 상징한다. 차가운 갈색은 불모의 대지를 연상시켜 퇴락하는 자연, 단단한 대변, 배고픔, 경멸과 무시받는 느낌을 상징한다. 차가운 갈색은 엄격한 교육과 훈련 그리고 결벽증의 상징이기도 하다.

■ 심리적 작용

갈색은 심리적으로 수용적이고 수동적인 느낌을 준다. 또한 이 색은 활력 있고 감각적 느낌을 주기도 하며, 심리적 저항력을 나타내며, 자기주장과 관철력을 표현한다. 따라서 갈색은 인내력과 지구력을 나타내기도 한다. 갈색의 심리적 작용은 행동과 이해가 다소 느린 편이나 마지막에는 원하는 것을 성취하는 효과를 준다. 이 색은 충동성을 완화하고 현실적이며 책임감을 높인다.

주황과 검정의 혼합인 갈색은 주황이 지니는 자아중심적이고 욕구중심적인 경향의 일부를 나타내지만, 주황보다는 융통성이 적고 더 고집스럽고 완고하며 억제 경향이 많다. 갈색을 검정과 함께 사용하면 불안과 우울 증세를 나타낼 수 있다. 또한 갈색은 부정적인 모성 콤플렉스를 나타내기도 한다.

■ 선호와 기피 성향

갈색을 선호하는 사람은 충동적이지 않고 자기 책임을 완수하는 경향이 있다. 반면, 이러한 사람은 운동성이 적고 적응능력이 결여된다. 이 색을 선호하면 포근함과 감각적 만족에 대한 욕구가 높아지고, 대지와 연관성이 있는 것을 받아들인다는 것을 알 수 있다. 갈색 옷을 선호하여 갈색 옷 등으로 자신을 너무 강조하면 감각적인 성적 성향을 은연중에 암시할 수 있다. 또한 갈색만을 고집하는 사람은 이 색의 부정적인 면을 과장할 수 있다. 이러한 사람은 너무 과묵하고 답답하며, 비행동적이고 개성이 약하고, 남의 눈에 띄는 것을 싫어하며 나태한 경향이 있다.

갈색을 기피하는 사람은 그다지 건강하고 만족스러운 육체를 느낄 수 없기 때문에 신체감각이 약한 편이다. 갈색을 거부하는 것은 편안함이 거부되었다는 것을 의미한다. 밝은 갈색과 베이지 톤을 선호하는 사람은 수줍어하고 정이 많으며 타인에게 필요한 사람이 되고자 한다. 이러한 사람은 밝고 화려한 색을 기피하는 성향이 있으며 성격도 그러하다. 그러나 이 색에 너무 집착하면 고행으로까지 갈 수 있는 억제 성향이 많다고 할 수 있다.

■ **치료 개입과 효과**

갈색은 흙을 만나기 어려운 현대인의 치료에 필수적인 색이다. 특히 갈색 점토는 미술치료의 중요한 매체로서 치료에 많이 적용된다. 치료현장에서 내담자들은 점토를 주무르고 물을 많이 섞어 온몸에 바르거나 질퍽거리는 것을 즐기는데, 이것으로 그들에게 결핍되어 있는 것이 어떠한 것인지를 알게 된다. 이는 갈색이 자연의 색이자 대지의 색이기도 하여, 이 색에서 보호받고 싶은 욕구를 무의식적으로 드러낼 수 있는 것으로 해석할 수 있다. Jacobi(1977)는 강박증 환자들의 치료에서 갈색과 오물을 나타내는 그림을 많이 그리도록 유도한 경우도 있다.

그림에 갈색이 많은 것은 우울하거나 성장과정에 억제의 경험이 많은 것을 나타냄으로써 부정적 모성 콤플렉스에 매여 있을 수 있다. 갈색은 신경과 감정이 양극화하는 경향의 사람, 피상적인 사람에게 권할 수 있다.

(9) 검정

■ **상징**

검정은 밤과 어두움, 그림자, 동굴, 지옥, 심연과 죽음을 상징한다. 이 색은 부정과 악, 생명 결핍, 슬픔, 금욕적 생활, 금기, 무의식 상태나 무(無)와 공허의 상징도 있다. 또한 검정은 장엄함과 고행의 상징으로서 중대한 행사나 장례나 수도복에 사용된다. 검정은 성적 자유를 억압하는 상징으로, 남성의 권위가 지배적인 문화에서 여성에게 이 색을 강요한다. 이슬람교의 차도르도 이러한 예에 해당한다. Kandinsky(1912, 1952)는 "검정은 가능성이 없는 무(無), 태양이 소멸한 허공, 미래와 희망이 없는 영원한 침묵"과 같다고 한다. 그러나 어둠의 검정색은 새로운 시작과 잉태를 위한 준비단계라는 긍정적 의미로 볼 수도 있다.

■ **심리적 작용**

검정은 자기방어와 자극적인 영향의 억제, 폐쇄적이고 반항적인 항의를 나타낸다. 또한 검정은 포기를 상징하기도 한다. 검정은 슬픔, 불안, 좌절감, 공포, 저항감의 작용을 하는 색이기도 하다. 이 색은 외부와 차단하는 경향이 있으며, 비밀스러움, 우울 성향, 통제된 욕구와 새로운 탄생에 대한 기대, 지적 능력, 자신의 내적 자원과도 관계가 있다. 검정은 자신의 그림자 측면을 보여 주는 것이기도 하지만, 그림자와 통합할 수 있는 가능성도 제시한다.

■ 선호와 기피 성향

검정을 선호하는 사람은 반항적이거나 상처받기 쉽고 포기를 잘하여 많은 것을 운명에 맡기는 성향이 있다. 검정 옷을 즐겨 입는 사람은 자신이 교양 있고 관심을 끌 만한 존재라는 인상을 주고 싶어 한다. 그러나 검은 옷만 입는 경우는 내면의 욕망과 세속 욕구를 감추거나 억누를 수 있으며, 거만하거나 공격성을 내포할 수도 있다. 검정을 선호하는 사람은 내성적이고 과묵하면서도 자신만의 세계를 만들어 가는 자의식이 강한 성향이 있다.

활발하고 자의식이 강한 사람은 그림을 그릴 때 자신이 원하거나 경험했던 중요한 것을 검정으로 강조하는 경우가 있다. 그러나 너무 자주 검정으로 그림을 그리거나 덧칠을 하는 것은 심리적으로 억제, 불안, 슬픔 혹은 분노, 좌절감이 있는 것으로 볼 수 있다. 신체 그림에 검정을 자주 사용하면 그 부분의 기능 문제나 장애를 의심할 수 있다. 사람 그림의 손이나 팔에 검정을 칠하는 것은 소유 개념이 희박하거나 도벽 가능성을 유추할 수도 있다. 다리에 검정을 자주 칠하는 것은 성(性)에 대한 금기나 성적 행위에 대한 양심의 가책으로 해석하기도 한다.

검정을 기피하는 사람은 어떤 것을 포기하지 않는 성향이 있다고 볼 수 있다. 이런 사람에게 포기는 결핍과 불안을 주는 손실을 의미하는 반면, 어떤 것을 포기할 수 없어 과도한 요구를 부과할 위험이 있다. 검정에 대한 부정적 선입견으로 의도적으로 검정을 기피하는 경우도 있는데, 이러한 의도 이면에 자신의 감성을 숨기는 경우가 있다.

■ 치료 개입과 효과

미술치료에서 검정은 많은 관심과 주의를 불러일으키는 색이다. 내담자는 그림을 지우거나 보이지 않게 하거나 사물의 윤곽을 더 분명하게 하기 위하여 검정을 사용하는 경우가 많다. 내담자는 특히 치료의 초기 과정에 검정을 사용하는 경우가 많은데, 이는 억눌린 감정을 표출하고 심리적 출구를 찾는 의미가 될 수 있다. 다른 한편으로 내담자는 검정을 사용함으로써 자신의 힘과 자기만의 고집이나 자기과시를 나타내려는 경우도 있다. 공격적이고 저항적인 내담자는 검정을 자주 사용한다. 또한 이성적 성향이 많거나 지적인 면을 선호하는 내담자도 검정을 많이 사용한다. 반면, 우울하고 불안한 내담자도 낮은 필압의 검정을 많이 사용한다. 이처럼 검정으로 자신의 감정이나 억압된 정서를 표현하는 내담자에게는 이 색으로 자신을 자유롭게 표출하는 기회를 충분히 주어야 한다.

미술치료 초기단계에서 색보다 검정으로 표현되는 연필을 많이 사용하는 내담자는 자기억제가 강한 편이고 완벽성 경향이나 실수하지 않으려는 조심성을 가지며 자신감이 약한 경향이 있다. 그러나 내담자가 초기단계를 지나면서 다른 색을 자유롭게 사용하고 자신이 좋아하는 색으로 다가가는 사례를 자주 볼 수 있다.

아동들은 '슬픈/우울한 정서'와 '불안한/무서운 정서'의 색으로 검정을 1순위로 선택했는데(정여주, 2008a), 이러한 결과는 미술치료사가 검정으로 이런 정서를 암시하는 내담자를 이해하는 데 도움이 될 것이다. 그러나 미술치료사가 검정에 선입견이 있으면 치료에 역효과를 줄 수 있기 때문에 치료사 스스로 검정에 대한 충분한 실습과 이해가 선행되어야 한다.

우리 문화에서는 서예의 먹이 주는 검정의 의미를 서양과 달리 긍정적으로 받아들이고 있다. 먹으로 표현되는 검정은 정신을 깨어 있게 하고 정신을 통일시키며 마음을 안정시키는 데 영향을 준다. 또한 검정은 자궁 속의 어두운 색으로, 그 안에서 어머니에게 보호받는 것을 무의식적으로 느끼는 상황과 관련하여 생각해 볼 수 있다. 내성적 내담자 중에 검정을 편안하게 느끼며 집중이 잘된다고 한 경우도 이와 같은 맥락이다. 만다라 미술치료에서 음과 양, 어둠과 밝음의 자연운행을 표현할 때 검정을 사용하면서 검정의 필요성과 저력을 경험하는 경우도 많다.

5. 선 상징

1) 선의 의미와 상징

선은 점의 연속적 연결로 나타나는 것이며, 문자와 그림의 기본 요소로서 이미 원시시대 동굴벽화에서 다양한 표현방식으로 사용되었다. 선은 색채 및 형태와 더불어 회화의 기본을 이룬다. 특히 동양화에서 선은 광범위한 표현 가능성을 가진 영역으로, 화가나 서예가의 예술성과 정신을 나타내는 데 중요한 위치를 차지한다.

아동화 발달 관점을 관찰하면, 아동은 최초의 시각적 표현을 점과 선으로 시작한다. Klee의 말처럼 아동은 어느 날 자기 손에 의해서 "움직이는 점의 현상"(Klee, 1987)을 발견하면서 선의 다양성에 경탄하며, 놀라운 집중력과 에너지로 자신의 역동적 상태를 선으로 표현한다. 이러한 선 작업은 난화로서 유아기에 오랫동안 유지되고 변화하면서 그림의 바탕을 이룬다.

Schuster(1993)는 아동의 첫 그림인 난화는 선화로 대체되며, 선은 대상의 가장자리나 대상을 구분 짓는 경계의 기능을 하거나 나아가 대상의 움직임에 대한 흔적으로 그려진다고 한다. 그는 이와 관련하여 3세 아동도 이미 '은유적 그림'을 그리는데, 예를 들어 사람을 길고 가는 선으로 그리는 것은 아동의 '은유적 사고의 본질'에 해당한다는 것이다. 슈타이너는 "선은 운동의 흔적이다."라고 하면서 형태를 파악하고 표현하기 위해서는 선 연습이 선행되어야 한다고 주장하며, 아동교육에서 선을 가장 기초적인 것으로 여긴다(Clausen & Riedel, 1994).

Read(1931)도 선으로 이루어지는 외형을 그리는 것은 오늘날에도 시각예술의 가장 본질적 요소로 남아 있으며, 또한 신은 단순한 윤곽을 나타내는 것 이상이라는 것을 강조한다. Schuster(2000)도 아동화 초기 그림에서 선은 본래 윤곽선이 아니라 오히려 어떤 '영역'을 경계 짓는 것이며, 후에 '상징적'인 것으로 표현되는 과정에 이른다고 한다.

미술 작업에서는 선이 표현하는 힘, 속도, 장단, 방향, 강약, 율동성 등에 따라 그

것이 주는 의미와 해석이 달라진다. 특히 동서양에서 필체에 따라 인성과 성품을 판별하는 것은 잘 알려진 사실이다. 또한 선의 사용에 따라 예술작품의 경향과 예술성의 가치를 가늠한다. Read(1931)는 Blake의 말을 빌려 예술작품의 황금법칙에 있어서 "윤곽의 선이 명확하고 예리하고 강인하면 할수록 그만큼 더 예술작품은 완전하고, 반대로 예리함과 명확함이 덜하면 덜할수록 그만큼 더 빈약한 상상력과 표절과 졸렬함이 커지는 것"이라고 한다. 블레이크에게 그림에서 선을 제거한다는 것은 생명을 제거하는 것과 같은 것이다. 선은 그림에 역동성을 불러오는 요인으로서 그러한 역동성이 지니는 상징적 의미를 전달한다.

Widlöcher(1984)도 아동이 그리는 선은 도상학에 근거하여 빠른 판단을 하는 것과는 다른 차원으로 개인의 정서적 상태와 인성, 나아가 장애 정도를 직접적으로 반영한다고 강조한다. 그는 개인의 상황에 따라 선의 의미를 해석해야 하는 치료적 관점이 얼마나 중요한 것인지를 재확인하게 한다. 그림에서 선이 나타내는 상징적 의미는 중요하다. 그러나 선의 일반적 관점을 고려하지 않고 해석하는 것도 문제가 있기 때문에, 이론적 근거와 치료 사례를 통한 관점이 색 상징의 사례와 같은 맥락이다.

선이 나타내는 운동성, 목적과 방향성, 활기와 허약함, 자극성과 역동성 등은 선을 그리는 사람의 심리적 상태, 나아가 신체적 상태까지 표현할 수 있다. Riedel(1988)은 선들의 조합은 현실성과 동등한 가치를 지닌 형태며, 살아가는 데 필요한 방향감각과 동등한 의미를 지니는 표현 수단이라고 한다. 또한 화면에 나타나는 선들은 인간의 신체구조, 대지에서 인간의 위치와 운동성과 관련이 있다.

2) 미술치료와 선 상징과 심리적 영향

선의 형태에 따른 상징 의미와 심리적 특성을 요약하여 미술치료에서의 적용 가능성을 살펴보고자 한다(Bachmann, 1993; Klee, 1987; Koch, 1997; Pütz, 1981; Riedel, 1988; Widlöcher, 1984).

■ 선 상징

- 대각선: 역동성, 에너지 넘치는 표현, 상승 혹은 추락, 승리 혹은 패배
- 수직선: 바로 서 있는 것, 조용한 침착성, 현세와 신성의 결합
- 수평선: 고요, 편안함, 현실적이며 모성적인 에너지, 땅과 하늘의 분리
- 물결선: 상하의 운동
- 원, 반원: 고요, 보호, 수용, 이해, 영원성, 완벽성, 초월, 자기체험, 운동성
- 반원/활모양 선: 원의 일부로서 모성적–포용하는 공간의 의미도 포함함, 소외감과 불안전한 상태에 있는 사람은 반원의 지붕 아래에서는 안전감과 감싸 주는 힘을 느낌

Bachmann(1993)은 아동들이 유치원이나 학교에 적응해야 하는 신학기에 원이나 반원, 활 모양의 그림이나 무지개를 자주 그리는 것은 부모, 특히 어머니와의 분리를 강하게 느껴 어머니 품 안에 있고 싶은 욕구를 무의식적으로 표현한 것으로 해석

■ 선의 심리적 특성

- 민첩하고, 균열 없는 선: 자신감, 안정감
- 탄력 있는 선: 생동감
- 필압 강한 선: 통제력 지닌 창의적 힘, 내면에 영향을 미치는 힘, 강렬함, 독창성
- 굵은 선: 무거움, 중요함
- 활발하고 운동성 있는 굵은 선: 실제보다 더 힘 있게 보이려는 욕구, 과장하고 자신과 다른 사람에게 인상적으로 보이고 싶은 욕구
- 힘 있고 짙은 선: 암시적 영향력
- 또렷하고 명확한 선: 자제력과 사고력
- 연하고 모호한 선: 감각, 감성 관련
- 물결선: 감각적 민감성
- 털이 많은, 실 모양 선: 민감성, 신경과민
- 거친 선: 생명력 있는 거침

- 너덜너덜한 선: 과민, 원기와 생기는 없으나 질김
- 약한 선: 허약
- 엉키고 헝클어진 선: 절제되지 않은 강한 본능, 격앙하고 흥분하는 성향
- 느슨한 선: 긴장감 결여, (근육)긴장 결여, 신경쇠약, 허약, 예민, 신경 약함, 기분저하
- 떨리는, 불규칙적인, 틈이 있는 선: 신경장애, 때때로 혈액순환장애
- 경직된 선: 긴장, 예민성, 자제, 규율
- 뻣뻣하고 휘지 않는 선: 망설임, 억제, 모순, 불일치, 다루기 힘듦
- 너무 뻗쳐 있는 선: 심한 정신적 긴장 상태
- 격렬한 선: 난폭성
- 건조한 선: 건조함, 억제, 조심스러운 성향
- 부드러운 선: 감각적이고 본능적인 성향
- 가는 선: 의지박약, 약한 힘
- 넓은 선: 접촉 용이함
- 필압 있는 넓은 선: 강한 본능, 의지력
- 활주하고 유동적인 선: 정신적 유동성, 빠른 이해력, 적응력
- 그림을 즐기는 듯한 선: 자기 삶 향유, 힘든 것보다 즐기는 성향
- 막힘 있는 선: 본능 억제 강함
- 찌르는, 구멍 내는 선: 지나치게 골똘히 생각하는 성격, 무자비, 몰인정, 강인함
- 파 뒤집는 선: 부정적 성격, 공격성, 불평불만
- 상처 난, 감겨 뻗어 가는 선: 정신적 불균형, 불안정, 적응력, 요령 부림
- 끊어지거나 여러 번 그은 선: 불안
- 윤곽 없이 문지르는 상황: 무의식에 사로잡혀 있음, 미비한 형상 능력
- 거침없는 선: 분명한 목적, 활기, 때로는 문제를 무시하거나 넘어감, 예민함 결여
- 머뭇거리는 선: 강한 예민성, 불확실성, 불안전, 억제, 주저, 민감한 반응
- 유동적, 둥글고 개방된 선: 그림에 대한 통제와 의식적 구성, 여성적 느낌 우세
- 각진 형태나 기하 형태: 남성적 느낌, 형상화하려는 의식과 의지

6. 형태 상징

1) 형태의 의미와 상징

형태도 미술의 기본 요소며 다른 요소와 긴밀한 상호 관계를 맺고 있다. Kandinsky(1912)는 모든 형태는 자기의 내적 반향을 가지고 있으며, 그 형태와 같은 성질의 정신적 실체와 내적 내용을 가지고 있다고 본다. 그는 각 형태는 다른 형태와 상호작용을 통하여 다른 느낌을 주지만, 근본적으로 형태 자체에 주관적 특성을 지니고 있다고 한다. Arnheim(1974)은 모든 형태는 방향성을 가지며, 각 형태의 이미지는 그 형태 하나에 달려 있는 것이 아니라 참조틀과 관련하여 존재한다고 한다. 이러한 형태의 방향은 미술작품의 주된 축인 수평과 수직에 따라 결정된다. 예를 들어, 시지각에서 볼 때 사각형은 명확한 수평과 수직의 구조를 지님으로써 안정되고 평온하며 단순한 효과를 주는 반면, 마름모는 경사진 변들을 지니고 있음으로써 역동적이고 덜 단조롭다.

형태는 색채에도 영향을 미치며 색채와 상호작용 관계를 가진다. Kandinsky(1912)는 이와 관련하여 대부분의 색채는 형태에 의해서 자신의 가치를 강조할 수도 있고 약하게 할 수도 있다고 한다. 이러한 색과 형태는 일반적인 개념을 뛰어넘어 항상 새로운 조합과 새로운 가능성 및 조화를 만들어 가며 또 다른 효과를 만들 수 있다는 것도 부언한다. Kandinsky(1912)는 "모든 형태는 내적인 내용을 가진다. 또한 형태는 내적인 내용의 표현이다."라고 말한다.

2) 미술치료의 형태 상징과 심리적 영향

회화에서 형태가 외적인 것뿐만 아니라 내적인 내용도 표현한다는 것은 미술치료 관점에도 중요하다. 다음에서는 기본 형태가 지니는 각각의 상징성을 살펴보고자 한다(Becker, 1998; Fontana, 1993; Mees-Christeller, 1996; Pütz, 1981; Riedel, 1985,

2000). 그러나 이러한 기본 형태들은 항상 다른 형태와 관련이 있기 때문에, 단순히 각 형태 자체의 상징성으로만 해석하기보다는 미술 내용의 다른 형태와 상호 관계에서 상징 의미를 읽을 수 있어야 한다.

■ 삼각형

삼각형 형태는 예각 삼각형, 둔각 삼각형, 이등변 삼각형, 피라미드 삼각형, 피라미드의 반대 형상인 역삼각형 등 다양하다. 이처럼 삼각형은 기하 형태에서 가장 역동적 형상을 지닌다.

삼각형 상징은 숫자 3의 상징과 같은 의미를 지닌다. 인간의 인생에 있어서 출생과 삶과 죽음 혹은 청년기와 중년기와 노년기를 의미하며, 과거와 현재와 미래를 연결한다. 이러한 점에서 삼각형은 역동성을 지닐 뿐만 아니라 역동성에서도 균형을 이룬다. 이런 힘은 다양한 종교에서 삼각형이 신성을 상징한다는 것을 받아들이는 점에서도 볼 수 있다. 기독교에서 3이 삼위일체의 신성을 상징하듯이 삼각형도 신성함을 상징한다.

삼각형은 심리적으로 관계, 독립성과 자율성, 새로운 관계가 가능한 기회, 변화의 시도를 암시한다. 삼각형은 부모와 자식 간의 긴장관계뿐만 아니라 보완과 균형의 상태나, 자녀가 부모와의 공생관계에서 독립하는 것을 상징한다.

삼각형은 형태에 따라 상징도 다르다. 역삼각형은 여성적 · 수동적 힘, 변화, 물, 무의식, 하늘의 은총, 잠재력, 음(陰)을 상징한다. 피라미드 삼각형은 남성적 · 창의적 힘, 땅에 서 있으면서 높은 곳으로 향하는 자세로 생동력, 불, 생명력, 변화, 리비도, 창의성, 양(陽)을 상징한다. 피라미드 삼각형은 인간의 잠재력을 불러일으키고 영적인 힘을 경험하게 하며 삶과 죽음과 재생을 다루고 창의성 표출과 그에 따른 자아의식을 상징한다.

■ 사각형

사각형은 인간의 생활과 밀접한 관련이 있는 형태다. 사각형은 편안함과 안정감을 주는 형태로 대지를 상징하며 그와 연관하여 단단함과 무거움과 고요를 의미한다. 대지와 관련된 사각형은 음양오행에서 음이며 하늘은 양을 상징한다. 사각형은 삼각형과는 달리 구체성과 명백함을 나타낸다. 이러한 사각형은 근본적 · 물질적이고 정체적인 형상으로서 정역학적 의미를 지닌다.

사각형은 숫자 4와 관계가 있는데, 4방위, 4계절, 4원소, 4기질 등이다. 사각형은 인간적인 것, 속세의 것을 상징한다. 정사각형이 원 안에 있으면 땅과 하늘의 결합, 자신의 에너지를 가진 충만함과 정화를 상징한다. 정사각형은 원과 더불어 만다라의 기본 형태다. Platon은 정방형을 완벽한 미(美)라고 하였다. 수평과 수직을 이용한 사각형을 즐겨 그린 화가는 기하학적 추상이론을 정립한 Mondrian, Rothko, Malevich가 있다.

사각형은 긍정적 의미에서 고요를 얻고 휴식할 수 있으며, 놀이나 집회를 위한 공간으로서 공동체 의식이나 소속감을 상징한다. 부정적 면에서 사각형은 폐쇄적이거나 답답한 공간이나, 심지어는 감옥과 같은 의미를 지니기도 한다. 감옥과 같은 곳을 벗어나고 싶어 하는 사람은 미로를 그리거나, 미로를 따라 걷는 것이 도움이 된다. 만다라에서 미로 문양이나 나선형을 그리는 것도 이와 관련 있다.

분석심리학에서는 사각형을 인간의 무의식에서 나온 형상으로서 원형적 구조 문양으로 본다. 이는 안정성, 숫자 4에 해당하는 조화와 균형, 판단력, 인간적 완벽성, 서로 다른 요소들 사이의 균형, 정신에서 물질로의 변화, 합리적 사고, 목적 지향적 행동, 실행과 관련된다. 따라서 사각형을 그리는 것은 외적 혼란이나 어려움에서 자신을 보호하고 또한 자신을 신뢰하려는 의도와 물질과 지상세계의 현실을 받아들이는 것을 의미한다.

보호기능과 안전 기능을 지니는 사각형은 정리정돈의 욕구를 가진 사람의 그림에도 자주 나타나는 형태다. 이는 집 안이나 사무실 등이 항상 정리가 되어야 안정감을 갖는 사람의 심리적 상태와 연결해 보면 이해될 수 있다.

Riedel(1985)에 의하면, 사각형으로 테두리를 한 그림이나 사각형이 많은 그림은 보호공간에서 불안을 풀어내는 정서와 관계되며, 불안이 높고 강박적인 사람은 그러한 정서를 정리하고 자신의 불안한 상태를 무의식적으로 방어하기 위하여 사각형이 필요하다. 사각형이 그림에 많이 나타나거나 사각형 테두리를 많이 하는 사람은 사고가 빈곤하며 상상력이 부족할 수 있으며 일의 해결이나 인간관계에서도 융통성이 결여되는 경향이 있다.

필자의 경험에 의하면, 미술치료에서 이러한 경향을 지닌 내담자는 자주 제도용지와 같은 사각형 선이 있는 종이를 즐겨 찾기 때문에 치료에서 사각형 형태가 중요한 의미를 지닌다. 강박 증세가 있거나 불안이 높은 내담자가 화지에 테두리를 먼저 그려 놓고 그 안에 다른 그림을 그리거나 사각 형태로 화면 전체를 구성하는 경우를 자주 볼 수 있다. 이때 치료사는 내담자가 그리는 것을 그대로 두면서, 치료 과정을 통하여 부드러운 형태나 곡선 형태가 나오도록 유도한다.

■ 나선형

나선형은 자연현상에서 가장 많이 볼 수 있는 형태다. 회오리바람, 덩굴식물, 달팽이, 소라, 모래바람, 눈보라, 밀물과 썰물에 의한 조석 운동, DNA 구조, 달 운행 등은 나선의 움직임과 형태를 보여 준다. 태아가 출생하기까지 어머니의 자궁 속에서 경험하는 움직임이 바로 나선 운동이다. 나선형과 나선형의 운동은 인간과 자연, 나아가 우주의 운행에 기본이며 창조의 근본적 운동이라는 것을 알 수 있다.

나선형은 안에서 밖으로 회전하거나 혹은 밖에서 안으로 회전하는 두 가지의 운동성을 지닌다. 그러나 나선 형태 자체가 이미 이중나선의 형상을 지니고 있어서, 회전에서도 안에서 밖, 밖에서 안으로의 의미를 동시에 볼 수 있다. 이러한 나선형으로는 인류 초기 문명부터 중요한 상징적 의미를 지니는 미로가 있다. 각 문화마다 미로의 의미가 조금씩 다르지만 근본적으로는 인간의 삶과 죽음의 세계를 이해하고자 하는 것이다. 나선 형태를 즐겨 그리는 대표적 화가로는 Hundertwasser와 Klimt를 들 수 있다.

나선형은 개방성과 역동성을 지니며 동시에 깊이와 내적 집중을 유지하고 있다. 한 형태 안에 외향성과 내향성이 동시에 공존하는 것이다. 나선형에는 두 가지 운동성이 있는데, 안에서 밖으로의 운동과 밖에서 안으로의 운동이다. 이 두 가지 운동은 또한 시계 반대 방향으로 시작하는 운동과 시계 방향으로 시작하는 운동으로 나눌 수 있는데, 방향에 따라 의미도 다르다. 안에서 밖으로 향하는 나선형 중에 시계 반대 방향을 가진 나선 운동, 즉 왼쪽으로 감아 돌아가는 나선형은 근원, 어머니 자궁, 죽음의 길로 다시 돌아가는 것을 의미한다. 반대로 안에서 밖을 향하면서 시계 방향, 즉 오른쪽으로 감아 돌아가는 나선형은 발전, 미래와 전진을 의미한다. 이러한 회전은 발산과 확장 및 발전의 모든 과정을 상징하며, 지속적이고 순환적인 발전과 창의적 문제 해결력을 의미하기도 한다.

나선 운동이 주는 이중적 특성은 심리적 면에서 변화와 역동, 생명력, 치유 에너지, 전체성 추구, 의식을 구성하고 고려하는 능력, 개별화 과정, 새로운 방향 전환과 연결된 변환을 나타내며, 심층심리학적 면에서는 신적 창의성, 에너지 성장, 의식화를 나타낸다(Riedel, 1985). 나선형은 의식화와 개방성과 더불어 성숙으로의 전진만 있는 것이 아니라 명상적 시간과 공간도 필요하다는 것을 체험하게 한다.

나선 형태가 미술치료에서 중요한 역할을 하는 것은 이러한 두 가지 특성을 내담자에게 유용하게 이용할 수 있기 때문이다. 내향성이 강한 내담자는 자신의 중심에서 출발하여 점차적으로 외부를 향해 나아가면서 외부세계 및 타인들과 새로운 접촉을 하는 단계를 익히게 된다. 이에 비해 외향성이 강한 내담자는 밖에서 안, 그것도 오른쪽 시계 방향의 나선형 운동을 통해 회전 때마다 집중력을 얻는다. 이는 바로 내면으로 나아가는 과정이며, 나아가 자신 안으로 되돌아가는 과정의 경험이다. 이러한 경험을 통해서 내담자는 중심과 안식처를 찾게 되고, 자신이 무의식적으로 원하던 보호를 의식하게 되며, 생각과 행동에서도 피상적이던 성향에서 심사숙고하는 경향으로 변할 수 있다.

인지학 미술치료에서는 안에서 밖으로 시계 방향의 나선을 그리게 하는 대표적 대상으로 경련성 환자, 뇌전증 환자, 지적장애인, 자폐인을 들고 있다. 이와 달리 밖에서 안으로 시계 반대 방향의 나선을 연습하도록 하는 대상으로는 히스테리 환자, 무절제한 사람, 집중력이 약한 사람, 몽상가다. 나선형 그리기가 내담자나 일반인에게도 중요한 역할을 하는 것은 나선형의 각 회전 때마다 새로운 에너지, 무엇보다 팽창력과 집중력을 얻을 수 있기 때문이다. 그뿐 아니라 이러한 운동은 시작과 끝이 분리되지 않고 역동적으로 연결되어 자신도 모르게 마음의 안정을 얻게 해 준다.

필자가 미술치료 과정을 통해서 자주 경험하는 것은, 나선형을 그리는 사람들은 화지가 끝없이 넓은 것처럼 계속해서 나아가려고 하거나, 그렸던 방향으로 되돌아가며 선을 긋는다. 나선형을 그린 성인 내담자에게 많이 들을 수 있는 말은 "편안하면서도 힘이 나는 것 같아요." "누군가에게 안겨 있는 것 같은 기분이 들어요." "이런 편안한 느낌은 처음이에요." 등이다. 그리고 이 활동 후 내담자의 표정은 고요한 미소를 띠는 경우가 대부분이다. 아동 내담자도 나선형 그림을 그리거나 색칠하는 것을 아주 즐겨 하며, 매우 집중하면서 나선의 회전이 끝없이 이어지기를 바라는 경우가 있다. 지적 수준이 높은 초등학교 1학년 여아는 필자와 나선형 그리기 놀이를 하는 동안 심리적 퇴행을 하여 4~5세 유아의 말을 하고 그 시기 자신의 욕구를 표현하였다. 이 아동은 1시간 동안 이 활동에 몰두하였고, 종료시간이 가까워지자 다시 원래의 목소리로 "너무 재미있다."라며 자신의 작품을 감상하였다. 여기서의 퇴행적 현상은 Balint가 말한 '항상 새로운 발전을 위한 시작'과 같은 의미다.

■ 원

원은 시작과 끝이 없는 곡선으로 모서리가 없는 형태다. 이런 형태는 자연현상과 형상, 일상생활에서 가장 많이 볼 수 있다. 원은 시간성과 공간성을 지니며 나아가 무형이면서도 유형이 공존한다. 예를 들어, 낮과 밤의 하루 변화나 사계절의 규칙적 변화가 시간적 원 운동을 무형으로 나타낸다면, 태양과 달과 같은 행성은 공간적 유형의 원 형태를 지닌다.

원은 다양한 문화에서 신과 초월자를 나타내는 상징적 형상으로 완성과 영원성을 상징한다. 원은 모든 것을 감싸고 품어 주는 것과 연관하여 어머니를 상징하기도 한다. 불교에서 원은 깨달음의 단계에 이른 것을 상징한다. 동양에서는 우주 형태를 원으로 보고 그 안에서 순환하는 음과 양의 신비를 태극도(太極圖)로 나타낸다(김석진, 1999). 음과 양의 신비를 내포한 태극도는 우주의 진리를 찾아가는 길이다.

원은 형태 자체의 특성으로 보호와 방어를 상징하며, 심리적으로 감싸고 포용하는 것을 나타낸다. 많은 문화에서 볼 수 있는 장신구의 원 형태도 부정적인 힘으로부터 자신을 보호하는 기능으로 사용된다. 예를 들어, 우리 풍속에서는 제(際)를 지낼 때 천이나 새끼줄로 제사장 주변을 둥글게 쳐서 악령이 들어오지 못하게 한다.

원이 관계와 결합, 맹서, 서약 등의 상징적 의미로도 사용되는 것을 다양한 문화에서 볼 수 있는데, 대표적 예로 반지를 들 수 있다.

시작과 끝의 구분이 없는 원은 심리적으로 무의식과 의식의 미분리와 전체성을 의미한다. 융에 의하면, 원은 만다라 형태로서 조화와 통일성, 내적 질서와 균형, 나아가 개성화 과정이다. Riedel(1992)에 의하면, 동화에 자주 나오는 구슬이나 공은 삶의 한 단계에서 다른 단계로 나아가려는 발전과 현실적 관계 능력을 가진다. Riedel은 젊은 여성이 미술치료를 통해 구슬이 주는 의미를 찾으며 동시에 자신의 삶을 더 높은 단계로 변화시키는 과정을 흥미롭게 분석한다.

미술치료에서 원은 우울증 성향의 사람에게 자주 적용할 수 있다. 또한 만다라 형태는 삶의 중심과 내적 균형이 필요한 사람에게 이러한 치료적 관점으로 다루어진다. 만다라의 원 형태가 주는 치료적 의미와 방법은 정여주의 『만다라와 미술치료』(2014), 『만다라 미술치료: 이론과 실제』(2013)에서 구체적으로 소개된다.

제4장 그림진단검사

1. 그림진단의 역사적 고찰

진단은 내담자 및 환자의 병력, 진찰과 검사를 수단으로 신체 및 정신 상태에 대한 진단과 평가와 심사를 하는 것으로 미래 성과와 상태 등을 예측하며, 이를 위해 다양한 작업이 수행된다(Dorsch, Häcker, & Stapf, 1994). 오늘날 진단을 위한 검사도구와 평가 방법이 다양하게 개발되고 있다.

그림진단은 임상에서 심리측정의 진단도구로 즐겨 사용되며 중요한 역할을 하는 투사 검사다. 그림을 통한 진단은 상담자, 임상심리학자, 미술치료사 등에게 인기 높은 검사도구며, 개별 사례 진단으로도 확대되었다. 진단도구가 되는 그림 연구는 1961년부터 1995년까지 조사한 결과, 무려 1,600여 편이 넘을 만큼 학문적 관심을 끌었다(Schuster, 1993). 이러한 현상을 통하여 그림진단의 중요성과 필요성이 증가되었지만, 그에 대한 회의와 비판도 제기되었다. Sehringer(1999)는 『심리적 진단도구로서의 소묘와 그림』 저서를 통해 그림검사의 변천사와 방법 및 사례를 통한 해석도 다루었다. 특히 20세기 중반 이후인 근거비판단계는 미술치료가 그림검사에 영향을 미치기 시작하였다. 제링어에 의하면, 미술치료가 관심을 끌기 시작한 것은 그 당시 주류였던 정신 의학 및 신경학의 치료 가능성은 소위 '의료 모델'에서 여전히 매우 배타적이고 제한적이며, 화학, 전기 또는 외과적 개입이 정신병에 결정적으로 도움이 되지 않은 점에서 '심리치료의 위기'인 상황과 맞물릴 수 있었다. 미국에서 정신과 병원에서 정신분석학을 수용하면서 미술치료가 정신분석 틀에서 이론적으로 허용될 수 있으면서 진단 검사에 도움이 되었다. Sehringer(1999)는 그림진단의 변천사를 다음의 6단계로 분류하였다

1) 1단계: 대규모 검사

19세기 말에 시작된 대규모 그림검사는 아동 그림이 주를 이루었다. 연구 주제는 아동발달단계, 아동 미적 감각, 아동과 예술, 원시미술과 아동미술의 비교, 아동화의 신체적·심리적 조건, 기억하여 그리기, 상징성, 왼손 사용 아동화, 오른손 사용 아동화, 아동화와 지능 등이다. 아동화 연구는 20세기 들어 더 구체적이고 조직적으로 발전되었으며, 주제는 '아동화의 내용과 형태들은 어떤 발달단계에 있는가?' '아동화에 성별 차이가 있는가?' '아동화는 민족과 문화에 따라 구별되는가?' 등이다. 이 시기에 Mohr와 Prinzhorn이 성인 환자의 그림을 진단도구로 사용하기 시작하면서 연구는 성인까지 확대되었다(Steinbauer & Taucher, 1997).

2) 2단계: 그림의 일반 심리학

그림진단의 2단계는 1908년부터 1928년까지로 그림의 일반 심리학이 중점 연구였으며, 여전히 아동 그림이 주 대상이었다. 이 단계에 주로 다루어진 주제는 그림의 해체와 감각운동의 관계, 그림으로 표현되는 직관적 제시, 그림에 대한 전체적 관점과 게슈탈트 심리학적 해석에 관한 것이다. 연구의 공통점은 그림을 그리는 방법이 아닌 그림의 내용, 즉 '무엇을 그리는가?'에 대한 관심이었다.

3) 3단계: 성격학적 체계론

그림진단의 3단계는 1920년대 말부터 제2차 세계대전까지다. 이 단계의 대표적 검사는 바르테그 검사(Wartegg-Test)로서, 이 검사법은 그림 표현을 심층심리학적 해석에 기초하여 성격상(性格像)을 체계적으로 연구한 것으로 인정된다. 그럼에도 바르테그 검사는 감정이론이 전제되어 다각적 면을 증명할 수 없다는 비판을 받는다.

4) 4단계: Frank 검사법과 후속 연구

그림진단의 4단계의 시작은 프랑크가 1939년 개발한 검사방법으로 투사 검사의 시초가 된다. 프랑크는 통계로 결정되는 대규모 검사방법이 아닌 검사 대상인 개인의 반응에 의미를 두었다. 그는 더 이상 조건반사 모델에 의거하지 않고 개인의 역동적 과정을 중요시하였다. 그 이후로 투사 검사에는 개인의 주체적 경험, 표현심리학과 게슈탈트 심리학적 환원과 현상학적 유형으로 연결된다. 투사 검사는 세분화되어 1960년대까지 대표적 검사기법으로 사용되었다. 대표적으로 Machover, Gräser, Burns와 Kaufmann, Buck, Koch와 Kellogg 등이 있다.

5) 5단계: 근거비판

그림진단의 5단계는 1950년에서 1980년 사이에서 투사 방법의 연구자들이 Machover의 방법과 Frank가 주도했던 청교도적 심리측정 방법에 대해 이론과 실제 사례가 빈약하다는 비판으로 새로운 방향을 추구하면서 시작되었다. 투사적 그림 과정을 비판하는 대표적 연구자인 Swensen과 Roback은 내담자 그림에 대한 전체적 판단이 신뢰할 수 있으며, 그림의 질적 정도와 그림 능력 항목이 진단근거가 되지만, 그림 구성과 내용 항목은 평가에 도움이 될 수 없다고 한다.

이에 1968년에 출판된 Koppitz의 인물화(Human-Figure-Drawing: HFD) 검사법은 투사법의 이론과 실제를 통해 모든 단계의 측면을 재논의하는 작업으로 등장한다.

이 단계에서 그리기 과정과 일반적 투사 과정에 대한 태도의 변화는 질문으로 제시되는데 다음과 같다.

- 정제된 심리측정이 중요한가 혹은 의사소통의 민감성을 다루는 것이 중요한가?
- 검사 적용은 토론 혹은 진단의 인식기능을 위한 것인가?
- 행동을 예측해야 하는가 혹은 구조(성향)를 추론해야 하는가?
- 개인 간 비교가 필요한가 혹은 피검사자의 개인 내 조직화가 필요한가?
- 특정 치료를 위해 특정 피검사자의 예후를 평가해야 하는가 혹은 과거 행동을 이해할 수 있도록 해야 하는가?
- 피검사자의 개인적 기능을 평가해야 하는가 혹은 상관관계가 있는 질문에 답해야 하는가?

이런 내용으로 아동화에 대한 전체 작업과 진단 보조 도구로서의 사용으로 과학적 편견과 우려를 충실하게 반영하고 이 과정에서 연구자는 적어도 점점 더 정확하게 질문하는 법을 배우게 된다.

새로운 근거를 찾는 그림진단 연구의 주제는 아동화의 심리적 요소와 지각, 언어 및 인지 발달 이론, 임상적 판단, 이론 형성의 용어 및 검사자와 피검사자의 상호활동, 검사 상황 등이다. 이 시점에 미술치료의 도입과 확장이 중요한 역할을 한다. 이 시기에 미술치료의 선구자인 나움버거와 크레이머가 그림에 대한 공감적 이해를 위한 기초를 제공하는데, Rubin(1991)은 미술치료가 기존 심리학 이론에 대한 차별화와 지향이 본격화되고 있음을 강조한다.

미국의 정신과 병원에서 정신분석학을 수용하면서 새로운 치료방법인 미술치료가 알려지게 된다. 이는 미술치료가 정신분석 틀에서 이론적으로 허용될 수 있으면서 진단 검사에 도움이 되었기 때문이다. 즉, 정신분석적 소견이 경험적 검증가능성에 근거한 것이 아니라 치료 결과에서 결정될 수 있는 대상의 영향을 받는다는 것이 미술치료와 연결된다. 미술치료에서 환자의 주관성의 표현이 중요하며 환자에 대한 진단적 객관화는 그다지 중요하지 않다는 것이다. 이 단계에서 미술치료 연구자들과 정신건강의학과 의사 및 심리학자 모두 더 이상 서로 다른 원칙을 표현하지 않고 이러한 진단법을 광범위하게 수렴하게 된다.

이 단계는 개념적으로 접근 방식을 통한 변화를 보였는데, 미술치료에서 작품보다 과정이 더 중요했고, 진단자의 중립적인 거리보다 치료사의 의도적인 활동과 전체 맥락을 중요하게 다루는 것과도 연결된다. 그러나 투사적 방법의 평가는 도식적이고 객관적으로 평가할 수 있는 심리측정 기반 방법의 경우보다 훨씬 더 복잡하고 더 많은 연습과 경험이 필요하다는 사실은 위기 경험을 증가시켰다. 여기에서도 실행에 대한 불확실성과 관련 개념에 대한 비판과 진단의 방법론에 대한 완벽성의 기대가 높아지게 된다.

6) 6단계: 체계분석적 사고

이 단계는 검사과정에서 내담자와 치료사의 입장을 적용하는 개념적 변화의 새로운 시각이 된다. 분석 대상은 검사자와 피검사자 사이에 존재하는 관계의 맥락, 그리기 및 작품이다. 여기에서 '그림을 그리는 상황에서 두 사람은 무엇을 하는가?'라는 질문이 중요하다. 즉, 검사에서 피검사자의 주체적 측면인 서술, 연상, 성찰, 평가가 그림을 읽는 것에 대한 신뢰성과 연결되는 중요한 부분이다. 이 단계는 그림진단 분석에 과정인 행동관찰을 중요한 요인으로 도입함으로써 새로운 체계분석과 체계분석적 사고로 이어진다.

Knoff(1993)는 체계분석적 방법에서 두 가지 과학적 입장인 '행동적' 관점과 '인지-행동적' 관점을 받아들지만, 두 관점의 진행과 기획이 논리적으로 일관성이 있어 보여도 충분히 현실에 도달하는지 여부가 의심될 수 있다. 이런 이유로 그동안 개략적으로만 수행되었던 그리기 과정의 연구는 대상에 대해 전체적 설명으로 보완되고 심화되어야 한다. 여기에 행동관찰 방법으로 검사자의 관찰 그리고 전체 장면에 대한 비디오 녹화 분석 및 다른 기술적 지원도 고려할 수 있다.

2. 그림진단의 장점과 문제점

그림검사의 장점은 다른 검사도구보다 간편하고 경비가 적게 들며, 피검사자가 쉽게 그림을 그리며 피검사자가 그림을 그리는 직접성이다(Oster & Gould, 1999; Sehringer, 1999). 그림 그리기는 언어 진술보다 훨씬 편안하게 다가갈 수 있는 비언어적 활동이기에, 피검사자는 다른 진단 상황에 비해 이완된 상태로 검사에 응할 수 있다. 따라서 금기나 정신적 외상과 같은 어려운 주제도 그림으로 표현되고 다루어질 수 있다. 이러한 이유로 진단이 치료에도 영향을 끼칠 수 있는 근거가 된다.

그림이 진단도구로 발전된 이유는 그림 표현은 그린 사람의 개인적 진술이며 그 안에 개인의 의식적 · 무의식적 내용이 담겨 있기 때문이다. 그림은 피검사자가 단순하고도 풍부한 내용으로 자신을 표현하고, 검사자와 용이하게 접촉하고 의사소통할 수 있는 매개체가 되며, 언어적 치료법을 보완해 주는 도구가 된다. 이러한 점에서 그림은 미술치료뿐 아니라 심리치료나 상담에서도 진단과 치료계획을 위한 보조도구가 된다. 그러나 그림을 단순한 심리측정 도구로만 평가하는 데 문제점도 따르기 때문에, 검사자는 자신의 전문적 지식과 지혜와 경험을 바탕으로 진단에 접근할 수 있어야 한다(Sehringer, 1999).

그림진단에 대한 관심과 그림을 통한 검사 종류도 많아졌지만, 평가에 대한 회의와 비판도 적지 않다. 무엇보다 그림검사가 양적으로 신뢰성이 결여되어 있다는 것이다. 또한 검사의 타당성도 문제가 된다. 예를 들어, 피검사자가 진단용 그림을 연습함으로써 진단의 타당성을 저해할 수 있으며, 시대와 문화와 교육의 차이에 따라서 타당성이 달라질 수 있다는 견해다. 또 다른 비판은 그림진단의 근거를 제시하는 이론적 배경이 결여되어 있다는 점이다.

그럼에도 그림검사의 인기가 높은 이유는 그림이 내담자나 환자의 내적 경험을 표현하는 훌륭한 자료가 될 수 있으며, 그로 인해 진단뿐만 아니라 치료 적용에 높은 가치를 지닌 자료로 제시된다는 것을 많은 임상가가 증명하기 때문이다(Oster & Gould, 1999). 또한 그림은 치료사와 내담자 사이의 상호 역할을 하는 도구로서 단순한 진단적 방법론의 한계를 넘어 발전할 수 있기 때문이다.

3. 그림진단 방법과 주의점

그림진단 방법에서 지시적 방법은 검사자가 피검사자의 상황, 증상 등의 의뢰사항에 근거하여 그것에 부합되는 주제를 제시하면서 그리도록 하는 방법이다. 지시적 방법은 일반적으로 쉽고 간단하게 할 수 있어 선호되지만, 피검사자는 검사자의 의도를 알게 됨으로써 경직되거나 부자연스러워지고 방어적이며 고의적 의도를 지닌 그림을 그릴 수도 있다.

그림검사 진단에서 주의해야 할 점은 검사자의 전문성과 자질이다. 검사자는 무엇보다 검사의 목적을 분명히 알아야 하며, 검사과정에 대한 훈련과 객관적 해석에 대한 지식을 겸비하여야 한다. 또한 검사자는 검사 상황에서 중립적 태도를 지키며, 지시사항을 자의적으로 바꾸는 일이 없어야 한다. 검사자는 검사 일시와 시간, 검사받는 조건, 예를 들어 적절한 공간, 채광 상태, 피검사자의 건강 상태, 방해요인 등을 사전에 점검하여 피검사자가 최적의 상태에서 검사를 받을 수 있도록 준비한다. 또한 검사자는 피검사자가 낯선 상황에서 이완할 수 있는 정서적 분위기를 만들어 줄 수 있어야 한다.

4. 그림진단 평가와 해석

그림검사 평가와 해석 방법은 많은 검사자에게 논의와 관심의 주제다. 일반적으로 진단과 평가는 자연과학 모델과 정신과학 모델에 의거한다(Sehringer, 1999). 자연과학 모델은 치료 효과를 자연과학적 원칙, 즉 '설명적, 세밀한, 합리적 · 실험적 · 양적 · 방법적 원칙'에 의하여 구체적으로 규정할 수 있는 것을 다룬다. 정신과학 모델에서는 '이해의 차원, 전체적 · 비합리적 · 현상학적 · 질적 · 실존적 해명'에 의하여 실제의 계획대로 할 수 없는 복합적인 맥락을 다룬다. 이에 따라 자연과학 모델의 진단 목적은 검사의 객관화며, 정신과학 모델 진단은 피검사자와 검사자의 입장이 중요하다. 따라서 자연과학 모델은 '기계적 조작의 효과'를 중요시하고, 정신과학 모델은 '개인적인 결정'을 중요시한다. 제링어는 전자는 간소화된 과소해석, 후자는 투사적 과도해석의 위험성이 있다고 본다.

제링어는 정신의학과 신경의학은 과거에는 진단과 평가에 있어서 분명하게 입증하는 원칙을 우위에 두었지만, 그 결과 치료적 작용 가능성에 한계가 있다는 것을 경험하였다고 한다. 이러한 결과로 정신과학 관점에 입각한 진단과 치료 효과에 대한 관심이 증가하게 되었다. 임상 현장에서는 정신과학 관점을 우선으로 하는 미술치료의 효과를 수용하고 있다. 이러한 맥락에서 미술치료사와 투사적 진단을 옹호하는 심리진단가는 서로 다른 입장보다, 일치하는 원칙을 찾아서 진단에 대한 연구 확장을 과제로 삼고 있다. 심리평가는 검사 결과에만 의존하는 것이 아니라, 피검사자에 대한 부수적인 사항인 언어 사용, 행동관찰, 면담, 그리고 검사자의 전문적 지식과 훈련이 통합적으로 연계되어야 한다. 그림은 피검사자의 지능, 정서, 사회성, 신체 발달 등을 측정 도구로 사용하며, 그림의 미적인 면보다 기능적인 면을 다룬다.

그림진단을 위한 해석 기준은 발달심리학, 분석심리학, 정신분석학, 정신병리론 등의 관점에 근거한다. 여기에 공간 사용, 필적, 그림양식, 색채 등이 사용된다. 피검사자와 검사자의 상호 관계, 피검사자의 행동관찰, 그리는 과정 관찰과 면담 등도 진단평가의 중요한 요인이다. 이러한 해석을 위해서는 검사자의 진단에 대한 전문적 훈련과 지식이 필수다.

진단을 위한 그림 해석의 문제에 대한 논의와 비판도 존재하는데, 자연과학 원칙이나 정신과학 원칙의 어느 한 부분만을 주장하는 해석은 위험성이 있다는 것이다. 일반적 해석에 의의를 제시하는 사람은 그린 사람의 나이, 성숙도, 정서적 상황, 사회문화적 배경, 개인적 상황을 잘 고려해야 한다고 주장한다(Schuster, 1993). 이에 비해 검사자의 주관에 따른 과도한 해석은 객관성을 잃기 쉬우며 이론적 관점을 간과하기 쉽다. 이러한 점은 앞의 역사적 고찰에서 이미 언급되었는데, 진단을 위한 검사가 신뢰성과 타당성을 높이기 위해서는 이론과 실제의 문제와 다른 검사의 병행에 대한 논의도 이루어져야 한다.

5. 미술치료 그림진단

미술치료사는 내담자의 기본 정보와는 별개로 그림검사를 통해 새로운 정보를 얻을 수 있다. 미술치료에서는 그림검사가 진단만을 위한 것이 아니라 미술치료 과정의 한 부분으로 이용되는 경우가 많다. 예를 들어, 치료 초기에 내담자와 신뢰를 형성하기 위한 보조 목적으로도 그림검사가 사용된다. 미술치료사는 이러한 검사 도구를 사용하면서 진단뿐 아니라 미술 활동에 대한 내담자의 반응, 감정, 행동, 과정 등을 관찰하여 치료 과정에 적용할 수 있다.

미술치료사는 일반화된 그림검사 도구를 이용하지만, 이를 다양하게 변형하여 사용하기도 하고 미술치료를 위해 개발된 그림검사를 사용한다. 미술치료사는 상황에 따라 한 가지의 그림검사 도구만이 아니라 종합적 관점에서 진단할 수 있는 몇 가지 진단방법을 적용하기도 한다. 그러나 이러한 진단법에 대한 이론적 검증은 아직 부족한 실정이다.

Petersen(2002)은 의학과 예술치료에서 진단의 차이점을 제시한다. 즉, 의학과 심리치료에서는 내담자의 증상을 보고 진단하는데, 증상은 컴퓨터에 의해 수집되는 경우와 이상적인 경우에는 숙련된 의사의 직관이 작용하기도 한다. 그는 의학에서 진단을 결정하는 것은 지식의 행위며, 표적치료의 전제조건으로서 증상–진단–치료 과정이 필수적이다. 이로 인하여 의학적 진단은 일반화 가능성, 달리 말하면 비개성화가 강조된다고 한다. 이와 달리 다른 예술치료와 미술치료는 치료 과정에서만 진단을 파악하기에 페터젠은 진단은 과정이라고 한다. 즉, 미술치료에서 진단은 치료 과정을 통해서만 확립될 수 있으며, 진단 지식은 치료적인 것이라고 강조한다. 이러한 맥락에서 미술치료의 진단은 무엇보다 환자의 미개발 가능성인 자원을 강조하기에 가정법으로 작성된다고 한다.

6. 그림진단검사 종류와 방법

그림진단검사의 종류는 다양하지만, 여기에서는 미술치료에서 많이 사용되는 투사적 그림검사와 미술치료 연구자가 개발한 검사도구들을 소개하고자 한다. 미술치료 연구자들이 개발한 진단은 치료 초기에만 제한되지 않고, 작업의 결과보다는 과정을 중시하는 미술치료의 목적에 근거하여 종합적 진단방법, 즉 초기, 중기와 후기 진단을 위한 수단으로도 사용된다.

대표적 투사 검사로는 주제가 있는 검사인 인물화 검사(Draw a Man Test), 집-나무-사람 검사(House-Tree-Person Test: H-T-P), 동적 집-나무-사람 검사(Kinetic-House-Tree-Person: K-H-T-P), 가족화(Draw-A-Family: DAF), 동적 가족화(Kinetic Family Drawing: KFD), 나무그림검사(Tree Test), 신체 이미지(Body Image), 빗속의 사람 그리기(Draw A Person In The Rain), 이야기 그림검사(Draw a Story), 사과 따는 사람(Person Picking an Apple from a Tree: PPAT) 등이 있다. 주제가 없는 검사로는 그림보충검사, 자유화, 난화 등이 있다.

다음은 대표적인 그림검사에 대해서 간단히 소개한다(Koch, 1997; Koppitz, 1968; Landgarten, 1991; Oster & Gould, 1999; Richter, 1987; Rubin, 1998; Schuster, 1993; Sehringer, 1999; Silver, 2002; Steinbauer & Taucher, 1997).

1) 인물화 검사

Goodenough가 1926년에 아동 그림을 통한 지능측정 방법으로 인물화 검사(Drawing a Person: DAP)를 개발한 이후 Machover, Zieler, Goodenough-Harris, Koppitz, Abraham 등이 인물화 검사 방법을 개발했다(Schuster, 1993). Sehringer(1999)는 굿이너프 인물화 검사에서 그림은 아동의 전체 인성과 신체적 · 정신적 문제와도 관련 있기 때문에, 그림 점수와 지능지수의 상관관계는 사회문화적 조건과 장애에 따라 변수가 있다고 주장한다.

독일에서는 Zieler가 1950년에 특수학교 입학 기준을 진단할 때, 다른 지능검사의 보조검사로 굿이너프의 방법을 개선한 인물화 검사를 개발하였다(Richter, 1987). 이 검사에서 피검사자는 남녀 인물을 각각 그린다. 검사자는 아동이 자기 연령에 맞는 인물을 그렸는지, 지체가 없는지를 알아보고 평가한다.

정신분석과 자아심리학의 영향을 받은 Koppitz(1968)는 인물화 검사(Human-Figure-Drawing: HFD)를 고안하였는데, 인물화 검사는 아동의 지능발달 요인 외에도 정서적 요인이 파악되는 인성검사의 도구가 될 수 있다는 것이다. Koppitz는 인물화 IQ 검사에서 평균 혹은 그 이상의 지능을 보인 아동이 인물화의 정서검사에서는 심각한 인성의 문제가 있는 경우를 보았다.

인물화 검사에 대한 연구와 개발이 다양해지면서, 연구자들은 그림이 반드시 그린 사람의 나이, 성숙도, 전체적 상황과 그리는 시점에서 겪는 여러 상태와 연계해서 보아야 한다는 결론을 내렸다. 또한 인물화 검사는 다른 검사와 연계하여 이해되어야 한다는 의견이다. 인물화 검사는 수십 년의 연구와 개선을 통하여 진단도구의 한 부분으로 인정을 받으나, 아직도 인물화 검사를 통한 의미관계에 대한 해석은 신중을 기하고 있다. 여기에서는 코피츠의 인물화 검사에 대해 소개하고자 한다.

■ Koppitz의 인물화 검사(HFD)

- 검사를 위한 지시: "사람의 전체 형상을 그리세요."
- 검사자는 피검사자가 그림을 완성하면 세 가지 질문을 한다.
  - 네가 그린 이 사람은 아는 사람인가? 혹은 일반 사람을 그렸는가?
  - 이 사람은 몇 살인가?
  - 이 사람은 지금 무엇을 하는가, 혹은 무엇을 생각하며, 기분이 어떤가?
- 적용 영역(아동 · 청소년): 심리적 자화상, 인격상, 신체도식, 불안, 신경증적 갈등, 본능충동, 자기이해
- 진단 및 해석

  진단 및 해석은 첫째, 신체도식과 자의식 관련 특징이며 둘째, 인물화의 인성영역과 정서적 측정이다(Koppitz, 1968; Schuster, 1993; Sehringer, 1999). 첫째, 신

체도식과 자의식 관련 특징 요인으로는 인물화 크기, 신체 형상 배치, 옆모습, 기울기, 선 처리, 음영 처리, 지우기, 생략, 투시화, 왜곡, 불완전한 신체 결합, 심한 신체 불균형을 측정한다. 둘째, 인물화의 인성 영역과 정서적 특징의 요인으로는 충동성, 불안정, 부족감, 불안, 소심함과 부끄러움, 의기소침, 낙심, 분노, 공격성, 낮은 학업성취 등을 측정한다.

2) 나무그림검사

Koch(1997)는 1946년 이래로 많은 나무 그림을 분석하여 인성을 파악하였으며, 특히 아동 대상에게는 인성뿐 아니라 성장발달 검사로서 나무그림검사를 완성하였다. 또한 성인 내담자에게 최면 상태의 아이로 돌아가서 나무를 그리게 함으로써 연령에 따른 나무의 특징에 대한 자료를 작성하였다. 코흐는 나무 그림을 통하여 개인적 삶의 내용, 즉 전기적 상황과 개인의 성격을 읽을 수 있으며, 나무가 개인의 무의식에 있는 감정을 반영할 수 있다는 결과를 도출하였다. 그의 나무그림검사 결과는 정신병리학과 신경병리학 분야에도 이용되며, 해석의 기준은 필적학 원칙에 따른다(Sehringer, 1999).

■ Koch의 나무그림검사

- 검사준비: 종이는 피검사자의 앞에 세로로 놓는다. 피검사자가 종이를 가로로 돌려놓으면 제약을 가하지 않고 그대로 둔다. 검사자는 그리는 과정을 잘 관찰하고 그리는 시간을 측정한다. 지우개 사용 빈도도 관찰한다.
- 검사 지시: "당신이 그릴 수 있는 과일나무를 한 그루 그려 보세요."
- 재료: A4용지, 연거나 중간 정도 심이 있는 연필, 두껍고 매끄러운 밑판, 지우개
- 변형: 나무가 너무 교과서적이거나 그림검사에 효과를 줄 수 없을 때는 여러 번 그리게 할 수 있다. 경우에 따라서는 시간적 간격을 두면서 나무를 여러 번 그리게 하는 것도 추천할 만하다. 이때는 "다시 한번 과일나무를 그려 보세요. 그

러나 이번에는 이미 그렸던 나무와는 다른 나무를 그리세요."라고 제안한다. 만약 가지가 없는 공 모양의 수관을 처음 그렸으면 "가지가 있는 과일나무를 그려 주세요."라고 제안한다.

- 진단 및 해석: 나무는 기본적으로 뿌리, 줄기, 가지, 수관으로 구성되어 있다. 수관에는 가지가 포함되며, 꽃, 잎, 열매 등이 첨가된다. 나무 그림 진단을 위해서는 이러한 기본적 구성요소가 있는지를 보고 그다음에 필압, 형상, 크기 위치 등을 고려하여 해석한다.

3) 가족화

가족화는 내담자 가족에 대한 내담자의 정서적 관계 및 상태를 알아보기 위한 투사 검사로서 많은 학자가 여러 형태로 개발하였다(Oster & Gould, 1999; Schuster, 1993; Sehringer, 1999).

■ 가족 그리기

가족 전체 그리기는 인물화 검사의 변형으로 Appel(1931)이 개발하였으며, 이후 많은 학자가 이를 변형 및 개발하였다.

- 검사 지시: "당신 가족 모두를 그리세요."
- 재료: 종이, 연필, 지우개
- 적용 영역: 자녀나 부모가 경험하는 가족 상황 파악하기
- 진단 및 해석: 검사자가 사람의 이름을 물었을 때 피검사자가 대답을 안 하면 각 사람과의 관계를 묻는다. 예를 들어, 어머니, 큰오빠, 여동생 등의 대답을 유도한다.

  가족화 해석에서는 사람 크기, 위치, 표현과 형태 등을 주로 본다. 가족화에서 자신을 그리지 않는 것은 주로 가족과의 정서적 관계에서 소외받은 느낌으로 해석할 수 있다.

■ 원가족화

원 혹은 동그라미 가족화는 가족화의 변형으로 Müssig(1991)이 개발하였다.

- 검사 지시: "이 종이(A4)를 사용하여 각 가족 구성원에 해당하는 원을 한 개씩 그리세요. 종이는 세우거나 눕혀서 그려도 됩니다. 각 가족에 해당하는 원들은 당신이 생각하는 대로 크거나 작게, 서로 떨어져 있거나 붙어 있거나 겹쳐 있을 수도 있습니다. 혹은 가족을 상징하는 한 개의 큰 원을 그리고 주변에 가족 구성원을 다른 원으로 나타내도 됩니다. 그러고 나서 각 원에 해당하는 가족 구성원을 말해 보세요."
- 재료: A4 용지, 연필, 지우개
- 적용 영역: 가족-자기-그림

■ 동물가족화

동물가족화는 사람을 그리는 것보다 동물을 그리는 것이 아동에게 덜 위협적으로 느껴질 수 있다는 데서 출발한다. 이 검사는 Brem-Gräser(1995)가 1967년에 2,000여 명의 아동을 대상으로 동물을 그리게 하여 개발한 것으로 동물 특성을 인물 특성에 투사하여 인물이 지니는 특성을 파악하는 방법을 적용한 것이다.

- 검사 지시: "당신은 동화에서 사람이 동물로 변하고 동물이 사람으로 변하는 것을 알고 있어요. 자, 이제 당신의 가족과 자신을 동물이라고 상상하여 각각의 동물을 그려 보세요. 그림을 그린 다음에는 그린 차례대로 번호를 쓰고 그 동물이 가족 중 누구인지를 그 아래에 써 주세요. 중요한 것은 잘 그리는 것이 아니라 가족이 어떤 동물인가를 나타내는 것입니다."
- 진단 및 해석: 동물의 선 처리, 그림 순서, 동물 집단 분류, 동물 표정을 통하여 가족 특성, 아동과 가족 구성원의 관계를 알 수 있다. 또한 아동이 가족 상황을 어떻게 느끼고 있는지 점검할 수 있다.

■ **동적 가족화**

동적 가족화(Kinetic Family Drawing Test: KFD)는 Burns와 Kaufmann(1970, 1972)이 개발하였으며, 피검사자에게 가족 구성원의 전형적인 활동을 그리게 하여 가족 간 상호작용과 문제를 파악하여 해결하는 것을 목적으로 한다. 이 방법은 단순한 가족화보다 더 많은 정보를 준다.

- 검사 지시: "종이에 가족 전체를 그리는데, 각자가 지금 무언가를 하고 있다고 생각하여 그러한 모습을 그리세요. 각 사람의 몸 전체를 그리세요. 막대기 사람이나 익살스러운 형상들로 표현하지 않도록 합니다."
- 적용 영역: 아동 · 청소년(5~20세)
- 해석: 가까움과 거리감, 정서적 분위기, 즐거운 혹은 우울한 가정, 소속감, 신경적 장애 등을 알 수 있다.
- 변형: Jones(1985)는 동적 가족화와 같은 기법으로 동적 동물가족화(Animal Kinetic Family Drawing: AKFD)를 개발하였다

4) 집-나무-사람 검사(HTP)

집-나무-사람 검사(House-Tree-Person-Test: HTP)는 Buck과 Hammer(1969)가 고안한 투사적 그림검사 기법으로 원래는 성인 환자의 통합적 성격, 성숙도를 알기 위한 것이었으나, 후에는 8세 이상의 아동에게도 적용했다. 검사에서 집, 나무와 사람의 세 가지 대상이 선택된 것은 모든 인간이 아주 어릴 때부터 가장 가까이 접하는 것으로서 그에 대한 신뢰성이 있기 때문이다.

■ **집-나무-사람 검사**

- 지시: (3장의 종이 제시, 단순한 형태묘사부터 그리기에 따라 집, 나무, 사람 순)
  "당신이 그릴 수 있는 집을 하나 그리세요. 당신이 그릴 수 있는 나무를 한 그루 그리세요. 당신이 그릴 수 있는 사람을 한 명 그리세요. 다음은 앞 사람과 성이

다른 한 사람을 그리세요(사람 그림 뒷장)."

- 적용 영역: 피검사자의 개성, 신체도식, 신경증적 갈등, 방어기제와 억제된 정서, 지능검사 용도
- 진단 및 해석: Buck은 정신분석학을 근거로 한 상징 해석을 한다. 그림 해석은 피검사자의 연령에 따라 다를 수 있으며, 당사자가 현재 겪고 있는 문제와 개인적 이력 및 병력 등과 연결되어야 하기 때문에 다를 수 있다.

■ 동적 집-나무-사람 검사(KHTP)

Burns(1987)는 집-나무-사람 검사의 보완으로 집, 나무, 사람을 한 종이에 그려 세 요소의 상호 역동을 파악하는 동적 집-나무-사람(Kinetic-House-Tree-Person: K-H-T-P) 그림검사를 고안하였다.

- 지시: "이 종이에 어떤 활동이 들어가 있는 집과 나무와 사람을 그리세요. 사람은 전체 모습을 그리되 만화 캐릭터나 막대기 형태의 사람은 그리지 않도록 합니다."
- 재료: 27×21cm(A4 용지 정도) 종이, 연필
- 그림을 그릴 때는 긴 면이 가로가 되도록 놓고 그린다.
- 진단 및 해석: 발달심리학, 인본주의 심리학, Jung의 그림분석과 꿈분석과 연계된다.

5) 빗속의 사람 그리기

빗속의 사람 그리기(Draw A Person In The Rain) 검사는 인물화 검사의 변형으로, 외적 스트레스 요인을 비가 오는 상황으로 상징화하여 그 속에서 사람이 보이는 태도를 관찰하는 것이다. 이 방법의 고안자는 Abrams나 Amchim으로 추정된다(Oster & Gould, 1999).

이 검사의 목적은 임상에서 환자의 강점을 측정하는 것이다. 예를 들어, '이 환자

는 힘든 상황에서 어떻게 반응을 하는가?' '이 사람은 불안한 상황을 이겨 내기 위하여 개인의 어떤 잠재력을 사용하는가?' '이 사람은 어려운 상황을 대면하기 위해서 어떠한 방어기제를 사용하는가?' 등을 알아보기 위한 것이다. 이 주제로 당사자의 정신력을 진단한다. 검사 결과로 당사자의 상황 적응을 다양하게 알아보기 위하여 인물화 검사를 병행하는 것도 유익하다.

빗속의 사람 그리기에 나타난 결과는 일반적으로 다음과 같다.

- 진단 및 해석: 비옷을 입거나 우산 펴고 만족한 표정: 스트레스를 받으면서도 자신이 그렇게 무기력하지 않다고 생각하며, 그러한 상황에도 심하게 두려워하거나 불안해하지 않는 경우다.

  아주 겁에 질렸거나 무기력한 상황: 조그마한 불안에도 심하게 반응하는 경우다.

6) 그림보충검사

■ 그림완성검사

그림완성검사(The Drawing Completion Test: DCT)는 Kinget(1952)가 바르테크 검사법을 발전시킨 것이다.

- 지시: "당신은 8개의 정방형 종이를 보게 됩니다. 각 정방형마다 작은 표시가 있습니다. 이 표시에 특별한 의미는 없습니다. 이것은 단지 당신이 그리려고 하는 그림들의 일부분입니다. 당신은 이제 이 표시들을 이용하여 당신이 그리고 싶은 것을 그리세요. 순서대로 그리지 않아도 되지만, 당신이 선택하여 그리는 순서에 번호를 적어 두세요. 시간 제한은 없습니다. 당신이 원한다면 지우개를 이용할 수도 있습니다."
- 적용 영역: 인성의 기본적 기능, 즉 정서, 상상력, 역동성, 통제력, 현실성을 알아본다.

■ 이야기 그림검사

이야기 그림검사(The Drawing a Story: DAS)는 Silver(2002)가 1987년에 개발하여 2002년까지 변형하였으며, 긍정적인 결과를 얻고 있다. A형과 B형의 두 가지 검사가 있는데, 각각 14개의 자극그림으로 구성된다. A형 자극그림이 신뢰도계수가 높게 나타난다. A형 검사는 다음과 같다.

- 지시: "다음 그림들 중에서 두 개의 그림을 선택하여 그 그림에 있는 대상 사이에 일어날 수 있는 일을 상상합니다. 그러한 상상을 그림으로 그립니다. 그림을 그린 후 그림 제목과 그림에 대한 이야기를 적어 주세요."
- 적용 영역: 반 정도 구조화된 상담기법을 통하여 내담자의 우울 및 정서적 욕구 파악

■ 창의적 사고 검사

이 검사는 Urban과 Jellen(1995)이 개발한 것으로 4세 아동부터 성인에게 적용된다.

- 지시: "당신 앞에는 그리기 시작한 그림이 있습니다. 이 그림을 그린 사람은 그림을 완성하기 전에 중단하였습니다. 당신이 이제 이 그림을 계속하여 그리세요! 당신이 그리고 싶은 대로 그리세요. 잘못된 그림은 없고, 당신이 그리는 그림이 모두 옳은 것입니다."
- 적용 영역: 창의적 잠재력 평가

7) 난화

■ 난화 그리기

Winnicott(1988)과 Cane(1951/1983)은 신뢰 형성과 치료와 진단적 접근을 위해 난화 그리기(The Scribble Drawing)를 시도하였다.

- Winnicott: 빠르고 두려움을 주지 않는 의사소통 방법
  - 방법: 곡선 만들기, 게임
  - 재료: 연필과 종이
- Cane: 미술 표현에서 자유로움과 자발성을 자극시키기 위한 것
  - 방법: 낙서 기법, 준비 호흡과 준비운동을 한 후에 큰 종이에 파스텔로 낙서하기

■ 즉흥난화

Takahashi(1995)는 즉흥적으로 그리는 난화를 통하여 감정 상태를 연구하여 1995년 〈표 4-1〉과 같이 증명하였다(Sehringer, 1999에서 재인용).

표 4-1 난화에 나타난 감정 표시

감정	그래픽 특성
분노, 화	• 지그재그, 뾰족한 형태 • 반복된 선들 • 전체적 인상: 톱니 모양, 굵은 선
기쁨	• 곡선, 원 모양 형태 • 반복된 원 • 전체적 인상: 둥근, 가는 선
고요, 평온	• 수평선 • 반복 없음 • 전체적 인상: 부드러운, 가는 선
우울, 의기소침	• 음영, 빗금 친 선들로 종이를 메움 • 구부러지고 아래로 내려오는 선들
인간적 에너지	• 전체적 인상: 폭발적인 • 위로 향하는 삼각형 • 반복적 선들 • 굵은 선

여성성/여성적 성향	• 구부러진 선 • 십자 형태 • 반복 없음 • 전체적 인상: 부드러운 • 가는 선
병	• 특정한 형태가 다른 것 덮어씌움 • 반복 없음 • 전체적 인상: 부드러운

출처: Takahashi (1995): Sehringer (1999)에서 재인용.

8) 종합검사를 위한 투사 검사

종합 검사방법은 치료 대상이 되는 개인의 문제 관점이든 잠재능력의 관점이든, 한 작품만으로 그 사람을 평가할 수 없다는 견해에서 출발하였다. 이러한 종합검사는 주로 미술치료사들이 개발하였으며, 구조적 검사와 비구조적 검사로 이루어진다 (Rubin, 1999).

■ Ulman 검사: 인성평가절차(Personality Assessment Procedure: UPAP)

- 재료: 12색 파스텔, 회색 종이(18×24인치) 4장
- 방법: 4개의 그림을 지시사항 순으로 그리기
- 실시: 자유화, 동작 그리기(치료사가 하는 허공에 그리는 방법 지도받은 후), 율동적 낙서(곡선 난화), 선택 그림[자유화나 낙서(Ulman, 1975)]

■ Cohen 검사: 진단적 그림 시리즈(Diagnostic Drawing Series: DDS)

이 검사방법은 신뢰도와 타당도가 높다는 평을 받는다. 이에 대한 변형들도 시도된다(Cohen, 1990).

- 재료: 12색 파스텔, 흰색 종이(18×24인치)

- 방법: 3개의 주제 모두 그리기 제시
- 실시: 자유화, 나무 그림, 감정 그림(선, 형태, 색)

■ Betensky 검사: 미술치료 진단(Art Therapy Diagnostics)

- 연령별 검사 내용 다르게 제시
- 3~6세: 매체 탐구, 자유화(소묘와 색칠 그림), 점토 작업, 인형 집 놀이와 이야기, 가족화(크레용)
- 7~10세: 자유롭게 매체 실험하기, 자유화, 난화 그리기, 가족화, 굴뚝 청소부와 일하기, 점토 자유롭게 만들기, HTP(연필과 크레용), 집단게임
- 11세~성인: 색-형태 블록, 포스터 그림, 자유화, 자유로운 점토조각, HTP(연필과 크레용), 세상 속의 자아('Self-in-the World'), 난화, 청소년 창문(세 폭짜리 창문: 과거, 현재, 미래), 가족(현실적), 가족(추상적), 색 소시오그램(너와 너의 친구), 자유화(Betensky, 1995)

■ Landgarten 검사: 가족미술진단(Family Art Diagnostic)

- 가족 구성원이 비언어적으로 그림 그리기(가족 중에 두 사람이 짝이 되어서 각자 한 가지 색으로 한 종이에 말없이 그리기)
- 가족끼리 말하지 않고 함께 그림 그리기(가족 전원이 한 종이에 그리기)
- 가족과 말을 하면서 그림 그리기(함께 결정하여 작업을 한다)(Landgarten, 1987)

■ Landgarten 콜라주 검사(Landgarten, 1993)

① 환자에게 인물사진이나 그림이 많이 들어 있는 상자를 준다. 환자는 관심을 끄는 사진들을 선택하여 다른 종이에 붙이고 마음에 떠오르는 것을 말하거나 글로 쓴다.

② 4~6장의 인물사진을 선택하여 다른 종이에 붙인다. 붙인 각 사진 속의 사람이 생각하는 것과 말하는 것을 상상하여 글로 쓰거나 말로 한다.

③ 좋은 것과 나쁜 것을 대표하는 4~6명의 인물을 선택하여 종이에 붙이고 그들

이 나타내는 것을 말한다.

④ 한 장의 인물사진을 선택하여 다른 종이에 붙인다. 그 사람에게 일어나는 상황을 글로 쓰거나 말한다. 검사자는 "당신은 그 상황이 변할 거라고 생각합니까?"라고 묻는다. 만약 피검사자가 '그렇다'고 대답하면, 환자에게 변화를 나타내는 사진을 찾게 하거나 무엇이 변했는지를 말하게 한다.

9) 정신질환 환자 그림진단 및 평가

정신병원에서는 오래전부터 환자 그림의 진단 기준을 찾는 데 많은 관심을 기울였다. 한 예로, 오스트리아의 그라츠(Graz) 대학병원에서는 8년 동안 1,000여 명이 넘는 정신건강의학과 환자에게 다른 치료와 함께 실시하는 통합적 미술치료를 실시하였다(Steinbauer & Taucher, 1997). 여기에 참여한 환자들의 증상은 일반적으로 기분부전장애, 주요우울장애, 우울장애, 양극성 장애/우울증, 조현병, 분열정동장애, 불안장애, 알코올 의존, 섭식장애다. 이들 중에 주요우울장애와 기분부전장애, 조현병 환자가 가장 많았다.

병원 미술치료에서 그림진단 요인으로 색, 형태요소/표현구성, 화면이용, 상징과 수평 묘사를 평가기준의 근거로 제시하였다. 이러한 기준에 따라 초기 그림들과 종료 시기의 그림들 사이에 뚜렷한 변화가 있는 것에 대해 다른 심리평가와 비교하여 치료 효과가 입증되었다. 〈표 4-2〉는 증상에 따른 치료 효과를 판단기준에 따라 분류한 것이다(Steinbauer & Taucher, 1997).

그림의 변화 외에도 환자들이 자신의 그림을 언어적 표현방식과 비언어적 표현방식으로 해석하는 것과 그들의 행동관찰도 진단기준에 한몫을 하였다. Steinbauer와 Taucher(1997)는 실험을 통하여 그림의 진단적 해석은 환자의 해석과 행동이나 그림의 형성이나 발생 조건을 고려하지 않으면 신뢰할 수 없다고 한다. 또한 집단에서 환자를 전체적으로 보는 것도 판단기준에 따른 진단을 보충하거나 증명해 줄 수 있다. 이러한 전체적 조망을 통하여 환자의 자원과 가능성에 접근하여 개선의 기회를 확장시킬 수 있다.

표 4-2 그림 치료 과정의 성공적 변화

	내인성 우울증	신경증 장애	정신분열형 장애	
			+ 증상	- 증상
〈치료 초기〉				
색	어두운 색, (혹은) 색 강도 미비	다양한 색, 색 강도 높음	다양한 색, 색 강도 높음	적절한 색 강도
형태요소/표현구성	적은 형태 요소	풍부한 형태	분열된 표현구성에 다양한 형태요소	적은/단조로운 형태 반복
화면 이용	화면 이용 미비	화면 이용 적절/자주 화면 전체 채움	혼란스러운 그림 구성	여백 많은
상징	우울한 상징	갈등 묘사		
수평 묘사			수평선 없는/원근 없는	수평선 없는/원근 없는
〈성공적 치료〉				
색	밝은색, 색 강도 증가	색 다양성과 색 강도 변화 없음	색 다양성과 색 강도 변화 없음	색 다양성와 색 강도 증가
형태요소/표현구성	형태 증가와 다양성	풍부한 형태	분명하고 관련성 있는 구조	형태요소 증가와 다양성
화면 이용	개선된	변화 없음	정상적 화면구성	
상징	긍정적 삶으로 변화	그림에서 갈등해결 시도 및 해결	의미 연관성	의미 연관성
수평 묘사			수평선 이용	수평선 이용

출처: Steinbauer & Taucher (1997).

제5장 미술치료 계획과 사례개념화 및 미술치료사의 전문성

1. 미술치료 계획

미술치료는 임상이 전제되는 학문으로서 임상을 위한 미술치료 계획은 전공자인 예비 미술치료사와 경력자에게도 필수적 수련 영역이다. 미술치료 계획은 임상을 위한 첫 관문이다. 미술치료 전공자인 예비 미술치료사는 임상실습 및 슈퍼비전 과목에서 미술치료 계획과 사례개념화, 미술치료사 태도, 치료 방법, 안전관리 및 작품 관리, 윤리 사항, 기관 의료진과 직원과 협업, 보호자 면담 등과 평가서 작성을 학습하고 임상 사례에 대해 슈퍼비전을 받는다.

미술치료 계획은 치료를 효과적으로 수행하고 성공적으로 종결하기 위한 설계다. 이를 위해 내담자의 정보와 면담을 통해 개인에게 맞춘 사례개념화가 필요하다. 사례개념화와 계획은 치료 과정과 목표를 효과적으로 수행하기 위한 첫 단계로 체계적인 설계가 필요하지만, 내담자의 병이나 증상과 불만사항 요인 등이 신뢰관계가 이루어진 후에 나타날 수 있으므로 진행과정에도 변경 가능한 유동성과 융통성이 전제된다. 이는 미술치료 계획이 치료과정에 내담자−매체−치료사 간의 상호

의존적 · 순환적 피드백 관계를 고려하기 때문이다(Domma, 1993).

미술치료 계획에 앞서 미술치료 전체 과정이 진행되는 개요를 살펴보고자 한다. 그다음으로 미술치료 계획의 요인인 대상, 목표, 형태, 기간과 시간, 치료 과정을 알아보고, 단기 계획 모델과 장기 계획 모델을 제시하고자 한다. 또한 미술치료 환경과 매체, 관찰기록과 평가를 살펴볼 것이다. 다음으로 미술치료 전체 과정을 탐색하고 계획을 서술하는 미술치료 사례개념화를 소개하고자 한다. 마지막으로 미술치료 전체에 책임을 지는 미술치료사의 전문성과 자질에 대해 고찰하고자 한다.

1) 전체 과정 개요

미술치료 전 과정은 접수 및 초기 면담부터 심리검사 및 진단, 사례개념화 및 계획, 진행, 종결과 상황에 따라 종결 후 효과의 지속성 검사까지 이루어지는데 이는 다음과 같다([그림 5-1]).

(1) 접수 및 초기 면담

- 내담자는 혼자 혹은 보호자와 함께 접수를 하거나 병원이나 사회복지기관으로부터 의뢰됨
- 치료기관 접수: 양식지와 자기 보고식 기재
  양식 내용: 이름, 나이, 성별, 연락처, 가족사항, 주 호소 문제, 현재 상태나 증상(인지, 정서, 행동, 관계 등), 발달사, 병력, 진단 여부, 약 복용, 치료 경험, 취미나 흥미, 대인관계 등
- 의사나 기관 담당자가 초기 면담 후 심리검사 결정

(2) 심리검사 및 진단

- 임상심리사가 진단검사 및 평가 보고서 작성
- 검사 결과와 전체 내용에 따라 최종 진단하거나 기관 담당자가 결정하여 미술치료 의뢰

(3) 미술치료사 초기 면담

- 의사나 기관 담당자의 초기 면담 내용 및 진단결과를 공유하거나 미술치료사가 초기 면담 실시
- 접수 면접 양식내용과 동일
- 내담자의 불만사항 및 문제, 행동 및 태도 관찰

(4) 미술치료 사례개념화 작성 및 계획

- 진단, 심리검사, 면담을 기반으로 미술치료사가 사례개념화 작성
- 미술치료 계획

(5) 미술치료 실행과 슈퍼비전

(6) 미술치료 종료

(7) 미술치료 효과 지속성 점검

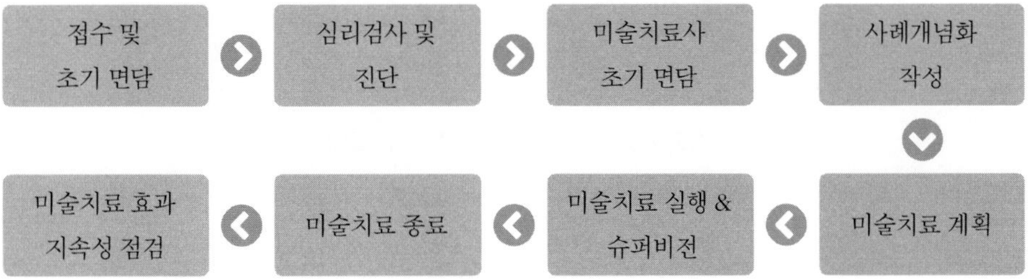

[그림 5-1] 미술치료 과정

다음은 미술치료 전 과정의 기본 요인에 대해 Aissen-Crewett(1989)와 Domma (1990, 1993)의 구상을 응용하여 제시하고자 한다([그림 5-2] 참조). 목표에 도달하지 못했다면 다시 두 번째의 '무엇이 필요한가?'로 되돌아갈 수 있다.

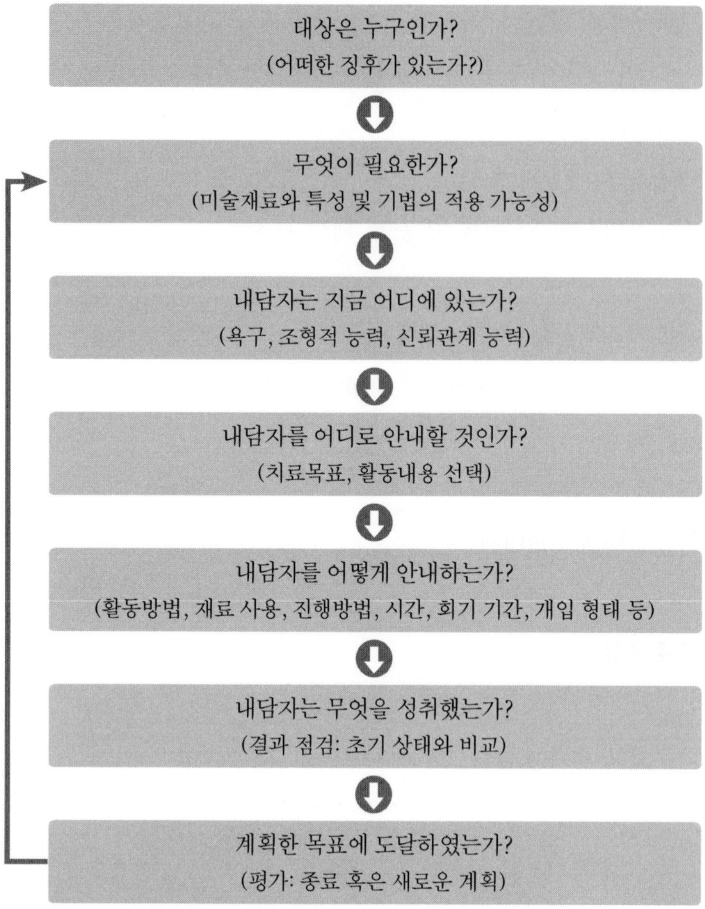

[그림 5-2] 미술치료 과정 기본 요인

출처: Aissen-Crewett (1989); Domma (1990, 1993).

2) 대상

미술치료 대상은 병원, 정신보건기관, 복지기관, 상담센터나 학교 등을 통하여 미술치료사에게 위임되거나 본인이나 보호자가 미술치료 센터나 기관을 방문하는 경우로 나눌 수 있다. 대상은 연령별로 유아, 아동, 청소년, 성인, 노인으로 구분되며 치료차원과 예방차원으로 분류할 수 있다.

(1) 치료차원 대상

치료차원 대상은 병원에서 정신질환 관련 진단을 받으며, 증세의 강도에 따라 심한 정도, 중간 정도와 가벼운 정도로 나뉜다. 이에 대한 자세한 내용은 미국정신의학회(American Psychiatric Association: APA, 2013/2015)의 『정신질환의 진단 및 통계편람 제5판(DSM-V)』에서 볼 수 있다.

유아기, 소아기, 청소년기의 치료 대상은 주의력결핍 및 과잉행동장애(ADHD), 발달장애, 자폐성 장애, 품행장애, 섭식장애, 틱장애, 배설장애, 분리불안장애, 반응성 애착장애, 선택적 함구증 등이 있다. 발달장애, 학습장애, 지적장애, 시각장애, 의사소통장애, 청각장애, 지체장애 등을 가진 장애 아동・청소년 대부분에게는 미술을 통한 발달재활 접근이 이루어진다.

성인 대상으로는 알코올 사용 장애, 마약 및 약물중독 관련 장애 등의 물질관련 장애와 조현병과 기타 정신증적 장애가 있다. 기분장애로는 우울장애 혹은 양극성 장애, 불안장애로 공황장애, 특정공포증, 사회공포증(사회불안장애), 강박장애, 외상후 스트레스 장애, 급성 스트레스 장애, 범불안장애 등이 있다. 그 외에도 신체형 장애, 허위성 자애, 해리성 장애, 성적 장애 및 성 정체감 장애, 섭식장애, 수면장애, 적응장애, 충동조절장애, 인격장애 등이 있다. 노인에게 많이 발생하는 섬망, 치매, 기타 인지장애 등이 있다.

이 밖에 호스피스 환자, 종양 환자, 재활 환자, 난치병 및 장기입원 환자와 게임중동 환자와 폭력 및 집단따돌림 피해자와 가해자 및 전쟁, 대규모 사고나 지진, 홍수와 같은 자연재해 등으로 인한 급성 외상성 장애 환자도 치료차원 대상이다.

(2) 예방차원 대상

정신건강에서 병리적 상황과 그렇지 않은 상황의 구분과 경계는 모호할 때가 많다. 진단은 받지 않았으나 병리적 증상을 잠재적으로 지닌 대상의 문제나 병을 예방하는 예방차원 대상의 미술치료가 있다. 예방차원 대상자의 특성은 일상생활을 하나 지속적으로 과도한 스트레스, 정신적・심리적 불안, 고통, 분노, 혼란을 겪거나 불만, 짜증, 화 또는 우울한 기분이 들어 안정이 필요하다. 고통스러운 경험에 대한 감정을 억제하거나, 자신이 경험한 고통이나 상실에 대한 슬픔과 충격에 무감각한 사람도 이에 해당한다. 타인과의 관계 형성이나 집단에서 적응에 어려움을 겪거나, 현실세계와 오랫동안 단절되어 생활한 대상, 퇴원 환자나 출옥자도 예방적 · 재활적 관점의 미술치료 대상이다.

최근 학교폭력 문제가 증가하는 상황에서 예방차원의 미술치료 인식이 증가하여 초 · 중 · 고등학교 학생들을 위한 집단미술치료가 광범위로 실시되고 있다. 컴퓨터, 인터넷, 스마트폰 과다 사용으로 인해 일상적이고 자율적인 생활을 못하는 사람도 예방차원의 대상에 해당한다.

오늘날은 예방차원이면서 자기 탐색 차원으로서 미술치료를 통해 자신의 내면을 탐색하고 내적 대화의 기회로 정체성 확립과 자기성장을 도모하려는 사람이 증가한다.

3) 목표

(1) 목표 설정

미술치료 목표 설정은 대상의 증세와 상황, 진단 및 불만사항을 기반으로 설계되는데, '구체적 목표 설정의 원칙'(Domma, 1993)이 강조된다. 일반적으로 병원 및 기관에서의 미술치료는 의사의 진단, 임상심리사의 검사결과에 의거하여 미술치료사가 내담자 개인이나 집단 구성원에 따른 목표를 세운다. 목표는 의사와 협업하는 공통목표가 기반이며, 과정 중에 목표 조정이 이루어지기도 한다.

미술치료사는 자신의 치료 목표와 내담자의 목표를 명료하게 분석해야 하는데, 최적의 상태는 치료사와 내담자의 목표가 동일할 때다. 미술치료사는 내담자 정보, 의뢰사항과 면담을 정리하여 내담자와 보호자에게 치료 목표와 치료방법을 알려주면서, 과정에서 목표가 수정 · 보완될 수 있다는 점도 공지한다.

장기치료의 경우에 치료사는 최종 목표뿐만 아니라 단계적인 목표를 제시한다. 목표 설정에는 내담자도 능동적으로 참여하여 동의하거나 의견을 제시한다. 따라서 미술치료의 목표는 '치료사와 내담자를 위한 조정 가능한 업무'(d'Elia, 2015)다.

결국 목표는 치료효과와 동일시된다.

이 단계에 미술치료사는 내담자의 증세와 의뢰 및 문제 상황과 연결되는 주요 패턴(Sperry & Sperry, 2020)이나 내담자 문제의 주제를 매핑(Ridley & Jeffrey, 2017)하는 것이 필요하다.

(2) 목표 범위

Heijkoop(2014)는 미술치료사가 인식하는 목표의 범위를 다음과 같이 제시하면서 이를 미술치료사의 전문성이라고 한다.

- 치료 목표를 위해 치료계획을 세우는데 계획의 전제조건은 명확한 목표 인식
- 목표 달성 기간은 초기에 정확히 결정할 수 없다는 인식
- 심리적 어려움을 겪는 내담자가 정상적인 생활로 회복될 때 목표는 이미 변화되고 있다는 인식
- 목표는 '예전과 같은 상태'가 되지 않아야 한다는 인식

(3) 일반 목표

내담자의 상황에 따라 일반 목표의 일부분만 중심 목표로 다루어질 수 있다.

- 정서적 · 심리적 문제 표현, 탐색, 인식과 수용
- 정서적 해방감, 정서 안정, 공감, 신뢰감 경험
- 무의식 · 잠재의식의 문제 의식화 및 해결 능력 향상
- 내적 에너지 경험과 활성화로 치유와 회복과 성장
- 자존감, 정체성, 자주성, 공감 능력 및 의사소통 능력 향상
- 정신적 · 심리적으로 균형 있는 생활
- 융통성 있는 사회적 관계 능력 함양
- 자아통제력과 자기통합 경험

4) 치료 형태와 치료 기간

(1) 치료 형태

치료 형태는 개인과 집단이며, 집단은 대집단에서 소집단으로 나뉜다. 집단의 크기는 일반적으로 6~12명 정도, 소집단은 2~4명 정도다. 소집단 미술치료에는 가족치료와 부부치료 및 파트너치료도 포함된다. 가족치료는 목표에 따라 회기별로 전체 가족 구성원 중 일부가 참여하거나 가족 모두가 참여하는 등 다양하다. 오픈스튜디오에서 이루어지는 미술치료 형태는 개인의 자유로운 선택에 의한 것으로 상황에 따라 개인 혹은 집단 형태가 된다.

(2) 치료 기간

미술치료 기간과 회기 시간은 치료사, 내담자의 상황, 요구와 신체적·정신적 능력에 맞게 내담자와 함께 조정한다. 병원 미술치료에서는 내담자의 전체 치료계획과 조율하고 합의하여 이루어진다. 치료 기간은 단기와 장기로 나뉘는데, 일반적으로 단기는 6개월 정도며, 장기는 1년에서 몇 년이 걸릴 수 있다.

개인미술치료 시간은 집단미술치료 시간보다 더 융통성 있게 맞출 수 있다. 미술치료에서 일반적인 회기 간격은 1주일에 1회 정도며, 회기 시간은 개인치료가 50분~1시간, 가족치료와 집단치료가 90~120분 정도다. 단기 치료나 증세 및 상황이 심각할 경우는 1주일에 여러 차례를 할 수 있다. 오픈스튜디오나 아틀리에 미술치료의 경우 내담자가 자유롭게 와서 활동하여 시간 제한을 크게 받지 않는다.

5) 치료단계

치료 과정은 목적지를 향해 가는 길이다(Petersen, 2000). 이 과정을 위해 치료사와 내담자는 단계마다 치료를 위해 함께 노력하며, 상황에 따라 함께 결정한다. 치료사와 내담자는 단계마다 항상 '지금-여기(here and now)'의 상황에 직면한다. 내담자는 치료 과정에 저항을 보이거나 중단하는 경우도 있고 중단 후 다시 시작하기도 한다. 치료사는 이런 상황마다 목표를 향한 과정에 전체 맥락을 놓쳐서는 안 된다. 또한 치료사도 미술치료 과정 동안 자기점검 및 치료 점검을 위한 슈퍼비전을 받으면서 치료 상황과 거리두기와 객관적인 시선으로 치료 과정을 재점검하는 것이 필요하다.

미술의 가장 큰 장점은 활동결과가 유지되어 초기부터 과정 전체 작품을 함께 볼 수 있는 것이다(Golombek, 2003). 이런 맥락에서 미술치료사는 미술치료 과정에 환자에게 너무 어렵고 힘든 활동을 제공하지 않고 활동의 급격한 변경도 피해야 한다(Mees-Christeller, 2003).

Altmeier(1997)는 미술치료사와 환자의 첫 회기 만남은 매우 중요하고도 결정적 요인이며, 이러한 만남을 통해 병상에서 환자와 시작한 미술치료가 과정을 거치며 환자 스스로 미술치료실로 오는 사례를 통해 과정의 7단계를 제시한다. 7단계는 시작단계, 지지단계, 충돌단계, 자기성숙단계, 자기방향설정단계, 에너지성취단계와 자기창조성단계다(〈표 5-1〉 참조).

일반적으로 미술치료 과정은 초기, 중기, 후기 및 종료의 단계로 나눌 수 있다

표 5-1 미술치료 과정의 단계

1단계: 시작단계	치료사와 내담자의 첫 만남인 접촉과 치료 관련 동의 단계
2단계: 지지단계	신뢰, 관계 맺기, 작품과 연결, 작품생성, 내담자 자신의 자원과 능력 의식 단계
3단계: 충돌단계	치료사의 용기 주기, 과제와 작업 요구받기, 능력과 무능력 및 가능성과 한계 경험
4단계: 자기성숙단계	조형 변경, 방향전환, 포기와 재형성 통한 조형결정력, 불안과 직면, 치료사 지지
5단계: 자기방향 설정단계	미술 활동의 새로운 경험, 발견의 기쁨, 다양한 질문 제기와 비판력 증가, 자기인식과 신뢰
6단계: 에너지 성취단계	생명력 강화, 창조의 즐거움, 새로운 경험 시도, 활동의 지속성, 작품에 대한 수준 높은 관조, 자기 인식력 및 자기 신뢰 향상
7단계: 자기창조성단계	미적 · 현실적 관계 인식, 조형의지, 영감능력, 작품 몰두 및 돌봄

(Kraus, 1998; Petersen, 2000; Richter, 1984; Rubin, 1999; Wadeson, 2000). 각 단계에 대해 간단히 고찰하면 다음과 같다.

(1) 초기단계

미술치료 초기단계는 미술치료 전체 과정을 들어가는 문을 여는 것과 같다. 치료사는 이 단계에서 내담자 정보를 가능한 한 상세하게 파악한다. 치료사는 내담자 정보를 더 얻기 위한 방법으로 그림진단과 심리검사를 시도하거나 임상심리사의 검사 내용과 결과를 참고할 수 있다. 초기단계는 초기 면담과 심리검사 정보와 진단에 의거하여 사례개념화를 작성한 상태다.

초기단계에 미술치료사는 내담자의 정보 파악 외에도 내담자의 태도, 표정, 대화 내용, 미술 활동 등을 주의 깊게 관찰하고 점검한다. 이 단계는 치료사와 내담자 사이의 신뢰 형성이 매우 중요하므로 치료사는 내담자가 자신의 심리적 · 정서적 기반을 만나고 느낄 수 있도록 동행한다. 내담자를 맞이하거나 내담자의 낯설음을 완화해 주는 치료사의 친절하고 밝은 표정과 진심 어린 태도는 신뢰 형성의 첫 관문이다. 미술치료사는 이를 위해서 자신의 심리적 안정을 취하는 것도 중요하다.

치료사는 이 단계에서 내담자에게 미술 치료 과정의 정보를 제시하고 지켜야 할 사항에 대해 약속한다. 구체적으로, 치료 과정 내용과 대화 내용의 비밀 지키기, 작품 훼손하지 않기, 작품 보관함이나 장소 알려 주기, 공간 사용 안내, 미술 기법이나 재료 사용의 어려움에 도움 청하기, 녹음이나 녹화에 대한 동의 및 사용 의도 알리기, 병원 상황에서 의사에게 내담자의 작품과 평가 알리기, 미술치료사나 타인(집단인 경우)에 대한 물리적 공격 삼가기, 집단활동에서 타인 작품과 대화 내용 공개하지 않기 등이다.

이러한 안내와 약속을 통해 치료사와 내담자 사이에 '치료적 동맹'이 이루어진다. 그러나 치료사와 내담자나 집단원 간의 무언의 힘겨루기, 저항, 의심, 갈등, 회의, 공격성 등도 이 단계에 나타날 수 있다. 치료사는 이런 상황을 유연하게 해결할 수 있어야 한다. 이 과정을 거치면서 서로 신뢰가 형성되면 미술 활동의 구체적 방향을 잡을 수 있고 다음 단계로 나아갈 수 있다.

치료사는 초기단계에서 내담자의 동기유발을 위해 다양한 시도를 한다. Petersen (2000)은 치료 과정을 6단계로 나누는데, 치료에서 장애와의 대면 단계가 초기단계에 해당한다. 장애 단계에서는 내담자에게 무엇이 문제인가를 진단할 수 있으며, 대면 단계에서는 치료사가 치료를 위한 방향을 세우고 전문지식을 기반으로 치료를 위한 구조적인 계획을 세운다. 이때 내담자는 치료사를 통해 치료의 구조적 맥락을 이해하게 된다.

(2) 중기단계

개인마다 중기단계로 가는 시기가 다르기 때문에, 중기단계의 기간을 정확하게 제시하기 어렵다. 일반적으로 치료사와 내담자 사이의 신뢰관계가 안정되며, 내담자의 미술 활동과 행동에 자율성을 보이는 시기를 중기단계의 출발로 볼 수 있다.

중기단계에 내담자는 자신의 문제나 고통을 미술로 표현하고 방어기제를 낮추며 정서적 표출이 증가한다. 내담자는 치료사를 전문가로 인정하며 치료사의 진지한 노력을 수용하며, 이를 기반으로 치료사와 내담자는 문제에 대해 협력하며 내담자는 해결에 적극성을 보인다.

중기단계는 치료사의 계획이나 의도보다 내담자가 자율적인 활동을 하는 경향이 증가한다. 내담자의 재료 사용과 기법이 다양해지고, 주제 선택도 자율적이다. 이 상황에 치료사는 내담자 중심의 치료가 이루어지도록 계획한 내용을 포기하거나 미룰 수 있다. 신뢰관계와 내담자의 주도성을 수용하고 인정해 주는 분위기로 인하여 치료사와 내담자 사이에서 대화가 많이 이루어진다.

그러나 내담자는 이 단계에서 심리적 · 정신적 동요를 나타내기도 하는데, 치료사는 내담자가 이런 상황을 견딜 수 있도록 격려한다. 이때 치료사는 내담자에게 변함없는 관심과 배려를 보이며, 내담자를 전폭적으로 이해하고 수용하면서도 내담자가 자신의 건강한 자원을 의식하고 강화하도록 돕는다. 무엇보다 치료사는 항상 내담자 편에 서 있고 어려움을 함께 해결한다는 믿음을 준다.

중기단계는 내담자가 자신의 한계를 수용하고 측정할 수 있는 시기에 속한다. 그러면서 내담자는 이 단계에서 자신에 대한 의식과 자율성이 확장되며 고통을 극복할 수 있는 힘이 생긴다. 이러한 결과로 내담자는 더 이상 수동적으로 고통받는 존재가 아니며, 자신의 문제나 고통을 딛고 설 수 있는 내면의 힘을 비축하고 의식한다.

(3) 후기단계 및 종료

후기단계는 치료 목표가 이루어져 가는 시기다. 이 시기의 특징으로 내담자는 자신의 미술작품에 대해 객관적 평가나 비판을 하는 경향이 증가하고 의뢰 문제와 목표의 무게가 약해지는 것을 인식한다. 내담자는 새로운 의사소통 단계를 경험한다. 즉, 자신의 내적 · 외적 존재와 자연스럽게 관계를 맺으며, 타인과 환경에 대해서도 능동적 관계를 시도한다.

후기단계에 내담자와 치료사는 미술치료의 종료가 다가온다는 것을 인식한다. 내담자는 이 단계에서 자신에게 집중되었던 초기 현상보다 유연해지고 안정되며 사회적이고 실제적인 면에 관심과 적응 능력을 보인다. 치료사는 내담자에게 초기 의뢰 내용과 치료 목표를 다시 상기시키며, 목표에 이르렀다는 것을 인식시킨다. 이 단계는 내담자가 '나는 무엇을 해야 하는가?' '나는 누구인가?'라는 물음을 스스로에게 제시하여 자신의 삶을 책임질 수 있는 새로운 국면을 맞이하는 시기다(Petersen, 2000). 즉, 이 단계는 변화의 시기며 도약의 시기다.

후기단계에서 치료사는 내담자가 일상생활에 잘 적응하고 극복할 수 있는 능력을 키우도록 준비하고 배려한다. 예를 들어, 치료에서 빈번하게 발생하는 것처럼 내담자는 종료를 내심 두려워하기도 하는데, 이는 치료사를 떠나 현실에서 독립적으로 되는 것에 대한 불안이 있기 때문이다. 그러나 이러한 불안감은 초기나 중기에 나타날 수 있는 불안감과 질적으로 다르다.

종료 단계에서는 내담자의 의뢰사항이 해결되며, '내담자의 생각, 감정 및 행위가 현실적응과 연결'(Domma, 1993)되어 내담자는 일상으로 되돌아 갈 수 있는 내적 힘이 생긴다. 치료사는 이러한 점을 점검하여 내담자와 합의하여 치료 횟수를 점차 줄이는 방법과 종료 시기를 미리 의논할 수 있다. 치료 종료 후에 내담자의 상황을 점검할 수 있는 만남의 기회를 가질 수도 있다. 이러한 것은 미술치료 목표 달성의 지속성을 점검하는 요인이 된다. 이때 치료사는 치료 종료 후에 겪는 내담자의 일상생활을 듣고 지지하며 힘을 보탤 수 있다. 치료사는 내담자에게 새로운 어려움에 처할 경우 다시 미술치료의 도움을 받을 수 있는 것도 알려 준다.

2. 사례개념화

미술치료 사례개념화는 치료를 계획하고 실행하는 과정과 성공적 종결을 위한 전제조건이다. 최근 사례개념화(Case Conceptualization)에 대한 연구와 모델이 의학, 심리치료, 상담 등에서 활발하게 발표된다(De Jongh et al., 2010; Meichenbaum, 2019; Pavlacic & Young, 2020; Prasko et al., 2019; Ridley & Jeffery, 2017; Sachse, 2019; Sperry, 2005, 2013; Sperry & Sperry, 2020). 이런 동향은 여러 학문 영역에서 사례개념화가 중요한 쟁점이 된다는 것을 알 수 있다. 과거에는 객관적·합리적이며 논리적 연구로서 증거 및 효과 기반 연구, 양적 연구가 주류를 이룬 반면, 사례 연구는 그동안 주관적이며 효과성의 신뢰에 문제가 있는 연구로 비판받으며 수용되기 어려웠으나 최근의 전인적 관점의 치료 경향에 따라 관심이 높아지고 있다.

정신건강 전문가 영역에서 '사례개념화'의 필요성과 중요성에 대한 논의가 확산되면서 미술치료도 이에 대한 교육을 심화한다. 사례개념화는 기존에 사용하던 객관적 사실을 요약하는 사례 요약과 다르며, 치료 계획과 진행을 위한 전제조건으로 내담자와 관련된 개관적 정보와 사실 추론에 추상적 개념을 덧붙여, 개인 맞춤형 치료계획을 도출하고 치료의 예후를 예측할 수 있다. 구체적으로 정신건강 전문가인 심리치료사, 임상심리사, 정신건강의학과 의사, 약물남용 상담사, 재활상담사와 학교상담사(Sperry & Sperry, 2020)와 경험중심 치료 영역인 미술치료사, 음악치료사, 무용동작치료사 등이 사례개념화를 사용한다.

미술치료도 사례 연구의 귀납적 결과를 통해서 치료 가치를 증명하는 역할이 증가하고 있다. 다음은 미술치료 계획과 진행을 위한 사례개념화 모델 2개를 소개하고자 한다. 다음은 사례개념화의 기초를 만든 Sperry와 Sperry(2005, 2020) 모델과 초이론적 주제별 개념 틀로 새로운 사례개념화를 제시한 Ridley와 Jeffrey(2017)의 모델이다. 이러한 모델을 바탕으로 미술치료 사례개념화를 응용하여 작성할 수 있다.

1) 사례개념화 모델

(1) 사례개념화 정의와 목적

- 정의: '내담자의 정보를 수집하고 조직화하여, 내담자의 상황과 부적응적 양식을 이해하고 설명하며, 치료를 안내하면서 치료 초점을 맞추고, 도전과 장애를 예상하며, 성공적인 종결을 준비하는 방법이자 임상적 전략이다.'(Sperry & Sperry, 2020)
- 목적: 내담자 또는 내담자의 문제와 상황을 더 잘 이해하고 더 효과적으로 다루거나 치료하기 위한 것이다.

(2) 사례개념화의 특징

- 사례의 필수 구성요소 구조화와 치료 결정과 방향의 기초 개관
- 치료 틀과 이론 활용은 사례 초기에 완성하기 보다 회기 중에 수정과 보완 가능
- 내담자 중심의 개별화 양식으로 구체적 치료 방향과 치료 개입의 윤곽 설정
- 진단적 평가와 임상적 평가의 상호 관계 제시
- 치료 과정의 어려움이나 장애 예상한 해결 가능성 고려
- 내담자의 문제점 · 약점뿐만 아니라 강점 발견
- 증거 기반 작성으로 효과성 입증
- 내담자 정보의 진단은 이론 방향 설정과 적용에 도움
- 내담자 정보와 사례 과정을 조직화하며 일관성 있는 서술 능력 함양
- 기관 및 관련 실무자와 연대, 치료 목표 보완 및 수정 가능성의 정보교환
- 내담자에게 치료계획과 방향을 인식시키며, 신뢰 형성과 안정적 치료 과정 제시
- 치료 목표가 성취된 시점 인식, 종결 시기와 방법 및 종결 준비에 도움
- 사례개념화 정리는 효과적인 슈퍼비전과 연구의 기초

(3) 사례개념화 요인

- 상위영역(3개): 진단 영역, 문화 영역, 임상 영역
- 하위 요인(18개):
  - 진단 영역(7개): 호소 문제, 촉발 요인, 부정적 패턴 요인, 유발 요인, 보호 요인, 유지 요인, 적응적 패턴
  - 문화 영역(4개): 문화적 정체성, 문화적 스트레스와 적응, 문화적 신념 설명, 문화와(또는) 성격
  - 임상 영역(7개): 치료 목표, 치료 초점, 치료전략, 치료 개입, 치료 장애 요인, 문화적 치료, 치료 예후

(4) 사례개념화 작성

- 내담자의 호소 문제를 바탕으로 병력, 문제상황, 발달사, 원인, 현 상황 등의 정보를 종합 · 진단하고 작성하며, 이는 잠정적 가설로 계속적 정보 수집으로 보완
- 치료 목표와 이론에 기반한 치료 방향과 내담자의 강점, 치료전략을 구체화하여 효율적인 치료 과정과 종결 및 예후를 체계적으로 작성: 진단적 정보, 임상적 가설, 문화적 영역의 공식화 제시
- 사례개념화 작성은 여러 회기를 통해 완성: 하위 요인은 몇 개월 후 발견되거나 내담자 설명으로 보완되기도 함

2) 초이론적 사례개념화 모델: 주제 매핑의 틀

Ridley와 Jeffrey(2017)는 사례개념화의 새로운 접근 방식인 초이론적 사례개념화인 '주제 매핑의 틀(Framework of Thematic Mapping)'을 소개한다. 이들은 Sperry와 Sperry(2020)가 제시한 '패턴'은 내담자 기능방식이 자기강화 또는 자기패배를 보여주는 것이라며, 패턴을 '주제' 명칭으로 변경한다. 초이론적 사례개념화는 내담자의 호소 내용에서 주제를 찾아 주제 매핑의 틀을 체계적으로 설정하는 것이다. 주제 매핑의 개념 틀은 정의, 기본 원리, 특성과 장점, 핵심 개념의 네 가지로 구성되는데,

정의는 Sperry의 정의와 동일하다.

(1) 주제 매핑의 기본 원리

- 명확하고 포괄적인 사례개념화로 시작
- 사례개념화 개발 위해 치료를 과정으로 접근
- 내담자의 복잡한 심리적 표현의 지나친 단순화나 복잡성 피하기
- 모든 주제는 개인의 심리적 설명을 개념화하는 중심 패턴
- 내담자의 심리적 표현 맥락화하기
- 주제는 문제 식별, 해석 및 개입의 중요한 목표
- 내담자의 편견 가능성 인정하고 인식하기
- 치료사의 비판적인 자기 점검 필요
- 치료사의 객관성 관리와 주관성 분별 익히기
- 목표는 내담자의 긍정적인 치료 결과 얻기

(2) 주제 매핑의 특성과 장점

① 초이론적(Transtheoretical)

- 주제 매핑은 '전통적인 심리치료의 경계를 넘어서는 개념과 주요 이론의 전체 스펙트럼'에서 도출되는 초이론적 특성
- 치료계획 및 중재 선택에 제한을 두거나 수집할 정보 유형을 지시하지 않음
- 내담자의 심리적 표현은 단일 이론으로만 적용되지 않으며, 치료사는 치료 기술 및 중재 제한 없이 사용 가능

② 초진단적(Transdiagnostic)

- 진단 기준 벗어난 내담자 호소 문제 개념화와 광범위한 장애에 나타날 수 있는 심리적 과정 식별
- "진단보다는 심리적 공식화가 임상 계획을 지배해야 한다. 심리적 공식화는 진

단 접근 방식보다 인간 중심적이고 정상화 가능성이 크며, 정신건강 관리 및 서비스 사용자 선호도의 '회복' 모델과 호환된다."(Kinderman et al., 2008 재인용)

- 특정 진단에 관계없는 진단이 내려졌는지 여부 점검

③ 불만 사항 이상 고려(Beyond the Presenting Complaint)

- 내담자가 치료 시작에 제기하는 불만 사항이 일반적으로 치료의 초점
- 불만 사항은 내담자의 정서적 혼란으로 인해 치료 촉매제 역할
- 불만 사항은 내담자의 가장 중요한 문제가 아닌 경우가 많기에 접수양식, 추천 소견서, 심리 목록 또는 구두 공개도 동등하게 고려
- 사례 공식화의 기초: 불만 사항에만 초점 맞추기 금지
- 제기된 불만을 넘어 그 근저에 '진정한 문제'로 작용하는 '무엇'이 있는 경우 많음
- 확고한 기능 패턴과 내적 · 심리적 의미 사이의 관계 우선순위 두기

④ 내담자의 진정한 모습 시각화(Visualization of the Real Client)

- 치료사는 내담자의 실제 모습을 바탕으로 더 나은 전략적 개입 계획
- 쉬운 식별이나 주관적으로 동의할 수 있는 특성의 내담자를 일찍 시각화하는 것은 치료 개입에 유리
- 온전한 사례개념화는 잘못된 시각화와 위험한 일반화에서 멀어지게 해야 함
- 치료사가 선호하는 치료 방향의 관점에서 문제 틀을 만들 가능성: 내담자의 심리적 설명을 완전히 개념화하는 것 방해
- 내담자를 처음 시각화할 때 하나의 이론 방향만 사용하지 않도록 주의(준비된 도구만 사용할 위험)
- 기존의 양식에만 의존하면 사례개념화의 잠재적 위험 가능성

⑤ 전체 그림 제공(Holistic Picture)

- 전체 그림 제공은 주제 매핑이 불만 사항 이상으로 확장되고 진단의 부속 역할 설명에 도움

- 전체 그림 제공의 목표는 자기파괴 패턴을 수정하고 자기강화 패턴 지향
- 파괴 패턴에서 강화 패턴 수정의 핵심: 내담자 자기 인식 심화와 장애 패턴으로 되돌아가는 것 방지나 패턴 재발생을 인식하고 자기강화 패턴에 다시 참여하는 데 필요한 조정 능력 지원

⑥ **문화적 민감성**(Culturally Sensitive)

- 문화의 편재성은 치료 과정과 내담자의 심리적 표현 이해에 통합되어야 함
- 사례개념화 및 치료에서 증가된 문화적 민감성과 문화의 의도적 통합성 필요
- 주제 매핑에 내담자의 심리적 패턴이 내담자 문화 규범과 연결되는지 결정
- 심리적 기능장애에 문화적 구성에 대한 인식 필요

⑦ **체계적 과정**(Systematic Process)

- 자료 수집, 종합 및 해석을 구조화하는 방법은 명확한 개념화의 로드맵 제공
- 주제 매핑은 치료 과정에 점진적으로 전개되는 작업으로 구성된 체계적 과정
- 체계적인 자료 수집, 종합 및 해석은 치료사가 내담자에 대한 근거 없는 추론, 섣부른 결론을 내리거나 '예감'에 따른 중재 선택 방지

(3) 주제 매핑의 핵심 개념

① **주제**(Theme)

- 주제는 한 단어나 구로 추측할 수 있는 중심 아이디어
- 내담자 불만 사항의 공통분모를 주제로 증류하기
- 주제는 내담자의 행동, 인지 및 정서적 역동 패턴의 전체로서, 삶에 대처하는 방법과 대처의 기능과 역기능 제시
- 주제 선정의 주요 내용: 내담자의 패턴 요인, 대처 스타일, 내담자 경험 단순화하기, 통합, 주제 분류, 결과 가능성, 강화, 상위 주제와 하위 주제와 변화 목표

② 맵(Map)

- 맵과 매핑의 아이디어는 사례개념화의 중심
- 맵은 영역의 시각적 또는 상징적 표현으로 내부의 지형지물 간 관계도 강조
- 맵은 유형학의 그림이며 유형학 탐색 가이드: 두 특성은 주제 매핑과 관련
- 매핑 과정은 명백한 프로토콜에 근거
- 프로토콜은 내담자의 심리적 표현 영역 제시에 추측성 제거

③ 은유(Metaphor)

- 은유는 '문자적 의미' 대신, 표현과 의미 나타내는 '비유적 의미'
- 은유는 친숙한 실체에 의미 전달과 동시에 덜 친숙한 특성에 새로운 조명 제공
- 은유 사용은 심리치료 현장에서 오래된 강력한 역사와 임상경험 지원
- 은유적 치료법은 치료 변화를 촉진하는 건설적인 기능 제공
- 내담자는 은유 사용으로 사건 기억을 더 잘하여 치료 세션에 더 도움이 된다고 함
- 은유 기능은 공감과 관계 구축, 감정 평가 및 상징, 핵심 주제 발견, 내담자 저항에 대처, 새로운 준거틀 도입
- 은유 목적은 내담자가 실행 불가능한 틀을 버리고 새로운 자기 관점과 가능성을 만들도록 도움
- 은유는 주제의 근본적인 심리적 의미 설명, 치료사와 내담자의 의사소통 촉진, 변경해야 할 사항 이해 확립
- 은유의 효과적 사용은 높은 수준의 비판적 사고와 상상력 필요
- 은유 적용의 통찰력은 내담자에 대한 이해의 깊이 보여 줌

3. 미술치료 단기 · 장기 계획 모델

미술치료 계획은 단기 모델과 장기 모델로 분류된다. 각 모델은 장애 아동 · 청소년 교육적 미술치료 단기 및 장기 모델과 임상미술치료 단기 및 장기 모델이 있다.

여기에서 임상미술치료는 성인 중심으로 제시되지만 전 연령에 적용될 수 있다.

1) 교육적 미술치료(미술심리재활) 단기 계획 모델

특수학교나 특수학급에서는 장애 아동·청소년의 교육과정에 근거하여 교육적 미술치료가 이루어진다. 이 책에서는 우리나라에서 적용되는 미술심리재활을 유사 내용으로 적용한다. Richter(1984)는 교육적 미술치료 계획에 감각운동 영역, 인지 영역, 사회·정서 영역의 장애를 감소하려는 목적 없이는 미술치료가 어렵다고 주장한다. 교육적 미술치료에서 장애 아동·청소년 의사소통 능력과 다른 능력의 개발이 함께 이루어지기에 치료의 출발점과 목표는 그에 따른다. 미술치료 시작 단계에서 장애와 관련된 실제 상태를 분명하게 작성하고 목표는 성취할 의무 사항으로 계획하지만 항상 변형 가능성이 있다. 단기 계획은 중·장기 계획과 연결을 고려한다. Richter(1987)의 단기 계획 모델([그림 5-3] 참조)은 특수교육 원칙인 단순성, 구체적 지시 설정, 개별화 등을 따른다.

단기 계획의 도입 과제는 장애 아동·청소년의 동기유발, 실제 표현 형태와 의사소통 형태의 점검이다. 도입단계에서 내담자의 진단과 미술치료를 계획하여, 다음 단계에 내용과 형식에 개인의 장애나 문제를 극복할 수 있는 다양한 변형 요인을 도입한다. 구체적으로 쉬운 과제 적용, 과제의 모방과 변형, 이완과 해소 기법, 주제 변형, 과제의 조작적 변형과 상상 환기의 활동 변형 과제에 각각의 활동 내용이 있다. 미술치료 과정에서 변형 요인들을 모두 고려할 필요는 없으며, 미술치료사가 개발하여 적용할 수 있다. 이 모델에 따르면 치료 과제들은 일정 시간이 지난 뒤에 통합 과제에 합류한다. 상위단계의 통합에서 미술 활동의 구조적 점검과 주제를 수정할 수 있다. 여기에서 의사 전달의 점검을 다시 할 수 있는데, 이는 다음 단계의 주제 제시를 고려하는 기반이 된다.

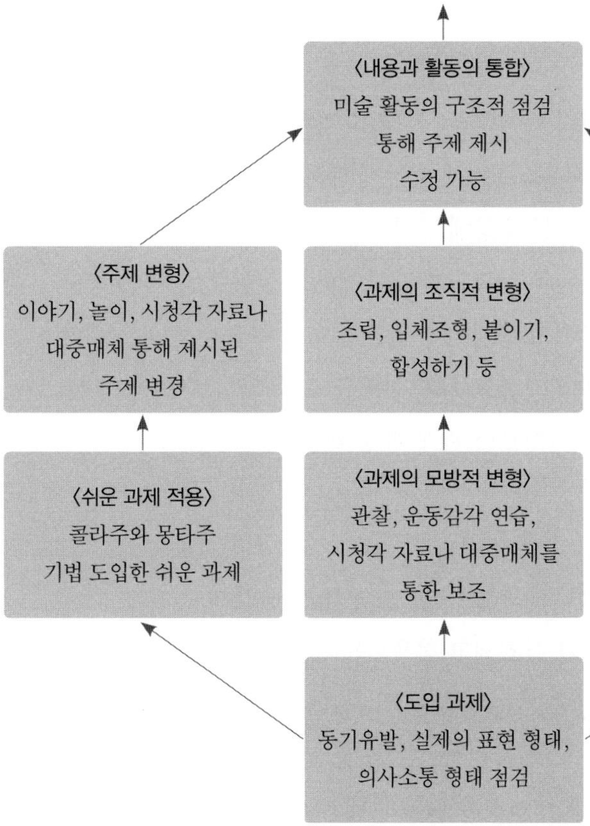

[그림 5-3] 교육적 미술치료 단기 계획 모델

출처: Richter (1984).

2) 교육적 미술치료(미술심리재활) 장기 계획 모델

Theunissen(1980)은 행동장애 아동 · 청소년 미술교육 커리큘럼에서 교육적 미술치료 장기 계획 모델을 개발하였다. 이 모델은 네 단계인 오리엔테이션단계, 수립단계, 안정화단계, 분화단계로 분류된다([그림 5-4]). 각 단계의 출발은 대상의 '실제상태'며 도달 목표는 '의무상태'로 두 부분의 활동은 구분된다. 이 단계는 직선적 과정이 아니라, 역행하여 원래 상태로 되돌아갈 수 있으며, 개인마다 각 단계에 이르는 시간적 차이가 있어 긴 기간이 필요하다.

(1) 오리엔테이션단계

- 신뢰관계 구축 단계로 치료사와 내담자의 정서적 접촉과 사귀고 수용하는 시기
- 치료사는 개인 및 집단원의 실제상태(Ist-Lage) 작성
- 일반 목표인 의무상태(Soll-Lage) 소개와 그에 대한 약속 등 계획
- 아동 · 청소년의 학습 및 활동의 장애 감안
- 치료사는 개인 혹은 집단원과 신뢰관계를 구축하고 실현할 수 있는 방안 모색
- 치료사는 개인 혹은 집단원이 정서적 안정을 느끼도록 준비
- 미술 활동에 즐거움과 재미 그리고 성공 경험을 포함하는 계획 및 안내
- 미술 활동에 대한 특별한 계획보다 관계 형성 활동 우선

(2) 수립단계

- 이 단계 출발은 오리엔테이션단계의 의무상태가 실제 상태
- 내담자 개인의 활동 형태가 선호되고 적용되는 시기
- 내담자가 사회적 역할 위한 기본 자질을 키우며, 개인의 발달 결손 및 학습 결손 점차 제거
- 의무단계: 우선적 목표 설정, 적절한 활동 형태와 내용과 기법 계획 및 적용
- 목표 달성을 위해 출발점에서 내담자의 진단적 관점과 학습능력 분석 필요
- 내담자의 운동감각 영역 고려
- 내담자는 이 단계에서 과도한 요구, 좌절감이나 불안 등으로 강박적 동작, 억제, 자기신뢰 결여, 불안정하거나 분노 폭발 경향 존재
- 의무상태에 동기유발, 즐거움, 성공 경험 등 필요
- 내담자의 공격적 행동도 어느 정도 표출하고 인정할 수 있는 프로그램도 계획
- 개인 중심의 활동 형태 이루어짐
- 내담자의 사회생활 적응 활동: 장난감 나누어 쓰기, 인사하기, '고맙다' '미안하다' 또는 '죄송하다' 말하기, 화해하기 등

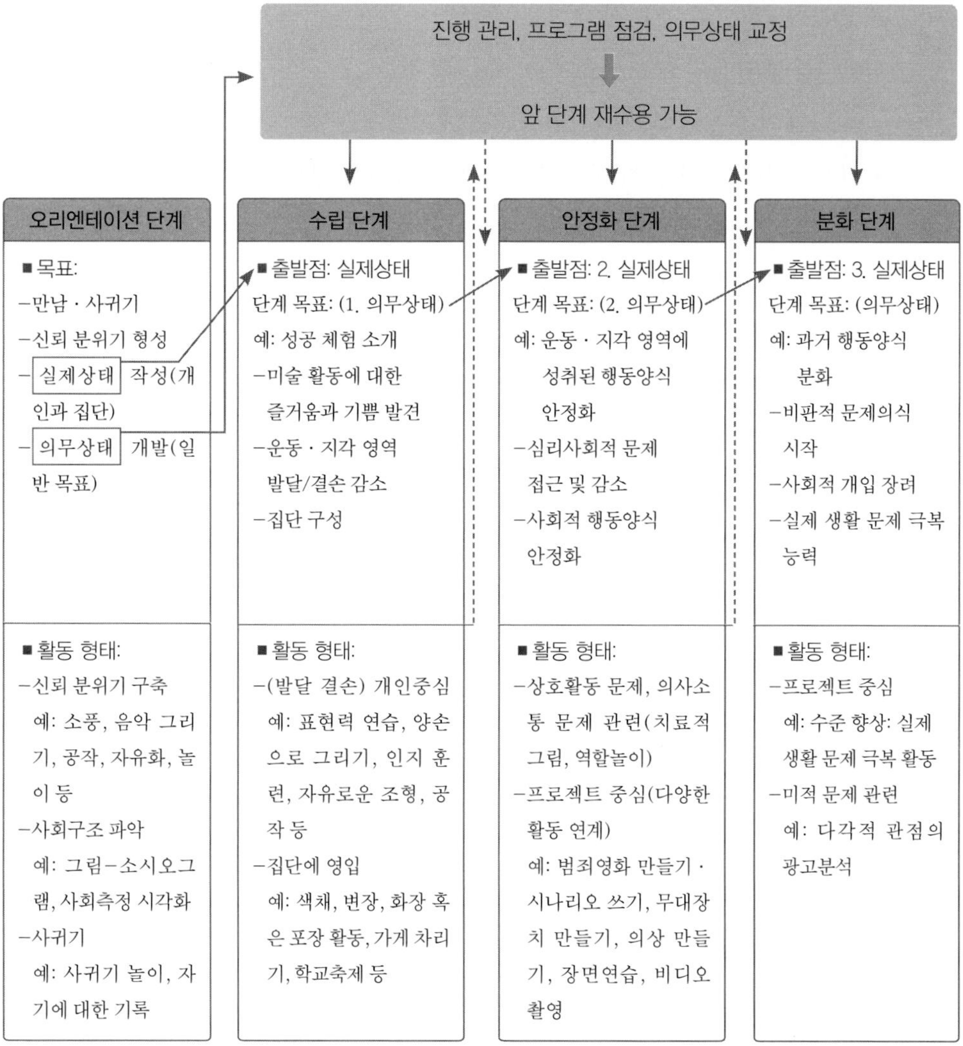

* 실제상태(Ist-Lage)는 치료의 시작단계에서 개인이나 집단원의 현재 상태
* 의무상태(Soll-Lage)는 개인이나 집단원의 자기정체성을 찾기 위한 목표

[그림 5-4] 교육적 미술치료 장기 계획 모델

출처: Theunissen (1980).

(3) 안정화단계

- 관계중심 활동과 프로젝트 중심 활동 단계
- 앞 단계의 의무상태가 안정화단계에서 실제상태
- 실제상태에 '균형 잡힌' 자아행동 조건의 안정화 필요
- 활동은 앞 단계 활동과 연결되며, 다양한 미술치료 방법이나 기법 확대
- 개인의 특수한 상황에 맞는 자기 성취 달성단계
- 사회적 수준과 공동사회 관련 문제 다루기
- 주제 선택에 내담자의 경험 영역 넓히기
- 상호활동과 의사소통 문제 제거와 사회적 행동양식에 적응하는 연습
- 사회성 능력 향상을 위한 역할놀이가 미술 활동과 연결되어 적용
- 미술작품 감상 내용에서 내담자 자신을 주제로 미술 표현하도록 자극

(4) 분화단계

- 앞 단계 시도를 실제 생활에 적용
- 앞 단계 프로젝트를 주제 중심의 활동으로 세분화
- 활동 목적은 장기간에 걸쳐 내담자의 매체평가, 사회적 책임, 비판적 매체 사용 등의 능력 함양
- 실험적 활동 시도: 미술 소재 이용한 활동으로 만화나 애니메이션, 동화 제작 등의 상호활동과 의사소통장애 극복 가능
- 다양한 주제인 환경보호, 휴가, 유행, 장난감 만들기, 미래의 부모 역할 등의 표현 재료와 정보 수집도 활동에 유익
- 비평 능력과 고찰 능력 함양

3) 임상미술치료 단기 계획 모델

Domma(1990)는 리히터의 교육적 미술치료 단기 계획 모델에 근거하여 정신병동에서 적용하는 임상미술치료 단기 계획 모델을 제시한다([그림 5-5] 참조). 이 모델

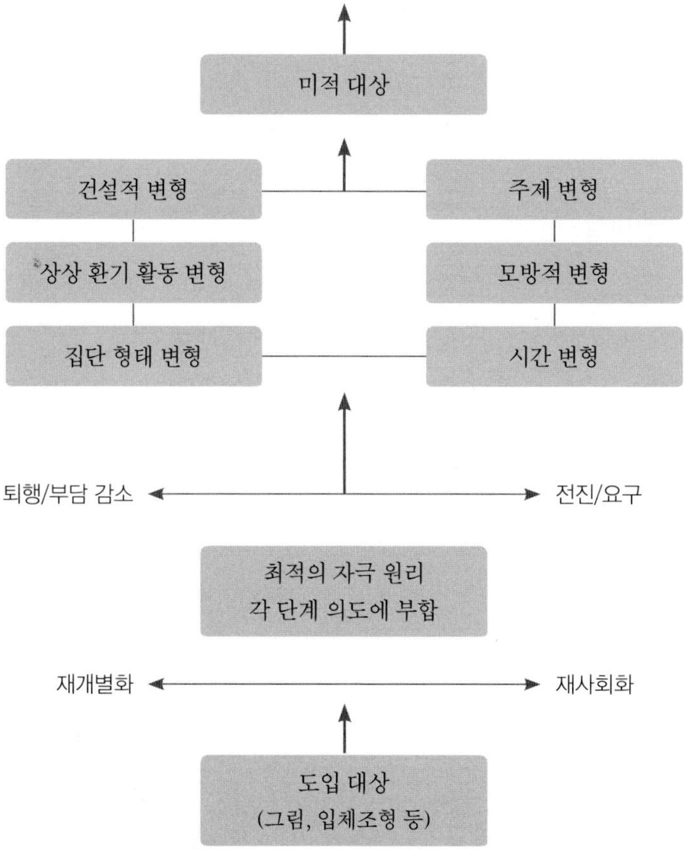

[그림 5-5] 임상미술치료 단기 계획 모델

출처: Domma (1990).

은 다른 영역의 임상미술치료에도 적용될 수 있다.

도마는 리히터와 달리 6개의 변형 요소를 제시한다. 변형 요소 관점에 따라 다양한 미술매체를 적용한다. 그러나 도마는 변형 요소들이 모두 실행에 옮겨질 수는 없으며 각 영역도 제한되어 작용한다는 것을 전제한다.

모델 아래쪽인 초기단계의 주제는 진단 정보를 제공하며, 이를 근거로 개인에게 필요한 조건들을 수행할 수 있다. 단계마다 환자에게 최적의 자극을 주어야 하는데, 이러한 자극은 퇴행과 전진, 재개별화와 재사회화의 양극 사이를 왕래한다.

다음 단계에서는 다양한 미술치료 개입 변형이 있는데, 집단 형태 변형, 시간 변형, 상상 환기 활동 변형, 모방적 변형, 건설적 변형, 주제 변형이다. 앞의 두 가지 변형 요소인 집단 형태와 시간의 변형 다음의 네 가지 개입은 미술의 적용에 속한다.

- 집단 형태 변형
  - 개인, 집단, 소집단의 형태로 변형
  - 주체중심, 주제중심, 개인중심, 관계중심의 형태로 분류
- 시간 변형
  - 전체 치료 기간과 개입 소요 시간
  - 개별적 개입에 대한 빈도
- 상상 환기 활동 변형
  - 내담자에게 최적의 자극을 주기 위해 생산적 · 수용적 관점의 미술 경험 고려
  - 선택된 관점으로 환자의 심리적 분위기에 영향을 주거나 그런 분위기를 유발하는 시도
  - 다양한 연상기법을 사용하는 모든 형태의 미술 활동 시도
  - 기존 형식의 미술 활동과 현대적 시청각 매체 이용
  - 타 예술 형태인 음악, 놀이, 춤, 시 등으로 연결하여 확장된 형상화
- 모방적 변형
  - 모방과 관련된 모든 활동
  - 대상을 모방하여 그리기는 구조적이고 경계가 있기 때문에, 치료사와 환자의 관계 구축과 환자에게 미술표현 가능성과 현실 접촉을 돕는 기능
- 건설적 변형
  - 미적 묘사와 제작에 대한 구체적 차원
  - 환자의 욕구와 능력에 따라 미술 활동으로 자기형상화 추구와 완성 돕기
  - 환자는 구체화된 작품으로 활력, 충족된 실존감, 작품과의 일체감 경험
  - 환자는 활동과 결과에서 미적 경험, 자기헌신과 자기몰두 경험

- 주제 변형
  - 내용적으로 전체 계획과 관련
  - 미술치료 계획과 목표에 따른 내용들의 효과성 점검
  - 내담자의 정체성 계발, 그림에 대한 상상과 재사회화 준비에 대한 상상 촉진
  - 앞의 가능성 성취 후에 다음 단계의 미적 대상 계획

4) 임상미술치료 장기 계획 모델

Domma(1990)는 Theunissen(1980)의 교육적 미술치료 장기 계획 모델을 기초로 하여 임상미술치료 장기 계획 모델을 제시한다([그림 5-6] 참조). 임상미술치료 모델에서는 실제상태와 목표에 해당하는 의무상태의 필요성과 개입 형태의 중요성이 다르다. 임상미술치료는 치료계획 처음부터 환자의 병의 단계와 증상에 맞추어 환자마다 서로 다른 행동양식을 파악한다.

초기단계에서 기대되는 행동양식과 치료적 출발 상황인 실제상태 사이의 폭이 크기 때문에 미술치료사는 치료 효과와 관련된 계획 모델의 한계를 확인하고, 비구체적인 오리엔테이션단계의 특성을 인정한다. 내담자에 따라서는 첫 단계인 오리엔테이션단계 없이 다음 단계에서 시작하는 경우도 있다.

(1) 오리엔테이션단계

- 치료사와 내담자의 최초 접촉 수용과 신뢰 형성의 치료적 관계 구축
- 환자와 첫 단계의 목표 설정과 약속
- 진단평가에 따른 실제상태 작성과 그에 따른 목표 설정
- 환자의 병 징도와 다양한 치료 욕구로 구체적 개입 어려움
- 초기 발달단계에 속하는 퇴행의 활동양식 적용
- 의무상태 개발 요인: 초기 자기애 욕구 상태와 교류하기

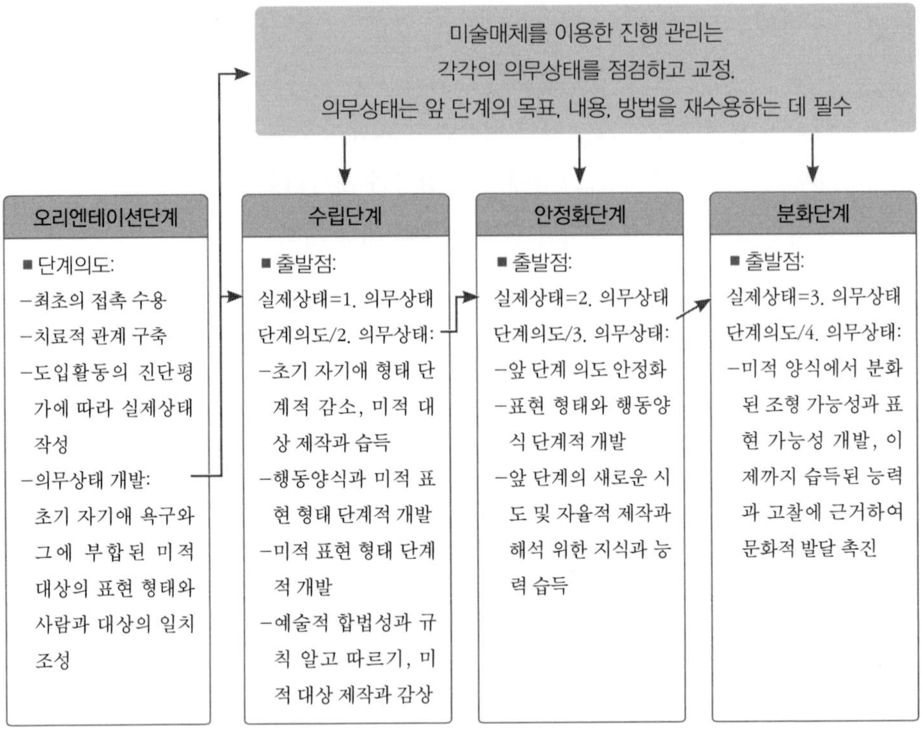

[그림 5-6] 임상미술치료 장기 계획 모델

출처: Domma (1990).

(2) 수립단계

- 앞 단계 의무상태가 실제상태므로 이 단계에서는 이전 성과에 기초
- 경우에 따라 오리엔테이션단계로 되돌아가 다시 시작할 가능성 존재
- 치료적으로 의미 있는 의도를 명명하기 어려운 단계로 개인마다 다른 단계 존재
- 미술치료 개입에 일차적인 자기애적 욕구 대응으로 현실적 자아 관련 부분 강조
- 사회적 환경의 현실원리 고려하기 시작: 현실적 의사소통 재시작, 구축 및 관리
- 다양하고 개방적인 미술매체와 미술 활동으로 초자아의 행동방식은 적절한 형태로 구축되고 안정화 시작

(3) 안정화단계

- 앞 단계 목표인 의무상태가 안정화
- 표현 형태와 행동양식 단계적 개발
- 수립단계 내용의 새로운 시도
- 자율적 미술 활동과 해석을 위한 지식과 능력 습득

(4) 분화단계

- 앞 단계의 의무상태가 이 단계의 실제상태
- 조형 및 표현의 미적 양식의 분화 및 가능성 개발
- 문화적 발달 촉진

4. 미술치료실 환경과 매체

1) 미술치료실 환경

미술치료실 환경은 기관마다 다를 수 있기에 미술치료사는 융통성 있게 공간을 재배치하는 경우가 많다. 그러나 치료사는 다음의 사항을 잘 숙지하고 있어야 한다.

- 안온하고 편안한 느낌을 주며 보호와 피난처
- 심리적 안정을 얻고 새로운 방향감각을 찾을 수 있는 공간
- 소화기, 의약품 등 비치
- 활동하기에 넉넉한 공간
- 열고 닫기가 안전한 출입문, 문턱이 없는 문지방(장애인에게 중요 요소)
- 자연광선과 통풍 가능한 창문(커튼이나 블라인드 장치), 적절한 조명등
- 벽과 바닥의 색과 재질: 편안하고 밝은 색. 바닥재는 미술재료 흔적을 없앨 수 있고, 미끄럼 방지와 충격 적고 탄력성 있는 재질

- 작품 전시나 집단 활동 가능한 벽
- 작업대는 둥근 모서리에 넓고 밝으며 매끄러운 바탕
- 의자는 안전하고 미끄럼, 마찰력 고려
- 작업대와 의자 높이는 조절 가능
- 치료실에 세면대 비치가 바람직하나, 상황에 따라 치료실이 화장실과 가까운 곳
- 재료와 작품 보관 가능한 선반이나 장 비치
- 자연풍경 관련 서적이나 동화책 등 비치
- 중간대상용이나 역할놀 위한 천 인형, 동물이나 장난감 비치

2) 미술 매체

- 채색재료
  - 수채 물감, 아크릴 물감, 파스텔, 크레용, 오일파스텔, 사인펜, 색연필, 물감 색연필, 파스넷, 천연 물감, 먹, 동양화 물감, 흙물감
  - 포스터컬러, 마커펜, 수성과 유성 페인트
  - 핑거페인팅 색: 빨강, 노랑, 파랑, 녹색, 흰색(검은색도 가능) 등
  - 다양한 크기 붓(수채, 아크릴), 동양화 붓, 붓통
- 소묘재료
  - 연필: 2H, HB, 2B, 4B, 목탄, 목탄연필, 콩데, 물감색연필
  - 사인펜, 마커펜, 볼펜, 분필, 지우개
- 입체재료
  - 점토: 갈색 점토, 흰색 점토, 지점토, 유토, 코르크 클레이, 인조 점토(컬러 점토, 천사 점토, 장식 점토 등)
  - 석고, 석고붕대, 종이죽, 핸디코트 등
  - 다양한 목재, 철사, 공예철사, 인조 대리석, 돌, 에그스톤 등
  - 폼보드, 우드락
  - 풀, 반짝이 풀, 본드, 목공용 접착제, 스카치테이프, 양면테이프, 색테이프

- 천, 실, 털실, 노끈, 솜, 모루, 스티로폼, 공 모양 스티로폼, 색 지끈, 수수깡, 풍선, 뽕뽕이, 목재상자 및 종이상자 등
- 자연물, 말린 허브, 압호, 차잎, 곡식, 파스타, 마른 열매, 조개, 돌, 자갈, 모래, 모스 등
- 밀가루, 모래, 색 모래, 소금, 구슬, 비즈, 단추, 모양 틀, 바셀린(석고 만들기용)

• 종이재료 및 캔버스
- 도화지, 켄트지(흰색 A4, A3, 8절, 4절, 2절, 전지), 색 켄트지, 두루마리 종이, 스케치북, 와트만지, 아트지, 티슈, 캔버스(원형, 타원형, 정사각형, 직사각형)
- 색종이, 한지, 색한지, 화장지, 소포지, 골판지, 신문지, 투명지, 종이접시
- 기름종이, 먹지, 색 습자지, 모눈지, 하드보드지, 셀로판지, 사포지, 판화지, OHP지, 잡지나 광고 카탈로그, 사진 등

• 도구
- 팔레트, 종이 팔레트, 이젤, 화판
- 줄칼, 점토용 도구, 망치, 송곳, 가위, 칼, 커터칼, 글루건, 글루건 심
- 이젤, 화판, 작업용 판
- 정착액, 색 래커, 스펀지
- 각종 공예기구 세트, 펀치, 회전대
- 이쑤시개, 빨대, 초, 성냥, Led 데코레이션 등, 낚싯줄, 종이컵, 병뚜껑, 코르크 등

• 기타 비치용품
- 앞치마, 걸레, 빗자루, 쓰레기통, 비누, 수건, 행주, 신문지
- 뚜껑이 있는 플라스틱 통(점토 보관용)

5. 미술치료 회기 기록과 평가

미술치료 회기 기록과 평가는 미술치료사의 의무다. 회기 기록은 내담자 상태를 정확하게 인지하고 평가하며 다음 단계 계획을 위한 자료다. 미술치료 기록과 평가 능력은 예비 미술치료사 시기부터 임상실습 전에 습득하는 전문 교육과 수련에 해당한다. 기록은 기관의 문서 양식 사용이 일반적이나 미술치료 기본 양식이 없는 경우에 미술치료사는 미술치료 문서 양식을 만들어 기관에 제공할 수 있다. 미술치료 기록 방법과 기록 문서 양식의 기본 요인은 다음과 같다.

1) 기록 방법

회기 기록 문서 작성은 사례와 상황에 적합한 방법을 선택하거나 변형할 수 있다.

(1) 녹화 및 녹음 기록

- 치료 과정을 녹화 혹은 녹음하여 회기 후에 치료사가 다시 보거나 듣고 기록
- 녹화 및 녹음은 내담자와 보호자에게 사전 동의를 구하고 동의서도 보관

(2) 치료 중 기록

- 치료에 주요 사항을 메모하여 회기 후에 다시 상세하게 기록하기

(3) 회기 후 기록

- 회기가 끝난 후에 관찰기록과 평가

2) 회기별 기록 사항

(1) 전체 사항

- 내담자 이름
- 병명/증세/징후
- (집단의 경우) 집단원 이름/인원 수
- 일시/회기
- 장소 및 시간
- 목표
- 주제
- 매체
- 참여자: 임상감독자, 실습생, 보조자 등
- 활동과정: 도입, 본 활동, 감상과 나눔, 마무리 순
- 평가: 목표 달성 여부, 회기 평가와 특이점, 문제점, 변화 등의 소견
- 향후 계획: 변화될 계획이나 알아 둘 점

(2) 주요 기록사항

- 치료 상황의 전반적 분위기
- 앞 회기와 다른 변화: 미술 활동, 내용, 행동, 언어, 기분, 감정표현, 상호 관계, 특이사항 등
- 출석 여부: 규칙적 출석, 불규칙적 출석, 결석(규칙적 출석을 하다가 결석한 상황)
- 반복되던 그림 유형에서 변화된 표현
- 매체 사용에 대한 과잉반응, 미비한 반응, 무관심 혹은 무기력
- 치료실 '중간대상'에 대한 반응
- 치료 목적과 활동 재고찰 혹은 변경

(3) 미술치료 과정 관찰 요인

Petersen(2000)은 '치료는 만남과 도구적 기술 사이의 모험으로서 치료사의 최고 수준의 인식을 요구하는 줄타기'라고 한다. 그는 치료사는 과정에서 '나는 정말로 환자에게 항상 봉사하는 파트너인가?'를 질문해야 하지만, 그렇다고 치료사가 환자의 명령을 받는 것은 아니라는 입장이다. 이와 관련하여 미술치료사가 관찰할 요인은 내담자와 미술치료사 반응으로 다음과 같다(Dannecker, 2015; Petzold, 1991; Schuster, 2000; Wellendorf, 1994).

① 내담자 반응

- 매체 반응
  - 매체 선택에 곤란을 겪는가, 바로 접근하는가?
  - 매체를 무분별하게 선택하거나 자주 바꾸거나, 파괴적인가?
  - 매체 사용에 감각적, 신체적 문제점이 있는가?
- 미술활동 반응
  - 색 사용, 필체의 질, 형태는 어떤가?
  - 운동성, 시간개념, 구성 능력은 어떤가?
  - 갈등 영역(지우기, 생략, 왜곡, 그림자 사용, 찢기, 파괴, 비워 두기 등)은 있는가?
  - 주제와 관련된 활동을 하는가?
  - 이전 회기와 해당 회기 사이에 표현의 관련성 혹은 차이점이 있는가?
  - 반복적으로 사용하는 색과 형태는 무엇인가?
- 작품에 대한 반응
  - 성과에 만족하는가?
  - 작품과 내용에 대해 적극적으로 서술하는가?
  - 작품의 문제에 대해 의견을 표현하는가?
  - 작품이 자기 내면의 상황을 반영한다고 인식하는가?
  - 내담자의 말과 작품 내용 사이에 모순이 있는가?
  - 결과에 불만, 무관심 혹은 과도한 애착을 보이는가?

- 미술치료사에 대한 반응
  - 치료사를 무시하는가? 치료사에게 공격적이거나 저항적인가?
  - 치료사에게 겁을 내거나 눈 맞춤을 하는가?
  - 치료사의 관심을 끌기 위한 행동을 많이 하는가?
  - 아이디어나 기술적 · 방법적 도움을 요청하는가?
  - 치료사의 관심에 어떻게 반응하는가?
- 집단원에 대한 반응
  - 집단원에게 접촉을 먼저 시도하는가?
  - 집단원이나 집단원 작품에 비판적 · 공격적 태도 혹은 호의적 태도인가?
  - 집단원의 활동 및 작품에 관심을 보이는가, 전혀 관심을 보이지 않는가?
  - 자신의 문제에 대해 말할 수 있는가?
  - 집단원과 눈 맞춤을 하는가?
  - 주도적이고 다른 사람의 말을 가로막는 행위를 많이 하는가?
  - 특정 집단원만 교류하는가?

② 치료사의 개입과 반응

치료사의 개입과 반응은 주로 슈퍼비전에서 점검된다.

- 내담자에게 거리를 두는가?
- 내담자나 집단원을 무시하거나 특정인에만 관심을 주는가?
- 도입을 주제와 관련하여 유연하게 하는가?
- 언어적 · 방법적 개입을 자주 하는가?
- 각 집단원에 개입을 골고루 하는가?
- 치료사 자신의 이야기를 많이 하는가?
- 내담자의 기분이나 행동에 너무 맞추려 하는가?
- 내담자의 이름을 부르는가? 성인 및 노인 내담자에게 경어를 사용하는가?
- 개인적 질문에 대답을 하는가? 혹은 당황하는가?

- 내담자가 활동을 하지 않을 때 실망하거나 불안해하는가?
- 작품에 과도한 칭찬을 하는가?
- 혼란스러운 혹은 공격적 내용에 대해 놀라는가?
- 관심을 가지고 주의 깊게 관찰하며 격려하는가?

(4) 치료사의 평가

① 미술작품

결손, 능력, 왜곡, 감각 및 운동 기능, 개선, 퇴행, 구조화 등

② 심리 · 정서 반응과 행동

- 자아상: 성적 정체성, 자존감, 자아 이상
- 타인 수용: 집단원, 권위적 존재, 가족, 파트너, 갈등 대상에 대한 수용 능력
- 현실감각: 신체도식, 왜곡, 주체성 상실
- 사고과정: 기억, 판단력, 구체적/추상적 사고
- 방어기제
- 자기애적 행동, 과도한 의존, 퇴행적 행동
- 자기만족, 자기인정
- 창의적 반응, 자기표현력, 집중력, 문제해결
- 자아실현

③ 운동 · 감각 능력

- 눈과 손 협응, 촉각 반응
- 손 숙련, 대근육 운동, 소근육 운동
- 공간감각 능력

④ **인지 상태**

- 시각적 기억력, 전체 파악능력
- 자기의식화
- 명백한 망상
- 시간/시제와 방향 인식
- 색채 인식과 형태 분별
- 양의 분별
- 준비와 정리
- 도구와 매체 관리

3) 평가 방법

- 회기 목표 달성 여부와 미술치료 이론 관점에 따른 서술적 평가
- 회기 목표에 따른 개선 요인, 개선되지 않은 요인, 개선 필요한 요인, 새로운 목표 요인 발생 등 평가
- 평가 요인을 표로 작성하여 일목요연하게 정도별 평가도 가능
- 초기, 중기, 후기 및 종료 평가 재구성 가능
- 장기치료는 단기별 평가와 목표 유지 및 재설정 제시
- 치료와 평가의 객관성과 효과성 위한 슈퍼비전 필요

6. 미술치료사의 전문성과 자질

미술치료의 계획과 진행은 미술치료사의 전문성과 인성 그리고 치료적 자세에서 출발하며, 이런 요인은 미술치료를 성공적으로 종결하는 주축이 된다. 미술치료사의 길은 도전이며 책임능력이 요구되는 과정이다. 미술치료사는 학문적 기반을 임상에서 설계하고 진행하며 평가하는 것뿐 아니라, 내담자의 보호자, 기관 직원들과

연대 및 슈퍼비전 등의 임무도 있다. 그러므로 미술치료사에게는 항상 개인적 전문성과 사회적 관계의 원활한 의사소통이라는 두 과제가 있다. 나아가 미술치료사는 임상에서 겪는 심리적 소진을 풀어내야 하는 자기경험 혹은 자기분석도 필요하다. 미술치료사의 전문성과 자질은 교육과 수련을 통해 쌓는 요인들로서 직업적 유능함과 자신의 안정과 정체성을 확립하는 기반이다.

Petersen(2000)은 치료적 문화는 관계의 문화로서 치료적 관계에 주의를 기울이는 것이라고 한다. 이러한 관계가 중심을 이루는 미술치료사의 전문성과 자질은 미술치료사의 인간관, 자기 인식, 미술치료 영역 전반의 포괄적인 지식과 그에 해당하는 진단, 목표 설정, 치료적 개입과 대화 및 태도 등의 교육을 통해 이루어진다(Golombek, 2003; Mees-Christeller, 1988). 환자에 대한 진단 및 처방과 치료 활동 및 평가로 이어지는 전문성은 미술치료사 개인만의 결정이 아닌 의사, 임상심리사, 사회복지사, 슈퍼바이저 등의 협업의 결과다. 다음은 유능한 미술치료사가 되기 위한 전문교육과 미술치료사의 소양과 자질을 살펴보고자 한다.

1) 미술치료사 교육과 전문성

미술치료사는 미술치료 학문의 전문성을 갖추기 위한 교육과정을 이수해야 한다. 미술치료 교육과정은 국가마다 다르지만, 공통적으로 이론 교육과 임상실습과정, 슈퍼비전, 연구과정의 커리큘럼을 제공한다. 대학 및 대학원 과정의 교육 기간은 2~4년 정도가 되며 여기에 슈퍼비전 시간도 포함된다. 교육기간 동안 학생 개인이 수련하는 임상실습 시간은 500시간에서 1,000시간 정도다. 미술치료 전공 대학기관이나 협회 및 학회에서는 미술치료 전문성 강화를 위해 미술치료 교육과정을 정착시키면서도 시대에 따라 보완하고 수정하면서 확장한다.

최근 '독일미술치료 협회'(Deutscher Fachverband fur Kunst-und Gestaltungstherapie: DFKGT)는 유럽의 대학교육 개혁의 일환인 '볼로냐 개혁(Bologna-Reform)'에 근거하여 미술치료사의 전문지식과 역할을 위한 미술치료 교육과정을 구체적으로 제시한다(Majer, 2015: 정여주, 2021, pp. 117-119 재인용). 이 과정에서 미술치료사 전문성의 세 영역은 '수용적 미술의 전문지식(인식과 이해)' '생산적 미술의 전문지식(실행과 경험)'과 '성찰적 미술의 전문지식(참조와 맥락화)'이다. 각 영역의 하위 내용을 소개하면 다음과 같다.

(1) 교육 영역

① 수용적 미술의 전문지식(인식과 이해)

– 미적 현상에 대한 감수성과 공감
– 미적 현상에 대한 차별화된 인식과 즉각적 판단과 가치판단을 배제한 인식
– 유추해석 능력
– 조형의 재료, 형태 및 내용 이해
– 미적 경험과 인식이 작동하는 방식 이해
– 의사소통 및 상호작용의 형태가 되는 미술 이해
– 다양한 조형 원리 및 표현 형식 이해
– 다양한 매체 및 재료의 특성 및 용도 이해
– 미술치료 주제와 관련성 있는 예술적 입장 및 개념 이해
– 미술 지식 습득

② 생산적 미술의 전문지식(실행과 경험)

– 미술 매체와 재료에 대한 실용 지식과 적절한 활용 능력
– 미술 과정과 성취에 대한 실용 지식과 적절한 활용 능력
– 아날로그적 진행 능력
– 외형적 · 미적 실행 및 작업 능력
– 자발적 미술 활동의 즉흥성 및 우연적 현상 활용 능력
– 미술 활동 과정에 동일시와 거리를 두는 능력
– 미적 연구 과정과 인식 과정의 설계 능력
– 미술적 상호작용, 협업 및 참여의 설계 능력

– 적절한 문서화 및 미술 과정과 작품의 제시 능력
– 미술 지식 응용

③ 성찰적 미술의 전문지식(참조와 맥락화)

– 수용적 · 생산적 미술의 전문지식에 관한 상호 관계를 발전시킬 수 있는 능력
– 미술 활동을 개인적 · 사회적 · 문화적 조건과 관련한 복합적 관점으로 성찰하는 능력
– 유사한 인식과 행동을 상호 연결하는 능력
– 미술 현상의 탈맥락화와 재맥락화 능력
– 미술 형식과 의미 간의 일치점과 차이점에 대한 인식 능력
– 미술의 차별적 현상을 다루는 능력
– 미술 현상과 지식을 적절히 전달하는 능력
– 미술 지식의 평가

(2) 교과목

미술치료사의 전문지식과 관련한 앞의 영역과 세부사항은 미술치료 교육과정에 연결되어야 한다. 다음은 미술치료 교육 영역과 교과목의 예를 소개하고자 한다. 이는 시대 변화에 따라 다를 수 있으며, 시대적 · 사회적 이슈가 되는 주제들은 단기 교육이나 프로젝트를 통해 소개되다가 새로운 교과목으로 안착된다.

- 미술치료: 미술치료학 개론, 미술치료 진단과 평가, 의료미술치료, 임상실습 및 슈퍼비전, 아동미술치료, 청소년미술치료, 성인미술치료, 노인미술치료, 장애 아동 · 청소년 미술치료, 가족미술치료, 디지털 미술치료, 색채 심리와 상징, 트라우마 미술치료, 사회참여 미술치료, 미술심리재활, 미술재활 현장실습, 의료미술치료, 정신분석적 미술치료, 미술치료 그림분석, 미술 매체 연구 및 실습, 미술기법 연구 및 실습, 통합적 미술치료, 연구방법론, 창의적 자기경험 미술치료, 연구세미나, 미술치료 임상윤리 등

- 의학 및 정신의학: 건강과 병의 개념과 정신장애 및 정신신체 장애에 대한 의료 교육 등
- 심리학: 인간의 심리, 상담심리, 발달심리학, 이상심리학, 인지심리학, 사회심리학, 인간행동 원리 등
- 미학, 교육학, 철학, 사회학: 미술사, 철학사, 일반교육 및 특수교육 등
- 미술치료 연구방법론: 문헌연구, 자료 수집 및 분석과 평가를 위한 세미나, 양적 연구방법론, 질적 연구방법론 등

(3) 미술치료사 자격증

미술치료사 자격증은 나라마다 다른데, 대학의 미술치료 전공졸업자에게 미술치료사 자격을 인정하는 나라도 있고, 졸업장과 별도로 자격과정을 만들어 자격증을 수여하는 나라도 있다. 미술치료사 자격증은 유효기간이 있어 재발급을 받기 위한 점검 제도가 있는데, 미술치료사는 기간 내에 임상과 재교육 증명을 제시해야한다.

미술치료사 자격을 위한 마지막 단계에서는 논문, 임상실습 및 슈퍼비전, 필기와 구두시험 결과 등의 증명서를 제출하여 대학기관이나 학회에서 인정을 받는다. 20여 년 전부터 우리나라에서 미술치료 대학원이 증가하고 사회적으로 미술치료 수용이 높아짐에도 통일된 공인자격증 제도가 없어 전문성 검증에 문제가 적지 않다. 체계적 검증이 되지 않은 자격증 남용은 미술치료에 대한 불신뿐만 아니라 치료에 대한 위험성이 증가하여 궁극적으로 내담자에게 피해를 줄 수 있다. 이러한 상황에서 국가인정의 미술치료 공인자격증으로 미술치료사 전문성의 보편성이 필요한 시점이다. 우리나라는 국가가 2017년부터 실시한 '발달재활 서비스' 전문자격증 제도에서 장애아동을 위한 '미술심리재활사' 자격증을 제공한다. 그러나 이는 장애아동을 위한 자격증으로 한성되어, 전 대상을 다루는 확장된 자격 시스템이 필요하다.

(4) 미술치료사 임상윤리 교육

정보통신수단인 인터넷, 스마트폰 사용과 동영상을 통한 정보교류가 일상화되고 인공지능 사용이 확산되는 시대에 미술치료의 임상윤리 교육은 어느 때보다 더 민

감하고 중요한 이슈가 되고 있다. 따라서 임상윤리 교육은 어느 때보다 더 필요하다. 이에 미술치료에서 미술치료사 윤리 교육을 통한 치료사 윤리와 행동강령, 법적 문제 등을 대학기관과 미술치료 학회에서도 필수교육으로 포함하고 있다. 이와 관련하여 미국 미술치료협회의 윤리위원장을 역임했던 Moon(2006)은 이미 오래전에 미술치료사가 직면하는 윤리적 딜레마 및 문제, 내담자에 대한 행동강령, 미술작품의 권리와 슈퍼비전, 윤리적 위반 다루기 등의 주제에 관한 저서를 통해 미술치료 윤리 교육의 지침서 역할을 한다.

미술치료사 윤리는 미술치료에 기본적이고 필수적인 교육과정에 해당한다. 이에 따라 미술치료에서도 연구와 임상윤리를 위한 「생명윤리 및 안전에 관한 법률」(Institutional Review Board: IRB) 교육이 이루어지고 있다. 우리나라는 국가가 병원이나 인정기관에 위임하여 교육과정을 제공하며, 이 과정은 미술치료사뿐만 아니라 모든 의료 관련자에게 필요하다. 미술치료사는 연구를 위해 IRB 교육을 받아야 할 뿐만 아니라 윤리적 문제가 있을 때는 학교나 미술치료 학회나 협회의 윤리위원회에 자문을 요청할 수 있다.

2) 미술치료사 자질

(1) 질병 중심이 아닌 인간중심 관계

미술치료사는 내담자를 질병이나 증상 중심이 아닌 인간중심으로 만난다. Golombek(2003)은 미술치료는 '질병'이 아닌 전인적 존재로서의 인간이 관심의 초점이기 때문에, 치료사는 내담자를 '증상 보유자'로 취급하지 않고 개인의 신체적, 정신적 · 영적 측면과 개인 세계 및 삶에 대한 참여를 고려해야 한다고 강조한다. 여기에서 미술치료사는 환자의 능력과 잠재력, 즉 환자가 자신을 스스로를 도울 수 있는 가능성에 특별한 주의를 기울여야 한다는 것이다. Rieder(2003)도 환자를 어떤 특정한 질병 현상으로 축소하여 보는 것은 '단순한 대상'으로 격하하는 것이라고 비판하면서, 치료사는 환자를 전인적 존재로서 만나야 한다고 강조한다.

(2) 동반자 관계와 자기 인식

Petersen(2000)은 치료사는 내담자에게 자비를 베푸는 태도를 갖는 것이 아니라 '고통의 동반자'가 되어야 한다고 주장한다. 내담자와 동반자가 관계를 맺기 위해 Buber가 강조한 '너와 나의 만남'의 관계를 이룰 수 있는 준비가 되어야 한다.

동반자 관계는 내담자 존재 전체에 대한 치료사의 신뢰와 개방, 경청 및 수용의 자세가 바탕이 된다. 치료 관계에 주의를 기울이는 것은 초보 치료사나 경력 치료사도 항상 의식해야 하는 제 일 순위며 가장 본질적인 조건이기에 먼저 치료 관계를 경험하고 그것을 조망할 수 있어야 한다(Petersen, 2000).

이러한 자질을 갖추기 위해서는 미술치료사 자신을 이해하는 과정이 전제되어야 한다. 예를 들어, 자신의 억제된 감정, 불안, 분노, 수치심 등을 자기표출, 자기탐구를 통하여 경험하는 과정의 작업이 '자기 인식'의 과정이다. Wadeson (1995)은 자기 인식이란 만들어진 것이 아니라 진행되는 것이며, 일생 동안 민감성을 가지고 채워 나가야 되는 것이라고 강조한다. 즉, 치료사의 자질은 본래의 성품에서 나타난 것이 아닌 일생 동안 가꾸어 가며 성장하는 인성의 과제다. Petersen(2000)은 치료사는 순종적인 동반자며 양심적 청취자로서 순종적인 의미를 내담자인 파트너 말을 완전히 듣고, 들을 수 있고, 사심 없이 들을 수 있는 것이며, 이때 치료사 자신의 감정도 인식할 수 있어야 한다고 제안한다.

Schmeer(1998/2006)는 미술치료사와 환자의 동반자 관계를 '치료사 자아와 환자 자아의 동맹'이라고 한다. 슈메어는 이 자아동맹 관계를 네 가지 과정의 차원으로 제시한다. 첫째 관계는 '치료사의 의식과 환자의 의식'으로 언어적 교류와 정보교환에 해당한다. 둘째 관계는 '치료사의 의식과 환자의 무의식'으로 환자의 그림에 나타난 상징 내용과 무의식의 내용을 이해하는 과정이다. 셋째 관계는 '환자의 의식 및 무의식과 치료사의 무의식'으로 치료사의 역전이 해결에 해당한다. 넷째 관계는 '치료사의 무의식과 환자의 무의식'으로 환자의 무의식은 치료사의 무의식에서 나온 것이 그림으로 표현된다. 즉, 치료사가 그림으로 표현된 환자의 자아에 경청함으로써 두 사람의 무의식적인 동맹이 이루어진다. 이런 이유로 슈메어도 미술치료사는 자기경험 과정을 통한 자신의 치유적 · 내적 원형을 발굴해야 한다고 강조한다.

(3) 공감 능력

공감 능력은 타인의 감정에 대한 이입 능력과 내담자와의 의사소통 능력으로 연결되는데, 이는 치료사의 열린 마음으로 경청하는 태도와 선입견 없는 마음에 의해 형성된다. 편견과 선입견은 치료의 전개와 결과를 모호하고 혼란스럽게 하거나 치료사에게 역전이 현상을 일으킬 수 있는 걸림돌이 된다. 치료사는 선입견과 편견을 갖지 않기 위해서 내담자에게 개방적이어야 하고, 자기 가치관을 초월하여 내담자의 생각과 행동을 수용할 수 있는 능력을 키워야 하며, 자기성찰의 기회를 가져야 한다.

Egan(1975)은 공감 능력으로 공감적 경청과 냉철한 경청을 구분한다. 공감적 경청은 내담자의 문제에 대한 관점과 정서적 상태를 이해하며 내담자와 함께하는 태도다. 냉철한 경청은 공감적 경청과 더불어 내담자의 특정 관점이나 경향을 경청하는 것으로, 예를 들면 경험과의 차이, 왜곡, 부조화를 탐지하는 것이다.

특히 공감 능력은 치료사가 자신의 삶에서 겪은 긍정적 · 부정적 감정을 탐색하고 극복함으로써 확장될 수 있다. 이를 통해 치료사는 내담자를 존중하고 선입견 없이 받아들일 수 있다. 공감과 관련하여 관심과 경청뿐 아니라 예민한 관찰력도 중요한데, 관찰력은 치료사에게 객관성과 합리성을 제공하며, 치료사의 역전이나 모호한 주관적 관점을 수정하거나 보완해 준다.

(4) 의사소통 능력

의사소통은 미술치료사와 내담자의 관계에 신뢰가 기반이 되고 효율적인 결과로 이끈다. 김유영(2014)은 치료에서 의사소통의 네 가지 중요성을 제시하는데, 환자와 의사 간의 의사소통과 의견 일치에 따른 치료 결정, 의사의 진실 말하기, 실수를 알려야 하는 의사의 의무와 환자의 진실 말하기다. 이러한 의사소통은 치료 효과를 위한 방법이며, 환자는 이러한 결정에 자신의 자율성이 존중되고 있는 동반자적 관계를 인식하게 된다. 의사소통 능력을 위해서 직관력과 통찰력도 겸비되어야 하는데, 이러한 능력으로 치료사는 치료 상황을 빠르게 파악하고 적절한 대처를 할 수 있기 때문이다. 그러나 과도한 의사소통이나 상호작용은 삼가야 한다. 즉, 치료사는 미술 활동 과정에 많은 질문과 개입 및 해석을 하지 않도록 한다. 또한 치료사는 특정 내담자에게 동정심이나 잠재된 반감을 가지는지에 대한 역전이 상황의 점검도 해야 한다.

(5) 유머감각과 유연성과 자율성

치료사의 유머감각은 치료 과정에서 나타날 수 있는 경직된 분위기를 이완하거나 실수로 인한 문제점들에 유연하게 대처할 수 있게 해 준다. 또한 침착하고 여유 있는 태도의 치료사는 문제에 직면했을 때 직선적이고 한 가지 방법만을 고집하는 것이 아니라, 우회적이고 융통성 있는 방법으로 문제를 해결할 수 있다. 이러한 자질을 갖추는 데는 자율성이 동반된다. 자율성의 능력은 치료의 전 과정을 성공적으로 이끌어 가는 힘으로, 진정한 자율성은 주도적이지 않으면서도 위기의 상황에 흔들림 없이 자신을 통제하는 능력이다.

(6) 창의성

미술치료사의 창의성은 미술치료의 기본 과제인 내담자의 잠재된 창의성을 이끌어 내거나 영감을 줄 수 있는 원천이 된다. 치료사는 자신의 창의성을 개발하기 위해서 지속적으로 미술 활동과 다른 예술 활동을 하는 것이 바람직하다.

(7) 책임감과 성실성

미술치료사의 윤리 의식은 전문성에도 강조되지만 정직성과 연결된다. 미술치료사는 치료 상황의 대화나 내담자의 개인 문제를 외부로 유출하지 않는 책임감과 윤리 의식을 가져야 한다. 이와 관련하여 미술치료사는 내담자와 이중관계, 사적 관계나 애정관계를 맺지 않도록 한다. 미술치료사의 책임감은 성실성과 단짝이다. 어떤 수준 높은 교육을 받은 치료사라도 성실성이 결여되거나 부족하면 다른 모든 자질 함양이 수포로 돌아간다.

미술치료 영역과 적용

1. 장애 아동 · 청소년 미술치료

다음은 아동 · 청소년의 장애에 따른 미술치료 영역과 미술치료 계획과 활동에 필요한 요인들을 간단히 소개하고자 한다(Aissen-Crewett, 1989; Bleidick, 1985; Bröcher, 1997, 1999; Herrmann, 2003; Heward, 1996; Konrath, 1997; Menzen, 1994, 2001; Ohlmeier, 1994; Richter, 1984).

1) 지적장애 미술치료

- 단기 목표와 장기 목표를 세운다.
- 색, 선, 형태, 크기, 공간, 방향 등에 대한 인식과 구분 능력을 장려한다.
- 다양한 감각자극과 숙련 및 대근육 운동과 소근육 운동을 장려한다. 이에 촉각, 미각, 후각, 청각, 시각을 자극하는 재료 사용과 기법을 개발하여 적용한다.
- 단순하고 구체적이며 단계적으로 난이도를 적용한다.

- 기법과 재료 등을 반복적으로 활용한다.
- 눈과 손의 협응, 착석과 집중력을 위해 놀이적 요소를 함께 적용한다.
- 사물에 대한 인식 능력을 개발한다.
- 긍정적 · 부정적 정서를 미술로 표현하도록 장려한다.
- 자아표현을 증진할 수 있는 기회를 갖게 한다.
- 위축감을 줄이고 자신감을 높인다.
- 집단 활동을 통해 타인과 관계 맺고 상호작용하는 경험을 늘린다.

2) 학습장애 미술치료

- 단기 목표와 장기 목표를 세운다.
- 개인의 인지, 감각 및 근육 운동, 정서 표현, 언어, 사회성 등의 개별 능력을 고려한 프로그램을 계획한다.
- 집단 활동에도 아동 · 청소년의 개별성을 고려한 개별화 프로그램을 준비한다.
- 구조화되고 구체적이며 반복적인 활동을 제시한다.
- 조형활동의 기본 요소인 선, 형태, 공간, 색 인식과 활용을 고려한다.
- 재료, 도구, 기법은 기본적으로 지각운동과 감각을 자극 하는 것을 계획한다.
- 대근육 운동과 소근육 운동, 손과 눈의 협응 능력을 고려한다.
- 놀이적 요소와 의사소통 프로그램을 활성화한다.
- 또래집단, 가정, 학교, 사회생활과 연계될 수 있는 프로그램을 준비한다.
- 자신의 환경을 시각적 · 객관적으로 표현할 수 있게 한다.
- 부정적이고 억눌린 감정을 표현, 해소하고 극복할 기회를 제공한다.
- 자신감과 긍정적인 자아상이 길러지며 환경에 적응할 수 있도록 한다.

3) 시각장애 미술치료

- 부정적 · 긍정적 정서를 자유롭게 표현하도록 장려한다.
- 공간경험, 사물경험, 운동경험, 인지경험을 통해 자신감을 높인다.
- 미술 활동을 통한 창의성과 잠재력을 발전시킨다.
- 촉각, 미각, 후각, 청각 자극을 활성화하는 다양한 재료 사용을 계획한다.
- 미술 재료와 기법을 창의적이고 용이하게 다룰 수 있게 한다.
- 입체활동 및 형태와 색채 표현을 경험한다.
- 미술 활동을 통하여 환경에 대한 표현과 인식력을 기른다.
- 자신의 정서, 기억, 일상생활을 시각적으로 표현한다.
- 미술 활동을 통한 정서 표출과 의사소통의 기회를 증진시킨다.
- 일상생활 적응과 자신감을 얻는다.
- 리듬, 음악, 동작을 겸하여 환경을 더 잘 느끼고 즐기게 한다.

4) 지체장애 미술치료

- 손 숙련, 눈과 손 협응, 시각, 촉각과 운동감각 경험을 활성화한다.
- 느낌, 생각, 경험을 시각적으로 표현할 수 있는 동기와 자극을 준다.
- 미술 활동에 놀이, 동작 및 율동을 통하여 정서적 해방감을 경험한다.
- 대근육 운동과 소근육 운동, 손 숙련도를 발전시킨다.
- 정서적 표현 능력을 활성화한다.
- 사회 적응, 협동력, 갈등해결 능력을 발전시킨다.
- 자율성과 자신감을 향상한다.

5) 정서 · 행동장애 미술치료

- 미술 활동의 단계적 · 개인적 적용으로 행동장애를 교정 · 감소할 수 있게 한다.

- 집중력 강화와 과잉행동 감소를 위해 치료계획을 간단하고 용이하게 세운다.
- 선호하는 활동부터 시작하여 반복적 · 단계적으로 난이도를 높인다.
- 장애 정도, 집중력 정도에 따라 시간을 조정한다.
- 미술 활동을 통해 정서를 구체적으로 표현할 수 있게 한다.
- 긴장을 완화할 수 있는 동작치료와 이완 등을 함께 한다.
- 놀이적 요소를 가미하여 상동행동을 약화시킬 수 있게 한다.
- 개인 내 혹은 개인 상호 간의 갈등을 약화시키거나 해소한다.
- 자아존중감과 자신감을 강화할 수 있도록 한다.
- 공동활동을 통한 또래 적응 및 상호활동을 향상한다.
- 미술 표현을 통해 자신의 환경 인식과 방향감각을 얻게 한다.
- 색과 형태에 대한 분별력을 기른다.
- 착석과 집중력을 강화할 수 있도록 한다.
- 감각 기능을 활성화하는 재료를 선택한다.
- 대근육 운동 및 소근육 운동 능력과 행동조절 능력을 향상한다.
- 스트레스 요인이 되는 환경을 피한다.

6) 의사소통장애 미술치료

- 감정과 생각을 표현할 수 있는 자극과 동기를 준다.
- 미술활동으로 이완과 정서적 해방감을 경험하게 한다.
- 비언어적 매체를 통한 의사소통의 가능성을 열어 주고 자신감을 갖게 한다.
- 초기에는 대화의 부담을 줄이는 프로그램으로 시작한다.
- 인형, 가면, 난화, 핑거페인팅, 점토놀이 등의 언어 자극 활동을 연결한다.
- 치료사는 내담자의 눈을 보며 천천히 그리고 정확하게 말한다.
- 색, 형태, 공간감각, 방향 등에 대한 언어화를 유도한다.
- 이완과 리듬 및 율동이 겸비된 통합적 활동을 유도한다.
- 환경과 또래문화에 대한 관심을 넓히게 한다.

7) 청각장애 미술치료

- 부정적 감정 및 심리적 상황을 표현할 수 있도록 한다.
- 눈 맞춤을 자주하여 자연스럽게 의사소통하는 기회를 갖는다.
- 운동감각, 시각, 촉각을 강화하는 재료를 사용하는 프로그램을 구상한다.
- 리듬악기나 음악으로 소리의 진동을 느껴 미술로 표현하는 기회를 자주 갖는다.
- 기분, 정서, 경험을 조형적으로 표현하여 의사소통을 향상한다.
- 자신의 잠재력, 소망 등을 자유롭게 표현하게 한다.
- 판타지와 창의적 경험 등을 활성화한다.
- 공동활동을 통한 사회참여도와 상호 의사소통의 기회를 넓힌다.

2. 아동 · 청소년 문제 및 부적응 행동 미술치료

아동 · 청소년의 심리 · 정서 문제 및 부적응 행동으로 가장 빈번하게 나타나는 양상을 살펴보고, 그에 따른 미술치료 적용을 간단히 소개하고자 한다(Bröcher, 1997, 1999; Kobi & Roth, 1997; Myschker, 1999; Richter, 1984; Stepney, 2001; Theunissen, 1980; Trapmann, Liebetrau, & Rotthaus, 1997; Wenar, 1990/1998).

1) 공격성

(1) 형태

공격성이란 의도를 가지고 어떤 대상에게 직접적 · 간접적으로 해를 입히는 모든 행위를 말한다. 여기에는 손상이나 상해를 목적으로 하는 행위와 사람이나 물건에 해를 입혀 상대방을 위축되게 하거나 불안을 유발시키는 행위가 있다. 이러한 공격성의 형태를 분류하면 다음과 같다.

- 언어 공격/신체 공격
- 감정 동반 공격/도구 이용 공격
- 자기 공격/타인 공격
- 직접 공격/형태 변형 공격
- 충동 공격/반응 공격
- 개인 공격/집단 공격
- 개방적 공격/숨겨진 혹은 상상된 공격
- 진지한 공격/장난스러운 공격

(2) 원인

심리학, 교육학, 사회학, 인류학 등의 분야에서는 오랜 세월 동안 공격성의 원인을 찾으려는 시도가 이루어져 왔다. 인간의 공격성에 대한 원인 규명은 관점에 따라 다르지만, 상호 관련성이 있다는 것을 인정한다.

공격성의 원인은 일반적으로 본능적 충동, 잘못된 교육, 불안과 좌절, 자아실현 결여, 불만족한 생활 조건, 대중매체의 폭력 사례, 정치적 상황, 사회적 가치관, 다른 방법보다 쉬운 방법 등이 있다.

(3) 해결방안

공격성의 해결방안은 공격성 연구만큼 다양하게 제시되는데, 해결방안을 소개하면 다음과 같다.

- 양질의 교육 제공하기
- 자유롭게 놀 수 있는 환경과 모험적 환경 제시하기
- 좌절감이나 부정적 감정 또는 고집을 조심스럽게 다루기
- 집단생활의 기회 제공하기
- 공격성에 대한 정보, 사례와 그에 대한 결과 및 의식화 교육하기
- 생활 조건 개선하기

- 자아실현의 기회 제공하기
- 정치적으로 변화하기
- 운동이나 경기를 통한 공격성의 정화하기
- 창의적 여가활동하기

(4) 미술치료 적용

상상여행 및 판타지 여행, 점토활동(던지기, 반죽하기, 밀기, 찢기, 주무르기, 진흙놀이, 자기투사 주제 만들기), 동작과 음악 이용한 그림 그리기, 핑거페인팅, 쉐이빙 폼 놀이, 물감 뿌리기, 신문지 찢기 및 신문지 조형 활동, 콜라주 활동, 인조 대리석 및 단단한 미술재료를 통한 조형 작업 등

2) 주의력결핍 과잉행동장애

(1) 형태

- 외부의 자극에 쉽게 전환되며, 활동을 시작한 후 바로 다른 활동으로 변경함
- 손발을 가만히 두지 못하고 착석 상황에서도 자주 일어서거나 미끄러짐
- 상황에 맞지 않게 서서 돌아다니거나 기어오르거나 뒹굴기를 반복함
- 놀이에서도 과도하게 흥분된 것처럼 행동함
- 자신의 관심에만 빠져 있거나 말을 너무 많이함
- 차례를 서거나 기다리지 못함
- 질문이 끝나기 전에 충동적 대답을 하거나 남의 말에 끼어들음
- 과제나 놀이에 집중하지 못함
- 남이 말하는 것을 듣지 않거나 그렇게 보일 때가 빈번함
- 과제나 물건 등을 자주 잃어버림
- 결과를 고려하지 않고 위험한 행동을 많이 함

(2) 원인

주의력결핍 및 과잉행동장애는 일반적으로 뇌기능장애를 일으키는 유전적 요인, 후천적 뇌손상, 신진대사장애를 요인으로 보지만, 통일된 관점은 없다. 음식 성분, 즉 인산염 과다, 당분, 중금속으로 인한 알레르기성 반응으로 보는 관점도 있지만, 이에 대한 효과를 입증하지 못해 학계에서는 회의적으로 받아들인다. 학령기 전후에 나타나는 이 장애는 가정환경이나 주변 환경의 부정적 영향으로 보는 경우가 많다.

(3) 해결방안

주의력결핍 과잉행동장애(ADHD)는 복합적 요인으로 인해 발생하기 때문에 생물리학, 정신역동, 학습이론, 신경생리학, 신경심리학, 특수교육 등의 관점에서 통합적으로 다루어져야 한다.

- 시간적 · 공간적으로 정리되고 안정감과 신뢰감 주는 환경 제공하기
- 자신만의 자유로운 공간 허용하기
- 의미 없어 보이는 활동을 의미 있는 활동으로 연결하기
- 빈번한 변동 없이 정해진 일과를 계획하여 지속적으로 실행하기
- 대상에게 '하지 마라' '그만 둬' '조심해' '안 돼' 등의 자극적인 말과 행동 줄이기
- 정리되고 조용한 집안 분위기 조성(TV 계속해서 틀어 두지 말기, 물건 제자리에 두기, 가구 자주 바꾸지 말기 등)
- 패스트푸드 삼가, 영양 음식 및 유기농 음식, 복합비타민 제공하기
- 짧지만 반복적으로 관심 보이기, 들어 주기, 대화 나누기

(4) 미술치료 적용

미술치료와 함께 동작, 음악 및 놀이 등의 이완활동을 시도(특히 회기 시작과 마지막에 의례적으로 하여 내담자가 기억하도록 유도), 통합적 치료 적용, 내담자의 주 관심을 미술 재료와 기법에 적용 및 응용(내담자 중심 미술치료), 단계적이며 반복적인 적용, 만다라 문양 색칠, 데칼코마니, 놀이 교구와 자연물 활용, 호흡연습이나 동작활

동 겸하기 등

3) 유아기 자폐증

(1) 형태

① 사회성 발달장애

- 부모와 애착관계를 형성하지 못함
- 신체적 접촉을 기피
- 타인에 대한 무관심
- 타인의 감정에 무관심하고 또래와의 놀이가 이루어지지 못함
- 타인의 권리나 입장을 고려하지 않음

② 언어발달장애

- 초기 유아기에 언어발달이 거의 일어나지 않거나 지연
- 옹알이나 언어 모방이 결여
- 언어 이해력 부족으로 행동이나 몸짓으로 자신의 요구를 표현
- 혼잣말이나 반복어를 사용하며, '나' '너' '우리'의 대명사 사용 혼동
- 음조, 리듬, 억양 특이
- 문장을 거의 사용하지 않음
- 반향어를 많이 사용

③ 행동장애

- 특정한 물건에 심한 애착
- 반복적이고 상동적인 행동
- 환경의 변화를 견디지 못하고 적응 기피
- 심한 편식증과 특이한 수면 습관

- 이유 없는 심각한 고집
- 자해행동
- 또래의 공격에 대해 방어 능력이 거의 없음
- 충동적인 행동
- 대소변 가리기 지연
- 어떤 상황에 과잉 혹은 과소 반응

(2) 원인

자폐증의 원인은 복합적 원인으로 규명된다. 이에 따라 생물물리학 관점(염색체 손상, 산소 결핍, 미세뇌기능장애), 신경심리학, 비교행동학, 정신분석, 학습이론 등의 관점을 들 수 있다.

(3) 해결방안

- 자폐 증세의 조기발견을 위한 진단 필요
- 팀(부모, 소아 전문의, 교사, 치료사, 임상심리사) 구성하여 교육과 치료를 받기
- 정상적 발달(언어, 인지, 사회성)을 위해 다양하고 적극적인 교육과 치료 목표 설정하기
- 단계적 · 지속적 교육과 다양한 치료적 접근 시도하기
- 부모 상담과 교육 병행하기

(4) 미술치료 적용

내담자 선호 미술 활동 반복 및 확장, 감각자극의 다양한 미술재료 사용 및 교구 활용, 젖은 종이에 물감으로 그리기, 색 변화 체험, 색의 대비와 농담 활동, 데칼코마니, 물감 불기, 물감 뿌리기, 파트너/치료사와의 공동활동, 핑거페인팅, 다양한 점토활동, 심리운동 고려한 기법과 재료 활용, 동작 및 율동과 음악활동의 통합적 미술치료, 만다라 그리기, 신체 그리기 등

4) 과도 불안

(1) 형태

- 실존불안(죽음불안, 질병불안, 상해불안, 자연재해 불안 등)
- 사회적 불안(과도한 수줍음, 과도한 당황, 대중불안 등)
- 능력불안(시험불안, 학교불안, 직업불안, 성불안 등)
- 지나친 성취 요구와 그와 관련된 무능력감과 열등감
- 행동 반경 제한
- 자기발전, 자기실현 및 자발성을 위한 노력 감소 및 결여
- 행동화 시도 결여
- 해결방안을 위한 오리엔테이션이나 감각 결여

(2) 원인

과도 불안은 유아기와 아동기의 불충분한 보호(호스피털리즘), 지속적 불안 조성, 종교적 내용 남용, 과도한 윤리적 · 도덕적 요구, 그릇된 정보 등으로 인해 유발될 수 있다.

(3) 해결방안

- 사랑과 애정을 통한 신뢰행동 보여 주기
- 편안하고 충분한 스킨십하기
- 욕구충족하기
- 불안 표현하기와 불안 표현 조롱하지 않기
- 정확하고 분명한 정보 제공받기
- 기습 행동 및 발언 삼가하기
- 불안 상황 미리 알려 주기
- 과잉요구 삼가하기
- 심리상담가나 치료사에게 상담받기

(4) 미술치료 적용

불안 그리기, 불안 관련 감정 그리기, 치료사와 내담자가 한 종이에 함께 그리기와 바꿔 가며 그리기, 그림 통한 놀이(난화 기법), 자연물과 입체재료 활용, 만다라 그리기, 자기 자원 그리기, 색명상 하기, 행복했던 장면 그리기, 안전한 장소 그리기나 만들기, 신체 그리기, 천이나 솜 혹은 털실 이용한 활동, 인형 및 장난감 만들기, 동작치료와 함께 하기(신체조절, 균형 잡기 연습), 상상여행 그리기, 놀이연습과 그러한 경험 그리기(신뢰 형성 후 실시), 마사지 겸비(발, 등, 손) 등

5) 야뇨증

(1) 원인

야뇨증에 대한 의학적 원인을 찾지 못할 경우에는 심리적 · 환경적 요인에서 원인을 찾는다. 애정 욕구, 형제자매에 대한 질투와 시기심, 부적절한 대소변 훈련, 과도한 청결교육, 과도하고 엄격한 도덕교육, 지속된 심리적 긴장 상태, 불안감, 타인의 부담스러운 요구, 성취 수행 결함, 학업 스트레스 등을 들 수 있다.

(2) 해결방안

- 체벌이 아닌 도움이 될 수 있는 방법 선택
- 나쁜 습관으로 인식시키기보다 단순한 현상, 일시적 현상으로 인식시키기
- 규칙적 훈련(초기에는 수면 중에 규칙적으로 일어나서 의식하고 소변 보기)
- 소변 기록(밤에 오줌 싸지 않은 날 스스로 기록하게 하여 칭찬하기)
- 환경 변화 및 적응 시도(캠프나 친척 집 방문 등 단계적으로 시도)
- 격려와 용기 부여(형제자매나 친구와 비교하지 않기)
- 부모는 유치원 및 학교 교사에게 자녀의 문제를 알리고 상호 연계하여 해결 및 도움 받기
- 또래집단 및 가족과의 놀이 기회 늘리기
- 창의적 · 자율적 활동 기회 제공

- 부모 및 형제자매와 편안한 관계 개선
- 일관성 있고 납득 가능한 교육 자세(과잉보호나 엄격한 교육은 자녀에게 퇴행 욕구, 퇴행행동을 불러일으킴)

(3) 미술치료 적용

찰흙놀이, 핑거페인팅, 물감 뿌리기, 콜라주, 색채 체험, 신체 그리기와 만들기, 만다라 그리기 및 제작, 놀이적 요소의 미술 활동, 퇴행적 미술 활동, 낙서놀이, 찢기와 오리기 및 재구성 활동, 부드러운 매체 활용, 색 명상, 동화 그리기 등

6) 등교거부

(1) 형태

- 학교 등교거부와 학교생활 태만
- 모든 면에 동기유발 결여, 무기력
- 방향이나 목적 없는 행동, 무책임한 행동
- 방이나 집 밖으로 나오지 않으려는 행동
- 신체 부분 고통 호소, 설사, 두통, 식욕부진, 구토, 인후염 등(주로 등교 전에 많이 나타남)

(2) 원인

등교거부의 원인으로는 학교 자체보다 분리불안, 가정 갈등, 학교생활과 학업성취에 대한 부모의 높은 기대, 성적 부진, 또래 및 주변 환경과의 관계 문제 등을 들 수 있다. 그러나 최근 우리나라에서 학교폭력이 증가하면서 집단 따돌림, 폭력, 교우 갈등이 등교거부의 주된 원인이 되고 있다. 과도한 인터넷, 스마트폰, 게임 등으로 중독 위험이 증가되면서 등교거부가 일어나기도 한다. 이러한 다양하고 심각해진 이유로 인해 등교거부는 가정뿐만 아니라 사회에서도 심각한 이슈가 되고 있다.

(3) 해결방안

- 어려운 상황을 기피하는 부모의 행동 유형이 자녀에게 영향을 줄 수 있으므로 이에 대한 부모의 자기성찰과 행동수정 필요
- 안전하고 보호받는 느낌을 주는 장소 마련해 주기, 심리적으로 안정을 얻는 곳에서부터 단계적으로 등교 시도
- 부모와 교사는 아동 · 청소년의 심리적 문제와 변화 행동을 관찰하여 그들이 신뢰를 갖고 문제나 갈등 상황을 표현하게 도움
- 상담, 심리치료, 미술치료를 받으며 자신의 문제를 두려움 없이 표출하고 인식하여 자존감을 높일 수 있도록 도움

(4) 미술치료 적용

판타지와 상상여행을 통한 미술 활동, 파트너와 그리기, 자유화, 예술작품 감상 통한 미술 활동, 점토 작업, 입체 작업, 집단 미술 활동, 만다라 그리기와 제작, 만들기, 동작과 음악을 겸한 통합적 미술치료, 스케치, 소묘 작업, 신체 그리기, 좋아하는 동물이나 인형 그리기와 만들기, 다양한 감각재료 활용 등

7) 거짓말

(1) 형태

- 편리성 거짓말
- 위급상황 거짓말
- 농담 및 장난 거짓말
- 곤경상황 거짓말
- 과시욕 거짓말
- 이타적 거짓말
- 예의 범절형 거짓말
- 눈물 흘리기

• 꾀병, 위장, 가장, 작은 속임수 등

(2) 원인

습관적인 거짓말의 원인으로는 애정 결핍, 상상과 현실 사이의 혼동, 시간과 공간 개념 부족, 자기중심적 사고, 또래 및 성인의 언어와 행동의 부적절한 본보기, 어른의 이해심과 인내심 부족, 발달지체, 자기과시, 신뢰감 결여, 자기보호, 체벌에 대한 두려움, 타인의 부적절한 요구와 이해심 부족, 관심 환기, 양육자의 잦은 교체 등을 들 수 있다. 도벽은 거짓말과 비슷한 원인을 가지고 있다.

(3) 해결방안

• 부모 및 양육자의 일관성 있는 행동
• 갈등 상황 파악하기
• 아동 · 청소년의 정서적 · 심리적 욕구 인정하기
• 자기신뢰감 키우기
• 애정과 친밀함 및 지속적 관심 보이기
• 가족과 많은 시간 공유
• 개방적 대화 기회 만들기 등

(4) 미술치료 적용

난화 그리기, 상상화, 자유화, 살고 싶은 집이나 공간 그리기, 가지고 싶은 것 그리기와 만들기, 받고 싶은 선물 만들기, 함께 그리기, 신체 그리기, 상상여행 그림 그리기, 핑거페인팅, 가족 및 또래와의 집단 미술 활동, 만다라 그리기 및 제작, 점도 작업, 동화 듣고 그리기, 예술작품 감상과 주제 활동 연결하기, 인형이나 가면 만들기와 역할극 등

8) 틱장애

(1) 형태

- 운동성 틱(tic): 계속하여 눈 깜빡이기, 어깨 으쓱하기, 머리를 뒤나 옆으로 젖히기, 빙글빙글 돌기, 뛰기, 손뼉 치기, 총총 걸음 걷기
- 소리 틱: 돼지나 곰 등이 꿀꿀거리는 소리, 헛기침, 잔기침하기, 코 훌쩍이기, 쉬쉬 소리 내기, 꾸르륵거리거나 바람소리 내기, 자신이 만든 소리나 잘 알려진 단어 지속적으로 말하기

(2) 원인

틱장애의 원인으로는 무의식적 모방의 습관화, 심리적 부담, 억눌린 운동 충동 분출, 자기 욕심과 속박, 누적된 스트레스 등을 들 수 있다.

(3) 해결방안

- 스트레스 해결과 안정감 필요
- 상담 및 치료
- 이완훈련
- 약물 복용과 치료 겸하기(심한 경우)

(4) 미술치료 적용

호흡연습과 만다라 그리기, 젖은 종이에 그리기, 점토 작업, 밀가루 놀이, 물감 떨어뜨리기와 뿌리기, 상상놀이를 통한 미술 활동, 핑거페인팅, 쉐이빙 폼 놀이와 미술, 놀이요소 많은 미술치료, 동작 및 율동과 음악을 겸한 미술치료 등

9) 손톱 물어뜯기

(1) 형태

- 손톱을 씹거나 물어뜯기(오랫동안 손톱을 깎은 적이 없는 상황 등의 형태로 나타남)

(2) 원인

손톱 물어뜯기의 원인으로는 심리적 억압이나 속박, 긴장과 흥분 상태 지속, 공격성의 다른 표현, 자신감 결여, 과도한 윤리 교육, 애정 결핍, 과도한 금지 조항과 권위적 교육, 과도한 모범행동 요구, 불안, 열등감, 좌절감 등을 들 수 있다.

(3) 해결방안

- 행동 금지, 질책이나 경고는 도움이 되지 않음
- 습관행동의 원인을 살펴보고 개선
- 지적하기보다 자연스럽게 다른 활동을 유도
- 자유롭게 생활하도록 유도
- 자율적 활동을 장려
- 공격적 충동, 부정적 감정 표출
- 심각한 경우에는 상담을 하거나 심리치료사, 미술치료사 등에게 의뢰

(4) 미술치료 적용

점토 작업, 만들기 활동, 놀이요소 많은 미술 활동, 젖은 종이에 그리기, 난화놀이, 상상화, 핑거페인팅, 물감 뿌리기, 이완연습 및 만다라 그리기와 제작, 그림이야기 만들기, 신문지 찢기나 오리기, 종이죽 미술 활동, 공격성 문제해결 미술 활동과 동일한 활동 등

3. 의료미술치료

1) 암환아·청소년 미술치료

다음은 병원 세팅에서 이루어지는 의학적 관점에서의 의료미술치료의 사례를 살펴보고자 한다. Councill(1999)은 소아암 환아 병원 미술치료를 통해 미술치료가 아동에게 '감정적으로 완전하고 건강하게 그들의 병에서 벗어날 수 있도록 도울 수 있는 가능성'을 주며 정상적인 기능을 보존하도록 돕는다고 강조한다.

카운설은 미술치료사는 미술 활동으로 환아에게 적절한 한계 설정과 방향 전환을 모델링할 수 있으며, 문제가 되는 감정을 표현하고 자신을 돌보는 방법을 찾도록 도울 수 있기에, '미술치료는 아동과 가족 그리고 의료팀 사이의 의사소통을 위한 중요한 도구가 될 수 있다.'라고 한다. 또한 미술 활동 과정과 작품은 환아에게 인식, 경험, 개인적인 강점과 결점을 전달할 수 있는 특별한 기회를 제공한다는 것이다.

Tretter(1994)도 소아병원 중환자실에서 17세 백혈병 소녀를 대상으로 8주 동안 매일 개인미술치료를 실시하며 소녀가 죽음에 이르기까지 동행한 사례를 제시한다. 소녀의 마지막 작품은 미술치료 회기 외에 자발적으로 자신만의 스타일로 그린 자화상이다. 미술치료사 트레터는 '자화상은 고요함과 평온함을 발산하며 힘과 선명도를 느낄 수 있다'라고 서술한다. 나아가 트레터는 이 소녀에게 그림을 그리는 것은 극도의 고통스러운 질병 상황에 자신만의 것을 발견하는 자신의 진정한 형태를 발견하는 도움과 힘을 주었다고 한다.

미술치료에서 암환자의 미술과 정신 상태와 신체 건강 이미지의 상호적 특성을 탐구한 Hiltebrand(1999)에 의하면, 미술치료는 환자가 감정을 표현하고 휴식을 강화하며 의사소통을 증진하고, 고통을 줄여 삶을 긍정하는 활동에 참여함으로써 스스로에게 힘을 실어 줄 수 있는 기회를 제공한다. 그러면서도 그녀는 미술치료만으로는 환자를 치료할 수 없지만, 환자가 그의 치료에 더 많이 참여하고 질병과 관련된 스트레스에 더 잘 대처할 수 있는데, 이러한 태도는 놀라운 생리학적 영향을 미칠 수 있다고 주장한다.

우리나라도 의료미술치료에서 정신장애 환자뿐만 아니라, 암이나 희귀병 환자를 위한 미술치료나 말기암 환자를 위한 호스피스 미술치료, 치매나 뇌졸중, 파킨슨 환자 미술치료, 청소년을 위한 병원 Wee센터 미술치료 등이 활성화되고 있다. Chung(2005)에 의하면, 14세 골육종 말기암 소년은 호스피스 미술치료에서 자신의 부정적 감정, 이유를 설명할 수 없는 행동과 퇴행을 미술로 표현함으로써 심리적 안정과 내적 혼란, 두려움, 공격성, 우울의 감정과 소통할 수 있었다. 또한 소년은 자신의 긍정적 에너지와 자기표현, 자아존중감이 높아지는 현상을 보여 주었다. 소년이 세상을 떠나기 며칠 전 그린, 고향을 그리워하는 마음을 담은 〈고향 가는 길〉([그림 6-1])과 마지막 작품인 〈편안한 들판〉([그림 6-2])은 그의 마음과 희망을 온전히 전한다.

[그림 6-1] 호스피스 미술치료: 〈고향 가는 길〉

[그림 6-2] 호스피스 미술치료 마지막 그림: 〈편안한 들판〉

2) 성인미술치료

(1) 섭식장애 환자 미술치료

■ **섭식장애 미술치료의 의미**

미술치료는 섭식장애 환자를 치료하는 데 있어서 다른 차원을 열어 줄 뿐만 아니라 새로운 의사소통 가능성을 연결시켜 주는 기회를 준다는 데 큰 이점이 있다(Gerlinghoff, 1998; Murphy, 1986; Petzold, 1991; Schmeer, 2006; Schors & Mihajlovic, 1994). 미술치료는 대부분 다른 치료 팀과 통합적으로 이루어지며, 다른 치료와 마찬가지로 장기간의 치료를 요한다.

Schors와 Mihajlovic(1994)에 의하면, 섭식장애 환자는 자신의 감정 상태를 스스로 의식하거나 판단하지 못하는 경우가 많아 더 자제하고 더 조심스러워하며, 자신이나 자기결정에 대해 회의감을 가져 무능감이 높아진다. 이러한 악순환의 결과로 이들은 사회적 관계와 개인적 의사소통이 봉쇄될 수 있다. 미술치료는 환자로 하여

금 자신의 문제를 떠나 미술 활동에 몰두하게 함으로써 두렵고 위협적인 자신의 상황에서 벗어나는 돌파구 역할을 한다(Schors & Mihajlovic, 1994). 즉, 환자는 미술 활동에서의 판타지, 상상 등을 통하여 다양한 감정의 스펙트럼을 간접적으로 표출할 수 있게 된다. 이에 근거하여 섭식장애 병동에서 미술치료의 목표는 환자의 무의식적 갈등을 의식화하는 것과 삶의 발달과제를 성취하게 하는 것이다.

Murphy(1986)는 섭식장애 환자들은 미술 활동을 통하여 더 이상 수동적인 존재가 아니라 문제에 능동적으로 다가가며, 치료사와 함께 주체자로서 작업을 한다는 점을 지적했다. 또한 언어나 행동 표현이 어려웠던 환자는 그림이 자신을 나타내고 내적 상황이 상징으로 표출된다는 것을 객관적으로 볼 수 있게 된다. 이러한 과정을 거쳐서 환자가 자율적인 삶을 살게 하는 것이 미술치료의 과제다. Schmeer(2006)는 신경성 식욕부진증인 거식증을 가진 21세 의과대학 여학생 미술치료에서 신체기관 대화 기법을 사용하여 치료가 되어 가는 과정의 사례를 소개한다.

이러한 사례들을 통해 섭식장애 환자는 미술치료 초기에 자유화를 비롯한 다른 미술 활동에서 통제력을 잃을까 봐 많이 두려워하지만, 자신을 표현할 수 있는 안정된 지면인 화지를 통하여 자기통제를 할 수 있다는 것을 배우며 상상력과 판타지를 표현하고 경험하게 되면서 치유된다(Murphy, 1986; Schmeer, 2006, Schors & Mihajlovic, 1994).

■ 섭식장애 환자 그림의 특징

Schors와 Mihajlovic(1994)은 섭식장애 환자 집단에서 어떤 환자가 파스텔을 먼저 사용하면 모두 따라서 파스텔을 사용하며, 그림도 모두 비슷한 것을 관찰하였다. 이들은 이러한 현상을 섭식장애 환자의 '조화의 소망과 이타적 양도의 경향'으로 본다. 섭식장애 환자는 집단을 위하여 개인성을 포기하고 싶난 분위기가 조화로운 것을 우선적으로 여기기 때문이라는 것이다. Petzold(1991)는 섭식장애 청소년에게 여성이 있는 신문 광고를 보여 주자 이 소녀는 구토를 느껴 화장실에 다녀온 후 심한 분노를 표출하면서 잡지를 찢어 조각을 냈다가, 얼마 후 그것으로 여성 신체에 대한 콜라주 작업을 한 예를 제시한다.

Murphy(1986)는 섭식장애 환자 미술치료를 통하여 그들의 그림에 반복적으로 나타나는 경우는 환자가 벗어날 수 없는 상황에 대한 절망감과 속박감을 가질 경우며, 그림은 환자가 과거의 방어행동, 특이한 행동, 음식 거부와 강박행동으로 되돌아가는 것을 나타낸다고 한다. 머피는 반복하여 나타나는 모티브를 다음의 네 가지 범주로 분류하고 해석한다.

- 명백하게 나타나는 형상, 예를 들어 소용돌이와 바닥이 없거나 바닥의 깊이를 알 수 없는 웅덩이: 표현능력과 인간관계 어려움의 방어
- 동물, 대부분 개와 말: 신체적 활동 욕구
- 꽃과 식물, 선인장과 가시나무: 자기 투사, 치료적 진전
- 풍경화와 정원: 대칭적 균형, 치료 후반기

머피는 나무 그림은 성장 과정을 나타낸다고 해석하지만, 두 나무가 대칭인 경우는 정신적으로 대립의 양극화와 분열을 상징적으로 나타낼 수도 있다고 한다.

인물화에는 자신들의 신체 왜곡 인식이 그대로 투사된다. 즉, 그림은 균형이 잡히지 않고 유아적 표현이 나타나며, 팔다리는 부속품처럼 달려 있고 발도 바깥쪽으로 돌려져 있는 경우가 많다. 신체상은 아주 길고 가는 형태로 그리거나 만화에 나오는 인형 같은 소녀를 그리며, 인물은 꽃밭에 서 있는 경우가 많다.

Murphy(1986)에 의하면, 섭식장애 환자는 반복되는 그림을 자주 그리지만, 치료를 통하여 그림과 행동의 관련성이 있다는 것을 보여 준다. 즉, 동일한 모티브를 그려도 그림에 변화나 진전이 있으면 그들의 마음이 더 안정을 느끼고 행동도 달라진다는 것을 관찰할 수 있다. 그들은 그림이 자신에게 의미가 있는 것을 더 잘 느끼며 자율적 태도와 자신을 성찰할 기회를 갖는다.

■ 미술치료 사례

유럽에서 최초로 섭식장애 환자 치료 프로그램을 실시한 독일 뮌헨 소재의 막스-플랑크 정신의학 연구소의 사례를 간단히 소개하고자 한다(Gerlinghoff, 1998).

이 연구소에서는 1982년부터 섭식장애 환자 치료 프로그램을 개발하여 1989년에 주간병원을 설립하였다. 1994년에는 16가구의 주택으로 구성된 주간병원 형태를 만들었는데, 이곳이 섭식장애 환자들을 위한 치료센터가 되었다. 이곳의 치료 모델은 네 단계로 나뉘는데, 환자들은 이러한 프로그램에 단계적으로 따른다.

① 동기유발단계(6주)
② 주간병원단계(4개월)
③ 외래진료단계(1년)
④ 자립단계(6개월)

여기에서는 다양한 치료가 함께 이루어지는데, 대화치료, 영양섭취 프로그램, 창의적 미술치료, 신체인지치료, 이완연습, 사회성 기르기 연습, 자신에 대한 기록, 가족집단치료와 치료적 주거집단 등이 있다.

섭식장애 환자 치료 프로그램 중에 창의적 미술치료는 중요한 치료 모델 역할을 한다. 환자들이 자신의 느낌을 말하고 받아들이거나 표현할 능력이 결여되어 있는 점을 감안하여 주간병원단계에서 하루의 일과를 음악과 춤으로 시작한다. 그 다음에 환자들은 자신의 현재 느낌을 동작으로 표현하며 이것을 언어로 표현한다. 예를 들어, 환자들은 자신의 동작에서 분노, 슬픔, 허탈감, 불안, 고통, 즐거움, 기쁨 등을 말한다.

창의적 미술치료의 주목적은 환자가 자율적이고 직접적인 자기 표현을 위한 출구를 찾도록 도와 완벽한 예술품을 만들려는 강한 욕구와 압박에서 자유로워지도록 유도한다. 중요한 점은 치료를 통하여 그들이 개인적 인지, 표현 가능성과 의사소통 가능성의 확장을 배우는 것이다.

창의적 미술치료의 주요 활동은 난화, 상상의 그림에 나타난 자기 표현, 자기 이름을 소개하는 그림, 가족 그리기, 자화상, 자아상 조각([그림 6-3] 참조), 자기 증상 그리기, 집단 그림과 조각, 인형 옷 만들어 입히기 등이다.

미술치료의 창의적 작업은 식사와도 연계되는데, 예를 들어 식기 선택, 식탁을 꽃

[그림 6-3] 섭식장애 환자의 자아상 조각

으로 장식하고 풍성하고 아름답게 꾸미는 것, 넓은 유리 쟁반에 식욕 효과를 주는 과일을 담아 놓은 것 등을 배우는 것이다. 이런 활동은 독창적인 것과 완성에 대한 기쁨을 느끼게 하고, 집단원들을 통해서 아이디어를 얻어 창의성을 불러일으키는 신선한 요인이 된다. 이 프로그램은 외래진료단계에서도 계속될 수 있다. 이러한 작업을 위해서 창의적 미술치료에서는 그들이 스스로 아이디어를 떠올리고 작업할 수 있는 자유로운 공간과 분위기를 만들어 준다.

(2) 에이즈 환자 미술치료

Piccirillo(1999)는 에이즈 환자 미술치료에서 '창의적 표현과 상상력은 환자 자신의 상태를 시각화하며, 예상치 못한 상황에 대비하고 적응하는 방법을 알려 주며,

삶의 조각들을 의미 있는 전체로 통합하려 노력하는 격동적인 자기 삶에 대한 은유적 역할'이라고 한다. 또한 피치릴로는 미술은 감정에 형태를 부여하고 상징적 회복을 위한 수단을 제공하며, 에이즈 환자가 삶의 의미를 찾는 데 도움을 주며, 미술작품들은 종종 그들이 깨달은 것보다 더 강하고 지혜롭다는 것을 보여 준다고 한다. 이처럼 미술치료는 "에이즈 환자들의 미래에 관심을 갖고, 긍정적인 비전을 전달하고, 고통을 변화시키며, 일반 사람들이 그들을 좀 더 이해하고 수용할 수 있는 기회를 준다."(Piccirillo, 1997)

이 주제와 관련하여 미술치료사 Urban(1994)은 독일 면역결핍증 관리국, 뮌헨시와 베를린시의 에이즈 후원팀과 뮌헨 미술아카데미의 미술치료팀인 의사, 심리학자, 간호사, 사회복지사, 미술치료사, 미술치료 실습생으로 구성된 프로젝트에 참가하였다. 우어반은 에이즈바이러스(HIV)와 후천성 면역결핍증(AIDS)을 가진 27세 남성 환자 미술치료 사례에서 그의 그림과 환자와 대화 및 인터뷰를 현상학적으로 서술한다. 이 환자는 병원 외래 진료와 상담을 받다가 미술치료에 의뢰되었는데, 그는 에이즈 양성 결과가 나오고 온갖 노력으로 그 상황을 극복하려 했음에도 불구하고 정신 상태가 급격히 악화되는 것을 감지했다. 이 청년 환자는 '미술치료에서 자신의 불안을 언어와 논리적 필터로 전환하지 않고 처음으로 그림으로 표현할 수 있었다.'라고 미술치료 경험을 서술한다. 그는 병을 진단받은 후 심한 우울에 빠졌던 미술치료 초기에 '매체 사용에 어려움이 있었지만, 시간이 지나면서 자신의 판타지를 더 즉흥적 · 충동적으로 그릴 수 있어서 처음으로 시원한 감정을 느꼈다.'라고 한다. 이 환자는 후에 집단미술치료도 참여하고, 수많은 고민 후에 전시회 개최에도 참가하는 변화를 보였다. 그가 전시회까지 참여할 수 있었던 이야기 중 일부를 소개하면 다음과 같다(Urban, 1994).

"그림을 그리는 시간은 세상을 더 상세하고 구체적인 형태로 보는 데 도움이 되었다. 그림을 그리고 난 후부터 예를 들어 나무, 풀 등 모든 것이 자신의 머리에서 나온 산물이 아니라 실제로 존재하며 자신이 죽으면 존재하지 않을 것이라는 느낌에 대해 믿을 수 없을 정도로 차분한 무언가가 있다."

청년 환자의 미술치료 사례는 자신의 두려움과 회의와 절망을 표현하고 전시회를 통해 세상에 자신의 상황을 보여 줄 수 있는 힘과 삶의 창조는 계속된다는 것을 보여 준다. 우리나라에도 에이즈 환자들이 증가하고 있음에도 불구하고 심리적 돌봄에 대한 논의나 연구는 아직 요원한 상태인데, 미술치료가 그들에게 도움이 된다는 것을 사례를 통해 더 인식하고 도움을 줄 수 있기를 기대한다.

4. 노인미술치료[1]

1) 노인미술치료의 의미

노년기에 당면하는 신체적 · 사회적 어려움에도 불구하고 꾸준히 자신의 정신적 · 영적 활동을 하는 노인은 "자신을 스스로 개발하는 활동적 유기체로서, 변화하는 사회구조 속에서 자신을 사회적 · 문화적 주체로서 볼 수 있게 된다."(Veelken, 1990) 개인생활을 즐기는 노인은 혼자서 활동을 계획하고 실행할 수 있다. 그러나 노인들이 정해진 장소에서 규칙적으로 만나서 집단 활동을 하는 것이 그들에게 더 많은 활력과 대화의 기회와 사회관계를 즐길 수 있게 한다는 점에서 다양한 노인 집단모임 형태도 증가한다.

예술적 · 창의적 활동은 노인에게 몰두와 창의적 자기계발을 하는 기회를 제공한다. 노인에게 예술활동은 인생의 새로운 도전이며, 그러한 활동에서 미적 인식을 의식하고 주체적 체험을 하며, 특정한 정신적 자율성을 획득한다(Chung, 1995). 노인은 미술언어라는 도구를 사용하여 새로운 의사소통 및 표현 가능성을 발견하여 발전시킬 수 있다. 이러한 미술 활동을 통하여 노인은 억제하고 있거나 회피하고 있는 의식적 · 무의식적 갈등을 적극적으로 표현할 수 있게 된다. 또한 노인은 인생에서 피할 수 없는 죽음에 대한 주제도 미술을 통하여 다루게 됨으로써 자신의 삶의 종말

1) 정여주의 『노인미술치료』(2판, 학지사, 2018)에서 노인미술치료의 이론 및 실제 소개로 2판 내용 축소함

을 능동적으로 직면하는 것을 배운다. 그러한 결과로 노인은 자기신뢰감을 느끼며 자신의 변화된 생활을 수용할 수 있다. 노인에게 예술활동은 자신의 삶을 긍정하는 자세며 그러한 노력이라고 할 수 있다.

이러한 점에서 볼 때, 창의성에 기반을 둔 노인미술치료는 노인이 자신의 삶을 긍정하고 자신 안에서 조화를 이루는 것을 도와주는 기회가 된다. 또한 노인미술치료는 노년기에 발생하는 병이나 장애를 경감시키거나 회복하는 데 도움을 주며, 병이나 장애로 인한 심리적 불안감을 완화시켜 준다. 예를 들어, 류머티스 관절염, 파킨슨병, 암, 심장병, 치매, 마비증이 있는 노인 환자와 청각장애나 언어장애 노인을 위한 미술치료는 효과를 얻는다(정여주, 2018). 여기에서 미술치료는 노인에게 심리적 편안함을 주고, 주변 환경과 자연과의 관계를 더욱 강화시키고 감각 및 운동 능력과 인지 능력을 향상하며, 그들의 내면세계 판타지를 현실세계와 연결시켜 주는 효과를 준다(Mees-Christeller, 1996). 미술치료는 뇌손상 노인 환자의 감각장애와 인지장애의 회복을 돕고 그림을 통한 의사소통을 가능하게 한다(Wichelhaus, 1996). 또한 만성진행성 노인병으로 더 이상 약물치료가 어려운 환자가 미술치료를 통해 가족, 집단원, 치료팀과 상호활동이 가능한 사례도 있다(Cossio, 2002).

2) 노인미술치료 사례

우리나라에서도 미술치료의 영역이 확장되면서 노인미술치료가 여러 분야에서 활성화된다. 일반적으로 노인병원, 노인요양원, 노인복지관 노인 자택 등에서 미술치료가 이루어지며, 이에 대한 사례연구도 증가한다. 노인미술치료는 고령화 사회에서 노인 환자 뿐만 아니라 건강한 노인에게도 필요한 예방적 차원의 성격을 지닌다.

다음은 D시의 종합복지관에서 실시한 미술치료 프로젝트의 사례를 소개하고자 한다. 이 프로젝트에 참가한 대상자는 65~75세 여성 10명이며, 복지관에서 실시한 스트레스 검사에서 수치가 가장 높은 노인들이다. 미술치료는 6개월에 걸쳐 주 1회, 각 2시간씩 총 24회기로 복지관에서 이루어졌다. 미술치료의 목표는 "첫째, 참가자들이 미술치료를 활용하여 스트레스를 효과적으로 표출함으로써 긍정적 자아

관을 확립하고 가족 내에서의 역할을 재정립하는 것이다. 둘째, 참가자들이 신체기능 변화에 대한 스스로의 대응방법을 습득하고 사회참여 활동을 통해 후기 노년기를 적극적으로 대비하도록 돕는 것이다."(윤형자, 한혜순, 2002)

프로그램 내용은 난화 그리기, 콜라주, KHTP 작업, 소망의 나무, 내면의 근원-물의 근원, 물감으로 표현한 색 놀이, 그림 감상, 자화상, '나의 땅, 나의 우주, 우리의 우주', 점토 작업, 만다라, 공동 작업, 작품 액자 제작, 전시회 등이었다([그림 6-4] 참조).

24회 미술치료의 결과에 대해 윤형자와 한혜순(2002)은 다음과 같이 언급한다. "미술치료 초기에는 노인들이 미술도구를 다루는 것에 대해 부담스러워하였고, 대화에도 소극적이었으며, 집단응집력이 더디게 이루어졌다. 그러나 6개월의 시간 동안 이들은 초기의 폐쇄적인 태도나 자기를 비하하는 말들이 줄어들었고, 집단원 간의 대인관계도 훨씬 원만해 보였다." 이 프로젝트에서 두 미술치료사는 "삶이 활기있어졌어요."라는 한 참가자의 고백을 통하여 미술치료의 효과를 대변한다. 또한

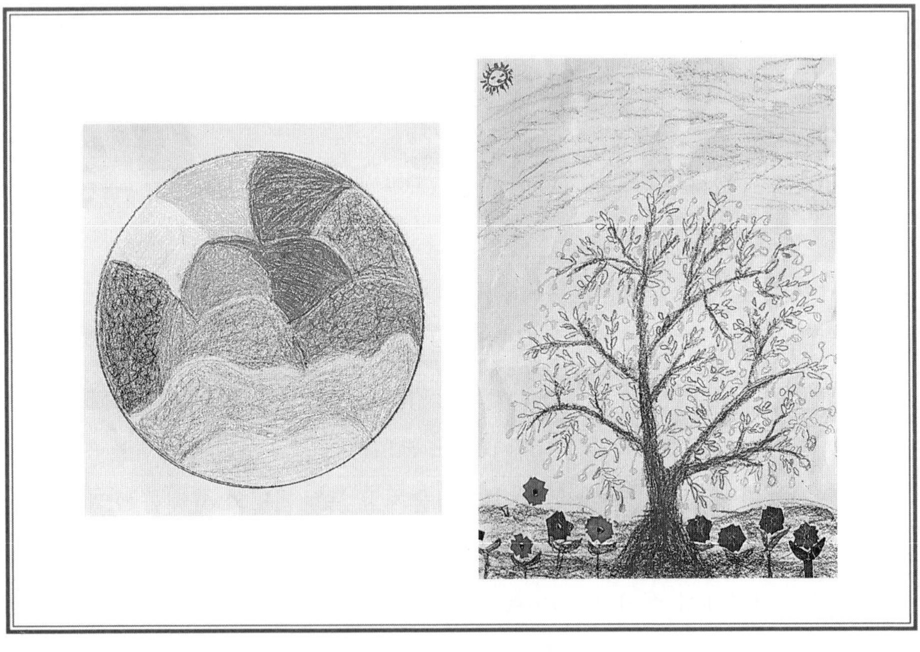

[그림 6-4] 노인미술치료 중에서

출처: 윤형자, 한혜순(2002).

이들은 노인미술치료가 '정서에 도움을 주는 보약'이라는 결론을 지으며, 이러한 활동이 노인복지 프로그램에 적용되기를 기대하였다.

다음은 노인요양원에 거주하는 노인들에게 주 1회씩 2년 동안 미술치료를 실시하는 사례다. 경북 봉화요양원에서 미술치료 자원봉사자인 이순희 미술치료사는 이곳에 거주하는 60여 명의 노인 중에 미술치료에 참가하는 노인들의 심리적 · 정서적 · 신체적 상태를 고려하여 집단미술치료를 실시하였다. 내용은 주로 노인 자신의 모습과 상황을 간접적으로 제시하는 나무 그리기, 꽃 그리기, 자화상, 유년기의 놀이나 활동, 옷본 만들기, 자연물을 이용한 공예품 만들기, 계절과 명절에 적절한 주제, 카드 제작, 공동화, 만다라, 콜라주 등이다.

이순희(2002)에 의하면, 노인미술치료 참가자들은 미술을 통하여 다른 어느 때보다 자신들을 더 잘 나타냈다. 예를 들어, 노인들은 콜라주 작업에서는 평소에 말로 표현하지 않았던 과거에 대한 회상, 여성으로서의 미적인 보상심리, 어머니로서의 역할, 애정과 성적 욕구의 표현 등을 나타낸다([그림 6-5] 참조). 또한 노인들은 만다

[그림 6-5] 노인 미술치료 중에서

출처: 이순희(2000).

라 그리기를 통해 정신건강에 변화를 보였으며, 자신들의 만다라 작품으로 그 공간을 자발적으로 아름답게 전시함으로써 그들의 성취감과 자신감에 큰 역할을 한 것을 알 수 있다. 이순희 미술치료사는 이 경험을 통하여 미술치료에서 "그림을 통해 안전하게 발산되는 감정은 노인들뿐만 아니라 우리 모두가 건강한 정신을 갖는 데 작은 도움이 된다고 생각한다."라고 전한다.

독일의 성 마리엔 병원의 노인병동에서 근무하는 미술치료사 Wenge(1993)는 노인미술치료로 노인병원의 미술치료 조건과 형태 및 치료 구상을 제시하고 몇 가지 사례를 보여 줌으로써 노인미술치료에 대한 관심을 환기시켰다. 노인병동에서 미술치료에 참가한 노인들은 뇌졸중 발병 후의 반신불구 혹은 완전불구 환자, 관절염 환자, 노인성 우울증, 치매 환자들이었다.

벵에의 사례 중에 75세 여성 환자는 우울증으로 노인병원에 입원했는데, 소외된 생활을 하면서 우울증이 더욱 깊어지자 의사의 지시에 따라 미술치료를 받게 되었다. 이 여성 환자는 집단미술치료에서 모든 것을 치료사에게 물어보고 혼자서 결정짓지 못하는 성향을 보이면서 치료사에게 거부당하지 않으려는 노력을 했다. 이는 자신의 과거 생활에서 빈번히 일어났던 경험에 따른 것이었다. 미술치료를 받고 나서 이 환자는 자신의 일을 스스로 결정하게 되었고, 미술을 통한 창의적 작업으로 자신을 있는 그대로 받아들이게 되었으며, 자신의 과거를 수용하게 되었다. 그녀는 미술치료를 통하여 활기를 찾게 되었고, 다른 환자들에게도 다가가게 되었으며, 자신의 소외감을 잊게 되었다.

Miller(1986)는 영국에서 노인을 위한 일반 시설과 노인병동에 거주하는 80~90세 노인들에게 미술치료를 실시하였다. 이들은 거의 치유될 수 없는 병을 가진 노인들로서 가까워진 죽음에 대한 불안을 갖고 있었고 자신에 대한 방어 능력이 결여되어 있었다. 이러한 상황에서 밀러는 죽음에 대한 이해와 삶의 즐거움에 대한 실존적 수긍과 더불어 죽음을 수용할 수 있는 개방적이고 건설적인 목표에 초점을 두었다. 그에 의하면, 미술치료는 노인들에게 언어로 표현하기 어려운 것을 적어도 다르게 표현할 수 있게 하는 양자선택의 기회를 주었다. 미술치료는 가족과 떨어져 있는 노인들의 불안을 완전히 없애 주지는 못하지만, 적어도 그들의 불안, 분노, 두려움, 죽음을 수용하는 것을 상징적으로 표현할 수 있게 하며, 갈등을 단계적으로 감소시켜 주는 데 도움을 주었다.

3) 비대면 노인미술치료 사례

다음은 코로나19 팬데믹을 겪는 노인을 대상으로 하여 비대면 미술치료로 심리사회적 불안감을 완화하는 방안을 찾고자 하는 사례다(변혜진, 정여주, 2021). 참여자는 코로나19 팬데믹 상황에서 사회적 거리두기로 일상생활과 외출에 물리적 제약을 받아 고립감과 답답함을 호소하는 65세 이상 남녀 8명으로 본인, 가족, 사회복지관 등을 통해 참여의사를 밝혔다. 그러나 비대면 미술치료기 때문에 참여자 선정 조건에 대해 스마트폰으로 SNS 사용이 가능하거나 가족 중에 스마트폰 조작을 조력해 줄 수 있는 자, 동영상 시청 및 통화를 위해 시 · 청각 기능에 이상이 없는 자로 제한했다.

비대면 만다라 미술치료는 2020년 8월 31일~10월 4일에 주 1~2회씩 8회기로 참여자가 편한 가정의 공간에서 진행되었다. 이 사례가 일반적인 집단미술치료와 다른 점은 사전에 미술치료사가 프로그램의 재료 꾸러미를 만들어 각 가정으로 직접 전달 혹은 배달하며, 시작 전에 동영상 사용에 대한 오리엔테이션이 이루어지는 것이었다. 오리엔테이션 동영상에는 비대면 만다라 미술치료를 실시하기에 앞서 참여자들이 전체 프로그램 과정을 이해할 수 있도록 미술치료 목적, 진행 과정과 매체를 다시 안내하였다.

전 회기 주제로 정한 사계절 만다라는 노인의 인생을 과거와 현재와 미래까지 살펴보며 인생의 주기, 시간의 흐름과 순환을 경험하는 것(정여주, 2018)에 근거하였다. 각 회기 시작 동영상은 스트레칭 인사 노래, 회기 내용 및 과정 소개, 매체 꾸러미 확인 및 매체 탐색, 호흡명상 순으로 제시되었다. 마지막 회기는 온라인 작품전시회를 하였다([그림 6-6], [그림 6-7], [그림 6-8], [그림 6-9]).

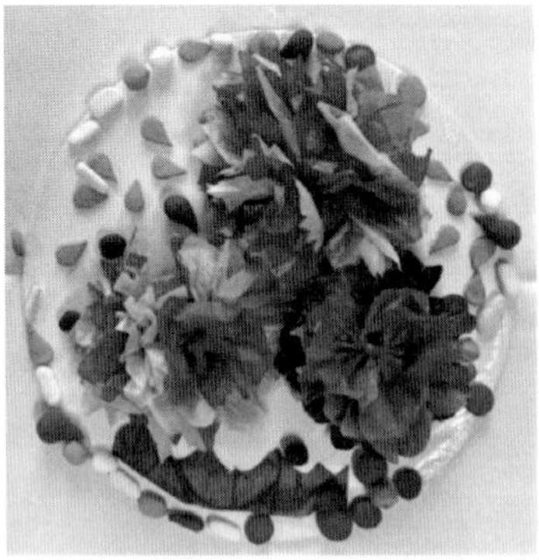

[그림 6-6]

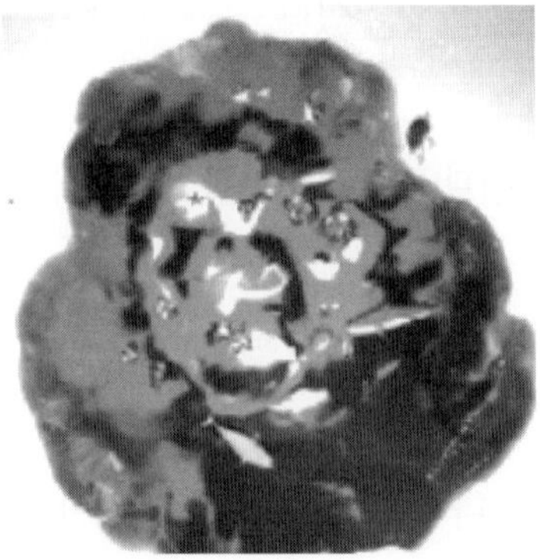

[그림 6-7]

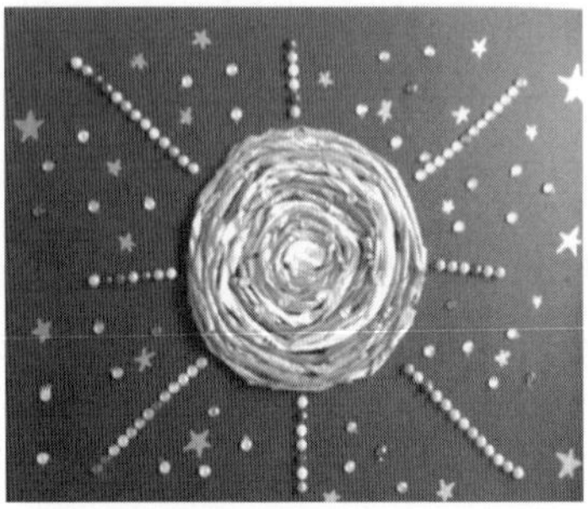

[그림 6-8]

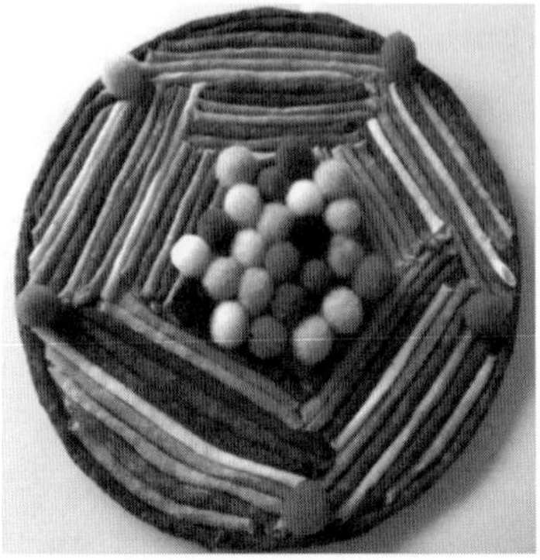

[그림 6-9]

참여자들은 비대면 미술치료를 경험한 후에 인터뷰를 통해서 자신들의 경험을 나누는데 다음과 같이 요약할 수 있다.

- 비대면 만다라 미술치료를 만나며 낯섦이 설렘으로 이어졌다.
- 자유롭게 미술 표현을 하며 자발성을 발휘하고 유능감 찾았다.
- 비대면 만다라 미술치료에서 또 다른 신뢰와 소통을 경험했다.
- 고립으로부터 시·공간의 제약 없이 활동을 할 수 있는 자유로움을 만끽했다.
- 삶의 전환점에서 자신을 돌보며 자부심을 느끼게 됐다.

이러한 경험 외에도 노인 참여자들은 자신이 소유한 스마트폰으로 이런 활동을 할 수 있다는 데 큰 자부심도 느낀 것을 관찰할 수 있었다. 또한 마지막 회기에 참여자들은 치료사가 그 동안 자신들의 작품으로 제작한 동영상 온라인 전시회를 감상하면서 같은 주제와 같은 재료로 모두 다르게 표현한 작품에 신기해하면서 감상평을 올리며 즐거워했다. 이러한 시도를 통해 노인미술치료뿐만 아니라 고립된 환경에 있게 되는 다른 내담자 및 환자에게도 비대면 미술치료의 가능성을 확인하게 되었다.

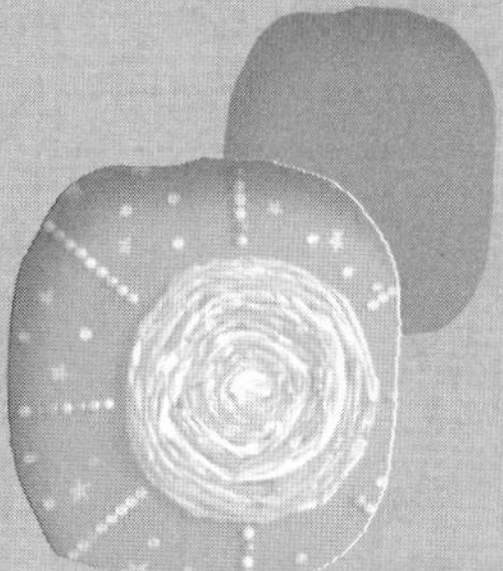

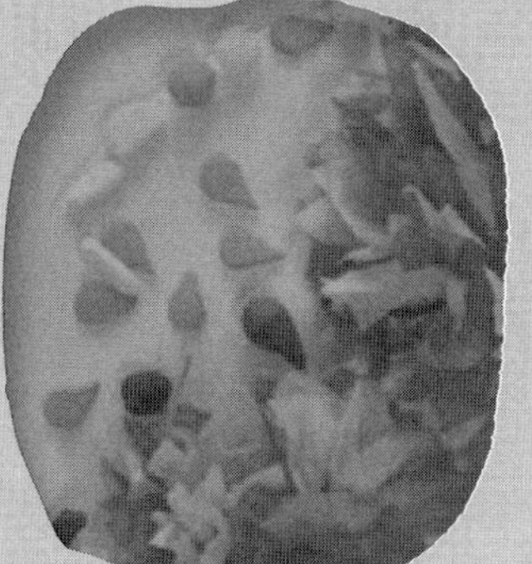

제 2 부

미술치료 실제

실제 활용 안내

- 프로그램 구조는 제목, 대상, 적용단계, 목표, 재료, 시간, 활동과 감상, 나눔, 변형으로 구성된다.
- 감상과 나눔에는 치료사가 제안할 수 있는 질문을 제시했지만, 내담자에 따라 보완 · 변경할 수 있다.
- 대상은 아동부터 성인까지며 개인치료와 집단치료로 나뉜다(노인은 성인에 포함).
- 도입부의 인사, 주제 소개 등은 내담자에 따라 다를 수 있어 생략한다.
- 개인 프로그램도 집단 중심으로 서술한다.
- 단계는 초기, 중기, 후기로 나누었으나 사용자에 따라 바뀔 수 있다.
- 목표는 일반 목표를 제시했기에 내담자에 따라 보완 · 변경을 할 수 있다.
- 서술에서는 참가자와 치료사로 사용한다.
- 주제와 관련하여 들려주는 내용은 큰따음표("　")로 표시하며, 대상에 따라 표현을 달리할 수 있다.
- 재료는 색연필, 크레파스, 사인펜, 파스텔, 파스넷, 물감, 연필, 붓, 파레트 등이나 확장할 수 있다.

01 이름 그리기

대상 아동, 청소년, 성인, 개인, 집단

적용단계 초기

목표

- 치료 초기의 낯설음이나 어색함을 감소시킨다.
- 자신을 상징적 이미지로 소개하는 경험을 한다.
- 자기 존재, 정체성, 가족, 사회적 관계를 인식한다.

재료 켄트지(8, 4절), 그림도구

시간 40~60분

활동과 감상

- 치료사는 인사를 나누고 이름을 주제로 활동한다는 것을 알린다.
- 자신의 성과 이름을 그림으로 표현한다.
- 색, 형태를 마음대로 선택하여 자기 성격, 개성, 이미지를 이름에 꾸민다.
- 자신의 별명이나 애칭, 예명, 한자나 영어 이름으로 표현할 수도 있다.
- 그림을 그린 후 치료사와 내담자는 그림에 대해 이야기를 나눈다.
- 집단에서는 그림을 모아 두고 그림으로 자신을 소개하며 이야기를 나눈다.

나눔

- 이름은 누가 지어 주었는가?
- 이름에는 어떤 의미가 있는가? (한자일 경우, 이름의 의미 이야기하기)
- 자신의 이름에 대해 어떻게 느끼는가?
- 이름을 이미지로 표현하면서 새로운 것을 느꼈는가?
- 이름과 관련하여 어떤 기억이 있는가?
- 이름이 마음에 안 든다면 어떤 이름을 가지고 싶은가?
- 감상과 피드백을 나눈 후 자신의 이름을 불러 보는 것도 제안할 수 있다.

변형

- 상상의 이름이나 자신이 원했던 이름을 그린다.
- 명함을 만들거나 이름 그림에 원하는 배경도 그린다.
- 점토나 콜라주 형태로 이름을 형상화한다.

02 이름놀이

대상 아동, 청소년, 성인, 개인, 집단

적용단계 초기

목표

- 치료 초기의 어색함이나 낯설음을 감소하며 심리적 이완을 돕는다.
- 이름놀이를 통해 자기정체성을 인식한다.
- 자기 존재와 심리적 특성, 가족관계, 인간관계를 탐색하고 인식한다.

재료 켄트지(8, 4절), 그림도구, 연필

시간 40~60분

활동과 감상

- 종이에 자기 이름을 쓴 후 마지막 글자의 선을 연결하여 멈추지 않고 남은 공간에 계속하여 놀이하듯이 선을 표현한다.
- 이름 대신 별명, 애칭, 소망 이름, 예명 등을 적어도 된다.
- 활동이 끝났다고 생각하면 자율적으로 그리기를 멈춘다.
- 모두 그림 주위에 둘러앉아 작품에 대해 이야기하며 자기소개를 한다.
- 이름 그림의 상징이나 의미에 대해 서로 질문하거나 느낌을 나눈다.

나눔

- 활동 1의 내용과 동일하다.
- 연필을 놓지 않고 계속 그리는 기분은 어떠하였는가?
- 이름 주변은 어떤 선들로 구성되어 있는가? 어떤 느낌이 드는가?

변형

- 참가자들은 전지 크기의 종이 주위에 앉아 색연필이나 크레파스로 화지 한 부분에 자기 이름을 적는다. 서로 중복된 색을 사용하지 않도록 한다. 이름을 쓴 후에는 말하지 않고 계속하여 함께 그림을 그린다.

03 자기소개

대상 아동, 청소년, 성인, 집단

적용단계 초기

목표

- 자기 이름, 관심, 관계, 성향에 대해 표현할 수 있는 기회를 가진다.
- 자기에 대한 타인의 인상 및 인식을 경험하고 자신을 재인식한다.
- 참가자들의 성향과 특징을 빠른 시간에 자연스럽게 파악할 수 있다.

재료 켄트지(4, 8절), 그림도구, 잡지, 풀, 가위

시간 60분

활동과 감상

- 종이에 자신의 이름과 자신을 나타낼 수 있는 모든 것을 그린다. 예를 들어, 관심사, 가족관계, 친구관계, 취미, 소망 등이다.
- 잡지에서 이미지를 찾아 콜라주 형식으로 할 수 있다.
- 작품들을 모아 놓고 감상한 후에 서로 느낌을 이야기한다.

나눔

- 자신에 관련된 것을 이미지로 표현하면서 어떤 느낌과 생각이 들었는가?
- 자신에 관련된 어떤 부분들이 더 많이 표현되었는가?
- 활동을 하면서 자신에 대해 어떤 것을 더 많이 알게 되었는가?
- 자신과 다른 참가자의 비슷한 부분과 다른 부분은 무엇인가?

변형

- 자신의 특징을 자신이 좋아하는 색, 꽃, 동물, 나무, 풍경, 소품 등으로 그리거나 점토로 표현한다.

04 첫인상 그리기

대상 아동, 청소년, 성인, 집단

적용단계 초기

목표

- 타인에게 비친 자기 모습을 객관적으로 인식한다.
- 자신이 보는 자기와 타인이 보는 자기의 공통점과 차이점을 인식한다.

재료 켄트지(8절), 그림도구

시간 40~60분

활동과 감상

- 종이 위쪽 모퉁이에 자기 이름을 쓰고 왼쪽 옆 사람에게 종이를 건네준다.
- 옆 사람은 이름 주인에 대한 인상이나 느낌을 이미지로 그린다.
- 치료사는 종이 전체를 사용하지 않고 일부분만 사용하여 그리도록 안내한다. 그리는 시간은 5분이 넘지 않도록 사전에 알려 준다.
- 그림을 다 그린 후에는 다시 왼쪽 사람에게 그림을 건넨다.
- 종이를 받은 사람은 준 사람이 아니라 이름이 적힌 사람에 대한 인상이나 느낌을 종이의 남은 부분에 그린다. 치료사는 시간을 다시 알려 준다.
- 이 방법으로 3~4명 정도가 한 사람에 대한 인상을 한 종이에 표현한다.

- 마지막에 자신에 대한 그림을 돌려받는다.
- 서로 그림을 감상하고 질문을 하거나 느낌을 나눈다.

나눔

- 자신에 대한 타인들의 이미지를 보고 어떤 인상과 느낌을 받았는가?
- 자신이 알고 있는 자기와 타인이 보는 자기의 인상에 대한 공통점과 차이점은 무엇인가?
- 한 사람에 대해 서로 다른 인상을 받은 것에 대해 이야기를 나눈다.

변형

- 타인에 대한 첫인상을 돌아가면서 색으로 표현한다.
- 두 명이 한 팀이 되어 서로 첫인상을 그려 준다. 이때 10~20분 정도 그릴 시간을 갖는다.

05 첫 만남

대상 아동, 청소년, 성인, 집단

적용단계 초기

목표

- 첫 만남에 대한 자신의 태도, 행동 패턴을 인식한다.
- 집단의 힘과 역동을 경험한다.
- 신뢰감, 집단 소속감, 집단응집력을 높인다.

재료 다양한 색 지끈, 혹은 털실 가위, 풀, 마스킹테이프, 전지 1~2장

시간 60~90분

활동과 감상

- 치료사는 전지 위에 색 지끈을 둥글게 펼쳐 놓는다.
- 참여 인원이 많으면 전지 두 장을 붙이고 모두 전지 주위에 선다.
- 각자 마음에 드는 색 지끈을 원하는 길이만큼 잘라 옆 사람 끈과 서로 연결한다.
- 묶은 끈을 종이에 놓고 말없이 연결된 끈을 형상화한다.
- 끈이 서로 당기고 밀리는 움직임이 있으나 말하지 않고 계속한다.
- 말린 색 지끈 일부분을 풀어서 표현할 수 있다.
- 활동이 끝나면 잠시 감상을 한다. 이때도 서로 말하지 않는다.

- 감상 후 각자 원하는 색으로 그 위에 그림을 더 그려 넣을 수 있다.
- 활동이 끝난 후 각자 작품에 대한 제목을 종이 한 부분에 쓴다.
- 작품 주위에 앉아 자기소개, 활동과 제목을 감상하며 이야기 나눈다.

나눔

- 소개 없이 말하지 않고 함께 활동하는 것을 어떻게 느꼈는가?
- 집단의 역동은 어땠는가?
- 집단 활동을 통해 자신에 대해 재인식하게 된 것은 무엇인가?
- 갈등이 있었다면 무엇인가?
- 집단의 힘은 어떤 것이라고 여겨지는가?

변형

- 원하는 색 지끈과 재료를 사용하여 집단의 첫 만남과 전체 회기에 대한 기대를 각자 이미지로 표현한다.

06 둘이서 그리기

대상 아동, 청소년, 성인, 개인, 집단

적용단계 초기

목표

- 그림을 통한 의사소통 능력을 기른다.
- 상호관계를 향상한다.
- 창의력을 개발한다.
- 정서적 이완을 한다.

재료 켄트지 전지, 그림도구

시간 60분

활동과 감상

- 두 명이 짝이 된다.
- 전지를 세로로 이등분한 후 다시 길게 붙여 각자 종이의 끝에 앉는다.
- 각자 다른 색을 1~3개 정도 선택한다.
- 선택한 색을 이용하여 종이의 마지막에서부터 의논 없이 그림을 그려 나간다. 그리는 과정 중에 서로 말하지 않는다.
- 치료사는 두 사람이 종이의 중앙에 가까워지면 그리기를 멈추도록 제안한다.

- 참가자는 서로 자리를 바꾸어 그 자리부터 그림을 계속 그린다. 파트너가 그려 놓은 그림을 자기 것이라고 생각하며 그린다.
- 마친 후에 함께 그림을 감상하고 제목을 정한다.

나눔

- 이 활동에 대해 어떤 것을 경험하였는가?
- 타인의 그림에 참여하는 것이 어떠했는가?
- 파트너가 자신의 그림에 이어서 더 그린 것을 어떻게 느끼는가?
- 어느 것이 자기 그림인가? 두 명이 한 작품을 만드는 것이 가능한가?

변형

- 주제를 정하거나 주제를 정하지 않고 함께 그린다.
- 파트너와 나란히 앉아 각각 한 가지 색을 들고 차례를 여러 번 바꾸어 가며 그린다.
- 각자 자유화를 그리다가 치료사의 지시에 따라 그림을 바꾸어 계속 그린다. 치료사는 그리는 중간에 그림을 바꾼다는 것을 미리 알리지 않는다.

07 내면 아이

대상 아동, 청소년, 성인, 개인, 집단

적용단계 초기, 중기

목표

- 내면의 아이를 경험한다.
- 아동기 정서를 표출할 기회를 갖는다.
- 아동기 자아와 가족 및 대인관계 기억을 통해 자신의 주 정서를 탐색한다.
- 위로와 보호받는 경험을 한다.

재료 켄트지(4, 8절), 그림도구

시간 60분

활동과 감상

- 눈을 감고 호흡을 고르게 한다.
- 치료사는 한 아이를 만나는 이야기를 천천히 들려준다.

"당신은 한 아이를 보고 있습니다. 그 아이는 여자아이인가요, 남자아이인가요? 몇 살쯤인가요? 아는 아이인가요? 모습은 어떤가요? 표정은 어떤가요? 어떤 옷을 입고 있나요? 무엇을 하고 있나요? 그 아이는 어디에 있습니까? 아이는 누가와 함께 있나요? 혼자 있나요? 실내인가요? 실외인가요? 아이 주변에 무엇이 보입니까? 계절은 언제인가요? 시간은 언제쯤인가요? 이제 그 아이를 떠나서 이곳으로 돌아오세요……."

- 자신이 본 아이와 주변 환경을 그린다.
- 그림을 감상하며 대화를 나눈다.

나눔

- 이 경험은 어떠한가?
- 아이를 쉽게 볼 수 있었는가, 그렇지 않은가?
- 아는 아이인가, 모르는 아이인가? 아이는 자신과 어떤 관계가 있는가?
- 아이는 어떤 표정이며, 어떤 상황에 있었는가?
- 아이의 감정을 잘 이해할 수 있었는가?
- 아이를 보는 내 마음은 어떠했는가?
- 아이에게 해 주고 싶은 말이나 행동은 무엇인가?

변형

- 자신의 어린 시절 중 기억나는 모습이나 상황을 그린다.

08 서투른 손으로 그리기

대상 아동, 청소년, 성인, 개인, 집단

적용단계 초기, 중기

목표

- 자신의 소극적인 면과 서투른 면, 약한 면을 인식하고 수용한다.
- 미술 활동에 대한 어려움과 두려움을 극복한다.
- 통제력을 낮추고 이완경험을 한다.
- 잠재된 창의력을 개발한다.

재료 켄트지, 색 도화지, 그림도구, 가위, 반짝이풀, 풀, 천, 실, 비즈 등

시간 60분

활동과 감상

- 주도적으로 사용하지 않는 손을 움직여 본다.
- 왼손(왼손잡이는 오른손)으로 색을 고른다.
- 종이에 오른손을 놓고 왼손로 오른손 윤곽을 그린다.
- 그려진 손을 왼손으로 칠하고 모양을 꾸민다.
- 왼손으로 가위를 잡고 꾸민 오른손을 오린다.
- 완성품을 감상하며 대화를 나눈다.

- 완성품을 원하는 곳에 붙여 둔다.

나눔

- 활동하면서 어떤 것을 인식하고 느꼈는가?
- 주도적으로 사용하지 않는 손에게 하고 싶은 말은 무엇인가?
- 계속 조심스럽고 긴장했다면 이 활동을 어떻게 바꾸고 싶은가?
- 나에게 서투른 점은 어떤 것들인가? 그것들을 어떻게 대하는가?

변형

- 자신이 평소에 사용하지 않는 손으로 발 윤곽을 그려 칠하고 꾸민다.
- 주도적으로 사용하지 않는 손으로 자유화 혹은 난화를 그린다.
- 눈을 감고 두 색을 선택하여 눈 감은 채 두 손으로 난화를 그린다.

09 감정 그리기

대상 아동, 청소년, 성인, 개인, 집단

적용단계 초기

목표

- 긍정적 · 부정적 감정을 표출하는 기회를 가진다.
- 감정 표출을 통해 카타르시스를 경험한다.
- 억제된 감정을 인식하고 수용한다.
- 신체적 · 정서적 이완을 한다.

재료 켄트지(4, 8절), 그림도구

시간 40~60분

활동과 감상

- 최근 자신의 기분, 감정, 심리적 상황을 떠올려 본다. 여러 감정이 있다면 가장 우세한 감정을 살펴본다.
- 그러한 상황에 맞는 색을 한 가지만 선택한다.
- 한 가지 색으로 표현하기 어려우면 비슷한 톤의 색을 섞어서 사용할 수 있다.
- 선택한 색을 종이에 자유롭게 칠한다.
- 색칠을 한 후 그림을 모아 감상하고 이야기를 나눈다.

- 집단의 경우, 같은 색을 사용한 사람들끼리 그림을 놓고 이야기를 나눈다.

나눔

- 색으로 자신의 정서를 표현하면서 느낀 점은 무엇인가?
- 색과 정서 관계의 표현이 다른 사람과 비슷했는가? 달랐는가? 달랐다면 이유를 알 수 있는가?
- 감정을 표출하면서 정서의 변화나 정서적 해방감을 느꼈는가?
- 다른 사람의 정서와 색 관계 그림에 피드백을 하고 싶거나 질문이 있는가?

변형

- 자신이 평소에 잘 느끼지 못하는 감정들을 색과 형태로 표현한다.
- 자신의 긍정적 감정을 생각하여 각각 다른 색을 선택하여 두 손으로 그린다.
- 자신의 부정적 감정을 생각하여 각각 다른 색을 선택하여 두 손으로 그린다.
- 16절지 8장에 자신이 생각하는 여덟 가지 감정을 색과 형태로 표현한다(예: 행복한, 편안한, 즐거운/기쁜, 불안한, 외로운, 화나는, 무서운, 억울한).

10 꿈의 섬

대상 아동, 청소년, 성인, 개인, 집단

적용단계 초기

목표

- 자신의 심리적 · 정서적 · 환경적 욕구를 표출한다.
- 소망 표현을 통하여 심리적 안정감과 만족감을 얻는다.
- 공동체 의식과 공동체의 힘을 경험한다.

재료 전지 켄트지(1팀 2~4장), 그림도구, 반짝이풀, 붓, 물통, 팔레트, 가위, 칼, 풀, 모루, 다양한 색 지끈, 마스킹테이프

시간 90분

활동과 감상

- 참가자 6명 정도가 한 조가 되어 전지 2~4장을 붙여 바닥이나 책상 위에 놓는다.
- 편안한 자세로 상상여행을 할 수 있는 이완을 한 후 다음 내용을 듣는다.

"편안한 자세를 하고 너의 숨소리에 귀 기울여 보아라…….
숨을 천천히 깊게 들이쉬어라. 들이쉰 공기가 몸 전체에 흐르는 것을 느껴 보아라.
숨을 내쉴 때는 걱정과 스트레스를 함께 내보내어라.
이제 나는 멋진 배를 타고 떠나는 크루즈 여행에 너를 초대할게.

너는 여행에 초대되었기 때문에 아무런 걱정 없이 여행을 즐기면 된단다.
배 안에는 편안한 방과 맛있는 음식이 가득하고, 즐길 수 있는 것들이 많이 있어.
멋진 일출과 일몰, 별이 가득한 밤하늘을 감상할 수도 있어…….
이렇게 시간을 잊고 여행을 하는데 선장은 작은 상자를 주면서 너와 함께 온 사람들을 어느 섬에 내려놓는다. 그 섬은 무인도구나.
네가 작은 상자를 열어 보니, 그 안에는 글이 적혀 있다.
'너는 이 섬의 주인이다. 너는 마음껏 이 섬을 꾸밀 수 있다! 네가 원하는 모든 재료가 있으니 마음껏 꾸며 보아라.'
활동을 할 동안은 누구와도 이야기를 나누지 말았으면 한다."

- 조별로 종이 주변에 둘러앉아 의논하지 않고 섬을 함께 꾸민다.
- 완성 후에 서로 경험한 것에 대해 이야기를 나눈다.

나눔

- 여행을 하면서 기분이 어땠는가?
- 섬의 주인이 되어 무인도에 도착하였을 때 어떤 기분이 들었는가?
- 말없이 함께 섬을 꾸미는 과정은 어땠는가?

변형

- 가고 싶은 여행지를 꾸민다.

11 중요한 존재

대상 아동, 청소년, 성인, 개인, 집단

적용단계 초기, 중기

목표

- 정체성을 확인한다.
- 자신과 타인 및 환경과의 관계를 인식하고 수용한다.
- 자기존중감과 관계의 중요성을 인식한다.

재료 켄트지 4절, 그림도구, 잡지, 풀, 가위

시간 60분

활동과 감상

- 자신의 삶과 관련 있는 사람, 일, 물건 등을 생각해 본다.
- 현재 자신에게 중요한 존재(사람, 일, 관계, 물질 가치 등)를 세 가지 선택하여 그린다. 이때 잡지 사진을 선택하여 오려 붙일 수도 있다.
- 완성 후 대화를 나누며 중요한 존재를 확인한다.

나눔

- 중요한 존재에 대해 이야기를 나눈다.
- 이 존재와 자신은 어떤 관계가 있는가?
- 현재의 삶에서 이 존재가 본인에게 주는 중요한 의미는 무엇인가?
- 이 존재가 미래에 어떤 영향을 미칠 것으로 보는가?
- 이 존재가 심리적 · 정서적 위안, 힘을 주는 근거는 무엇인가?

변형

- 현재의 삶에서 가장 우선적으로 생각하는 존재를 그림으로 그린다.
- 자신의 삶과 중요한 관계 맺기를 바라는 사람, 물건, 일, 장소를 그린다.

12 대화하는 그림

대상 아동, 청소년, 성인, 개인, 집단

적용단계 초기, 중기

목표

- 자기 감정을 인식하고 이해하게 된다.
- 상호작용을 통하여 감정을 표출하며 승화할 수 있다.
- 위기 상황을 표현하고 해결하는 능력을 키운다.

재료 켄트지(1인 8절 두 장씩), 그림도구

시간 60분

활동과 감상

- 두 명이 파트너가 되어 각자 현재의 감정이나 고민을 이미지로 표현한다.
- 완성한 후에 서로 그림을 교환한다.
- 파트너는 그림을 받아 그에 대한 공감이나 위로 내용을 다른 종이에 그린다.
- 완성 후에 다시 서로의 그림을 교환하고 대화를 나눈다.

나눔

- 주제를 표현하면서 어떤 느낌이 들었는가?
- 파트너의 피드백 그림을 어떻게 받아들이는가?
- 파트너의 그림을 어떻게 느꼈으며 어떤 내용이 있다고 생각했는가?
- 파트너의 그림을 보고 다시 그림으로 피드백을 준 경험은 어떤가?

변형

- 파트너와 각자 다른 색을 선택하여 말없이 한 종이에 바꿔 가며 그린다.
- 파트너와 감정에 관련된 주제를 정하여 말없이 한 종이에 함께 그린다.
- 각자 자신의 종이에 한 색으로 그림을 그리다가 얼마 후에 파트너와 그림을 교환하여 파트너가 사용한 색으로 계속 그린다.

13 문

대상 아동, 청소년, 성인, 개인, 집단

적용단계 초기, 중기

목표

- 자신과 외부 및 타인의 관계, 소통 능력을 인식한다.
- 내향적 면과 외향적 면, 폐쇄 성향과 개방 성향을 살펴본다.
- 의존성, 방어, 소통 욕구 상황을 인식한다.

재료 켄트지(4절, 8절), 그림도구, 가위, 풀, 반짝이풀, 입체재료

시간 60분

활동과 감상

- 자신이 어떤 문 앞에 서 있는 상상을 한다. 문의 형태, 재질, 크기, 색, 문과 연결된 건물 등을 떠올린다.
- 종이를 반으로 접거나 양쪽 가장자리가 중앙에 오도록 양쪽에서 접는다.
- 종이의 바깥쪽에 상상의 문을 그린다. 입체재료로 꾸밀 수 있다.
- 문 안쪽에 문을 열면 볼 수 있는 광경을 묘사한다.
- 그림을 완성하면 문을 닫은 채 둔다.
- 모두 문의 외양을 감상한 후에 문을 열어 내부를 감상한다.

나눔

- 상상의 문은 어떤 문인가?(형태, 재질, 크기, 색, 문이 있는 건물, 주변 환경 등)
- 문의 기능을 감상하며 그린 사람의 이야기를 듣는다.
- 문 안은 어떻게 묘사되어 있는가?
- 이 문은 자신에게 어떤 의미가 있는가?
- 이 문이 있는 건물이나 집에 살고 있는가? 산 적이 있는가? 살고 싶은가?
- 이 문이 자신의 성향이나 심리적 상황과 관련 있다고 생각하는가?

변형

- 문을 그리면서 문과 관련된 집이나 건물을 함께 그린다.
- 동굴에서 길을 잃고 헤매다가 갑자기 불이 환하게 밝혀진 문을 발견하게 된다. 자기 이름의 문패가 있는 그 문을 열었을 때 보이는 광경을 그림으로 그린다.

14 점토놀이

대상 아동, 청소년, 성인, 개인, 집단

적용단계 초기, 중기

목표

- 감각을 활성화한다.
- 대근육 운동과 소근육 운동을 활성화한다.
- 정서적 표출과 이완을 원활하게 한다.
- 퇴행 욕구를 표현하여 심리적 해방감을 경험한다.

재료 점토, 대야, 물, 앞치마, 수건, 걸레, 스펀지, 판자 혹은 우드락

시간 60분

활동과 감상

- 점토 덩어리를 대야에 넣는다.
- 두 손으로 점토를 누르거나 찌르거나 비비기도 하면서 마음껏 주무른다.
- 잠시 후에 점토에 물을 조금씩 넣는다. 치료사가 물을 부어 줄 수도 있다. 두 손으로 점토와 물을 섞으면서 놀이를 하듯 만진다.
- 점토가 질퍽해지면 물을 더 이상 섞지 않는다.
- 대야 안의 질퍽한 점토를 마음껏 가지고 논다. 두 손으로 비비기, 나누어 떨어뜨리기, 손가락 사이로 빠져나오게 하기 등

- 점토를 테이블이나 판자, 우드락판에 놓고 낙서나 장난을 계속한다.
- 놀이를 하면서 기분을 말하거나 떠오르는 생각, 기억들을 이야기한다.
- 마음껏 놀이를 한 후에 손을 씻고 정리를 한다.
- 남은 점토는 밀봉하거나 다음 활동을 위해 건조시킨다.

나눔

- 점토놀이를 한 기분은 어떤가?
- 점토가 건조할 때와 무를 때의 느낌은 어떻게 다른가?
- 흙으로 놀이를 한 기억이 있다면 언제, 누구와 어떤 곳에서 하였는가?
- 정서표출이 잘 되었는가?

변형

- 점토를 쌓아 산처럼 만든 후에 그곳에 동굴, 길 등을 만든다.
- 점토로 산과 동굴을 만든 후에 그와 관련된 동화를 지어 이야기한다.

15 나의 어린 시절

대상 아동, 청소년, 성인, 개인, 집단

적용단계 초기, 중기

목표

- 유년기 기억이 현재 정서와 생활에 미치는 영향을 인식한다.
- 부정적 · 긍정적 기억과 관련된 정서를 현재화한다.
- 과거 기억과 감정을 표현하여 정서적 해방감과 심리적 균형을 얻는다.

재료 켄트지, 그림도구

시간 60분

활동과 감상

- 치료사는 내담자가 눈을 감고 호흡을 깊게 하여 심신을 이완하도록 안내한다.
- 어린 시절을 떠올려 본다.
- 어린 시절에 인상적으로 기억나는 장면이나 상황을 그린다.
- 그 기억과 연관되어 생각나는 사람을 함께 그릴 수 있다.
- 그림을 감상하고 대화를 나눈다.

나눔

- 유년의 기억을 떠올리고 그리면서 어떤 기분이 들었는가?
- 어린 시절의 기억에 관해서 누구와 이야기를 나눈 적이 있는가?
- 그때 상황과 관련하여 기억나는 사람이나 동물이 있는가?
- 과거의 기억이 현재와 어떤 관계가 있다고 생각하는가?
- 그림을 보며 과거의 어린 자신에게 하고 싶은 말은 무엇인가?

변형

- 어린 시절에 가장 하고 싶어 했던 것, 가장 갖고 싶었던 것을 그리거나 만든다.

16 자화상과 초상화

대상 아동, 청소년, 성인, 집단

적용단계 초기, 중기

목표

- 자신이 생각하는 모습과 타인이 보는 자기의 모습을 인식하고 수용한다.
- 자신의 내면 상황을 투영하여 볼 수 있다.

재료 켄트지 4절, 그림도구

시간 60분

활동과 감상

- 종이를 반으로 접어 왼쪽에 실제 자화상을 그리거나 본인이 생각하는 자기 모습을 그린다.
- 짝을 정하여 그린 종이를 교환한 후 오른편에 파트너의 초상화를 그린다.
- 파트너를 보면서 사실화나 이미지를 그려도 된다. 파트너는 왼쪽 그림을 접어 보이지 않게 하고 그린다.
- 완성되면 종이 왼쪽에는 본인의 자화상이, 오른쪽에는 파트너가 그린 자신의 초상화가 있다.
- 파트너가 그린 초상화를 받아 자화상과 나란히 펼쳐 놓고 비교해 본다.

나눔

- 자화상과 초상화의 특성, 공통점, 차이점 등에 대해 이야기 나눈다.
- 어느 쪽이 현재의 자신과 더 닮았는지를 알아본다.
- 자화상과 초상화를 보면서 자신에 대해 어떤 것을 새롭게 느꼈는가?

변형

- 자신의 얼굴을 천천히 만져 본 후에 점토로 자신의 얼굴을 만든다.
- 자신의 다양한 얼굴을 그린다.
- 자신의 이상적인 자화상을 그린다.

17 생각 나누기

대상 아동, 청소년, 성인, 집단

적용단계 초기, 중기

목표

- 감각적, 정서적 이완을 한다.
- 비언어적 의사소통을 개발한다.
- 상호 관계를 수용한다.

재료 점토(15cm 정도 정육면체, 참가자 수만큼 준비), 수건, 물, 스펀지, 걸레, 분무기

시간 60~90분

활동과 감상

- 치료사는 점토를 10~15cm 정도 정육면체로 잘라 모둠의 수만큼 놓는다. 혹은 각자 점토를 가지고 가서 만들 수 있도록 한곳에 둔다.
- 참가자들은 4명이 한 팀이 되어 점토를 한가운데 두고 둘러앉는다.
- 각자 점토를 한 개씩 가져가 자신이 만들고 싶은 것을 만든다. 이때 무엇을 만드는지 서로 말하지 않는다.
- 치료사는 10분 후 미완성 작품을 왼쪽 옆 사람에게 건네주라고 한다.
- 오른쪽 사람의 작품을 받은 사람은 마치 자기 작품인 것처럼 계속 만든다. 이때 건네준 사람은 자신이 무엇을 만들고 있었는지 말해 주지 않는다.

받은 사람도 옆 사람에게 묻지 않는다.

- 치료사는 5분이 지난 후 또 왼쪽 옆 사람에게 건네주라고 한다.
- 옆 사람의 작품을 받은 사람도 자기 생각대로 만든다(5분). 이렇게 다음 사람도 옆 사람 작품을 받아 계속 만든다(5분).
- 마지막으로 첫 번째 만들었던 사람에게 점토 작품을 돌려준다.
- 처음 만들던 사람이 더 손질을 하여 완성한다(5~10분).

나눔

- 다시 돌아온 자신의 작품을 보니 어떤 느낌이 드는가?
- 마지막으로 자신이 완성한 느낌은 어떤가?
- 옆 사람에게 점토를 받았을 때 무엇이라고 생각하고 만들었는가?
- 점토 작품의 제목을 정해 본다.
- 이 활동에 대해 어떻게 느끼는가? 어떤 것을 경험하였는가?

변형

- 점토를 건네주면서 어떤 주제인지 옆 사람에게 알린다.

18 가족의 소망

대상 가족 집단

적용단계 초기, 중기

목표

- 가족 상호 간의 갈등, 개인의 욕구나 소망을 표현할 기회를 갖는다.
- 가족 간의 의사소통과 각 개인의 소망을 나누고 이해한다.
- 가족의 심리적 상황과 존재 의미를 재인식한다.
- 가족의 응집력을 높인다.

재료 켄트지(4, 8절, 1인 2장), 그림도구, 잡지, 가위, 풀

시간 60~90분

활동과 감상

- 치료사는 가족 개개인이 두 개의 주제를 미술로 표현한다는 것을 알린다.
- 첫째 종이에 각자 자신의 소망과 바람을 그리거나 콜라주로 표현한다.
- 둘째 종이에 가족에게 중요한 것을 그리거나 콜라주로 표현한다.
- 가족은 그림을 중앙에 놓고 서로 감상하며 대화를 나눈다.
- 미술 활동을 할 때 서로 간섭하거나 질문하지 않도록 치료사가 알려 준다.
- 첫째 작품부터 펼쳐 놓고 감상과 이야기를 나눈다.

나눔

- 각자 자신의 소망이 어떤 것인지 작품을 통해 이야기한다. 혹은 가족 구성원이 작품 감상을 하면서 알아맞힐 수도 있다.
- 둘째 작품을 감상하면서 가족에게 바라는 소망에 대해 이야기를 나눈다. 어떤 가족 구성원의 소망이 같은지 혹은 다른지, 이유는 무엇인지, 소망을 이룰 수 있는 방안은 어떤 것인지 이야기를 나눈다.
- 치료사는 모두가 이야기를 할 수 있도록 시간 및 차례 안배를 고려한다.

변형

- 가족 모두 종이에 함께 가족 소망을 그리거나 콜라주로 표현한다.
- 자녀는 부모, 부모는 자녀에게 그림 주제를 정해 주고, 각자 그 주제를 그리거나 콜라주로 표현한다.

19 가족의 기억

대상 가족 집단

적용단계 초기, 중기

목표

- 가족 안에 개인의 존재와 과거의 심리적 상황을 재인식한다.
- 가족 간의 갈등과 욕구 및 소망을 표출하고 서로를 수용하며 이해한다.

재료 켄트지(4, 8절), 그림도구

시간 60~90분

활동과 감상

- 가족 구성원 각자가 가족생활에서 기억나는 것들을 그린다. 서로 말하거나 간섭하지 않고 그림에 집중한다.
- 완성 후 가족 모두의 그림을 모아 감상하며 이야기를 나눈다.

나눔

- 가족들은 기억 작품에 대해 잊었는지, 생소한 것인지, 함께 기억하는지 이야기를 나눈다.

- 그림 속 상황에서 그림을 그린 본인은 어떤 감정이 들었는지 이야기한다. 또는 질문을 하거나 그에 대해 서로 이야기를 나눈다.

변형

- 가족과 함께한 즐거웠던 기억을 각자 표현하여 이야기를 나눈다.
- 가족 구성원 각자는 가족이 함께 있을 때 할 수 있는 것을 그림이나 콜라주로 이미지화한다.

20 우리 가족

대상 가족 집단

적용단계 초기, 중기

목표

- 가족 내 개인의 존재를 확인한다.
- 가족 간의 갈등과 욕구와 소망을 표출하고 수용하며 이해한다.

재료 점토, 점토공구, 분무기, 스펀지, 휴지, 수건, 걸레

시간 60~90분

활동과 감상

- 본인을 포함하여 가족의 행동에서 가장 생각나는 것을 가족 수대로 점토로 형상화한다.
- 가족 구성원들을 만든 후에 본인을 중심으로 가족 형상을 배치한다.
- 가족들은 서로 자신을 중심으로 배치한 활동을 감상하고 대화를 나눈다.

나눔

- 가족 구성원들이 가족 개개인에 대해 생각하는 것이 일치하는가? 일치한다면 어떤 행동양식인가?
- 가족 배치를 어떻게 하였는가? 가족 간 거리는 어떤가? 크기는 어떤가?
- 가족 특징을 어떻게 표현했는가?
- 이 활동에서 느낀 점은 어떤 것인가?

변형

- 가족 구성원의 특성이 있는 가족 나무를 그린다.
- 가족 개개인의 특성을 잘 묘사하는 가족화를 그린다.

21 나에게 필요한 색

대상 아동, 청소년, 성인, 개인, 집단

적용단계 초기, 중기

목표

- 신체적 · 심리적 · 정서적 이완을 한다.
- 집중력과 균형감각을 얻는다.
- 색의 에너지를 얻는다.

재료 와트만지(8절), 수채 붓 8~12호(1인 2개 이상), 스펀지, 스펀지 놓는 접시, 물통, 물감, 팔레트, 신문지

시간 60분

활동과 감상

- 종이를 책상 위에 놓고 물감도구를 펼쳐 놓는다.
- 자신에게 필요한 색을 팔레트에 짜 둔다.
- 스펀지에 물을 적셔 종이 전체를 가볍게 닦듯이 눌러 나간다.
- 종이 전체에 물기가 퍼지도록 하고 기포가 생기지 않도록 한다.
- 물을 충분히 적신 붓으로 선택한 색을 화지 전체에 원하는 대로 칠한다.
- 물의 농도를 바꿔 가며 원하는 색을 다양한 톤으로 연습할 수 있다.

나눔

- 자신에게 필요한 색은 어떤 색인가?
- 선택한 색이 자신에게 필요한 이유는 무엇인가?
- 색칠하면서 어떤 느낌을 받았는가?
- 물을 많이 사용하여 색칠할 때 느낌은 어땠는가?
- 자신에게 필요한 색은 일상에서 어떤 영향을 미칠 것인가?

변형

- 좋아하는 색을 젖은 종이에 그린다.
- 새벽의 동틀녘이나 해질녘 색 풍경을 그린다.
- 크레파스나 파스텔로 자신에게 필요한 색을 칠한다.

22 화산

대상 아동, 청소년, 성인, 개인, 집단

적용단계 초기, 중기

목표

- 억누르고 있는 감정을 표현한다.
- 감정 표출 방식을 인식하고 이해한다.
- 자신의 정서적 · 신체적 · 심리적 에너지를 인식한다.

재료 켄트지(4, 8절), 그림도구

시간 60분

활동과 감상

- 참가자는 화산을 떠올려 본다.
- 화산 형태와 크기, 상태를 떠올려 본다.
- 화산을 보는 자신의 마음도 느껴 본다.
- 마음에 떠오른 화산을 종이에 옮겨 그린다.
- 화산이 완성되면 함께 감상한다.

나눔

- 화산을 그릴 때와 완성 후의 기분은 어떠했는가?
- 화산은 지금 어떠한 상태인가?
- 본인은 화를 어떻게 내는가? 기쁨이나 열정은 어떻게 표현하는가?

변형

- 화산을 콜라주로 표현할 수 있다.
- 자신을 화산이라고 상상하고 그 화산이 폭발하는 모습을 그린다.
- 화산 안에 있는 자원을 그리거나 만든다.

23 나의 나무

대상 아동, 청소년, 성인, 개인, 집단

적용단계 초기, 중기

목표

- 자신의 정체성을 객관적으로 보게 된다.
- 자신의 신체적 · 정신적 · 심리적 상태를 경험한다.
- 창의력과 상상력을 개발한다.

재료 켄트지(8절, 1인 3장), 그림도구

시간 90분

활동과 감상

- 눈을 감고 가장 인상 깊었던 나무를 떠올리고 그 나무를 몸으로 표현한다.
- 눈을 뜨고 다른 사람이 표현한 나무를 감상하며 이야기를 나눈다.
- 각자 자신의 자리에 가서 그림을 그릴 준비를 한다.
- 치료사는 첫 번째 안내를 한다.
  "자신을 한 그루 나무로 표현합니다. 즉, 현재 자신의 심리적 · 정신적 · 신체적 상태를 잘 나타낼 수 있는 나무를 그립니다."
- 첫 번째 나무를 그린 후, 치료사는 두 번째 안내를 한다. "한 번도 보지 않은 혹은 지구에는 없을 나무를 그립니다."

- 두 번째 나무를 그린 후, 치료사는 세 번째 안내를 한다. "눈을 감고 색을 선택하여 나무를 그립니다. 시작부터 끝까지 눈을 감고 그립니다."

나눔

- 세 개의 나무를 그리면서 어떤 것을 경험했는가?
- 첫 번째 나무에 나의 상황이 잘 표현되었는가? 무엇을 표현하고 싶었는가?
- 나무는 어떤 계절인가? 어디에 있는가? 얼마나 큰가? 어떤 표정인가?
- 자신의 나무에 대해 다른 참가자들은 어떻게 느끼는가?
- 나의 나무를 보면서 어떤 가능성을 보는가?

변형

- 자신이 원하는 나무를 그리거나 만든다.
- 자신이 원하는 것이 모두 열리는 나무를 그리거나 콜라주로 표현한다.

24 감정 나무

대상 아동, 청소년, 성인, 개인, 집단

적용단계 초기, 중기

목표

- 자기 감정을 은유적으로 표출한다.
- 자기 감정을 객관적으로 인식하고 수용한다.
- 카타르시르를 경험한다.
- 자신의 다양성을 수용하고 유연해진다.

재료 종이(8절 혹은 A4, 1인 8장), 연필, 지우개, 색연필

시간 60분

활동과 감상

- 나무의 여러 형상을 떠올리며 이야기를 나눈다.
- 나무가 감정을 표현한다면 어떻게 표현할지 생각해 본다.
- 치료사는 감정을 표현하는 감정 나무를 그린다는 것을 알려 준다. 시간을 짧게 준다는 것도 미리 알려 준다(나무 1개당 5분 정도).
- 한 그루씩 그린 후 1~2분의 휴식시간을 갖는다.

- 평화로운 나무, 기뻐하는 나무, 외로운 나무, 화난 나무, 불안한 나무, 우울한 나무, 무서워하는 나무, 행복한 나무 등
- 내담자의 그림 속도에 따라 부정적 감정과 긍정적 감정을 2~3개로 줄인다.

나눔

- 감정 나무를 그리면서 어떤 경험을 하였는가?
- 감정을 나무로 잘 표현할 수 있었는가? 어떤 감정 표현이 어려웠는가?
- 자신의 감정 나무가 다른 사람 것과 어떤 점이 닮았고 어떤 점이 다른가?
- 그린 나무 중에서 가장 마음에 드는 나무는 무엇인가?

변형

- 나무 대신 꽃, 날씨로 표현한다.

25 선율을 따라서

대상 아동, 청소년, 성인, 개인, 집단

적용단계 초기, 중기

목표

- 정서적 이완을 한다.
- 감정을 정화한다.
- 청각과 시각 및 촉각의 감각을 발달시킨다.
- 균형감각력을 높인다.

재료 켄트지(2절), 크레파스, 스카치테이프

시간 30~40분

활동과 감상

- 두 명이 짝지어 2절 켄트지를 놓고 각자 두 개의 다른 색을 들고 앉는다.
- 치료사는 음악에 따라 그리는 방법을 제시한다.
- 음악이 들리면 눈을 감은 채 두 손으로 음악에 따라 자유롭게 그린다(5분 정도).
- 음악이 끝나면 그리기를 멈추고 눈을 뜬다.
- 그림과 두 개의 색을 짝과 서로 교환한다.
- 각자 교환한 그림을 보고 그중에서 형태를 찾아서 색을 칠한다. 이때 음악을 계속하여 들려줄 수 있다.

- 형태가 겹쳐도 되며, 여러 가지 형태를 찾아 칠을 한 후 서로에게 돌려준다.
- 두 명이 서로 그림을 보면서 느낌을 나눈다.

음악의 예 드뷔시 〈바다〉, 비발디 〈사계〉, 모차르트 〈교향곡〉, 〈피아노곡〉
브람스 〈헝가리 무곡〉, 생상스 〈동물의 사육제〉, 재즈 음악 등

나눔

- 눈을 감고 음악을 들을 때 어땠는가?
- 짝의 그림에서 어떤 것들을 찾았는가?
- 그림을 돌려받고 작품을 보니 기분이 어떠한가?

변형

- 눈을 감고 음악을 들으며 점토로 만들고 싶은 것을 만든다.
- 음악을 들으며 그림을 그린다.

26 색과 대화, 색과 갈등

대상 아동, 청소년, 성인, 개인, 집단

적용단계 초기, 중기

목표

- 자신의 감정을 색으로 표현한다.
- 정서적 표출을 한다.
- 심리적 정화를 경험한다.

재료 켄트지(4, 8절), 그림도구

시간 30분

활동과 감상

- 자신이 가장 좋아하는 색을 한 가지 선택한다.
- 자신이 싫어하는 혹은 즐겨 사용하지 않는 색을 한 가지 선택한다.
- 두 색이 서로 대화하는 그림을 한 종이에 그린다.
- 다음은 다른 종이에 두 색이 갈등하거나 싸우는 그림을 그린다.
- 두 그림을 감상하면서 느낌을 나눈다.

나눔

- 색과 대화하는 그림에서 어떤 경험을 하였는가?
- 대립색과 대화를 하면서 어떤 경험을 하였는가?
- 대립색과 갈등 혹은 싸움을 하면서 어떤 경험을 하였는가?
- 자신 안의 양가감정을 평소에 어떻게 다루는가? 어떻게 다루고 싶은가?
- 자신 안의 양가감정에는 어떤 것들이 있는가?

변형

- 두 사람은 좋아하는 색을 한 가지씩 선택하여 동시에 한 종이에 그린다.
- 두 사람은 싫어하거나 친하지 않은 색을 한 가지씩 선택하여 한 종이에 함께 그린다.
- 자신의 눈에 띄는 한 가지 색을 선택하여 그 색으로 놀이를 하듯이 선, 모양, 다양한 두께, 크기, 필압 등을 시도해 본다. 크레용을 눕혀서 그려 보기도 한다.

27 낙서하기

대상 아동, 청소년, 성인, 개인, 집단

적용단계 초기, 중기(도입부에 할 수 있음)

목표

- 신체적 · 심리적 이완을 한다.
- 카타르시스를 경험한다.
- 경직성을 완화하고 유연해진다.
- 창의력과 표현력을 장려한다.

재료 켄트지(2절), 크레파스, 파스넷, 접착테이프, 메모지, 필기도구

시간 20~30분

활동과 감상

- 종이를 바닥이나 벽에 붙여 둔다.
- 양손에 원하는 색을 들고 눈을 감고 허공에 두 손으로 낙서를 한다.
- 눈을 뜨고 종이를 바라본다.
- 처음에는 눈을 감고 두 손으로 낙서를 하다가 눈을 뜨고 한다.
- 그림이 어떻게 되든지 상관하지 말고 낙서를 크게 한다.
- 치료사는 "너 자신을 즐겨라!"라고 말해 준다.

- 낙서를 충분히 했으면, 낙서를 끝내고 그것을 바라본다.
- 마음에 드는 형태들을 골라서 다른 색으로 형상화할 수 있다.
- 자신의 활동을 바라보면서 떠오르는 단어를 다섯 개 정도 적는다. 이때 자신을 통제하지 않고 떠오르는 대로 단어를 적는다.
- 서로 모여서 낙서와 그림을 보고 떠올랐던 단어들을 읽어 준다.

나눔

- 이 활동은 어떠했는가?
- 활동을 시작할 때와 마칠 때 기분의 변화가 있었는가?
- 자신이 하고 싶은 대로 한 것에는 어떤 것들이 있는가?
- 떠올랐던 단어들은 어떤 것이며, 자신과 어떤 관계가 있는가?

변형

- 신문지 찢기를 마음대로 한 후에 떠오르는 단어나 글을 쓴다.
- 낙서한 것 중에 형태를 오려 다른 종이에 재작업한다.

28 신체 그리기

대상 아동, 청소년, 성인, 개인, 집단

적용단계 중기

목표

- 자아상을 통한 심리적 상황을 표현할 기회를 갖는다.
- 자아상에 대한 자존감을 높인다.

재료 켄트지 전지 2장, 연필, 지우개, 그림도구, 잡지, 풀, 가위

시간 60분

활동과 감상

- 호흡과 이완 연습을 한 후에 자신의 신체감각을 느낀다.
- 집단인 경우 파트너와 짝을 만든다.
- 파트너끼리 마주 보며 손바닥 치기, 가까이 가기, 거리 두기 등 놀이 형식의 동작연습을 한다.
- 2장의 전지를 길게 붙인 종이 위에 한 사람이 누워 원하는 자세를 취한다. 파트너는 상대방의 신체 윤곽을 신중하고 조심스럽게 그린다.
- 완성 후 역할을 바꾸어 몸 윤곽을 그린다.
- 완성 후에 자신이 원하는 모습이나 현재의 모습을 창의적으로 꾸민다. 옷이나 모자나 가방 혹은 다른 것을 첨가하여 그릴 수 있다.

잡지를 이용한 콜라주 활동도 가능하다.

- 완성 후 벽에 작품을 붙여 둔다.

나눔

- 파트너가 자신의 신체 윤곽을 그렸을 때 어떤 기분이 들었는가?
- 자신이 파트너의 신체 윤곽을 그려 주었을 때 어떤 기분이 들었는가?
- 자신의 실제 몸을 색칠하고 꾸미는 것이 어떠했는가?
- 자신은 어떤 사람으로 보이는가?
- 다른 사람의 이미지는 어떻게 보이는가?

변형

- 신체상을 점토로 만든다.
- 모빌로 자신을 형상화한다.
- 자신을 상징적으로 그린다(예: 동물, 식물, 강, 풍경, 집 등).

29 삶의 파노라마

대상 청소년, 성인, 개인, 집단

적용단계 중기

목표

- 자신의 삶 전체를 돌아보며 삶의 경험을 정리한다.
- 자기정체성을 발견하고 개발하며 자신의 삶을 수용한다.
- 정신적 · 신체적 · 영적 영역에서 자신의 모습과 역할을 이해한다.
- 타인과의 관계를 이해한다.

재료 켄트지 전지, 그림도구, 입체재료

시간 120분(2~3회기로 연결할 수 있음)

활동과 감상

- 참가자들은 함께 둘러앉아 눈을 감는다.
- 치료사는 조용한 음악을 들려주며 참가자들이 호흡과 이완을 하도록 유도한다.
- 태아기부터 출생, 유아기, 아동기, 청소년기, 청년기, 장년기, 노년기, 죽음까지를 유도한다.
- 각자 생의 주기에 따라 인상 깊은 사람, 일, 사건, 분위기, 느낌 등을 떠올린다.
- 경험하지 못한 생의 한 부분, 예를 들어 장년기, 노년기, 죽음까지 상상할 수 있다.

- 자기 삶의 파노라마를 그림으로 표현한다. 추상적 표현도 가능하다.
- 종이의 중심에서 시작하여 나선형으로 삶의 과정을 그릴 수 있다.
- 그림을 완성한 후, 중앙에 모든 그림을 모아 두고 대화를 나눈다.

나눔

- 자신의 삶 전체를 그림으로 묘사하면서 어떤 것을 느꼈는가?
- 각자 자신의 삶의 여정을 살펴보며 힘들었던 상황, 좋았던 상황, 사람들에 대해 이야기 나눈다. 서로 피드백을 주고받는다.
- 이 활동이 현재 자신의 삶에 어떤 영향을 준다고 생각하는가?
- 자신의 삶에서 가장 의지가 되었던 대상은 누구인가?

변형

- 자신의 삶에 있어서 자원이 되는 것을 그린다.
- 자신의 직업 변천에 대한 파노라마를 그린다.
- 아동기, 청소년기, 성인기에 대해서 느끼는 것을 그린다.
- 살아가면서 좋은 기억과 나쁜 기억을 그린다.
- 삶에서 중요했던 일이나 사람들을 그린다.

30 외로움

대상 아동, 청소년, 집단

적용단계 중기

목표
- 외로움에 직면하는 정서와 심리 상태를 인식할 수 있다.
- 외로움, 어려운 상황을 표현하고 극복할 수 있는 능력을 기른다.

재료 켄트지(2, 4절), 그림도구, 연필, 잡지, 풀, 가위

시간 60분

활동과 감상

- 치료사는 참가자들에게 혼자 있을 경우 어떻게 지내는지 이야기를 나누도록 유도한다.
- 혼자 있을 때 좋은 점과 좋지 않은 점에 대해서 이야기를 나눈다.
- 치료사는 참가자들에게 다음 이야기를 들려준다.

"지금부터 네가 동화의 주인공이 되었다고 상상해 보아라. 동화는 이렇게 시작된단다. 어느 날 네가 집에 돌아왔을 때 가족 모두가 아무 연락도 없이 갑자기 어딘가로 떠나 버렸어. 너는 이제 혼자가 되었어. 그래서 너는 더 이상 그 집에 혼자 있을 수 없어서 무작정 집을 떠났단다. 아무 생각 없이 집을 떠난 너는 어떤 곳에서 우연히 너의 처지와 비슷한 사람을 만나게 되었어. 너는 그 사람과 힘든 상황을 좀 더 잘 이겨 내기 위해 함께 지내기로 결정했어.

이야기는 여기까지만 할께. 이제는 너희가 앞으로 살아갈 것에 대해 의논해 보아라. 너희는 어디서, 어떻게, 무엇을 하며 생활할지 그려 보아라."

- 짝을 정한 두 사람은 이야기 전개에 대해 의논하여 함께 그림을 그린다.
- 완성한 후에 모두 모여 감상하며 이야기를 나눈다.

나눔

- 혼자가 되었을 때 어떤 기분이 들었는가?
- 혼자일 때 제일 먼저 보고 싶었던 사람은 누구였는가?
- 나와 비슷한 처지의 사람을 만났을 때 어떤 기분이 들었는가?
- 서로에 대해 알게 된 것은 어떤 것인가?
- 그림을 완성하고 난 후에 기분은 어떤가?

변형

- 혼자인 상황에서 어떤 장소를 발견하였을 때, 그곳은 어떤 곳이고 어떤 사람이 있다고 상상되는지 그림으로 표현한다.
- 자신이 가족을 떠나야 한다면 어디에서 어떻게 살 것인지 표현한다.

31 유산(遺産)

대상 청소년, 성인, 개인, 집단

적용단계 중기

목표

- 부모와 자신의 관계를 인식한다.
- 부모에 대한 감정 및 부모의 영향을 인식한다.
- 부모와 자식 간의 갈등과 각자의 장단점에 대한 이해와 수용의 기회를 갖는다.

재료 켄트지(4절), 그림도구

시간 60~90분

활동과 감상

- 종이를 4등분하여 왼쪽 위부터 시계 방향으로 각 칸에 다음의 주제를 그린다.
  ① 부모에게 유산으로 받은 것
  ② 부모에게 유산으로 받고 싶은 것
  ③ 부모에게 유산으로 받고 싶지 않은 것
  ④ 나의 자손에게 물려주고 싶은 유산
- 그림은 구체적이거나 추상적으로 그릴 수 있다. 콜라주 표현도 가능하다.
- 유산은 가치나 비물질적인 것, 물질적인 것과 관련된 것 중에 선택한다.

- 완성 후에 참가자는 서로 대화를 나눈다.

나눔

- 부모에게 받은 유산은 어떤 것인가? (외모, 성격, 기질, 능력, 물질적인 것, 비물질적인 것, 재능, 장단점, 가치, 신앙 등)
- 부모에게 받은 유산이 지금 자신에게 어떤 영향을 끼치는가?
- 부모에게 받지 못했지만 받았으면 하고 바랐던 것이나 받고 싶었던 것은 어떤 것인가? 그 이유는?
- 부모에게 받아 현재 본인에게 있는 것으로, 부모에게 받고 싶지 않았던 것은? 본인이 자녀에게 유산으로 준다면 어떤 것인가? 그 이유는?

변형

- 부모에게 물려받은 것의 장점과 단점을 그린다.
- 자손에게 물려주고 싶은 자신의 장점과 물려주고 싶지 않은 자신의 단점을 그린다.

32 행복한 기억

대상 아동, 청소년, 성인, 개인, 집단

적용단계 중기

목표

- 행복감과 정서적 안정감을 경험한다.
- 내적 균형을 도모하고, 자신감을 향상한다.
- 가족, 타인 및 자연과의 상호 관계를 인식하고 수용한다.

재료 켄트지, 그림도구, 잡지, 입체재료, 가위, 칼, 풀, 명상음악

시간 60분

활동과 감상

- 참가자들은 앉거나 누워서 편안한 자세를 취하고 눈을 감는다.
- 치료사는 명상음악을 들려주며, 준비한 이야기를 천천히 해 준다.

"당신을 상상여행에 초대하려 합니다. 자, 숨을 깊이 내쉬고 들이쉽니다……. 숨을 들이쉬면서 몸이 가벼워지는 것을 느껴 보세요. 이제 숨을 내쉬면서, 일상의 피로와 긴장과 부정적 기운을 다 내보내세요…….

편안하게 숨을 쉬면서 몸과 마음이 가벼워지고 평화로운 기분이 듭니다……. 이제 구름 한 점 없는 파란 하늘과 따뜻한 햇살을 느껴 보세요. 따뜻한 태양과 상쾌한 바람이 당신을 어루만져 줍니다……. 이제 당신은 행복했던 때를 기억할 수 있습니다.

행복했던 때는 언제였나요? 어디인가요? 계절은 언제인가요? 시간은 어느 때쯤 되었어요? 그곳에서 무엇을 보나요? 당신은 혼자 있습니까? 누구와 함께 있나요? 당신은 무엇을 하고 있나요? 당신은 미소를 띠며 행복한 시간을 즐깁니다…….

이제 당신은 우리가 있는 이곳으로 돌아옵니다. 그러나 행복한 기분은 계속 간직하세요……. 손가락과 발가락을 움직이며 천천히 몸을 펴서 팔을 쭉 뻗은 후 눈을 뜹니다. 행복했던 기억을 그림으로 그리거나 입체적으로 표현하세요."

나눔

- 상상여행의 경험은 어땠는가?
- 행복한 기억, 장면은 잘 기억났는가?
- 행복했던 기억을 어떻게 표현하였는가?
- 다른 참가자들의 행복 기억은 어떻게 느껴지는가?

변형

- 행복했던 기억을 그림으로 그린 후에 행복한 자신에게 보내는 글을 쓴다.

33 엄마의 배 속에서

대상 아동, 청소년, 성인, 개인, 집단

적용단계 중기

목표

- 안전감과 보호받는 느낌을 경험한다.
- 어머니와의 관계를 재인식하고 어머니 존재를 깊이 경험한다.
- 존재의 의미, 생명의 끈, 생명의 힘을 경험한다.

재료 켄트지(4, 8절), 그림도구, 입체재료, 명상음악, 초나 향

시간 60~90분

활동과 감상

- 참가자는 매트나 담요를 깔고 명상음악을 들으며 편안하게 눕는다.
- 옆으로 누워 두 발을 가슴까지 끌어올리고 머리를 두 손으로 감싸서 태아 자세를 취한다. 그 자세에서 눈을 감고 치료사의 말을 듣는다.

"너는 세상에 태어나기 전에 엄마의 배 속에서 그렇게 누워 있었어. 지금 네가 다시 엄마 배 속에 들어 있다고 상상해라…….
너를 보호해 주는 따뜻한 물이 너를 감싸고 있다. 너는 따뜻한 물 위에 편안하게 누워 있다. 물이 너의 몸 전체를 부드럽게 감싸고 있구나…….
그곳은 푹신한 베개를 베고 누워 있는 것처럼 부드럽고 편안하다. 조용한 자장가 같은 엄마의 심장소리를 듣는다.

포흐~포흐, 포흐~포흐, 포흐~포흐…….

지금 엄마는 아름다운 음악을 듣고 있을지도 몰라. 너도 음악을 들을 수 있어.

음악소리가 엄마 심장소리와 함께 들려온다…….

너는 마음껏 오랫동안 누워 있을 수 있어……. 엄마의 배 속에 있으니 기분이 어떠니? ……엄마 배 속은 따뜻하고 편안하다…….

이제 이곳으로 돌아와서 손과 발을 움직이고 팔다리를 펴고 눈을 뜬다.

엄마 배 속에 있는 너의 모습과 그 안 풍경을 그리거나 입체적으로 묘사한다."

- 상상한 것을 그린 후에 감상하며 대화를 나눈다.

나눔

- 태아 상상을 했을 때 어떤 기분이 들었는가? 엄마의 배 속은 어땠는가?
- 엄마는 자신을 임신했을 때 어떤 상황이었는가? 정서적 · 육체적으로 편했는가? 가족들은 어떻게 대해 주었다고 했는가?

변형

- 엄마 배 속에서 자신이 가장 좋아했을 것 같은 것을 상상하여 묘사한다.

34 가면놀이와 가면 만들기 I

대상 아동, 청소년, 성인, 개인, 집단

적용단계 중기

목표

- 다양한 감정을 표현한다.
- 내적 자아와 대면하는 경험을 한다.
- 자아의 다양한 면을 표현하고 수용한다.

재료 석고붕대, 손거울, 접시, 가위, 물, 바셀린 혹은 클렌징 크림, 수건, 아크릴 물감, 붓, 천, 실, 입체재료

시간 120분

활동과 감상 1 가면 건네기

- 참가자들이 모여 앉은 상태에서 한 사람이 가면을 쓰고 있다고 가정하고 감정과 관련된 표정을 짓는다(불쾌감, 짜증, 분노, 절망, 기쁨, 놀람, 행복감 등).
- 표정을 지은 후 가면을 벗는 듯한 동작을 하며 옆 사람에게 가면 표정을 전한다.
- 옆 사람이 그 표정의 가면을 두 손으로 그대로 받아 자신도 같은 표정을 짓는다. 그 표정을 한 후에 두 손으로 다른 옆 사람에게 가면을 전한다.
- 참가자들은 위 활동을 계속하여 옆 사람의 가면 표정을 받아 자신도 표현하고 다른 옆 사람에게 전한다.

활동과 감상 2 가면 만들기

- 파트너를 정하여 상대방의 얼굴에 바셀린을 충분히 발라 준다.
- 석고붕대를 조금씩 잘라 물에 적셔 얼굴에 두세 번 겹쳐 붙인다.
- 눈 위와 입술까지 석고를 바르거나 그 부분은 석고를 바르지 않아도 된다.
- 얼굴 전체의 석고가 마르면 조심스럽게 떼어 내고 세수한다.
- 순서를 바꾸어 파트너에게 석고 붙이는 작업을 위와 같이 한다.
- 가면에 색을 칠하거나, 다른 재료로 꾸미거나, 그대로 둘 수 있다.
- 자신의 가면과 마주하고 가면과 대화한 내용을 글로 쓴다.
- 중앙에 가면들을 배치하고 둘러앉아 감상하며 글을 낭독한다.

나눔

- 가면놀이는 어떠했는가?
- 자신의 석고 얼굴을 보며 어떤 느낌이 들었는가?
- 가면을 만들면서 자신의 어떤 면들과 만났는가?
- 자신의 가면과 만나면서 쓴 글을 전체나 부분적으로 낭독한다.

35 가면 만들기 II

대상 아동, 청소년, 성인, 개인, 집단

적용단계 중기

목표

- 다양한 감정을 표현한다.
- 내적 자아와 대면하는 경험을 한다.
- 자아의 다양한 면을 표현하고 수용한다.
- 창의적 잠재력을 개발한다.

재료 장식 없는 종이가방, 가위, 채색도구, 고무, 붓, 천, 실, 재활용품

시간 40~50분

활동과 감상

- 종이가방을 머리에 쓰고 눈과 입을 표시하여 그 부분을 잘라 낸다.
- 원하는 얼굴 표정을 색칠하고 실이나 모루 등으로 머리카락을 만든다.
- 입체재료를 이용하여 가면을 더 꾸밀 수 있다.
- 가면이 완성되면 가면을 쓰고 가면인물 역할을 한다.
- 몇 명이 역할극을 할 수도 있다.

나눔

- 감정 가면을 쓰고 활동한 느낌은 어떠했는가?
- 가면을 쓸 때와 쓰지 않았을 때의 차이는 무엇이며 기분은 어떠했는가?
- 역할극은 어떠했는가?
- 가면을 만들면서 자신의 어떤 면들과 만났는가?

변형

- 얼굴 크기보다 큰 쿠킹호일을 3~5장으로 겹쳐서 얼굴에 대고 윤곽을 만든 후, 채색을 하고 얼굴 형태로 잘라 내거나 끝부분을 뒤로 접거나 그대로 둔다.

36 소집단 그리기 놀이

대상 아동, 청소년, 성인, 집단

적용단계 중기

목표

- 집단의 역동성을 경험하고 이해한다.
- 집단 위기의 중재 능력을 향상한다.
- 창의성과 표현력을 장려한다.
- 집단 속에서 자기정체성을 발견하며 사회성을 기른다.

재료 켄트지(2절지, 4명 기준), 그림도구

시간 60분

활동과 감상

- 4명이 한 팀이 되어 종이를 중심으로 둘러앉는다.
- 4명이 차례로 번갈아 가면서 그림을 그린다. 이때 함께 의논하여 주제를 정하거나 주제 없이 그릴 수 있다.
- 그림은 앞 사람 그림에 맞출 필요 없이 자신이 그리고 싶은 것을 그린다.
- 계속하여 여러 번 돌아가며 그린다.
- 한 사람이 그릴 동안 다른 사람들은 개입하지 않고 그림을 바라본다.

- 마치고 싶은 참가자는 더 이상 그리지 않겠다고 표현한다.
- 나머지 참가자들은 계속하여 그리다가 원하는 시점에 멈출 수 있다. 이런 방법으로 마지막 한 사람까지 다 그리면 그리기를 종료한다.
- 그림 완성 후에 다른 팀과 함께 활동을 감상하며 이야기를 나눈다.

나눔

- 팀 그림을 보고 어떻게 느끼는가?
- 말없이 그림을 차례대로 그리는 것에 대해 어떻게 느꼈는가?
- 말없이 한 종이에 함께 그리며 새롭게 경험한 것은 무엇인가?
- 그리는 과정에 어려움이 있었는가? 있었다면 어떤 어려움이었나?

37 나의 그림-나의 반응

대상 아동, 청소년, 성인, 집단

적용단계 중기

목표

- 즉흥력과 순발력을 기른다.
- 자극그림을 통한 심리적 연상 반응을 인식한다.
- 연상활동을 통한 비언어적 대화 능력을 기른다.

재료 켄트지(4절), 그림도구

시간 60분

활동과 감상

- 참가자들은 테이블 주변에 자리를 잡고 앉는다.
- 각자 4절 켄트지를 자기 앞에 놓고 그림도구를 준비해 둔다.
- 종이를 반으로 접어 왼쪽에 그리고 싶은 것을 7~10분 동안 그린다.
- 7~10분 후 모두 그리기를 멈추고 왼쪽 사람의 자리로 옮긴다.
- 왼쪽 사람이 그린 그림을 보고 연상되는 것을 오른쪽에 그린다(2분). 치료사는 시간을 미리 알리지 않고 2분 후에 멈추라는 신호를 준다.
- 모두 그리기를 멈추고 다시 왼쪽으로 한 자리씩 옮긴다. 옮긴 자리에는 첫 번째 사람의 그림(왼쪽)과 그 옆 사람의 연상그림(오른쪽)이 보인다.

- 세 번째 사람은 첫 번째 사람이 그린 왼쪽 그림을 보고 연상되는 것을 오른쪽에 그린다. 이미 두 번째 사람이 오른쪽에 무언가를 그렸지만 계속하여 그린다.
- 한 그림에 4~5명이 반응그림을 그린 후 멈춘다.
- 각자 자기 자리에 와서 그림을 본 후에, 처음 그림과 오른쪽 그림에 대해 이야기를 나눈다. 이때 서로 질문과 답변을 하며 이해를 돕는다.

나눔

- 본인의 그림에 대한 다른 사람의 반응은 어떤가? 그림의 어떤 부분에 대해 질문이 있으면 그려 준 사람이 답을 한다.
- 첫 그림에 반응하는 그림을 그리면서 어떤 경험을 하였는가?
- 각 그림에 대한 본인 반응의 공통점은 무엇인가?

변형

- 자기 그림으로 돌아와서 처음에 그렸던 그림을 보완하거나 고칠 수 있다.

38 장점과 단점

대상 아동, 청소년, 성인, 개인, 집단

적용단계 중기

목표

- 자신의 성격을 인식하고 수용한다.
- 자신의 장점과 단점을 탐색한다.
- 표현력을 기른다.
- 정체성과 인성을 계발한다.

재료 켄트지(4절지), 그림도구

시간 50~60분

활동과 감상

- 자신의 장점과 단점을 생각해 본다. 자기 스스로 장단점이라고 생각하거나 타인에게 들은 것을 포함해도 된다.
- 종이 왼쪽은 자신의 단점, 오른쪽은 장점을 그리거나 콜라주로 표현한다.
- 구체적으로나 추상적으로 표현할 수 있다.
- 완성 후 감상을 하며 서로 대화를 나눈다.

나눔

- 나의 장점은 무엇인가?
- 어떤 상황에서 장점이 표현되거나 도움이 되는가?
- 나의 단점은 무엇인가?
- 어떤 상황에서 단점이 나타나는가? 이에 대한 극복 의향은 있는가, 있다면 어떤 것인가?

변형

- 자신의 장단점을 점토나 만들기로 표현한다.

39 신문지 찢기와 지점토 활동

대상 아동, 청소년, 성인, 집단

적용단계 중기

목표

- 카타르시스를 경험한다.
- 대근육 운동력과 소근육 운동력을 높인다.
- 심리적 · 신체적 이완을 한다.
- 창의적 경험을 한다.

재료 신문지(1인 10장 정도), 플라스틱 큰 통과 작은 통, 풀(도배용), 물, 아크릴 물감, 붓, 큰 나무판, 헌 양말, 색 마스킹테이프, 그림도구

시간 60~90분

활동과 감상 1

- 참가자들은 많은 양의 신문지를 가운데 쌓아 두고 둘러선다.
- 각자 신문지를 들고 작게, 길게, 크게 등 다양하게 찢는다.
- 신문지를 거의 다 찢으면 신문지 조각들을 날려 본다.
- 신문지 조각들을 뭉쳐 다른 참가자에게 던지거나 장난을 친다.
- 신문지 더미 위에 누워 보기도 하고, 신문지 더미를 덮어 써 보기도 한다.

- 신문지 조각으로 만들고 싶은 것을 만든다(공, 장난감 등).

활동과 감상 2

- 찢은 신문지를 모두 큰 플라스틱 통 안에 넣는다.
- 신문지에 물과 풀을 섞어 풀죽을 만든다. 신문지가 풀에 잘 섞이도록 신문지를 잘게 찢어서 담가 두는 것이 좋다.
- 풀죽으로 입체활동을 함께 하거나 각자 한다.
- 입체활동을 한 후에는 아크릴 물감으로 색을 칠한다. 색칠은 마른 후가 더 적절하다.
- 완성하면 모여서 감상을 하고 느낌을 나눈다.

* 활동 1만 하고 활동 2는 다음 시간에 할 수 있다.

나눔

- 신문지 놀이의 경험은 어떠했는가?
- 신문지로 지점토 만드는 과정은 어떠했는가?
- 집단 활동을 통해 어떤 것을 경험하였는가?

변형

- 풀죽을 이용하여 목걸이나 장신구나 그릇 등을 만든다.

40 도망가고 싶은 곳

대상 아동, 청소년, 성인, 개인, 집단

적용단계 중기

목표

- 불안을 표출한다.
- 꿈에 나타난 무의식의 상징을 인식한다.
- 불안을 극복하는 내적인 힘을 기른다.

재료 켄트지(4, 8절), 그림도구, 천, 실, 다양한 일상의 물건들, 가위, 풀

시간 60분

활동과 감상

- 공간을 약간 어둡게 해 둔다.
- 참가자는 눈을 감는다.
- 자신이 무서운 꿈을 꾸고 있다는 것을 상상한다.
- 치료사는 꿈 내용을 알려 준다.

"꿈속에 사람인지 괴물인지 어떤 물체가 너를 잡으러 오고 있다.
너는 무서워서 도망가고 있다. 너는 어디로 도망가고 싶니?
무서운 것이 따라오지 못하는 그곳은 어떤 곳이니?
누가 있니? 어두운 곳이니, 밝은 곳이니?"

- 내용을 들은 후 자신이 도망가고 싶은 곳을 그림으로 그린다.
- 그림을 그린 후에 서로 그림을 보며 이야기를 나눈다.

나눔

- 꿈에서 얼마나 무서웠는가? 이런 꿈을 자주 꾸는가?
- 어떨 때 이런 꿈을 꾸는가?
- 도망간 곳은 어떤 곳인가? 누가 있었는가? 알고 있는 곳인가?
- 이 그림을 그리면서 어떤 것을 느꼈는가?

변형

- 실제 무서운 꿈을 꾸었던 것을 그린다.
- 실제 무서운 느낌이 들 때는 어떻게 하는가?

41 나 그리고 우리

대상 아동, 청소년, 성인, 집단

적용단계 중기

목표

- 집단의 역동성을 인식하고 수용한다.
- 상호 관계를 개발한다.
- 집단응집력을 키운다.
- 정체감을 인식하고 향상한다.

재료 자연물, 재활용품, 미술도구

시간 90~120분

활동과 감상

- 야외에서 활동하며, 3~4명이 한 조가 된다.
- 각자 자리를 찾아 자연물, 미술도구로 원하는 작품을 만든다(40분).
- 각 조별로 만나서 각자의 활동을 감상한다.
- 감상 후에 조원들의 작품을 모아서 한 작품을 만들어 낸다. 이때 의논하거나 말없이 작품들을 한 작품으로 만들 수 있다.
- 완성 후에는 참가자끼리 모여서 이야기를 나누며 제목을 정한다.

- 모두 모여서 다른 조의 집단활동에 대한 감상과 이야기를 나눈다.

나눔

- 개인활동을 집단활동으로 연결하는 것에 대해 어떤 경험을 하였는가?
- 집단에서 내 작품은 어떠하였는가?
- 다른 작품을 한 작품으로 만들면서 서로를 얼마나 알게 되었는가?
- 다른 조들의 작품은 어떠한가?

변형

- 개별로 점토활동을 한 후에 4명 정도가 작품을 모아 한 작품으로 보충한다.
- 4명이 말없이 함께 입체 작업을 한다.

42 등대

대상 아동, 청소년, 성인, 개인, 집단

적용단계 중기

목표

- 정체성과 자신감을 갖는다.
- 신뢰성을 향상하고, 갈등 상황을 극복하는 것을 익힌다.

재료 켄트지(4절), 그림도구, 음악(파도소리, 바다 주제), CD플레이어

시간 90~120분

활동과 감상

- 참가자는 편안한 자세로 앉아서 눈을 감고 호흡에 집중한다.
- 치료사는 음악을 낮게 들려주면서 다음 내용을 들려준다.

"넓고 넓은 바다 저 멀리에 바위가 많은 작은 섬 꼭대기에 등대가 하나 있습니다. 등대는 높고 가늘며 한 개의 창문이 있어요…….

이제 당신이 이 등대라고 상상해 보세요. 당신은 바위에 굳건히 서 있습니다. 등대는 아주 단단하여 폭풍이 불어도 조금도 흔들리지 않습니다…….

당신은 밤이나 낮이나 맑은 날씨나 험한 날씨에도 환한 불빛을 멀리까지 보내 줍니다. 당신은 전기가 부족하지 않도록 항상 예비 모터를 준비해 둡니다. 그래야만 배들이 암초에 부딪히지 않게 서치라이트를 항상 돌릴 수 있으니까요. 당신이 굳

건히 서 있기 때문에 바다와 해변에 있는 사람들은 편안하게 지낼 수 있습니다. 이제 당신은 당신 안에 있는 마음의 불빛을 느낄 수 있습니까? 살아가면서 절대로 꺼지지 않을 그런 빛을? 당신은 등대와 같은 마음의 불빛을 가지고 있습니다. 자, 이제 당신이 상상에서 본 등대나 마음의 불빛을 그려 봅니다."

- 참가자들은 완성 후에 등대와 빛의 의미와 역할에 대해 대화를 나눈다.

나눔

- 등대를 실제로 본 적이 있는가? 등대는 어떠했는가?
- 등대, 마음의 빛을 그리면서 어떤 것을 경험하였는가?
- 나의 빛은 일상에서 어떤 것으로 나타나는가?
- 나에게 등대와 같은 존재는 누구인가? 나는 누구의 등대 역할을 하는가?

변형

- 점토나 다른 매체로 등대를 만들고 꾸민다.

43 나의 심장

대상 아동, 청소년, 성인, 개인, 집단

적용단계 중기

목표

- 심장을 형상화하여 심리적 상황을 표현한다.
- 카타르시스를 경험한다.
- 정체성을 인식한다.

재료 종이, 채색도구, 끈, 털실, 철사, 천, 재활용품, 가위, 풀/본드, 색지, 붓, 팔레트

시간 60~90분

활동과 감상

- 심장의 의미와 활동, 은유적 의미 등에 대해 이야기를 나눈다.
- 현재 자신의 마음을 나타내는 심장을 그리거나 입체적으로 표현한다.
- 완성 후에 마음에 드는 곳에 전시한다.
- 서로 감상하며 이야기를 나눈다.

나눔

- 자신의 심장은 어떤 마음을 표현한 것인가?
- 마음을 심장으로 표현하면서 어떠한 경험을 하였는가?
- 자신의 심장을 누구에게 가장 보여 주고 싶은가?

변형

- 상처 난 심장, 슬픈 심장, 불안한 심장, 설레는 심장, 사랑을 하는 심장 등을 만들거나 그린다.

44 동화 그리기

대상 아동, 청소년, 성인, 개인, 집단

적용단계 중기

목표

- 아동기 기억과 정서를 불러일으킨다.
- 현재의 상황을 투영한다.
- 심리적 변화의 과정을 경험한다.
- 무의식을 의식화한다.

재료 켄트지(4절, 8절), 그림도구, 잡지, 가위, 풀

시간 60~90분

활동과 감상

- 조금 어두운 상태와 조용한 분위기에서 호흡연습을 한다.
- 고요한 상태가 되면 치료사는 동화를 읽거나 이야기로 들려준다.
- 참가자는 동화를 듣고 인상적인 장면을 그리거나 콜라주로 표현한다.
- 동화 내용을 그린 후에 감상하며 대화를 나눈다.

동화 선정

- '그림형제' 동화나 각국의 전래동화를 추천한다.
  전래동화는 인간의 삶을 가장 다양하고 풍성하게 묘사하기 때문이다.

나눔

- 어떤 장면이 가장 인상 깊었는가? 어떤 이유가 있는가?
- 동화 내용 전반에 대해 어떻게 느끼는가?
- 자신의 삶과 그림 내용이 어떠한 관련이 있는가?

변형

- 동화를 듣고 그중에 인상적인 내용을 점토로 표현할 수 있다.

45 인형 만들기

대상 아동, 청소년, 개인, 집단

적용단계 중기

목표

- 아동기의 기억을 현재화한다.
- 대상관계를 인식한다.
- 아동기 기억과 현재 삶의 관련성을 인식한다.

재료 천, 풀, 가위, 바늘, 실, 뜨개실, 솜, 스펀지, 종이 등

시간 90~120분

활동과 감상

- 자신이 어릴 때 가지고 놀았던 혹은 가지고 싶었던 인형을 생각해 본다.
- 그러한 인형을 직접 만들어 본다. 종이인형을 만들어 색칠할 수도 있다.
- 인형을 만든 후에 인형을 전시한다. 인형을 눕히거나 다른 물건을 이용하여 표현하고 싶은 대로 자세를 취하게 한다.
- 인형을 감상하며 인형을 만들면서 떠올랐던 기억, 인형과 관계되는 사람, 인형의 현 소재, 만든 인형을 주고 싶은 사람 등에 대해서 대화를 나눈다.
- 인형이 자신의 유년 시절에 어떤 의미가 있었는지 살펴본다.

변형

- 인형을 만든 후에 인형이 있을 곳을 만들어 인형을 그곳에 둔다.
- 인형을 가지고 인형극을 한다.
- 인형에게 필요한 물건을 만든다.

46 요술거울

대상 아동, 청소년, 성인, 집단

적용단계 중기

목표

- 자기 감정의 다양한 면을 인식하고 수용한다.
- 자신의 장점과 그림자를 볼 수 있게 된다.
- 자아 인식과 수용력을 함양한다.
- 타인에 대한 수용력을 배운다.

재료 켄트지(4절지), 그림도구

시간 60분

활동과 감상

- 참가자는 눈을 감고 치료사가 이야기하는 것을 경청한다.
- 치료사는 〈요술거울〉 이야기를 들려준다.

"당신이 아주 큰 거울 앞에 서 있다고 상상합니다……. 그 거울은 세상에 하나밖에 없는 요술거울입니다. 이 거울로 자기가 보고 싶은 것을 모두 볼 수 있답니다. 그러나 이 거울을 보고 싶은 사람은 먼저 자신을 비추어 보아야 합니다. 이 거울에 자신을 비추어 보면 먼저 보고 싶지 않은 자신의 가장 흉한 모습이 보입니다. 이제 거울에 비치는 자신의 흉한 모습을 바라보십시오! (2~3분)

"이제 그 모습이 사라지면서 자신의 가장 근사한 모습이 거울에 나타납니다. 거울 속의 당신은 정말 근사한 모습입니다. 당신의 훌륭한 모습을 천천히 바라보십시오!"(2~3분)

- 상상을 끝낸 후에 각자 4절지를 반으로 접어 왼쪽에는 흉측한 모습을 그리고, 오른쪽에는 근사한 모습을 그린다.
- 상상한 모습과 그린 모습이 같은지 혹은 변화가 있는지 살펴보고 이야기를 나눈다.

나눔

- 흉한 모습과 근사한 모습을 볼 때의 상황을 이야기한다.
- 감상을 하면서 어떤 느낌이 드는가?

변형

- 자신의 신체 윤곽을 그려 근사한 면을 신체 내부에 표현한다.
- 자신의 근사한 인체 일부를 만든다.

47 나의 인생

대상 아동, 청소년, 성인, 개인, 집단

적용단계 중기

목표

- 정체성을 향상한다.
- 자신과 주변의 관계를 인식한다.
- 자신에 대한 통합적 인식과 관계에 대한 이해력을 높인다.

재료 켄트지(4, 2절), 잡지, 신문지, 광고지, 풀, 가위, 필기도구

시간 60~120분

활동과 감상

- 잡지에서 자신의 삶과 관련되는 사람, 일, 대상 및 자신을 상징할 수 있는 것을 오려 둔다.
- 자신을 상징할 수 있는 것을 오려서 종이의 중앙에 붙이거나 그린다.
- 자신의 삶과 관련 있는 것을 중앙의 자아 상징 주변에 배치한다.
- 오려 붙인 내용에 적합한 글자를 찾아 붙이거나 직접 쓸 수도 있다.
- 완성 후에 감상하며 대화를 나눈다.

나눔

- 중앙에 표현한 나의 상징은 어떤 것인가?
- 자신의 주변에는 어떤 존재들이 있는가?
- 작품을 감상하고 이야기 나누면서 어떤 것을 인식하게 되었나?

변형

- 종이로 배를 만들거나 배를 그린 후, 자신의 삶과 관련된 것들을 오려서 배에 붙이거나 배 안에 둔다.

48 선물

대상 아동, 청소년, 성인, 개인, 집단

적용단계 중기, 후기

목표

- 소원하고 바라는 것을 인식하고 표현한다.
- 관계를 인식하고 이해한다.
- 자의식과 자존감을 높인다.
- 긍정적 기억을 활성화한다.

재료 켄트지(4, 8절), 그림도구, 잡지, 풀, 가위, 반짝이풀, 비즈, 장식 종이, 입체재료

시간 60분

활동과 감상

- 치료사는 두 장의 종이에 각각 선물을 그린다는 것을 알려 준다.
- 우선, 본인이 받고 싶은 선물을 그린다. 선물을 받고 싶은 사람을 생각하며 그리거나 콜라주 작업을 한다.
- 두 번째 종이에는 본인이 주고 싶은 선물을 그린다. 선물을 주고 싶은 사람을 생각하며 그리거나 콜라주 작업을 한다.
- 작품을 모아 두고 감상을 하며 서로 대화를 나눈다.

나눔

- 선물 주제 활동을 어떻게 느꼈는가?
- 선물을 받고 싶은 사람과 선물을 주고 싶은 사람과는 어떤 관계이며, 왜 그 사람인가?
- 받은 선물 중에 인상에 남는 것은 무엇이며 누구에게 받았는가?
- 내가 선물한 것 중에 인상에 남은 것은 어떤 것이며 누구에게 주었는가?
- 선물은 나에게 어떤 의미가 있는가?

변형

- 선물 주제를 인조 점토나 점토를 재료로 하여 만든다.
- 현재 자신에게 주고 싶은 선물을 그리거나 입체로 표현한다.

49 보고 싶은 풍경

대상 아동, 청소년, 성인, 개인, 집단

적용단계 중기, 후기

목표

- 갈등극복 능력을 기른다.
- 욕구를 표현한다.
- 현재의 상황과 미래에 대한 마음을 투영한다.

재료 켄트지, 그림도구

시간 30~40분

활동과 감상

- 참가자는 눈을 감고 자신이 긴 터널을 지난다고 상상한다.
- 빛이나 불이 전혀 없는 터널을 지나는 자신의 느낌에 집중한다.
- 터널을 다 지나왔을 때 터널 밖에 처음으로 보이는 것을 상상한다.
- 상상에서 본 모습을 그림으로 그린다.

나눔

- 긴 터널의 어둠 속에 있을 때 어떤 느낌을 받았는가?
- 터널을 빠져나왔을 때 기분은 어땠나?
- 보고 싶은 풍경이나 모습은 어떤 것인가?
- 어떤 마음으로 보고 싶은 풍경을 그렸는가?
- 자신의 삶에서도 이런 상황들이 있었는가?

변형

- 배를 타고 강을 건너고 있다는 가정을 하고, 건너편에서 보고 싶은 것을 그린다.

50 나의 정원

대상 아동, 청소년, 성인, 개인, 집단

적용단계 중기, 후기

목표

- 자연경험을 통한 내적 자원을 인식하고 개발한다.
- 내적 심상을 외적으로 표출한다.
- 균형과 조화를 경험한다.

재료 우드락, 데코 점토, 인조 점토, 점토, 나뭇가지, 나뭇잎, 모래, 작은 돌, 풀, 식물, 꽃, 천, 실, 끈, 철사, 풀, 본드, 채색도구 등

시간 90~120분

활동과 감상

- 야외 장소나 실내의 경우 우드락판에 자연물로 정원을 만든다.
- 정원에 대한 창의적 구상을 하여 정원을 다양하게 꾸미고 채색한다.
- 정원을 완성하고 서로 감상한다.

나눔

- 자신의 정원을 어떠한 계획으로 만들었는가?
- 정원과 자신의 삶은 어떤 관계가 있는가?
- 정원은 자신에게 어떠한 의미를 주는가?
- 자연으로부터 위로, 용기, 힘을 얻은 경험에 대해 이야기 나눈다.

변형

- 살고 싶은 집, 전원주택을 그린다.
- 좋아하는 꽃, 나무, 숲을 그린다.

51 친한 친구

대상 아동, 청소년, 개인, 집단

적용단계 중기, 후기

목표

- 대인관계에서 친절함과 배려를 나누는 능력을 함양한다.
- 그림놀이를 통해 친구 간의 우호적 관계 능력을 높인다.

재료 종이(4, 8절), 연필, 그림도구, 켄트지(4절이나 8절), 데코 점토(1인 1개), 연필, 지우개

시간 60~90분

활동과 감상

- 친한 친구를 생각하면 어떤 느낌이 드는가?
- 친구가 없으면 상상 친구나 친했던 친구를 생각한다. 혹은 미래에 친하고 싶은 친구는 어떤 친구인지 떠올려 본다.
- 친한 친구와 즐겨 하는(했던/하고 싶은) 것은 어떤 것인가?
- 살아가면서 친구가 없는 상황에 대해 이야기 나눈다.
- 친한 친구의 모습이나 좋아하는 것을 그리거나 만든다. 상상의 친구나 미래의 친구를 그리거나 좋아할 것 같은 것을 상상하여 만든다.

나눔

- 본 활동에 대한 소감은 어떠한가?
- 친한 친구는 어떤 성격인가? 자신의 성격과 닮았는가, 아니면 다른가?
- 활동에서 새롭게 느낀 것과 좋은 점은 어떤 것인가?
- 외롭고 힘이 들 때 이 활동은 도움이 될 것인가?
- 지금 나의 기분은 어떤가?
- 왜 친한 친구가 있는 것이 중요한가?

변형

- 싫어하는 친구를 그리거나 만들어 탐색한다.

52 사과 만들기

대상 아동, 청소년, 성인, 개인, 집단

적용단계 중기, 후기

목표

- 삶의 성장과정을 인식하고 수용한다.
- 자연과 자신의 관계를 인식하고 통합력을 개발한다.
- 소근육 운동, 눈과 손의 협응력을 향상한다.

재료 점토, 인조 점토(빨강, 하양, 녹색), 젖은 수건, 스펀지, 점토 자르는 철사, 사과

시간 30~40분

활동과 감상

- 사과를 두 손에 쥐고 눈을 감은 채 사과가 성상한 과정을 연상한다.
- 치료사는 사과나무의 성장과정을 연상하도록 유도한다.

"한 그루의 사과나무를 떠올려 보세요. 어린 묘목이 영양분을 받아 자라나는 것을 연상합니다.
어린 사과나무는 어느 정도 자라서 봄이 되자 사과 꽃을 피우기 시작합니다.
사과꽃은 분홍색 작은 꽃으로 어여쁘고 향기 또한 부드럽습니다.
봄의 따뜻한 햇살과 부드러운 바람으로 꽃과 나무는 잘 자라고 있습니다.
어떤 날은 비바람에 꽃이 떨어지고 가지도 많이 흔들리기도 합니다.

그러나 꽃이 지면서 사과가 열리기 시작합니다.
여름의 뜨거운 태양과 심한 비바람을 맞으면서도 사과나무는 빨갛고 단단한 맛있는 사과를 품고 있습니다."

- 사과 연상을 한 후에 점토로 사과를 만든다.
- 완성된 사과를 감상하면서 서로 대화를 나눈다.

나눔

- 사과를 손에 쥐고 나무의 성장과정을 들으면서 어떤 것을 느꼈는가?
- 내 삶에서 꽃이 피었던 때는? 비바람을 맞은 때는? 열매를 맺기 시작한 때는? 나의 뿌리는? 나의 가지는?
- 나는 어떤 사과나무인가?

변형

- 자신의 성격 중에서 모순되는 두 가지를 점토로 표현한다.
- 현재의 자기 상황을 사과나무로 그린다.

53 그림과 시

대상 아동, 청소년, 성인, 개인, 집단

적용단계 중기, 후기

목표

- 창의성을 향상한다.
- 의사소통 능력을 향상한다.
- 무언의 의사소통을 통하여 자신과 타인을 이해하는 능력을 키운다.
- 무의식적 욕구를 파악한다.

재료 켄트지(2, 4절), 그림도구, 필기도구, A4 용지

시간 90분

활동과 감상

- 두 명이 주제를 의논하거나 의논 없이 한 장의 종이에 추상화를 그린다.
- 그릴 동안은 말을 하지 않는다.
- 그림 완성 후에 두 명이 함께 그림을 감상한다.
- 두 명은 그림을 보며 번갈아 12행시를 짓는다. 각자 6행씩 짓는다. 자신의 생각대로 시를 한 행씩 지은 후에 짝에게 건네주며, 이를 여섯 번 반복한다.
- 시 쓰기가 끝나면 두 명이 의논하여 제목을 정한다.

- 참가자들은 자신들 앞에 그림을 놓고 모여 앉는다.
- 각 쌍은 자신들의 그림을 보여 주고 시를 낭송한다.
- 자신이 적은 행은 자신이 읽는다.
- 시 낭송이 끝난 후에 대화를 나눈다.

나눔

- 함께 그림을 그리고 나누어 시를 쓰는 것에서 어떤 것을 경험했는가?
- 자신의 시와 함께 쓴 시는 어떤 과정을 거쳤는가?
- 그림과 시에 나타난 자신의 모습은 어떻게 인식되는가?
- 짝에 대해서 어떤 것을 알게 되었는가?

변형

- 두 사람이 그림을 함께 그린 후에 소리나 몸동작으로 그 그림을 표현해 본다.

54 내 안의 빛

대상 아동, 청소년, 성인, 개인, 집단

적용단계 중기, 후기

목표

- 심리적 이완을 경험하고, 자신감, 자존감을 향상한다.
- 자기 존재의 의미와 긍정성을 수용한다.

재료 종이(8절), 만다라 문양 6~8종, 그림도구, 필기도구, 초, 성냥, 명상음악

시간 60~90분

활동과 감상

- 치료사는 촛불을 켜고 조용한 음악이 흐르는 분위기를 만든다.
- 참가자는 자리에 눕거나 앉아 눈을 감는다.
- 두 손을 배 아래쪽에 놓고 깊게 호흡하며 숨쉬는 것에 집중한다.
- 치료사는 상상여행으로 초대하는 이야기를 들려준다.

"당신을 상상의 세계로 초대합니다……. 당신은 두 손을 대고 있는 배 안에 작은 촛불이 켜 있는 것을 봅니다……. 초의 불꽃은 따뜻하게 빛납니다. 촛불은 점점 더 밝아져 당신의 다리, 허벅지, 무릎, 발을 환하게 비추며 따뜻하게 해 줍니다……. 이제 촛불은 당신의 팔을 밝혀 주며 손, 손가락을 따뜻하게 해 줍니다……. 촛불은 가슴과 목도 따뜻하게 비추어 줍니다……. 촛불이 얼굴과 머리도 밝혀 줍니다……. 이제 촛불은 몸 전체를 비춰 줍니다…….

촛불이 당신에게 말을 합니다. '너는 이 세상에 하나밖에 없는 귀하고 사랑스러운 존재다……. 너는 마음이 따뜻하고 지혜로운 존재다. 너는 어려움을 이겨 나갈 수 있는 유일하고 특별한 존재다. 잠깐 동안 너는 너의 어떤 면을 좋아하는지 생각해 보아라…….'

이제 천천히 촛불을 끄고 우리가 있는 곳으로 돌아오세요.

눈을 뜨고 당신에게 있는 특별한 것, 귀한 것을 그려 봅니다."

- 그림을 그린 후에 모두 모여서 서로 감상을 하며 대화를 나눈다.

나눔

- 상상여행에서 어떤 경험을 하였는가? 신체적 · 심리적 변화가 있었는가?
- 자신의 특별하고 귀한 것은 어떤 것인가? 이미 아는 것인가, 새롭게 인식된 것인가?

변형

- 귀중한 존재를 글로 쓰거나, 귀중한 것을 점토로 만든다.

55 나에게 힘을 주는 것

대상 청소년, 성인, 개인, 집단

적용단계 중기, 후기

목표

- 자신이 좋아하는 것을 표현한다.
- 자신감과 자아 인식을 높인다.
- 타인과의 의사소통 능력을 기른다.

재료 켄트지(다양한 색), 그림도구, 자, 칼, 가위, 색한지, 반짝이풀, CD 케이스

시간 90~120분

활동과 감상

- 자신이 좋아하는 문구, 글, 플레이 리스트를 넣을 CD 재킷이나 종이상자를 만든다.
- CD 케이스 크기만큼(10×10cm) 종이를 잘라 재킷 안에 먼저 끼워 본다.
- CD 케이스 표지나 상자뚜껑에 원하는 그림을 그린다.
- 그림이 완성되면 상자 뚜껑이나 CD 케이스 안에 표지 그림으로 넣는다.
- 자신이 사용할 CD 표지용 그림을 여러 장 만들 수도 있다.
- CD 케이스나 종이상자를 함께 감상한다.

- CD 재킷이나 종이상자를 선물하고 싶은 사람을 생각해 본다.

나눔

- 자신이 좋아하는 음악, 문구, 시는 어떤 것인가?
- 선물하고 싶은 대상은 누구이며 왜 주고 싶은가?
- 음악이나 좋은 문구나 시는 의사소통에 어떤 역할을 한다고 생각하는가?

변형

- 자신의 명함을 만든다.
- 애장품을 사진 찍고 프린트하여 콜라주 작품을 만든다.

56 그림의 재탄생

대상 아동, 청소년, 성인, 개인, 집단

적용단계 중기, 후기

목표

- 예술작품 감상을 통한 감정이입 능력과 공감력을 향상한다.
- 무의식적 내용을 의식화하고 자신을 수용한다.
- 예술작품을 통한 내적 · 심리적 재창조 능력을 함양한다.

재료 명화 복사(참가자 수), 켄트지(4, 8절), 채색도구, 필기도구, 잡지, 칼, 가위, 풀

시간 3시간

활동과 감상

- 치료사는 Andreas Slominski의 그림 〈어린이 자전거〉를 보여 준다.
- 참가자는 그림의 자전거는 누구 것인지, 주인은 어디에 갔는지, 꾸러미 안에는 무엇이 들어 있는지, 자전거는 어디서 와서 어디로 가는 것인지 추측한다.
- 자신이 그림 속 자전거 주인이면 어디로 갈 것인지 생각한다.
- 치료사는 참가자 각자에게 이 그림을 한 장씩 배부한다.
- 참가자는 자전거를 오려 자신이 원하는 곳에 옮기고 꾸러미들도 변화시킨다. 잡지 사진들을 이용할 수 있다.

- 콜라주 형태가 완성되면 제목을 붙여 본다.
- 활동을 두고 감상하며 대화를 나눈다.

나눔

- 그림을 감상한 소감은? 그림 속 자전거의 주인이 되면서 어떤 변화가 있었는가?
- 새롭게 구성한 작품을 어떻게 느끼는가?

변형

- 조지아 오키프의 〈달로 가는 사다리〉, 피카소의 〈해변의 가난한 사람들〉, 뭉크의 〈임종의 자리에서〉와 〈불안〉, 프리다 칼로의 〈꿈, 혹은 침대〉 등의 작품을 감상한 후 자신이 원하는 대로 재구성한다.

57 두려움 날리기

대상 아동, 청소년, 성인, 개인, 집단

적용단계 중기, 후기

목표

- 두려움과 피해의식에서 벗어날 수 있는 방법을 익힌다.
- 자기 문제나 피해를 완화하고 자존감과 자신감을 높인다.
- 문제해결 능력을 기른다.

재료 켄트지(8절), 점토(데코 점토와 아이클레이 중 선택), 스펀지, 물통, 걸레

시간 60분

활동과 감상

- 주인공이 위험을 겪으면서 두렵지만 극복하는 과정과 힘든 상황에 조력자나 동물의 도움으로 위기를 벗어나는 이야기나 신화를 떠올린다.
- 무섭거나 두려웠던 경험에 대해 이야기 나눈다. 어떤 상황인가? 어떤 장소인가? 어떤 시간인가? 혼자 있었는가? 그 상황을 벗어날 수 있었는가?
- 눈을 감고 숨을 크게 들이쉬고 내쉬기를 3~5회 한다.
- 자신이 두려워하는 것과 무서워하는 것을 생각한다. 대상은 사람, 괴물, 동물, 어떤 상황이 될 수 있다.
- 두려운 대상이나 상황을 생각한 후에 그리거나 점토로 만든다.

나눔

- 이 활동을 한 소감은 어떠한가?
- 무서운 것을 만들어 보니 생각했던 것과 어떻게 다른가?
- 무서워했던 내 마음이 나아졌는가?
- 한 사람씩 두렵고 무서워했던 형상을 바라보며 큰 소리로 "이제 그만 물러가! 나는 더 이상 네가 무섭지 않아!"라고 말한다. 참가자들과 함께 소리쳐도 된다.
- 그 대상에게 소리치니 기분이 어떤가?

변형

- 불쾌한 대상이나 상황을 그린다.
- 기피하는 대상이나 상황을 그리거나 만든다.

58 4원소

대상 청소년, 성인, 개인, 집단

적용단계 중기, 후기

목표

- 자신의 기질을 4원소와 연관시켜 자신을 재인식한다.
- 자연과 자신의 관계에 대해 인식하고 수용한다.

재료 켄트지(4, 8절), 색채도구, 입체재료, 풀, 가위, 칼, 반짝이풀, 점토

시간 3시간

활동과 감상 1 자기 원소에 대한 명상과 특징 이야기

- 치료사는 참가자들에게 원소에 대한 명상을 유도한다.

"우리는 각자 자연의 4원소인 불, 물, 공기, 흙에 대한 명상을 하고, 자신이 어떠한 원소의 경향이 더 많은지를 생각해 봅니다. 그러한 원소의 이로운 점들을 떠올려 보겠습니다. 이렇게 함으로써 자신의 성격, 기질, 개성을 좀 더 알게 되고 다른 사람을 더 잘 이해하게 될 것입니다.
이번에는 자신과 같은 원소를 가진 사람끼리 모입니다……. 모여서 자신의 특성을 '나, 흙은……'이라는 형식으로 3분 동안 돌아가며 소개합니다."

- 참가자들은 같은 원소끼리 모여 자신을 소개한다.

활동과 감상 2 원소 그리기

- 치료사는 작은 종이에 적은 원소 종류들을 펼쳐 놓는다.
  - 불: 불, 빛, 램프 불, 횃불, 장작불, 벽난로 불
  - 물: 물, 바다, 강, 호수, 샘, 폭포, 비, 홍수, 눈물
  - 흙: 땅, 정원, 집, 동굴, 들판, 논, 사막
  - 공기: 공기, 하늘, 구름, 폭풍, 바람, 호흡, 회오리바람
- 원소 중 한 가지를 선택하고 매체를 이용하여 자신의 원소를 표현한다.
- 감상을 하며 이야기를 나눈다.

나눔

- 자신의 원소에 대해 이야기 나누면서 자신을 재인식할 기회를 가졌는가?
- 같은 원소끼리 모아 감상하며 경험한 것을 이야기한다.

변형

- 음양오행에 대해 이야기하고, 자신이 木(목), 火(화), 土(토), 金(금), 水(수) 중에 어느 쪽이 우세한지를 인지하며, 앞의 방법으로 활동한다.

59 나의 씨앗

대상 아동, 청소년, 성인, 개인, 집단

적용단계 후기

목표

- 자기정체성을 인식한다.
- 자신과 환경의 관계를 인식한다.
- 성장의 욕구와 의미를 인식한다.

재료 켄트지(4절), 그림도구, 다양한 씨앗

시간 60분

활동과 감상

- 치료사는 참가자에게 씨앗에 대한 명상을 유도한다.
- 각자 자신이 한 개의 씨앗이라고 상상한다.
- 각자 씨앗을 나누어 손에 잡고 씨앗 명상을 할 수 있다.
- 씨앗이 자라서 어떤 나무, 식물 혹은 열매, 꽃이 되고 싶은지 상상한다.
- 씨앗은 어떠한 환경에 있고 싶은지 좀 더 탐색한다.
- 씨앗이 다 자라서 완전히 다르게 된 모습을 상상한다.
- 상상 후 그림으로 표현한다.

- 사람의 모습으로 변해도 되고 식물, 꽃, 열매 등으로 표현해도 된다.
- 그림을 완성한 후에 서로 모여서 그림을 감상하고 대화를 나눈다.

나눔

- 씨앗에 대한 상상을 하니 기분이 어땠는가?
- 상상이 잘되었는가? 잘되지 않았다면 어떤 점이 힘들었는가?
- 씨앗이 완전히 다른 모습으로 변한 것을 보니 어떤 느낌이 드는가?
- 현재 자신과 어릴 적의 자신은 무엇이 달라졌는가? 변하지 않은 것은 무엇인가?

변형

- 점토로 씨앗을 만들어 점점 성장하여 변화되는 과정을 조형화한다.

60 흔적 남기기

대상 아동, 청소년, 성인, 집단

적용단계 후기

목표

- 관계 역동을 경험한다.
- 집단활동의 경험을 통해 사회성을 향상한다.

재료 켄트지(4, 8절), 채색도구

시간 60분

활동과 감상

- 각자 종이를 앞에 두고 모퉁이에 자기 이름을 쓴다.
- 자기 종이를 두고 다른 참가자의 종이에 가서 이름 주인에게 받은 느낌이나 하고 싶은 말을 그리거나 글로 남겨 놓는다.
- 타인의 종이에 흔적을 남기는 활동을 끝낸 후, 자기 자리로 돌아와서 다른 참가자들이 남긴 흔적들을 감상한다.

나눔

- 이 활동을 통하여 어떤 것을 경험하였는가? 어떻게 느꼈는가?
- 자신이 받은 이미지와 글들은 어떤 것인가? 어떤 것이 특히 마음에 와닿는가?
- 자신이 전하는 이미지는 어떤 것들인가?
- 누가 어떤 흔적을 남겼는지 서로 물어보며 이야기를 나눌 수 있다.

변형

- 흔적 남기기에 덧붙여 자신의 모습을 이미지화하여 그려 준다.

61 나만의 조용한 장소

대상 아동, 청소년, 성인, 개인, 집단

적용단계 후기

목표

- 신체적 · 심리적 이완을 경험하고, 안정감과 균형감을 얻는다.
- 내적 자원을 인식하고 강화한다.

재료 종이(4, 8절), 연필, 채색도구

시간 60~90분

활동과 감상

- 참가자가 심호흡과 이완을 하면, 치료사는 메시지를 들려준다.

"눈을 감고 상상의 날개를 펴서 당신이 쉴 수 있는 조용한 곳으로 찾아갑니다. 당신은 바닷가에 있습니다. 모래는 부드럽고 따뜻합니다.
숨을 크게 들이쉬고 바다의 공기를 마셔 보세요. 하늘에는 갈매기가 조용히 날아다닙니다. 당신은 따뜻한 햇살을 피부로 느낍니다.
파도가 천천히 해변으로 밀려오는 소리를 듣습니다. 파도는 멀리서 밀려오고 있어 아직 조그마한 소리로 들립니다. 이제 파도가 점점 큰 소리를 내며 해변으로 밀려옵니다. 파도는 다시 밀려갑니다. 파도가 다시 해변으로 밀려오고 밀려갑니다.
파도소리는 규칙적이고 편안합니다. 파도에 일상의 걱정과 근심을 씻어 보내세요. 파도가 모래를 씻겨 주고 반짝거리게 하는 것처럼, 당신 마음도 편안하고 깨끗하게 됩니다.

당신은 당신에게 중요한 물음과 답을 찾기 위해 바다를 찾곤 합니다. 질문을 단순하고 명료하게 던져 보십시오. 당신 삶에서 중요한 질문을 하고 기다리면, 바다는 당신에게 지혜로운 답을 줄 것입니다. 어떤 이미지를 보여 줄 수도 있어요. 이제 이곳과 작별하고 천천히 우리가 있는 곳으로 돌아오세요. 당신이 머물렀던 곳에서 느낀 감정이나 당신의 질문과 해답을 그림으로 그려 보세요."

- 그림을 그린 후에 상상할 때의 기분과 그림 표현에 대해 대화를 나눈다.

나눔

- 상상여행은 어땠는가? 당신에게 중요한 질문은 어떤 것인가?
- 지혜로운 답을 얻었는가? 그림으로 묘사하면서 어떤 것을 경험하였는가?
- 삶에서 나만의 시간을 가진 적은 언제였으며 어떤 상황이었나?

변형

- 혼자 숲 속을 걸으며 삶의 문제를 해결하는 상상여행을 표현한다.

62 무인도에서

대상 아동, 청소년, 성인, 집단

적용단계 후기

목표

- 스트레스, 두려운 상황을 자연스럽게 표출한다.
- 위기 상황을 극복하고 문제해결력을 함양한다.
- 공동체 의식과 공동체 힘을 경험한다.

재료 켄트지 전지(6명에 4~6장 정도), 색종이, 채색도구, 반짝이풀, 붓, 물통, 팔레트, 가위, 칼, 풀, 목공풀, 나무젓가락, 모루, 마스킹테이프

시간 60~90분

활동과 감상

- 6명 정도를 한 조로 하여 4장 정도의 전지를 붙이고 둘러앉는다.
- 치료사는 참가자에게 상상여행을 시도한다.

"편안한 자세를 하고 천천히 깊게 숨을 쉰다.

멋진 배를 타고 세계 여행을 하는 것을 상상해 보아라. 배 안에는 편안한 방과 맛있는 음식이 가득하고, 즐길 수 있는 것들이 많이 있어. 여행 중에 다른 나라에 도착하여 신기한 것들도 구경할 수 있어. 이렇게 너는 즐거운 여행을 하고 있어.

그런데 어느 날 밤 번개와 천둥소리가 들리고 파도는 심하게 밀려오고 있어. 그러다 갑자기 쿵 하는 소리가 나면서 너는 정신을 잃었어. 눈을 떠 보니 너는 어느 낯선 무인

도 해변에 누워 있구나. 네 옆에 누워 있던 몇 명의 사람도 정신을 차리고 눈을 뜬다. 어떤 기분이 드니? 무인도는 어떤 풍경이니? 이제 너는 여기서 무엇을 할 수 있을까? 언제 구조될지 모르는 상황에서 네가 여기서 할 것을 생각해 보아라……. 이제 네 앞에 있는 종이를 섬이라고 생각하고 네가 살아갈 방법을 그려 보아라.
모두 한 종이에 함께 작업을 하면서 누구와도 이야기를 나누지 못한다."

- 참가자는 자리를 잡고 상상한 내용을 그리거나 꾸민다.

나눔

- 여행을 시작할 때 기분이 어땠나? 누구와 함께 여행을 했는가?
- 무인도에 살아남아 있을 때 기분이 어땠나?
- 상상하여 그린 내용은 어떤 것인가?
- 다른 사람이 그린 곳 중에 가고 싶은 곳은 어디인가? 왜 가고 싶은가?

변형

- 산에서 길을 잃은 상황에서 살기 위하여 할 수 있는 것을 집단으로 그린다.
- 무인도에서 일주일만 생활한다면 어떻게 살 것인지 꾸민다.

63 전쟁과 평화

대상 아동, 청소년, 성인, 개인, 집단

적용단계 후기

목표

- 갈등, 파괴, 공격 이미지와 평화의 이미지를 재인식한다.
- 타인의 감정과 권리를 존중하고 갈등 극복과 평화적 해결방법을 익힌다.

재료 종이(집단: 전지, 개인: 4절 각 2장), 유성사인펜, 파스넷, 크레파스, 반짝이풀, 풀, 물감, 붓, 팔레트, 칼, 가위, 잡지, 스카치테이프 등

시간 60~90분

활동과 감상

- 전쟁과 평화의 상황을 연상하거나 예술작품 또는 사진을 본다.
- 자기 마음에 전쟁이 일어나는 상황은 어떤 때며, 그런 상황에서는 어떻게 하는가?
- 마음이 평화로운 상태는 어떤 상황인가? 마음이 평화로울 때 세상은 어떻게 보이는가?
- 전쟁과 평화의 이미지를 각각 따로 그린다.
- 완성 후에는 전쟁과 평화 그림을 벽에 붙인다.

나눔

- 전쟁 그림을 본 기분은 어떤가?
- 전쟁에는 나와 타인에 대한 존중이 있는가?
- 전쟁 그림에는 연결과 소통의 모습이 보이는가?
- 평화 그림에서는 어떤 것을 보는가?
- 평화 그림을 본 기분은 어떤가?
- 평화 그림에는 존중과 소통이 보이는가?
- 평화 그림에는 나와 타인에 대한 존중이 보이는가?
- 자기 내면의 전쟁을 어떻게 극복하는가?
- 본 활동에서 새롭게 느낀 점은 무엇인가?

변형

- 두 주제에 대해 벽화로 그리거나 콜라주를 한다.
- 점토로 표현한다.

64 나의 지원자

대상 아동, 청소년, 성인, 개인, 집단

적용단계 후기

목표

- 걱정, 갈등, 문제해결을 위한 내적 자원을 키운다.
- 대인관계와 사회성을 함양한다.
- 신뢰할 수 있는 지원자상을 갖는다.

재료 켄트지(4, 8절), 크레파스, 색연필, 파스텔, 연필, 지우개

시간 60분

활동과 감상

- 힘들 때 도움을 구했던 대상은 누구인가? 부모? 형제자매? 친구? 선생님? 자연?
- 참가자가 이완을 하면 치료사는 상상여행을 안내한다.

"당신을 상상여행으로 안내합니다. 당신은 숲을 걷다가 녹색 잎으로 덮인 조그마한 문을 발견합니다. 문을 열고 들어가니 아름다운 풍경이 펼쳐집니다. 따뜻한 햇살, 새들의 노랫소리, 꽃들이 당신을 반깁니다. 시냇물 소리를 따라가니 조그마한 연못이 보이네요……. 연못가에 어떤 사람이 미소를 지으며 당신에게 손을 흔듭니다……. 그 사람은 당신이 아는 사람이거나 만난 적이 있는 사람이거나 전혀 모르는 사람일 수도 있어요. 당신은 그에게 다가가 옆에 앉습니다.

당신이 그에게 당신의 힘든 상황을 이야기하자 그는 당신 말에 귀를 기울입니다……. 그런 후, 그는 당신을 위로하며 힘이 되는 말을 해 줍니다……. 당신은 그 말에 위로를 받습니다……. 그는 당신이 어려울 때 다시 찾아오라고 말하고 작별인사를 합니다. 당신은 숲속을 따라왔던 길로 되돌아옵니다.

- 숲속 풍경이나, 지혜로운 사람의 모습이나, 그 사람과 함께 있던 장면을 그린다.

나눔

- 숲속의 산책은 어땠는가?
- 연못에서 만났던 사람은? 그 사람은 어떤 말을 했는가?
- 어려움이 있을 때 찾고 싶은 사람은 누구인가?
- 자신의 롤모델이나 지원자는 어떤 사람인가?

변형

- 힘든 일을 극복한 상황을 묘사한다.

65 화해와 용서

대상 아동, 청소년, 성인, 개인, 집단

적용단계 후기

목표

- 모욕감, 분노, 위협감, 억울함 등을 표현하는 기회를 가진다.
- 화해하고 용서하는 해결방법을 익힌다.
- 정서적 안정과 평안을 얻는다.

재료 켄트지(4, 8절, 1인 2장), 채색재료, 인조 점토, 종이박스/크라프트 종이백, 뽕뽕이, 반짝이풀, 색 지끈/색 리본 등

시간 30~40분

활동과 감상

- 최근 갈등 상황이 있었거나 속상한 적이 있었는지 생각한다.
- 화가 나거나 미운 감정이 드는 사람이 있는지 떠올려 본다.
- 상처 주거나 상처받은 경험이 있을 때 어떻게 사과하고 화해했는가?
- 싸우거나 상처를 주거나 받은 경험을 생각하고 그 당시 자가 감정을 그린다.
- 앞의 그림과 반대되는, 화해하고 용서하는 내용을 떠올린다.

- 화해하고 용서하거나 용서받고 싶은 사람을 생각하면서 화해와 용서를 주제로 상징적으로 그리거나 만든다.
- 용서와 화해를 이미지로 표현하는 과정에 대해 이야기 나눈다.

나눔

- 본 활동에 대한 소감은 어떠한가?
- 화해나 용서의 마음이 잘 표현되었는가?
- 공동 활동에서 느낀 점은 무엇이며, 좋은 점은 무엇인가?
- 싸움이나 갈등이 있을 때 이 활동은 도움이 되는가?
- 지금 나의 기분은 어떤가?

변형

- 상처받거나 상처를 준 사람에게 주는 선물을 만든다.
- 욕하거나 폭행하거나 맞은 장면을 떠올려 보고 이야기한다.

66 소망 케이크

대상 아동, 청소년, 성인, 개인, 집단

적용단계 후기

목표

- 즐거움, 성취감을 경험한다.
- 정서 표출과 기대감, 안정감을 얻는다.
- 집단활동을 통해 문제해결력, 소속감, 신뢰감, 사회성을 향상한다.

재료 종이(4, 8절), 채색도구, 스티로폼(60×90×5cm, 1팀 3~4개 정도), 핸디코트(1팀 1통), 가위, 칼, 모루, 색 지끈, 빨대, 뿅뿅이, 수수깡, 초, 반짝이풀, 주걱, 라이터, 목공본드, 골판지, 삼색 파스타 등

시간 60~90분

활동과 감상

- 케이크에 관한 개인적 기억을 떠올려 보고 이야기 나눈다.
- 모둠 책상에 비닐을 깔고 스티로폼을 쌓는다.
- 스티로폼을 3~4단 탑처럼 쌓고 주걱이나 손으로 표면에 핸디코트를 바른다.
- 핸디코트를 바른 후, 각자 자신의 희망을 생각하며 함께 큰 케이크 단을 꾸민다.
- 가장 높은 단에는 각자 자신의 초를 꽂는다.

- 불을 끄거나 공간을 어둡게 하고 각자 자신의 촛불을 켠다.
- 돌아가며 자신의 소망을 이야기한다. 축하를 해 주거나 생일축하 노래도 부를 수 있다.

나눔

- 본 활동을 하면서 어떤 것을 경험하였는가? 기분은 어떤가?
- 집단활동에서 느낀 점, 좋은 점, 어려운 점은 무엇인가?
- 공동의 소망은 어떤 것이었으면 하는가?
- 축하해 주거나 축하받고 싶은 일이 있는가? 있다면 함께 축하해 준다.
- 이 활동을 누구와 함께 나누고 싶은가?

변형

- 개인 소망 케이크 만들기를 한다.

67 우리의 나무

대상 아동, 청소년, 성인, 집단

적용단계 후기

목표

- 집단에서의 자신의 위치와 정체성을 발견한다.
- 집단의 역동성과 공동체의 힘을 경험한다.
- 성장의 힘과 조화를 경험한다.
- 타인에 대한 이해와 수용 능력을 향상한다.

재료 켄트지(전지 9~14장) 혹은 천, 그림도구, 마스킹테이프, 인조 점토, 모루, 색 지끈, 큰 붓, 색한지, 뽕뽕이 등 다양한 입체재료

시간 60~90분

활동과 감상

- 전지를 모두 붙인다. 이때 붙인 종이 전체가 직사각형이 되도록 한다.
- 참가자는 모두 큰 종이 위에 함께 눕는다.
- 참가자들은 눈을 감고 치료사의 안내를 받는다.

"두 팔과 다리를 마음껏 펼쳐 큰 나무를 몸으로 표현하세요. 당신들이 누운 이 종이에 한 그루의 나무를 그리세요. 각각 한 그루씩 그리는 것이 아니라 한 그루의 큰 나무를 그립니다. 그릴 때는 서로 말하지 않습니다. 일어나 이 종이에 나무 한 그루를 그리세요. 재료를 마음껏 사용하세요."

- 모두가 말없이 한 그루의 나무를 그린다.

나눔

- 말없이 함께 나무를 그리면서 어떤 과정을 보았고 어떤 경험을 하였는가?
- 자신은 어느 위치에 있었는가? 위치를 바꾸기도 했는가?
- 자리 때문에 어려움이나 갈등이 있었는가?
- 완성된 나무를 보니 어떤가? 혼자 그렸다면 생각할 수 없었던 것은 무엇인가?

변형

- 집단 나무를 그린 후, 각자 다른 종이에 자신의 현재 기분을 그린다.

68 너는 나의 선물

대상 아동, 청소년, 성인, 집단

적용단계 후기

목표

- 자신에 대한 이미지를 통하여 자기표현 능력을 향상한다.
- 지지와 격려를 통하여 긍정적인 대인관계를 경험한다.
- 타인에 대한 배려, 존중, 집단의 소중함을 경험한다.

재료 종이상자, 색연필, 크레파스, 다양한 모양의 포스트잇, 리본 테이프, 비즈, 반짝이풀 등

시간 60분

활동과 감상

- 집단원들은 전체 회기 동안 함께 했던 것에 대해 이야기 나눈다.
- 이야기를 나눈 후 각자 상자에 자신을 상징하는 이름, 별명, 예명을 기재한다.
- 상자 옆에는 여러 색지를 놓아 둔다.
- 각자 상자를 왼쪽 사람에게 건네준다.
- 상자를 받은 사람은 상자의 주인공에게 주는 글을 쓰거나 그림을 그려 준다.
- 상자를 왼쪽 사람에게 다시 전한다. 두 번째 상자의 주인공에게 글이나 그림을 그려 넣어 준다.

- 이렇게 모든 참가자가 각 사람에 대한 글이나 그림을 선물로 준다.
- 선물상자가 자신에게 돌아오면 각자 자신의 선물 안에 어떤 선물이 담겨 있는지 확인한다.

나눔

- 상자를 받은 후에 어떤 느낌이 들었는가?
- 집단원들은 나에 대한 느낌을 어떻게 표현했는가?
- 본 활동을 마치면서 집단원들에게 어떤 느낌을 받았는가?
- 본 활동이 집단원 간의 결속력과 공동체감 향상에 도움이 되었는가?

변형

- 전체 회기 중 찍은 사진들을 이용하여 재작업을 한다.

69 개인전 감상

대상 아동, 청소년, 성인, 개인, 집단

적용단계 후기

목표

- 치료의 전 과정을 통한 성장과정을 되돌아본다.
- 자신에 대해 재인식하고 수용한다.
- 자신의 긍정적 힘을 인식한다.

재료 종이, 그림도구

시간 90분

활동과 감상

- 미술치료 과정의 작품들을 모두 모아 감상한다.
- 작품 중에 반복적으로 사용한 색, 형태, 주제가 있는지 살펴본다.
- 현재 가장 눈에 띄는 것이 무엇인지 살펴본다.
- 전체 그림 혹은 입체 작품들을 보고 느낀 것을 그림으로 그린다.
- 전체 작품과 감상 후에 그린 그림을 두고 대화를 나눈다.

나눔

- 전체 작품을 보니 어떤 느낌이 드는가?
- 반복적으로 나타난 것들은 어떤 것이 있는가?
- 어떤 작품이 과정에서 마음을 가장 많이 움직였는가?
- 전체 작품에 대한 인상을 그린 오늘의 작품은 어떤가?
- 자신의 치료 과정에서 어떤 변화가 있었는가?
- 앞으로 어떤 변화가 있을 것 같은가?

변형

- 자신이 거의 사용하지 않았던 색과 형태들을 생각하여 표현해 본다.
- 전체 작품을 감상한 후 자신의 미래에 대한 그림을 그린다.

70 희망을 찾아서

대상 아동, 청소년, 성인, 개인, 집단

적용단계 후기

목표

- 정서적 균형을 함양한다.
- 자신과 타인 및 환경에 대한 수용력을 확장한다.
- 진취적이고 통합적 인성을 함양한다.

재료 켄트지(4절), 채색도구, 반짝이풀, 색한지, 색 지끈, 비즈, 풀, 가위, 칼, 자연재료

시간 60~90분

활동과 감상

- 눈을 감고 숨을 깊게 들이쉬고 내쉬기를 5회 정도 한다.
- 치료사는 상상여행으로 안내한다.

"당신은 오월의 숲을 산책하고 있습니다. 나무들은 햇빛에 반짝이고 바람은 당신의 얼굴을 부드럽게 쓰다듬으며 스쳐 지나갑니다.
어디선가 새들의 노랫소리와 냇물이 흘러가는 소리가 들립니다.
다람쥐도 뛰어다니고 있네요. 발 아래는 아름다운 작은 꽃들이 피어 있군요. 당신은 신선하고 맑은 숲길을 편안하게 걸어가고 있습니다…….

얼마 지나 언덕 위에 앉아 하늘을 바라보며 당신이 꿈꾸는 세상을 그려 봅니다. 당신이 희망하는 세상은 어떤 빛깔로 보입니까? 그 빛깔들을 바라보며 당신의 희망을 가만히 이야기해 보세요……. 이제 그 희망이 이루어진다는 대답을 들으세요. 자, 그리고 당신은 숲길을 따라 우리가 있는 이곳으로 돌아옵니다."

- 숲에서 보았던 꿈꾸고 희망하는 세상의 빛들을 그리거나 자신의 희망을 그린다.

나눔

- 숲속 산책을 할 때 기분이 어땠나?
- 꿈꾸는 세상은 어떤 빛깔들인가?
- 희망하는 것은 어떤 것인가? 희망이 이루어진다는 대답을 들었나?

변형

- 행복한 모습의 자신을 상상하여 그린다.
- 무지개를 그린다.

참고문헌

고윤석, 곽영호, 김경환, 김남중, 김동완, 김옥주, 김유영, 민상일, 박준동, 신충호, 안덕선, 오명돈, 유상호, 이기헌, 이세훈, 이윤성, 이재영, 이효석, 임재준, 전종관, 조영재, 최영민, 함봉진, 황임경, 허대석(2014). **임상윤리학**. 서울: 서울대학교출판문화원.

교육부, 국립특수교육원(2021). 2021 특수교육통계.

구미래(2000). **한국인의 상징세계**. 서울: 교보문고.

김석진(1999). **대산주역강의**. 서울: 한길사.

김정규(2015). **게슈탈트 심리치료**(2판). 서울: 학지사.

변혜진, 정여주(2021). 코로나19 팬데믹을 겪는 노인의 비대면 만다라 미술치료 체험연구. **미술치료연구, 28**(6), 1309-1331.

보건복지부(2021). 장애정도 판정기준. 보건복지부 고시 제 2021-109호.

손창배, 정여주(2021) 디지털 미술치료 적용을 위한 미술치료사의 디지털 매체 체험 연구. **미술치료연구, 28**(3). 607-634.

엄은영, 정여주(2007). 암환아 그림의 경향과 심리적 특성: 색채와 주제 중심으로. **정서 · 행동장애연구, 23**(2), 193-216.

오혜록(2022). 원격 수용적 집단미술치료가 난임 여성의 스트레스, 삶의 질, 심리적 안녕감에 미치는 영향. 차의과학대학교 박사학위논문.

윤형자, 한혜순(2002). 노년기의 미술치료 사례. **가톨릭특수교육연구소 연구십**. 비발간 자료.

이규식 외(2000). **특수아치료교육원론**. 서울: 대구대학교출판부.

이성희, 최외선, 김영숙(2016). 한국미술치료사의 현황과 역할. 한국미술치료학회 2016년 춘계학술대회 자료집 (pp. 59-85). 한국미술치료학회.

이순희(2002). '미술치료'라는 이름으로. **봉화요양원소식, 제7호**(2002. 1. 1.).

이주연, 김성숙, 김정희 김형숙, 김혜숙, 안금희, 이성도, 정여주, 황연주(2020). **미술교육과 문**

화. 서울: 학지사.

임정기, 이성도, 김황기(2006). **미술교육의 이해와 방법**. 서울: 예경.

정여주(2001). 동화를 통한 미술치료. **임상예술학회**, 12(1), 96-102.

정여주(2008a). 아동의 정서와 색채 관계 및 선호색. **미술교육총론**, 22(1), 237-260.

정여주(2008b). 임상으로 본 미술치료 실제. **한국정신역동치료학회 가을정기학술대회 자료집**.

정여주(2013). **만다라 미술치료: 이론과 실제**. 서울: 학지사.

정여주(2014). **만다라와 미술치료(2판)**. 서울: 학지사.

정여주(2015). **어린왕자 미술치료**. 서울: 학지사.

정여주(2016). 미술치료에서 미술의 특성과 창의적 과정의 치료적 의미. **미술치료연구**, 23(5), 1221-1237.

정여주(2018). **노인미술치료(2판)**. 서울: 학지사.

정여주(2021). **명화감상 미술치료**. 서울: 학지사.

정여주, 최한, 정유진(2021). **장애아동의 이해**. 서울: 학지사.

조희은(2021). 임신부 태교를 위한 온라인 대면(對面) 집단미술치료 효과연구: 임신부 정서와 사회적지지 중심. 차의과학대학교 박사학위논문.

세계보건기구 www.who.int/entity/bulletin_board/83/ustun

Abt, T. (2019). *Introduction to Picture Interpretation*. Zürich: Living Human Heritage Publications.

Adler, A. (1973a). *Heilen und Bilden*. Frankfurt am Main: Fischer Taschenbuch Ver.

Adler, A. (1973b). *Sinn des Lebens*. Frankfurt am Main: Fischer Taschenbuch Ver.

Adler, A. (1981). *Neurosen Fallgeschichten*. Frankfurt am Main: Fischer Taschenbuch Ver.

Adler, A. (1985). *Individual Psychologie in der Schule*. Frankfurt am Main: Fischer.

Adler, A. (1986). *Menschenkenntnis*. Frankfurt am Main: Fischer Taschenbuch Ver.

Adler, A. (1987a). *Das Leben gestalten*. Frankfurt am Main: Fischer Taschenbuch Ver.

Adler, A. (1987b). *Die Technik der Individualpsychologie*. Frankfurt am Main: Fischer Taschenbuch Ver.

Aissen-Crewett, M. (1989). *Äthetische Erziehung für Behinderte*. Dortmund: Modernes Lernen.

Allen, P. B. (2007). Facing homelessness: a community mask making in the realm of social action. In Kaplan, F. F. (Ed.). *Art therapy and social action* (pp. 57-73). Seoul: Sigmapress. 최한 역(2016). **사회행동과 미술치료**. 서울: 시그마프레스).

Alter-Muri, S. (2003). Kunsttherapie und ihre Beziehung zur Kunstgesc hichte. In K. Dannecker (Hg.), *Internationale Perspektiven der Kunsttherapie* (pp. 164-188). Graz: Nausner & Nausner.

Altmeier, M. (2003). Farbe-Seele der Natur und des Menschen. Zum therapeutischen Malen. In E. Mees-Christeller, I.-Denzinger, M. Altmaier, H. Künstner, H. Umfrid, E. Frieling, & S. Auer, *Therapeutisches Zeichnen und Malen Bd. II* (pp. 163-272). Dornach: Urachhaus.

Anderson, F. E. (1994). *Art-centered education and therapy for children with disabilities*. Springfield: Charles C Thomas.

Andina-Kernen, A. (1996). *Über das Entstehen von Symblolen*. Basel: Schwabe & Co.

Appel, H. E. (1931). Drawings by children as aids in personality studies. *American Journal of Orthopsychiatry*, *I*. 129-144.

Arnheim, R. (1966). *Toward a psychology of art*. 김재은 역(1995). **예술심리학**. 서울: 이화여자대학교 출판부.

Arnheim, R. (1974). *Art and visual perception*. 김춘일 역(1996). **美術과 視知覺**. 서울: 미진사.

Bach, S. (1995). *Das Leben malt seine eigene Wahrheit*. Zürich: Daimon.

Bachmann, H. I. (1993). *Malen als Lebensspur*. Stuttgart: Klett-Cotta.

Bader, R., Bankus, P., & Mayer-Brennenstuhl, A. (Hrsg.) (1999). *Kunst und Therapie: Eine Einführung in Geschichte, Methode und Praxis der Kunsttherapie*. Nürtingen: Taschen.

Baer, U. (2004). *Gefühlssterne Angstfresser Verwandlungsbilder*. Neukirchen-Vluyn: Affenkönig-Verl.

Baukus, P. (1997). Neurobiologische Grundlagen der Kunsttherapie-Vorgestellt am Beispiel der Schizophrenic. In P. Baukus & J. Thies (Hrsg.), *Kunsttherapie* (pp. 1-18). Stuttgart: Gestav Fischer.

Baukus, P., & Thies, J. (1997). *Kunsttherapie*. Stuttgart: Fischer.

Becker, U. (1998). *Lexikon der Symbole*. Freiburg: Herder.

Benedetti, G. (1992). *Pscychotherapie als existentielle Herausforderung*. Gottingen: Vandenhöck & Ruprecht.

Betensky, M. G. (1995). *What do you see?* London: Jessica Kingsley.

Biermann, G. (1973). Zur Geschichte der analytischen Kinderpsyc hotherapie. In G. Biermann (Hrg). *Handbuch der Kinderpsychotherapie. Bd. I.* (pp. 1-18). München: Ernst Reinhardt Verlag.

Bleidick, U. (Hrsg.) (1985). *Theorie der Behindertenpädagogik*. Berlin: Carl Marhold.

Bloch, S. (1982). *Kunst-Therapie mit Kindern.* München: Reinhardt.

Böhm, W. (1994). *Wörterbuch der Pädagogik.* Stuttgart: Köner.

Brem-Gräser, L. (1995) (7 Aufl.). *Familie in Tieren. Die Familiensituation im Spiegel der Kinderzeichnung. Entwicklung eines Testverfahrens.* München: Reinhardt Verlag.

Bröcher, J. (1997). *Kunsttherapie als Chance*. München: Ed. S.

Bröcher, J. (1999). *Bilder einer zerrissenen Welt*. Heidelberg: Ed. S.

Buck, J. N., & Hammer, E .F. (Ed.)(1969). *Advances in the House-Tree-Person Technique Variations and Applications*. Los Angeles: Western Psychological Services.

Burns R. C., & Kaufman, S. H. (1970). *Kinetic Family Drawings(K-F-D). An Introduction to Understanding Children through Kinetic Drawings*. New York: Brunner & Mazel.

Burns R. C., & Kaufman, S. H. (1972). *Actions, Styles and Symbols in Kinetic Family Drawings(K-F-D). An Interpretative Manual.* New York: Brunner & Mazel.

Burns, R. C. (1987). *Kinetic-House-Tree-Person Drawings(K-H-T-P): An Interpretative Manual*. Los Angels: Western Psychological Services.

Cane, F. (1951/1983). *The artist in each of us*. Craftsbury Common, Vt: Art Therapy Publications. Chicago: Magnoliea Street.

Champernowne, H. I. (1971). *Art Therapy: An uneasy Partnership.* insiderart. org. uk(www.insiderart.org.uk.)

Chung, Y. J. (1995). *Musische Aktivitäten älterer Menschen in Korea und Deutschland.* Dissertation der Universität zu Köln.

Chung, Y. J. (2005). Art Therapy with Pediatric Cancer Patients in Palliative Care. Proceedings of the 6th Asia Pacific Hospice Conference (pp. 110-112). *Korean Society for Hospice and Palliative Care. March.* 16-19.

Clausen, A. U., & Riedel (1994) (6 Aufl.). *Zeichnen=Sehen lernen*. Himberg: Wiener.

Cleveland, E. (1999). Addressing Psychological Complications of Eating Disorders in Children and Adoloscents Through Art Therapy. In C. Malchiodi. *Meidcal Art Therapy with Children* (pp. 51-74). London: Jessica Kingsley Publishers.

Cohen, B. M. (1990). Diagnostic Drawing Series. In I. Jakab (Ed.). *Stree Mangement through Art: Proceedings of the International Congress Of Psychopathology of Expression* (pp. 123-130). Boston: ASPE.

Cohen, E. P., & Gainer, R. S. (1995). *Art another language for leaning* (3rd ed.). Portmouth: Heinemann.

Corey, G. (2005). *Theory and practice of counseling and psychotherapy*. United States: Thomson.

Corey, G. (2017). *Theory and Practice of Counseling and Psychotherapy* (10th ed.). 천성문, 권선중, 김인규, 김장회, 김창대, 신성만, 이동훈, 허재홍 공역(2017). **심리상담과 치료의 이론과 실제**. 서울: 센게이지러인 코리아.

Corsini, R. J. (1973). *Current psychotherapies*. 김정희, 이장호 공역(1992). **현대 심리치료**. 서울: 중앙적성출판사.

Councill, T. (1999). Art Therapy with Pediatric Cancer Patients. In C. Malchiodi, *Meidcal Art Therapy with Children* (pp. 75-93). London: Jessica Kingsley Publishers.

Dalley, T. (1986). *Kunst als Therapie: Eine Einführung*. Rheda-Wiedenbrück: Daedalus.

Dannecker, K. (2000). *Kunst, Symbol und Seele: Thesen zur Kunsttherapie*. Frankfurt am Mains: Peter Lang.

Dannecker, K. (2003). Die Wirksamkeit der Werte-Ethik in der Kunsttherapie. In K. Dannecker (Hrsg.). *Internationale Perspektiven der Kunsttherapie*. (pp. 27-53). Graz:Nausner & Nausner.

Dannecker, K. (2015) (3 Aufl.). *Psyche und Ästhetik*. Berlin: MWV Medizinisch Wissenschaftliche Verlagsgesellschaft.

De Jongh, A., ten Broeke, E., & Meijer, S. (2010). Two method a pproach: A case conceptualization model in the context of EMDR. *Journal of EMDR Practice and Research, 4*(1), 12.

Deleuze, G. (2002). *Francis bacon logique de la sensation*. 하태환 역(2012). **감각의 논리**. 서울: 민음사.

Dewey, J. (1934). *Art as experience*. 이재언 역(2003). **경험으로서의 예술**. 서울: 책세상.

d'Elia, M. (2015). Kunsttherapie ist (eine) angewandte Kunst. In H. Majer, L. Niederreiter, & T. Staroszynski (Hersg.), *Kunstbasierte Zug änge zur Kunsttherapie* (pp. 19-28)

Dilthey, W. (1984). *Das Wesen der Philosophie*. 최성환 역(2017). **철학의 본질**. 서울: 지식을

만드는지식.

Domma, W. (1990). *Kunsttherapie und Beschäftigungstheapie*. Köln: Maternus.

Domma, W. (1993). Einige Überlegungen zur Planung kunsttherapeutischer Interventionen. In B. Wichelhaus (Hg.), *Kunst theorie Kunst psychologie Kunst therapie* (pp. 239-247). Berlin: Cornelsen Verlag.

Dorsch, F., Häcker, H., & Stapf, K. H. (1994). *Psychologisches Wörterbuch*. Bern: Verlag Hans Huber.

Dreikuers, R. (1973). Kinderpsychotherapie durch Erziehungsberatung. In G. Biermann, *Handbuch der Kinderpsychotherapie. Bd. I.* (pp. 95-106). München: Ernst Reinhardt Verlag.

Dunkel, J., & Rech, P. (1991). Zur Entwicklung und inhaltlichen Bestimmung des Begriffes 'Kunsttherapie' und verwandter Begrifflichkeiten. In H. Petzold & I. Orth (Hrsg.), *Die neuen Kreativitätstherapien*, *Bd. I.* (pp. 73-92). Paderborn: Junfermann.

Egan, G. (1975). *The Skilled Helper*. 제석봉, 유계식, 박은영 공역(1999). **유능한 상담자**. 서울: 학지사.

Egger, B. (1998). *Bilder Verstehen*. Bern: Zytglogge.

Ehalt, H. C.(2003). Vorwort des Reihenherausgebers Kunst und Wissenschaft im Dialog: eine Wiener Stärke. In E. Vanecek, C. Wenninger-Brenn (Hg.), *Kunst-medizin-Therapie* (pp. 7-10). Wien: WUV-Univ. -Verl.

Eisler-Stehrenberger, K. (1991). Kreativer Prozeβ-Therapeutischer Prozeβ. In H. Petzold & I. Orth (Hrsg.), *Die neuen Krativit ätstherapien, Bd. I.* (pp. 113-168). Paderborn: Junfermann.

Eliade, M. (1961). *Image and symbol*. London: Harvill Press.

Eliade, M. (1985). Symbolism, the sacred, and the arts. 박규태 역(2002). **상징, 신성, 예술**. 서울: 서광사.

Ficacci, L. (2003). *Francis bacon*. 양영란 역(2006). **프랜시스 베이컨**. 서울: 마로니에북스.

Fincher, S. (1991). *Creating mandalas*. Boston: Shambhala.

Fontana, D. (1993). *A visual key to symbols and their meanings*. 최승자 역(2001). **상징의 비밀**. 서울: 문학동네.

Fordham, M. (1973). Theorie und Praxis der Kinderanalyse aus der Sicht der analytischen Psychologie C. G. Jungs. In G. Biermann, *Handbuch der Kinderpsychotherapie. Bd. I.*

(pp. 168-184). München: Ernst Reinhardt Verlag.

Freud, S. (1988). *Das Ich und das Es*. Frankfurt am Main: Fischer Verlag.

Freud, S. (1989). *Vorlesungen zur Einführung in die Psychoanalyse*. Frankfurt am Main: Fischer Verlag.

Fuchs, T. (2019). Responsivität in Kunst und Therapie: phänomenologische Überlegungen zur Kunsttherapie und zum therapeutischen Dialog. In Ph. Martius, F. von Spreti, & P. Henningsen (Hrsg.), *Kunsttherapie bei psychosomatischen Störungen* (pp. 21-25). München: ELSEVIER.

Furth, G. M. (1988). *The secret world of drawings: A Jungian approach to healing through art*. Toronto: Inter City Books.

Garlock, R. (1991). Ein kunsttherapeutiches Programm auf der Grundlage der Theorien Alfred Adlers. In J. A. Rubin (Hrsg.), *Richtungen und Anästze der Kunsttherapie* (pp. 157-165). Karlsruhe: Gerardi.

Garner R. (2016). *Digital art therapy: Material, methods, and applications*. London: Jessica Kingsley Publishers.

Garner, R. (2019). *Exploring digital Technologies for artbased special education models and methods for the inclusive K-12 classroom*. New York, NY: Routledge.

Gerlinghoff, M. (1998). Kreative Therapie bei Eßstörungen. In W. Kraus (Hrsg.), *Die Heilkraft des Malens: Einführung in die Kunsttherapie* (pp. 103-112). München: Beck.

Gerum, R., & Muth, E. (1998). Rehabilitation statt Verwahren-Kunsttherapie mit Langzeitkranken. In W. Kraus (Hrsg.), *Die Heilkraft des Malens* (pp. 113-123). München: Beck.

Gesellschaft für wissenschaftliche Gesprächspsychotherapie e. V. (1991). *Carl R. Rogers: Eine Theorie der Psychotherapie* der Persönlichkeit und der Zwischenmenschlichen Bezichungen. Köln: GwG.

Goethe, J. W. (1997). *Farbenlehre*. Stuttgart: Freies Geistesleben.

Golombek, E. (1993). Zur Dokumentation kunsttherapeutischer Ver läufe-Endbericht des Forschungsprojektes zur Weiterentwicklung und Zukunftsgesta ltung der anthroposophischen Kunsttherapie. Niefem-Öschelbronn.

Golombek, E. (2003). *Plastisch-Therapeutisches Gestalten*. Stuttgart: Urachhaus.

Gombrich, E. H. (1995). *The Story of Art*. 백승길, 이종숭 공역(2017). **서양미술사**. 서울: 예경.

Gomez, L. (2002). *An Introduction To Object Relations*. 김창대, 김진숙, 이지연, 유성경 공역(2008). **대상관계이론 입문**. 서울: 학지사.

Greenberg, J. R., & Mitchell, S. R. (1983). *Object Relations in Psychoanalytic Theory*. 이재훈 역(1999). **정신분석학적 대상관계이론**. 서울: 한국심리치료연구소.

Grözinger, W. (1952). *Kinder kritzeln, zeichnen, malen*. München: Prestel.

Günter, M. (2015). Malateliers in psychiatrischen Kliniken. In H. Majer, L. Niedereiter, & T. Staroszynski (Herg.), *Kunstbasierte Zugänge zur Kunsttherapie* (pp. 129-140). München: kopaed.

Hamel, J. (2021). *Somatic Art Therapy* . New York: Routledge.

Hass-Cohen, N., & Findlay, J. C. (2015). *Art Therapy & The Neuroscience of Relationships, Creativity & Resiliency*. New York · London: A Norton Professional Book.

Hauschka-Stavenhagen, M. (1981). *Zur künstlerishcen Therapie Band I*. Nürnberg: Karl Ulrich.

Hellgardt, K. (1991). Märchen und Märchentherapie in der Sicht Individualpsychologie Alfred Adler. In H. Petzold & I. Orth (Hrsg.), *Die neuen Krativitätstherapien, Be. I*. (pp. 345-370). Paderborn: Junfermann.

Henley, D. (1992). *Exceptional art teaching art to special needs*. Worcester: Davis Publications.

Henningsen, P. (2019). Leib und Seele-anthropologische Perskektiven in der Medizin heute. In Ph. Martius, F. von Spreti, & P. Henningsen (Hrsg.), *Kunsttherapie bei psychosomatischen Störungen* (pp. 3-7). München. ELSEVIER.

Herrmann, U. (2001). 'Mein eigenes Haus'-Kunstpsychotherapie für Kinder und Jugendliche mit NCL. In H. Schlegel (Hrsg.), *NCL: Zur lebenssituation von blinen Kindern und Heranwachsenden mit einer unheilbaren Abbauerkrankung* (pp. 174-199). Hannover: Landesbildungszentrum Für Blinde.

Herrmann, U. (2003). Kunsttherapie und geistige Benhinderung: Position in Großbritannien und den USA. In K. Dannecker (Hg.), *Internationale Perspecktiven der Kunsttherapie* (pp. 291-313). Graz: Nausner & Nausner.

Heward, W. L. (1996). *Exceptional children: An introduction to special education*. 김진호 외 공역 (2002). **특수교육학개론** 서울: 시그마프레스.

Hiltebrand, E. U. (1999). Coping with Cancer through Image Manipulatio n. In C.

Malchiodi, *Meidcal Art Therapy with Adults* (pp. 113-135). London: Jessica Kingsley Publishers.

Horovitz, E. G. (2007). *Visually speaking: art therapy and the deaf.* 최은영, 정면선, 박지순, 이진숙 공역(2013). **청각장애인을 위한 미술치료**. 서울: 학지사.

Huyghe, R. (1960). *L'art et l'âme.* 김화영 역(1983). **예술과 영혼**. 서울: 열화당.

Itten, J. (1961). *Kunst der Farbe*. 김수석 역(2002). **색채의 예술** 서울: 지구문화사.

Jacobi, J. (1962). Symbole auf dem Weg der Reifung. In C. G. Jung (Hrsg.), 2판 참조 (pp. 272-303).

Jacobi, J. (1977). *Vom Bilderreich der Seele.* Olten: Walter Verlag.

Jacobi, J. (1982). Symbole auf dem Weg der Reifung. In C. G. Jung (Hg) (6 Aufl.). *Der Mensch und seine Symbole*. (pp. 272-303) Olten & Freiburg in Breisgau: Walter-Verlag.

Jadi, F. (2002). Gibt es eine Grundlagenwissenschaft der Kunsttherpaien? In P. Persen, (Ed.), *Forschungsmethoden künstlerischer therapien* (pp. 148-177). Stuttgart: Johannes M. Mayer & Co. GmbH.

Jaffé, A. (1962). Bildende Kunst als Symbol. In C. G. Jung (Hrsg.), *Der Mensch und seine Symbole* (pp. 232-273). Olten und Freiburg in Breisgau: Walter-Verlag.

Jones, R. M. N. (1985). Comparative study of the Kinetic Family Drawings and the Animal Kinetic Family Drawing in regard to self-concept assessment in children of divorced an intact families. *The Arts in Psychotherapy, 12*(3). 187-196.

Jung, C. G. (1962). *Erinnerung, Träume, Gedanken*. Zürich: Buchclub Ex Libris.

Jung, C. G. (1982). *Der Mensch und seine Symbole*. Olten und Freiburg in Breisgau: Walter-Verlag.

Jung, C. G. (1991). *Archtypen*. München: Deutscher Taschenbuch Verlag.

Jung, C. G., Hall, C. C., & Jacobi, J. (1995). **융 심리학 해설**. (설영환 역). 서울: 선영사.

Kandinsky, W. (1912). *Über das Geistige in der Kunst*. 권영필 역(1997). **예술에 있어서 정신적인 것에 대하여**. 서울: 열화당.

Kandinsky, W. (1952). *Über das Geistige in der Kunst*. Bern: Benteli.

Katz-Bernstein, N. (1991) Phantasie, Symbolisierung und Imagination-"komplexes katathymes Erleben" als Methode in der Integrativen Therapie mit Vorschulkindern. H. Petzold & I. Orth (Hrsg.), *Die neuen Kreativitätstherapien. Bd. II* (pp. 883-932). Paderborn: Junfermann Verlag.

Kellogg, R. (1969). *What Children Scribble and why*. Palo Alto: Calif.

Kellogg, R. (1970). *Analyzing Children's Art*. Palo Alto: Calif.

Kiene H. (2002). Wirksamkeitsbeurteilung in der Kunsttherapie. In P. Petersen (Hrg.), *Forschungsmethoden Künstlerischer Therapien* (pp. 110-122). Stuttgart, Berlin: Mayer.

Kim & Chung (2023). A case study of group art therapy using digital media for adolescents with intellectual disabilities. *Frontiers in Psychiatry*. DOI 10.3389/fpsyt.2023.117207.

Kinget, G. M. (1952). *The Drawing-Completion Test. A projective Technique for the inverstigation of Personality. Based on the Wartegg Test Blank.* Ney York: Grune and Stratton.

Klee, P. (1987). *Kunst-Lehre*. Leipzig: Reclam.

Klein, M. (1973). Die Psychoanalytische Spieltechnik, Ihre Geschichte und Bedeutung. In *Handbuch der Kinderpsychotherapie. Bd. I.* (pp. 151-168). München: Ernst Reinhardt Verlag.

Knoff, H. M. (1993). The utility of human figure drqawings in personality and intellectual assessment: Why ask why?, *School Psychology Quarterly*, *8*(3), 191-196.

Kobi, E. E., & Roth, H. (1997). *Kinder von Aggressiv bis Zerstreut*. Freiburg: Herder.

Koch, K. (1997) (9 Aufl.). *Der Baumtest*. Göttingen: Hans Huber.

Kohut, H. (1993). *Die Heilung des Selbst*. Frankfurt am Main: Suhrkamp.

Kollmorgen, C. (1989). *Collagen-Therapie*. Bern: Huber.

Konrath, A. (1997). Zur therapeutischen Grundorientierung der äthetischen Erziehung in der Heilpädagogik. In G. Theunissen (Hrsg.), *Kunst, ästhetischen Praxis und geistige Behinderung* (pp. 87-105). Bad Heilbrunn: Klinkhardt.

Koppitz, E. M. (1968). *Psychological evaluation of children's human figure drawings*. New York: Grune and stratton.

Kraft, H.(2015).Psychoanalytische Konzepte des Kunstmachens. In H. Majer, L. Niedereiter, & T. Staroszynski (Hg.), *Kunstbasierte Zugänge zur Kunsttherapie* (pp. 141-150). München: kopaed.

Kramer, E. (1991). *Kunst als Therapie mit Kindern*. München: Reinhardt.

Kraus, W. (1998). *Die Heilkraft des Malens: Einführung in die Kunsttherapie*. München: Beck.

Kriz, J. (2002). Kritische Reflexion ű̈ber Forschungsmethoden in den k ünstlerischen

Therapien. In P. Petersen (Hrg.), *Forschungsmethoden Künstlerischer Therapien* (pp. 69-94). Stuttgart, Berlin: Mayer.

Kuhns, R. (1986). *Psychoanalystische Theorie der Kunst*. Frankfurt am Main: Suhrkamp.

Landgarten, H. B. (1987). *Family art psychotherapy*. New York: Brunner/Mazel.

Landgarten, H. B. (1993). *Magazine photo collage: A multicultrual assesment & treatment technique*. New York: Brunner/Mazel.

Langer, S. (1957). *Problems of Art*. 박용숙 역(2022). **예술이란 무엇인가**. 서울: 문예출판사.

Langer, S. (1985). Philosophie auf neuem Wege-Das symbol in Denken, im Ritus und in der kunst. Frankfurt am Main: Fischer.

Lapke, B. (2002). Kunsttherapie auf einer geschlossenen Akutsituation der Psychiatrie. In E. Nölke & M. Willis (Hrsg.), *Klientenzentrierte Kunsttherpie in institutionalisierten Praxisfeldern* (pp. 85-98). Bern: Velag Hans Huber.

Lechner, G. (1989). *Bilder der Menschlichen Seele*. Frankfurt am Main: Haag und Herchen.

Leuteritz, A. (1997). Kunstwahrnehmung als Rezeptive Kunsttherapie. In P. Baukus & J. Thies (Hrsg.), *Kunsttherapie* (pp. 275-282). Stuttgart: Fischer.

Limberg, R. (1993). Kunsttherapie: Ästhetische Organisation und psychische Struktur-Symbolbildung zwischen Primär-und Sekundärprozeß. In B. Wichelhaus (Hg.), Kunst theorie, Kunst psychologie, Kunst therapie (pp. 254-263). Berlin: Conrelsen Verlag.

Lippin, R. A.(1999). Forword In C. A. Malchiodi (Ed.). *Medical Art Therapy with Adults*. (pp. 9-12). London & Philadelphia: Jessica Kingsley Publishers.

Lowenfeld, V., & Brittain, W. L. (1975). *Creative and mental growth*. New York: Macmillan Publishing Co. Inc.

Majer, H., Niedereiter, L., & T. Staroszynski (Hg.) (2015). *Kunstbasierte Zugänge zur Kunsttherapie*. München: kopaed.

Malchiodi, C. A. (1998). *Understanding children's drawings*. New York: The Guilford Press.

Malchiodi, C. A. (1999). Art Therapy and Medicine: Powerful Partners in Healing. In C. A. Malchiodi (Ed.). *Medical Art Therapy with Adults* (pp. 13-23). London & Philadelphia: Jessica Kingsley Publishers.

Malchiodi, C. A. (2000). *Art therapy and computer technology: A virtual studio of possibilities*. London: Jessica Kingsley Publishers.

Malchiodi, C. A. (2002). *The soul's palette*. Boston: Shambhala Publication.

Malchiodi, C. A. (2020). *Trauma and Expressive Arts Therapy*. New York: The Guilford Press.

Malchiodi, K. (2003). (Ed.). *Handbook of Art Therapy*. New York/London: The Guildford Press.

Martius, Ph., von Spreti, F., & Henningsen, P. (Hrsg.) (2019). *Kunsttherapie bei psychosomatischen Störungen*. München: Elsevier.

Maslow, A. H. (1991). *Motivation und Persönlichkeit*. Hamburg: Rowohlt.

Matthies, K. (1988). *Schönheit, Nachahmung, Läuterung*. Frankfurt: Peter Lang International Academic Publishers.

Matussek, P. (1974). *Kreativität als Chance*. München: Piper.

McNiff, S. (1999). The virtual art therapy studio. *Art Therapy, 16*(4), 197-200.

McNiff, S. (2000). Computers as Virtual Studios. In C. A. Malchiodi, *Art Therapy and Computer Technology-A Virtual Studio of Possibilities* (pp. 86-99). London and Philadelphia: Jessica Kongsley Publishers.

Mees-Christeller, E. (1996). *Heilende Kunst and Künsterisches Heilen*. Dornach: Die Pforte.

Mees-Christeller, E. (1988). *Kunsttherapie in der Praxis*. 정여주, 정정순 공역(2004). **루돌프 슈타이너의 인지학 예술치료**. 서울: 학지사.

Mees-Christeller, E. (2003). Therapeutisches Zeichnen. In E. Mees-Christeller, I. Denzinger, M. Altmaier, H. Künstner, H. Umfrid, E. Frieling, & S. Auer, Ther*apeutisches Zeichnen und Malen Bd. 2* (pp. 9-94). Dornach: Urachhaus.

Meichenbaum, D., & Center, C. (2019). A RISK AND PROTECTIVE FACTORS CASE CONCEPTUALIZATION MODEL: THE VALUE OF CONTEXTUAL CONSIDERATIONS WHEN INTERVENING WITH 'HIGH RISK' STUDENTS. In Presented at The Melissa Institute Annual Conference.

Menzen, K. H. (1994). *Heilpädagogische Kunsttherapie*. Freiburg: Lambertus.

Menzen, K. H. (2001). *Grundlagen der Kunsttherapie*. München: Reinhardt.

Miller, B. (1986). Kunsttherapie mitälteren und schwerkranken Menschen. In T. Dalley (Hrsg.), *Kunst als Therapie* (pp. 179-192). Rheda-Wiedenbrück: Daedalus.

Moon, B. L. (2006) *Etical Issues in Art Therapy*. 이윤희 외 공역(2011). **미술치료 윤리와 실제**.

서울: 학지사.

Murphy, J. (1986). Die Rolle der Kunsttherapie bei der Behandlung der Anorexia nervosa (Magersucht). In T. Dalley (Hrsg.), *Kunst als Therapie* (pp. 139-156). Rheda-Wiedenbrück: Deadalus.

Müssig, R. (1991). *Familien-Selbst-Bilder. Gestaltende Verfahren in der Paar-und Familientherapie*. München: Rinhardt.

Muths, C. (1998). *Farbtherapie*. München: Wilhelm Heyne.

Myschker, N. (1999). *Verhaltensstörungen bei Kindern und Jugendlichen*. Stuttgart: Kohlhammer.

Naumburg, M.(1950/1973). *Introduction to art therapy: Studies of the 'free' art expression of behavior problem children and adolescents as a means of diagnosis and therapy*. New York: Teachers College Press/Chicago: Magnolia street.

Neumann, E. (1996). Entwurf von Grundelementen einer psychotherapeutische integrativen und interdisziplinaren Symboltheorie. In W. Zifreund (Hrsg.), *Therapien im Zusammenspiel der Küntste* (pp. 15-30). Tubingen: Attempto-Verlag.

Oaklander, V. (1999). *Gestalttherapie mit Kindern und Jungendlichen*. Stuttgart: Klett-Cotta.

Ohlmeier, G. (1994). *Frühförderung behinderter Kinder*. Dortmund: Modernes Lernen.

Oster, G., & Gould, P. (1999). *Zeichnen in Diagnostik und Therapie*. Paderborn: Junfermann.

Ott, G. H. (1997). Bildende Kunst in der Medizin: Wortlose Hermeneutik zwischen Arzt und Patient. In P. Baukus & J. Thies (Hrsg.), *Kunsttherapie* (pp. 269-274). Stuttgart: Fischer.

Palmer, R. E. (1969). *Hermeneutics*. 이한우 역(2011). **해석학이란 무엇인가**. 서울: 문예출판사.

Pavlacic, J. M., & Young, J. (2020). Process-Based cognitive Behavioral Therapy: A Framework for Conceptualization and Treatment. *Clinical Case Studies*, 1-17.

Perls, F. (1973). *The Gestalt Approach & Eys Witness to Therapy*. 최한나, 변상조 공역 (2013). **펠스의 게슈탈트 심리치료**. 서울: 학지사.

Petersen, P. (2000). *Der Therapeut als Künstler*. Hannover: Mayer.

Petersen, P. (Hrg.) (2002). Künstlerische Therapien-Vorreiter einer zukünfigen Heilkunde. In P. Petersen (Hrg.), *Forschungsmethoden Künstlerischer Therapien* (pp. 13-32).

Stuttgart, Berlin: Mayer.

Peterson, B. C. (2000). The media adoption stage model of technology for art therapy. *Art Therapy, 27*(1), 26-31.

Petzold, H. (1991a). 'Form' und 'Metamorphose' als fundierende Konzepte für die Integrative Therapie mit kreativen Medien-Wege intermedialer Kunstpsychotherapie. In H. Petzold & I. Orth (Hrsg.), *Die neuen Krativit ätstherapien, Bd. II.* (pp. 639-720). Paderborn: Junfermann.

Petzold, H. (1991b). Überlegungen und Konzepte zur Integrativen Therapie mit kreativen Medien und einer intermedialen Kunstpsychotherapie. In H. Petzold & I. Orth (Hrsg.), *Die neuen Kreativitätstherapien. Bd. II.* (pp. 585-638). Paderborn: Junfermann Verlag.

Petzold, H., & Orth, I. (1991). *Die neuen Kreativitätstherapien, Bd. I-II*. Paderborn: Junfermann.

Petzold, H., & Sieper, J. (1991). Kunst und Kunsttherapie, Kuns ttherapie, Therapie und Kunst-Überlegungen zu Begriffen, Tätigkeiten und Berufsbildern. In H. Petzold & I. Orth (Hrsg.), *Die neuen Kreativitätstherapien. Bd. I.* (pp. 169-186). Paderborn: Junfermann Verlag.

Petzold, H., Orth, I. (1991). Die neuen Kreativit ätstherapien-Formen klinischer Kunsttherapie und Psychotherapie mit kreativen Medien. In H. P etzold & I. Orth (Hrsg.), *Die neuen Kreativitätstherapien. Bd. I.* (pp. 15-30). Paderborn: Junfermann Verlag.

Piccirillo, E. (1999). Beyond Words: The Art of Living with AIDS. In C. A. Malchiodi (Ed.). *Medical Art Therapy with Adults* (pp. 163-188). London & Philadelphia: Jessica Kingsley Publishers.

Prasko, J., Dicevicius, D., Abeltina, M., Krone, I., Slepecky, M., Ociskova, M., & Grambal, A. (2019). How to work with conceptualization in cognitive beha vioral supervision. *Activitas Nervosa Superior Rediviva, 61*(3-4).

Pütz, H., & Glöckler, M. (1997). Grundlegendes über dei künstlerischen Therapien der anthroposophischen medizin und Darstellung ihrer Zeitgestalt am Beispiel einer Maltherapie. In P. Baukus & J. Thies (Hrsg.), *Kunsttherapie* (pp. 237-248). Stuttgart: Gestav Fischer.

Pütz, R. M. (1981). *Kunsttherapie*. Eine Alternative zur Regeneration des Menschen,

Bielefeld: Bertelsmann.

Rattner, J. (1987). *Alfred Adler, Reinbeck bei.* Hamburg: Rowohlt.

Read, H. (1931). *The meaning of art.* 박용숙 역(1992). **예술의 의미**. 서울: 문예출판사.

Read, H. (1968). *Erziehung durch Kunst.* München: Knaur.

Reimer, F. (1997). Geleitwort. In P. Baukus & J. Thies (Hrsg.), *Kunsttherapie* (p. V). Stuttgart: Gustav Fischer.

Rhyne, J. (1991). Gestalt-Kunsttherapie. In J. A. Rubin (Hrsg.), *Richtungen und Ansätze der Kunsttherapie* (pp. 185-205). Karlsruhe: Gerardi.

Richter, H. G. (1977). *Therapeutischer Kunstunterricht*. Düsseldorf: Schwann.

Richter, H. G. (1984). *Pädagigische Kunsttherapie*. Düsseldorf: Schwann.

Richter, H. G. (1987). *Die Kinderzeichnung*. Düsseldort: Schwann.

Ridley, C. R., & Jeffrey, C. E. (2017). The conceptual framework of thematic mapping in case conceptualization. *Journal of clinical psychology, 73*(4), 376-392.

Riedel, I. (1985). *Formen*. Stuttgart: Kreuz.

Riedel, I. (1988). *Bilder in Therapie, Kunst und Religion*. Stuttgart: Kreuz.

Riedel, I. (1992). *Maltherapie*. 정여주 역(2002). **융의 분석심리학에 기초한 미술치료**. 서울: 학지사.

Riedel, I. (1999). *Farben: In Religion, Gesellschaft, Kunst und Psychotherapie*. Stuttgart: Kreuz.

Rieder, S. (2003). Kunsttherapie im Rahmen sozialmedizinischer Konzepte. In V. Erich, & C. Wenninger-Brenn (Hg.), *Kunst-medizin-Therapie* (pp. 15-18). Wien: WUV-Univ.-Verl.

Rieder, S. (2003). Kunsttherapie im Rahmen sozialmedizinischer Konzepte. In E. Vanecek, C. Wenninger-Brenn (Hg.), *Kunst-medizin-Therapie* (pp. 15-18). Wien:WUV-Univ.-Verl.

Rogers, C. (1983). *Die klientenzentrierte Gesprächspsychotherapie*. Frankfurt am Main: Fischer.

Rogers, C. (1991). Auf dem wege zu einer theorie der kreativität. In H. Petzold, & I. Orth, (Ed.), *Die neuen kreativit ätstherapien, Bd I.* (pp. 237-256). Padaborn: Junfermann Verlag.

Rosiny, K. (1993). Kunsttherapeutische Einzelbetreuung einer jungendpsychiatrishen Patientin. In W. Domma (Hrsg.), *Praxisfelder Kunstherapie* (pp. 50-60). Köln:

Maternus.

Rubin, J. A. (1984). *The Art of Art Therapy*. New York: Brunner/Mazel.

Rubin, J. A. (Hrsg.) (1991). *Richtungen und Ansäze der Kunsttherapie*. Karlsruhe: Gerardi.

Rubin, J. A. (1999). *Art therapy: An introduction*. Philadelphia: Brunner & Mazel.

Sachse, R. (2019). Case conceptualization in clarification-oriented psychotherapy. In *Case formulation for personality disorders* (pp. 113-135). Academic Press.

Safran, D. S. (2002). *Art Therapy and AD/HD.* 최외선, 정현희, 최은영, 윤대영 공역(2007). **미술치료와 AD/HD**. 서울: 학지사.

Schäfer, A. (1973). Musische Erziehung. Versuch einer anthropologisch-pädagogischen Grundlegung. In N. Klug (Hrsg.), *Vom Geist musischer Erziehung* (pp. 326-349). Darmstadt: Wissenschaftlieche Buchgesellschaft.

Scheff, T. J. (1979). *Explosion der Gefühle: Über die kulturelle und therapeutische Bedeutung kathartischen Erlebens*. Weinheim: Beltz.

Schiefer, H. J. (1997). Ein kreativ-dramatischer Ansatz: Psychodrama und Kunststherapie. In P. Baukus & J. Thies (Hrsg.), *Kunsttherapie* (pp. 296-304). Stuttgart: Fischer.

Schmeer, G. (1994). Märchen-Bilder in der Psychotherapie. In G. Schottenloher. Wenn Worte fehlen, *sprechen Bilder-Binderisches Gestalten und Therapie II*. (pp. 151-159). München: Kösel.

Schmeer, G. (1997). Psychoanalytische Kunsttherapie. In P. Baukus & J. Thies (Hrsg.), *Kunsttherapie* (pp. 187-195). Stuttgart: Fischer.

Schmeer, G. (1998). *Das Ich im Bild.* 김정애, 정여주 공역(2006). **그림 속의 나**. 서울: 학지사.

Schmeer, G. (2006). *Krisen aufdem Lenensweg*. 김정애, 정여주 역(2011). **정신분석적 미술치료**. 서울: 학지사.

Schmutzler, H. J. (1994). *Heilpädagogisches Grundwissen*. Freiburg: Herder.

Schors, R., & Mihajlovic, M. (1994). Kunsttherapie bei Eßstörungen. In G. Schottenloher (Hrsg.), *Wenn Worte fehlen, sprechen Bilder* (pp. 133-139). München: Käsel.

Schottenloher, G. (1994). Künstler als Therapeuten? In G. Schottenloher (Hrsg.), *Wenn Worte fehlen. sprechen Bilder* (pp. 15-18). München: Käsel.

Schottenloher, G. (1995). *Kunst-und Gestsltungstherapie*. München: Kösel.

Schraml, W. J. (1973). Probleme der Stationären Kinderpscychotherapie. In G. Biermann *Handbuch der Kinderpsychotherapie. Bd. I.* (pp. 788-798). München: Ernst Reinhardt

Verlag.

Schuster, M. (1993). *Die Psychologie der Kinderzeichnung.* Berlin: Springer-Verlag.

Schuster, M. (1994) (4 Aufl.). Kunsttherapie. Köln: Du Mont.

Schuster, M. (2000). *Kunstpsychologie-Kreativität-Bildkommunikation-Schönheit.* Baldmannweiler: Schneider-Ver1.

Seelmann, K. (1973). Sexual-Erziehung. In *Handbuchder Kinderpsychotherapie. Bd. I.* (pp. 127-138). München: Ernst Reinhardt Verlag.

Sehringer, W. (1999). *Zeichnen und Malen als Instrumente der psychologischen Diagnostik.* Heidelberg: Programm (Ed.). Schindel. im Univ.-Verl.

Shamri, Z. L. (2021). Making art therapy virtual: integrating virtual reality into art therapy with adolescents. *Front Psychol, 12.*

Shore, A. (2007). 트라우마, 미술, 국제적 사건 사고에 대한 나의 개인적이고 전문가적인 생각 (Some personal and clinical thoughts about trauma, art, and world events) Kaplan, F. F. (Ed.), *Art therapy and social action* (pp. 215-235). 최한 역(2016). **사회행동과 미술치료.** 서울: 시그마프레스.

Silver, R. (2002). *Three art assessments.* New York: Brunner-Goutledge.

Speck, O. (1991). *System Heilpädagogik.* München: Rinhardt.

Sperry, L. (2005). Case conceptualization: A strategy for incorporating individual, couple and family dynamics in the treatment process. *The American Journal of Family Therapy, 33,* 353-364.

Sperry, L. (2013). Family case conceptualization and medical conditions. *The Family Journal, 21*(1), 95-98.

Sperry, L., & Sperry, J. (2020). *Case conceptualization* (2nd ed.). New York, London: Routledge.

Stahlhammer, D., Henn, W., & Keller, P. (1997). Kunsttherapeuti sches Plastizieren mit Krebskranken. In Baukus & J. Thies (Hrsg.), *Kunsttherapie* (pp. 249-260). Stuttgart: Gestav Fischer.

Stauffer, B. (2003). Nicht kaputt, alles gut: malen mit einem flüchtlingskind. In B. Egger (Ed.), *Ereignis kunsttherapie* (pp. 77-81). Bern: Zytglogge Verl.

Steinbauer, M., & Taucher, J. (1997). *Integrative Maltherapie.* Wien: Springer.

Stepney, S. (2001). *Art therapy with students at risk.* Springfiedl: Charles C Thomas.

Stirling, J. (2001). *Introducing neuropsychology.* 손영숙 역(2003). **신경심리학입문.** 서울: 시그마프레스.

Stone, E. (2018). The borrowed image in art therapy with psychiatric patients. In K. Dannecker (Ed.). *Arts Therapies and New Chalenges in Psychiatry* (pp. 148-169). New York: Routledge.

Swan-Foster, N. (2018). *Jungian Art Therapy*. New York & London: Routledge.

Symington, J., & Symington, N. (1996). *The Clinical Thinking of Wilfred Bion.* 임말희 역(2015). **윌프레드 비온입문.** 서울: 논출판그룹.

Takahashi, S. (1995). Aesthetic Properties of picorial perception. *Psychological Review, 102*(4), 671-683.

Theunissen, G. (1980). *Ästhetische Erziehung bei Verhlatensauffälligen*. Frankfurt am Main: Lang.

Tolstoy, L. N. (1897). *What ist art?.* 동완 역(2007). **예술이란 무엇인가?.** 서울: 신원문화사.

Trapmann, H., Liebetrau, G., & Rotthaus, W. (1997). *Auffälliges Verhalten im Kindesalter.* Dortmund: Modernes Lernen.

Tretter, U. (1994). Kunst-therapeutische Arbeit auf der Intensivstation einer kinderklinik-Beschreibung der kurztherapie mit einer Leuk ämie-Patientin. In G. Schottenloher (Hrsg.), *Wenn Worte fehlen, sprechen Bilder-Bildnerisches Gestatlten und Therapie I* (pp. 248-251). München: Kösel.

Türk, K. H. (1997). Aspekte der Form-und Raumtherapie-ein Plädoyer für das Haptische. In P. Baukus & J. Thies (Hrsg.), *Kunsttherapie* (pp. 261-268). Stuttgart: Gestav Fischer.

Ulman, E. (1975). A New Use of Art in Psychiatric Diagnosis. In E. Ulman & P. Dachinger (Ed.). *Art Therapy in Theory and Practice* (pp. 361-386). New York: Schocken Books.

Urban, K. K. & Jellen, H. G. (1995). *Test zum schöpferischen Denken-zeichnerisch (TSD-Z)*. Frankfurt am Main: Swets Test Services.

Urban, M. (1994). Überlebenszeichen-KunstTherapie im Zeichen von HIV und AIDS. In G. Schottenloher (Hrsg.), *Wenn Worte fehlen, sprechen Bilder-Bildnerisches Gestatlten und Therapie I* (pp. 239-244). München: Kösel.

Vanecek, E., & Wennihger-Brenn, C. (Hg.), (2003). *Kunst-Medizin-Therapie*. Wien: WUV-Univ-Verl.

Veelken, L. (1990). *Neues Lernen im Alter.* Heidelberg: Sauer.

von Franz, M. L. (1982). Der Individuationsprozess. In C.G. Jung. *Der Mensch und seine Symbole*. (pp. 160-231). Olten und Freiburg in Breisgau: Walter-Verlag.

von Rohr, I. K. (2003). *Farbentherapie*. München: nymphenburger.

Wadeson, H. (1995). *The dynamics of art psychotherapy*. New York: John Willey & Sons.

Wadeson, H. (2000). *Art therapy practice*. New York: John Wiley & Sons.

Waller, D. (1986). Kunstpädagogik und Kunsttherapie: Einige Überlegungen zu Unterschieden und Gemeinsamkeiten. In T. Dalley (Hrsg.), *Kunst als Therapie: Eine Einfürrung* (pp. 29-43). Daedalus: Rheda-Wiedenbrück.

Waller, D. (2003). Aktualisierung europäischer Entwicklungen in der Kunsttherapie. In K. Dannecker (Hrsg.), *Internationale Perspektiven der Kunsttherapie* (pp. 54-67). Graz: Nausner & Nausner.

Waller, H. (1991). *Sozialmedizin*. Stuttgart, Kohlhammer.

Weiβ, B. (1991). Maske und Therapie im integrativen ansatz der Arbeit mit kreativen Medien und der Kunsttherapie-Ein Überblick. In H. Petzold & I. Orth (Hrsg.), *Die neuen Kreativitätstherapien Bd II*. (pp. 777-805). Paderborn: Junfermann-Verlag.

Wellendorf, E. (1994). Kreativität in der Arbeit mit schwerkranken Kindern. In F. Schottenloher (Hrsg.), *Wenn Worte fehlen, sprechen Bilder* (pp. 119-132). München: Kosel.

Wellendorf, E.(1991). Psychoanalytische Kunsttherapie. In H. Petzold & I. Orth(Hrsg.), *Die neuen Kreativitätstherapien. Bd. I.* (pp. 301~316). Paderborn: Junfermann- Verlag.

Wenar, C. (1990). *Developmental psychopathology: From infancy through adolescence.* 이춘재 외 공역(1998). **발달정신병리학**. 서울: 중앙적성출판사.

Wenge, I. (1993). Kunsttherapie in der Geriatrie. In W. Domma (Hrsg.), *Praxisfelder Kunsttherapie* (pp. 109-123). Köln: Maternus.

Wenninger-Brenn, C. (2003). Psychotherapeutische Interventionen im Lichte der Psychoneuroimmunologie. In E. Vanecek & C. Wenninger-Brenn (Hg.), *Kunst-Medizin-Therapie* (pp. 190-204). Wien: WUV-Univ.-Verl.

Wichelhaus, B. (1996). *Kunst, Therapie und Zerebrale Störung*. Therapie & Kunst (pp. 11-19).

Wichelhaus, B. (1997). Zur Bedeutung der Kinderzeichung für die Kunsttherapie. In W. Domma (Hrgs.), *Praxisfelder Kunsttherapie* (pp. 141-157). Köln: Maternus.

Wichelhaus, B. (2006). Kunstbegriff und Therapieverständnis in aktuellen kunsttherapeutischen Konzepetn. In P. F. Matthiessen & D. Wohler (Hrsg.), *Die schöpferische Dimension der Kunst in der Therapie* (pp. 43-49). Frankfurt am Main: Verlag für Akademische Schriften.

Widlöcher, D. (1984). *Was eine Kinderzeichnung Verrät*. Stuttgart: Fischer.

Wilson, L.(2003). Psychodynamische Kunstherapie. In K. Dannecker (Hg.). *Internationale Perspektiven der Kunsttherapie* (pp. 314-326). Graz:Nausner & Nausner.

Winner, E. (1982). *The psychology of the arts*. 이모영, 이재준 공역(2004). **예술심리학**. 서울: 학지사.

Winnicott, D. W. (1964/1992). *Familie und individuelle Entwicklung(The Family and Individual Development)*. Frankfurt am Main: Fischer Taschenbuch Verlag.

Winnicott, D. W. (1964/1993). *Reifungsprozesse und fördernde Umwelt-Studiesn zur Theorie der emotionalen Entwicklung*. Frankfurt am Main: Fischer Taschenbuch Verlag.

Winnicott, D. W. (1971a). *Play and Reality*. 이재훈 역(1997). **놀이와 현실**. 서울: 한국심리치료 연구소.

Winnicott, D. W. (1971b). *Therapeutic consultations in hild psychiatry*. 이제훈 역(1998). **그림놀이를 통한 어린이 심리치료**. 서울: 한국심리치료연구소.

Winnicott, D. W. (1973). Die volle Nutzung der ersten Behandlun gsstunde: Beitrag zu Probelemen der Kinderanalyse. In G. Biermann *Handbuch der Kinderpsychotherapie. Bd. I.* (pp. 269-277). München: Ernst Reinhardt Verlag.

Winnicott, D. W. (1984). *The maturational Processes and the facilitationg Environment-Studies in the Theory Emotional Development*. 이재훈 역(2000). **성숙과정과 촉진적 환경**. 서울: 한국심리치료연구소.

Winnicott, D. W. (1988). Die volle Nutzung der ersten Behandlungsstunde. In G. Biermann (Hrsg.), *Handbuch der Kinderpsychotherapie* (pp. 169-185). Frankfurt am Main: Fischer Verlag.

Withrow, R. (2004). The use of colar in art therapy. Journal of Humanistic Counseling, *Education and Development, 43*(1), 33-40.

Zinker, J. (1978). *Creative process in Gestalt therapy*. New York: Random House(Vintage).

https://bagkt.de/wp-content/Künstlerische-Therapien-in Europa. pdf. 2022.9.20.

찾아보기

인명

내용

ㄱ

ㅇ

ㅈ

저자 소개

정여주(Chung, Yeo Ju)

독일 쾰른대학교(Universität zu Köln) 교육학 석 · 박사

미술치료수련감독, 아동심리치료 전문가, 아동상담지도감독 전문가

서울여자대학교 교수

원광대학교 초빙교수 등 역임

현 차의과학대학교 미술치료대학원 원장

정여주 미술치료연구소 소장

홈페이지: www.jbaum.kr

〈주요 저서〉

장애아동의 이해(공저, 학지사, 2022)

명화 감상 미술치료(학지사, 2021)

노인미술치료: 이론과 실제(2판, 학지사, 2020)

미술교육과 문화(4판, 공저, 학지사, 2020)

어린왕자 미술치료(학지사, 2015)

만다라와 미술치료(2판, 학지사, 2015)

만다라 미술치료: 이론과 실제(학지사, 2013)

만다라 그리기 시리즈(학지사, 2010) 외 다수

〈주요 역서〉

미술 기반 미술치료 슈퍼비전(공역, 학지사, 2020)

정신분석적 미술치료(공역, 학지사, 2011)

치유로서의 그림(학지사, 2006)

그림 속의 나(공역, 학지사, 2004)

색의 신비(학지사, 2004)

루돌프 슈타이너의 인지학 예술치료(공역, 학지사, 2004)

융의 분석심리학에 기초한 미술치료(학지사, 2000) 외 다수

미술치료의 이해(3판)

-이론과 실제-

Understanding of Art Therapy (3rd ed.)

2003년 3월 31일 1판 1쇄 발행
2013년 3월 15일 1판 19쇄 발행
2014년 2월 25일 2판 1쇄 발행
2020년 9월 25일 2판 6쇄 발행
2023년 8월 30일 3판 1쇄 발행

지은이 • 정여주
펴낸이 • 김진환
펴낸곳 • ㈜학지사
04031 서울특별시 마포구 양화로 15길 20 마인드월드빌딩
대표전화 • 02-330-5114 팩스 • 02-324-2345
등록번호 • 제313-2006-000265호

홈페이지 • http://www.hakjisa.co.kr
인스타그램 • https://www.instagram.com/hakjisabook

ISBN 978-89-997-2967-6 93180

정가 23,000원

저자와의 협약으로 인지는 생략합니다.
파본은 구입처에서 교환해 드립니다.